Kunst-Reiseführer in der Reihe DuMont Dokumente

Karte in der vorderen und Zeittabelle in der rückwärtigen Umschlagklappe

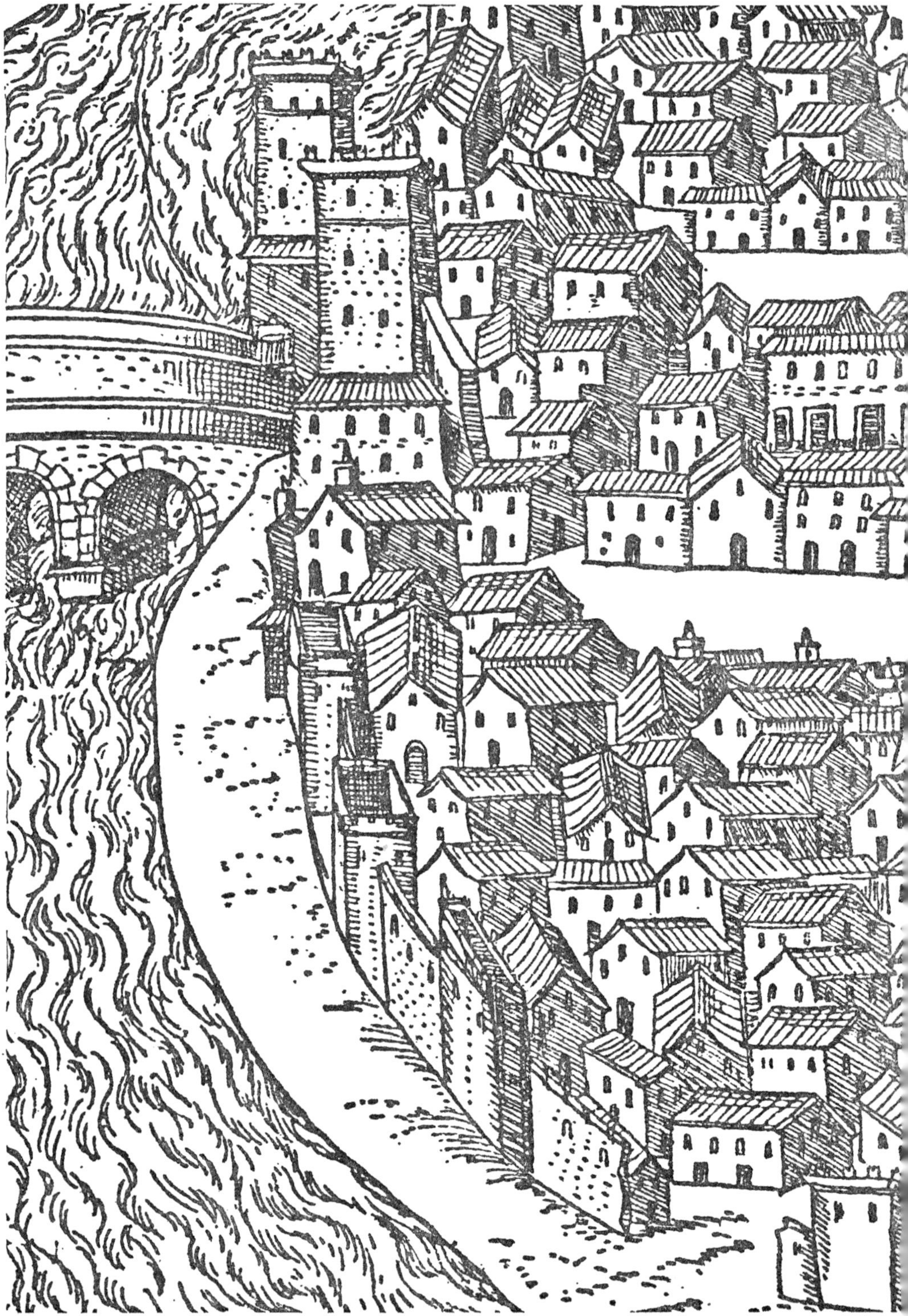

Anton Dieterich

Zentral-Spanien

Kunst und Kultur in Madrid, El Escorial, Toledo und Aranjuez, Avila, Segovia, Alcalá de Henares

DuMont Buchverlag Köln

Einband Vorderseite: El Escorial (oben) und Blick auf die Stadtmauer von Avila (unten)

Einband Rückseite: Francisco Goya, Die Blumenmädchen (Der Frühling). 1786/87. Madrid, Prado

CIP-Kurztitelaufnahme der Deutschen Bibliothek

Dieterich, Anton
Zentral-Spanien : Kunst u. Kultur in Madrid, El Escorial, Toledo u. Aranjuez, Avila, Segovia, Alcalá de Henares. – 2. Aufl. – Köln : DuMont, 1978.
(DuMont-Dokumente : DuMont-Kunstreiseführer)
ISBN 3-7701-0812-4

2. verbesserte Auflage

Druck: Gebr. Rasch & Co., Bramsche
Buchbinderische Verarbeitung: Boss-Druck, Kleve

Printed in Germany ISBN 3-7701-0812-4

Inhalt

Madrid

Madrid ist eine merkwürdige Stadt. Sie hat zwei Gesichter. Das eine zeigt die Hauptstadt Spaniens, die zugleich Weltstadt ist: voll Dynamik, auftrumpfend mit Prunk- und Prachtbauten, mehr modisch als modern, prosaisch nüchtern. Ihr zweites Gesicht erfordert näheres Betrachten. Der Besucher entdeckt die historische Vergangenheit Madrids, seine sympathische Anziehungskraft und seinen Reichtum an Kunst und Künstlern. »Was hat Madrid als Allerweltstadt zu bieten, das nicht an einem oder an zwei Tagen zu sehen ist?«, mag der flüchtige Gast sagen. »Mir fehlt immer noch Zeit, um nicht nur die verborgenen, sondern auch die offen dargebotenen Schätze der Stadt zu heben«, wird ihm ein Madridkenner antworten.

Madrid täuscht den Ankömmling. Es spielt ihm einen Streich, indem es mit seinem außergewöhnlichen Prado-Museum lockt. Dort, auf diesem 'Gratweg der Kunst', drängen sich so viele Meisterwerke der Malerei, daß sie jede Erlebenskraft zu sprengen drohen. Wer kann diese Fülle fassen? Überwältigt verläßt der Kunstfreund die Säle, in denen die berühmtesten Maler der Gotik, der Renaissance und des Barock – Rogier van der Weyden, Dirk Bouts, Memling, Bosch, Patinir, Breughel; Botticelli, Tizian, Tintoretto, Veronese, Raffael; Dürer; El Greco, Velázquez, Zurbarán, Murillo, Goya; Rubens, van Dyck, Jordaens – ›Familientag abhalten‹. Welch andere Stadt vermag Gleiches oder mehr zu bieten? Erstaunlich viele Madridbesucher sagen nach einem Prado-Rundgang: »Das Wichtigste habe ich gesehen; ich will und kann nicht mehr Kunst verkraften.« Daß Madrid mehrere Dutzend weitere Museen, zahllose Antiquitätengeschäfte und Kunstgalerien besitzt, daß es außerdem mit Kirchen und Palästen eine beachtliche künstlerische Tradition belegen kann, wird damit vorschnell weggewischt.

Madrids Werden

Madrid entwickelte sich nicht zu beiden Seiten eines Flusses, auch nicht in konzentrischen Kreisen um einen Kern, sondern breitete sich von einem festen Außenpunkt in südlicher, östlicher und nördlicher Richtung aus. Dieser Angelpunkt war der Alcázar

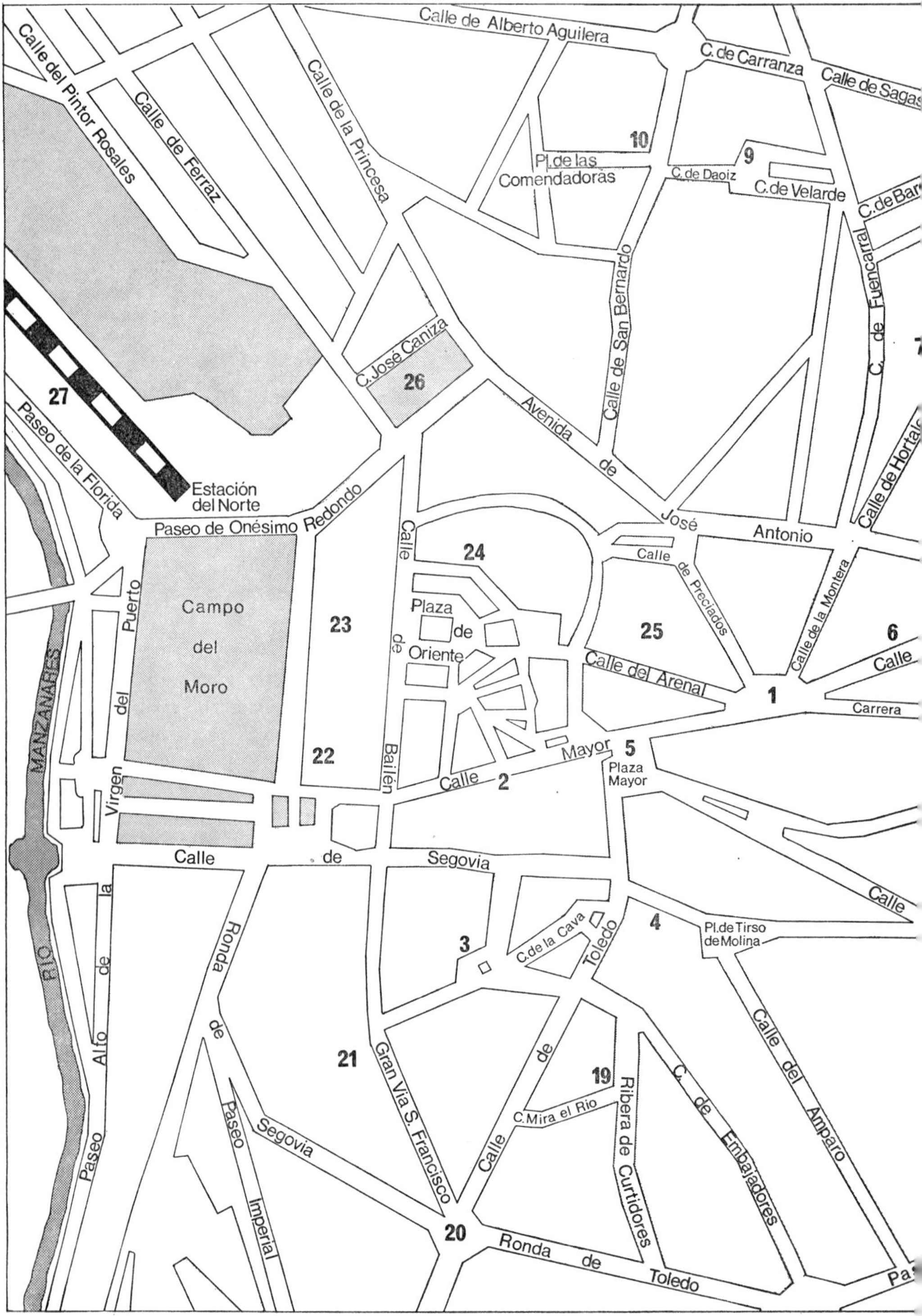

Calle de Alberto Aguilera
C. de Carranza
Calle de Sagas
Calle del Pintor Rosales
Calle de Ferraz
Calle de la Princesa
10
Pl. de las Comendadoras
9
C. de Daoiz
C. de Velarde
C. de Bar
Calle de San Bernardo
C. de Fuencarral
C. José Caniza
26
27
Avenida de José Antonio
Calle de Hortal
Paseo de la Florida
Estación del Norte
Paseo de Onésimo Redondo
Calle de Bailén
24
Calle de Preciados
Calle de la Montera
Puerto del Virgen
Campo del Moro
23
Plaza de Oriente
25
6
Calle del Arenal
Calle
1
Carrera
MANZANARES
22
Calle Mayor
2
5
Plaza Mayor
Calle de Segovia
Calle
4
Pl. de Tirso de Molina
3
C. de la Cava
Toledo
RIO
Alfo de la
Ronda de Segovia
Calle de Toledo
21
Gran Via S. Francisco
19
Ribera de Curtidores
C. de Embajadores
Calle del Amparo
C. Mira el Rio
Paseo
Paseo Imperial
20
Ronda de Toledo
Pa

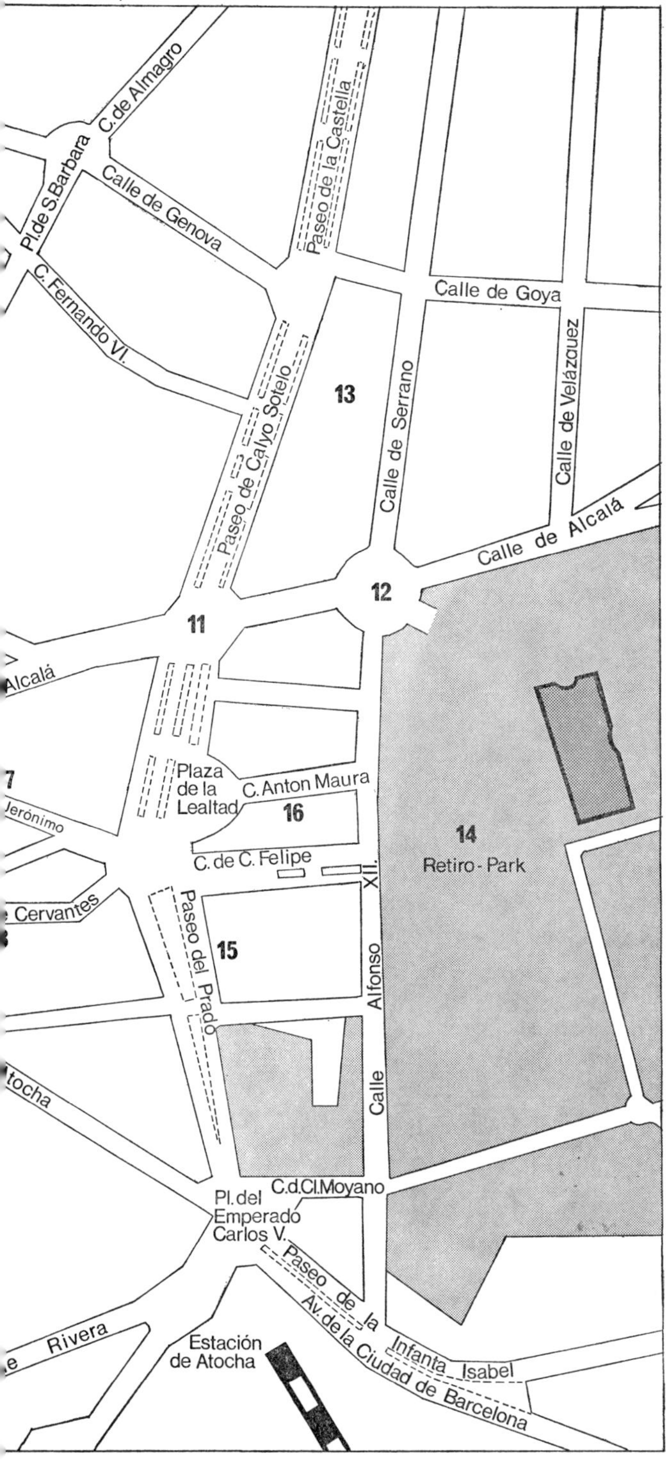

Stadtplan von Madrid

1 Puerta del Sol 2 Plaza de la Villa 3 San Andrés 4 Kathedrale San Isidro 5 Plaza Mayor 6 Academia de San Fernando 7 San Antón 8 Museo Romántico 9 Plaza de 2. de Mayo (Zur Erinnerung an den Aufstand am 2. Mai 1808) 10 Kirche Montserrat 11 Plaza de Cibeles 12 Puerta de Alcalá 13 Archäologisches Nationalmuseum 14 Retiro-Park 15 Prado-Museum 16 Casón 17 Palacio de las Cortes Españolas 18 Casa de Lope de Vega 19 Plaza del Rastro 20 Puerta de Toledo 21 San Francisco el Grande 22 Kathedrale de la Almudena 23 Palacio Real (Königliches Schloß) und Armería 24 Kloster ›La Encarnacíon‹ 25 Kloster der ›Descalzas Reales‹ 26 Plaza de España 27 San Antonio de la Florida

über dem steilen Osthang des Manzanares, der die werdende Siedlung gegen Westen sicherte. Um die aus maurischer Zeit stammende Burg wuchs wabenmäßig eine ummauerte Medina mit engen, krummen Gassen, die nach der Zurückeroberung durch Alfons VI. im Jahr 1083 neue Mauern mit fünf Toren erhielt. Die Siedlung paßte sich zunächst den Wegen an, die zu ihr führten, später auch den Klöstern und Palästen, die außerhalb ihrer Mauern errichtet wurden. Sie bildeten Kristallisationspunkte, um die herum Gebäude entstanden. Von ihnen gingen Pfade, an denen nach und nach Häuserzeilen hochwuchsen, zur Gemeinde. So ergaben sich aus den Stadttoren und einzelnen Gebäudeanlagen des Außenradius die strukturellen Linien der späteren Stadt.

Das alte Majrit oder Magerit konnte sich nicht mit der Königsstadt Toledo oder mit Städten wie Segovia, Avila, Burgos und Valladolid messen. An der Kreuzung zweier Hauptstraßen gelegen – von Osten nach Westen am Guadarrama-Gebirge entlang und von Süden nach Norden aus der Mancha-Steppe über das Gebirge weg –, war es mehr Durchgangs- als Knotenpunkt. Niemand weiß sicher, wann es zur Gemeinde, wann zur Stadt wurde. Dokumentiert ist, daß die kastilischen Könige Johann II. (1405–1454) und Heinrich IV. (1425–1474) vorübergehend in seinen Mauern residierten und die Katholischen Könige, Isabella von Kastilien und Ferdinand von Aragon, öfters dort weilten. Der Nürnberger Hieronymus Münzer, der 1494 auf 1495 die Iberische Halbinsel bereiste, faßte sich über Madrid kurz: »Madrid ist so groß wie Biberach; seine Außenviertel sind sehr weitläufig; es hat gute Quellen, billige Lebensmittel und zwei Maurenviertel, die von zahlreichen Sarazanen bewohnt werden«. Karl V. verlieh dem Ort 1544 den Titel ›Imperial y Coronada Villa‹. Als Philipp II. am 12. Juni 1561 in den Alcázar einzog, um sein Imperium von Madrid aus zu regieren, zählte die Hauptstadt des Reiches, in dem die Sonne nicht unterging, 14000, allenfalls 20000 Einwohner. Der Hof erhielt den Zuzug von Verwaltungsbeamten und zog Diplomaten, Mönche, Handelsleute, Handwerker und zahlreiches Dienstpersonal an. Dennoch mußte der außerordentliche päpstliche Nuntius Camillo Borghese und spätere Papst Paul V. im Jahr 1594 feststellen: »Die Häuser sind arm und häßlich; fast alle sind aus Lehm gebaut. Unter anderen Dingen fehlt es an Bürgersteigen und Aborten; für die Bedürfnisse werden die Nachttöpfe benützt, deren Inhalt zum Fenster hinausgeschüttet wird ...« Weder das Gold der Neuen Welt, noch die Machtansammlung in den Händen der Habsburger vermochten der Stadt ein kapitales Gepräge zu geben.

Die Monarchen kümmerten sich wenig um die Gestaltung einer repräsentativen Hauptstadt. Ihr Interesse beschränkte sich auf den Ausbau des Alcázars und der ›Sitios Reales‹, ihrer Paläste für Jagd und Erholung im weiteren Umkreis von Madrid. Zwar gab Philipp III. der Stadt mit der ›Plaza Mayor‹ einen imponierenden Hauptplatz. Aber das Übergewicht der ›Corte‹ über die ›Villa‹, des Hofes über die Stadt, drängte diese lange Zeit in eine passive Rolle. Der Bürgersinn war nicht aufgerufen, aus eigenem Wollen Madrid ein architektonisches Gesicht zu geben. Die Habsburger waren solcher Initiative abgeneigt. Sie dämmten sie sogar durch ihren Anspruch ein, daß in einem mehr als einstöckigen Wohnhaus der zweite Stock dem König zur Verfügung

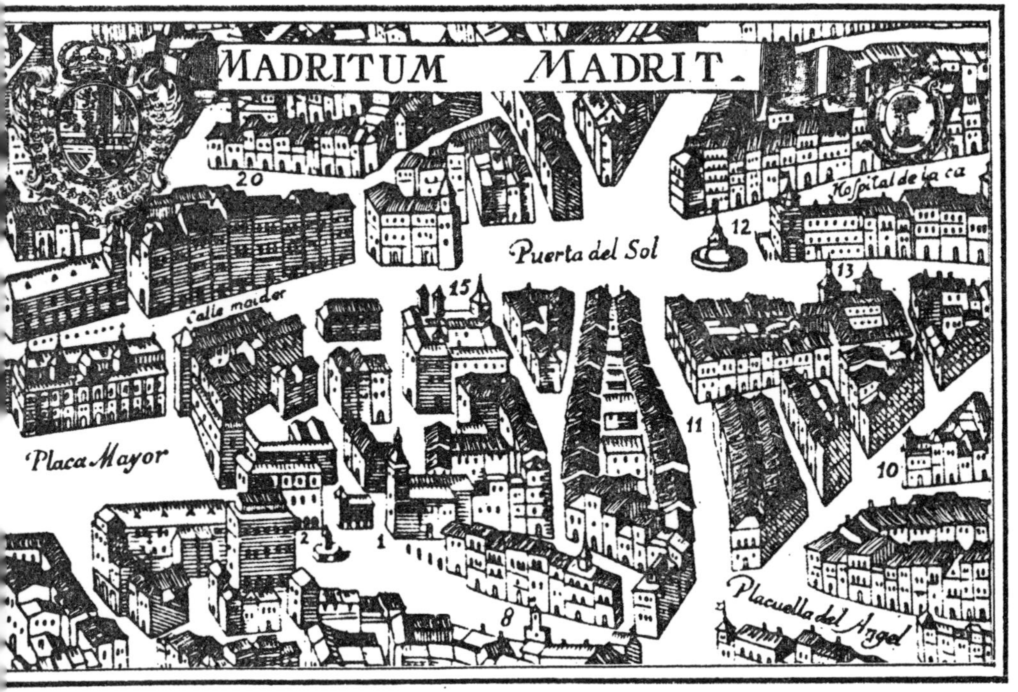

Madrid im 17. Jahrhundert

zu halten sei. Außerdem sorgten sie durch Verbote, daß sich kein bürgerlicher Luxus breit machen konnte.

Da die königlichen Erlasse gegen kostspieligen Aufwand für die ebenso mächtige wie reiche Kirche nicht galten, konnte sie als Auftraggeberin der Künstler auftreten. Sie übersäte Madrid mit Klöstern, Kirchen und Hospitälern. Der Stadtplan des Pedro Texeira aus dem Jahre 1656 zählte nicht weniger als vierzehn Pfarrkirchen und siebenundfünfzig Klöster. Sie nahmen ein Drittel des städtischen Areals ein. Ihre Türme bestimmten in erster Linie die Silhouette des Stadtbildes. Der Adel trug dazu erstaunlich wenig bei. Wenige Paläste sind ihm zu danken. Überdies verlieren sie sich im Häusergewirr, da sie keine Straßenzüge oder Plätze bilden, sondern sich willkürlich über die ganze Stadt hin verteilen.

Ein Gesicht – es war barock – erhielt Madrid erst unter den Bourbonen, die im Jahr 1700 die Habsburger auf dem Thron ablösten. Doch mußten erst die Spuren des Spanischen Erbfolgekrieges (1701–1713), in dem die Stadt zweimal besetzt wurde, beseitigt werden. Immerhin begann der rationalistische und zentralistische Geist des neuen Herrscherhauses bereits in der Regierungszeit Philipps V. (1701–1746) zu wirken. Galt auch das Hauptaugenmerk des Königs seinem Palast La Granja auf der Nordseite der Sierra de Guadarrama, ließ er doch dem tüchtigen Corregidor Madrids, Francisco Antonio Salcedo y Aguirre, Marqués de Vadillo, während dessen Amtszeit (1715–1729) freie Hand. Dieser ließ viele Brunnen errichten. Er schuf ein erstes System der öffentlichen Beleuchtung. Vor allem zog er den bedeutendsten spanischen Architekten seiner Zeit, Pedro de Ribera (1683–1742), zu öffentlichen Bauwerken heran, die sich sehen lassen können. Ribera baute die Toledo-Brücke, die Kaserne Conde Duque, das Hospiz San Fernando, das Theater im Buen Retiro. In kirchlichem Auftrag schuf er die Kirche des Parque de la Virgen del Puerto, die Montserrat- und S. Cayetano-Kirche. Für eine Reihe Adelspaläste – der Gräfin de Torrehermosa, des Herzogs de Montellano, des Herzogs de Arcos, der Miraflores, Torrecilla und Santoña – entwarf er Portale. Er führte den spanischen Barock zu seiner höchsten Blüte, die in einer überschäumenden Fülle des Ornaments gipfelte. Mit den Bauten seiner letzten Lebensjahre leitete er den Übergang zu größerer Formstrenge ein.

Karl III. (1716–1788, Regierungszeit 1759–1788) war nicht nur König von Spanien, sondern auch »der erste und größte Bürgermeister Madrids«. Von Neapel, wo er zuvor herrschte, brachte er eine Schar Künstler mit und berief später andere dazu. Diese setzte er vornehmlich zur Vollendung und Ausschmückung des neuen Königspalastes ein, dessen Bau nach dem Niederbrennen des Alcázars an Weihnachten 1734 Philipp V. und Isabella Farnese in Auftrag gegeben hatten. Für Madrid wurde Karl III. zu seinem ersten Urbanisator. Dabei ging er von einer Gesamtvorstellung aus. Er schuf Ringstraßen, kümmerte sich um die bisher versäumte Infrastruktur, indem er das Anlegen von Latrinengruben anordnete, die Straßen pflastern ließ, die Straßenreinigung befahl und nachts die durchgehende Straßenbeleuchtung einführte. In seiner Zeit wurden fast alle Bauwerke errichtet, vollendet oder angefangen, die sich mit der Vorstellung Madrids verbinden: das Schloß, die Akademie San Fernando, das heutige Finanzministerium, das Prado-Museum mit dem Paseo del Prado (Abb. 33) und mit seinem Brunnen-Trio, die Puerta de Alcalá (Abb. 13), das Observatorium, die alte Post – heute Sitz der Sicherheitspolizei –, die Kirche San Francisco. Der Prado-Direktor Sánchez-Cantón schrieb: »Es erstaunt, was Karl III. realisierte und wieviel er in die Wege leitete.« Der König, der mehr Jäger als Musensohn war, ließ einem eklektischen Stil freie Bahn. Dieser schwankt zwischen spätem Barock und frühem Klassizismus, zwischen italienischem und französischem Geschmack, bei deutlicher Vorliebe für den ersteren. Seine Kreationen behaupten sich bis zum heutigen Tage. Außer den italienischen Architekten Juvara, Sacchetti und Sabatini und dem Franzosen Marquet kamen die beiden Madrider Ventura Rodríguez (1717–1785) und Juan de Villanueva (1739–1811) zu überragender Geltung.

Nach Karl III. kam nichts Vergleichbares. Napoleons Bruder Joseph, von 1808–1813 König von Spanien, wollte in Karls Fußstapfen treten, kam jedoch über das Anlegen einiger Plätze – der bedeutendste die ›Plaza de Oriente‹ vor dem Königsschloß – nicht hinaus; er wurde dafür obendrein als »Rey Plazuelas« (Plätzchen-König) verspottet.

Dem 19. Jahrhundert mit seinen drei Karlistischen Bürgerkriegen, einer Kette von Aufständen, mit der Abschaffung der Monarchie, Ausrufung der Republik und Restauration des Königsthrons fehlte eine einheitliche Linie. Madrid verbürgerlichte und verweltlichte. In seinem Zentrum wurden zwei Renaissancekirchen und nicht weniger als sechsundzwanzig Barockkirchen, -Klöster und -Kapellen niedergerissen. Darunter befand sich die Kirche ›San Felipe el Real‹, die 200 Jahre lang Mittelpunkt des Madrider Lebens war. Die Kirche ›Buen Suceso‹ hatte der Puerta del Sol einen nicht alltäglichen Abschluß gegeben, ›Santo Tomás‹ hatte mit seinen Churriguera-Portalen und seinem Hof einen Ehrenplatz in der Madrider Architektur eingenommen. Und zur Atocha-Kirche waren die Madrider seit dem Mittelalter gepilgert. – Zu den baulichen Leistungen dieses Jahrhunderts gehörte im Jahr 1861 die Erweiterung der Puerta del Sol, die von 5 000 Quadratmetern auf 12 500 Quadratmeter vergrößert wurde. Damit konnte sie für nahezu ein Jahrhundert zum Inbegriff Madrids werden (Abb. 66), wohl weniger ihrer Größe und Schönheit wegen, als durch ihre zehn Cafés, in und vor denen die Bürger unermüdlich diskutierten.

Der Prado

Madrids stärkster Anziehungspunkt ist unbestreitbar das Prado-Museum. Diesem Eldorado der Kunst gelten die ersten Schritte fast aller Madridbesucher.

Der PRADO ist eine königliche Sammlung. Seine Schätze wurden von den Herrscherhäusern der Habsburger und Bourbonen zusammengetragen. Den Grundstock legten Karl V., Philipp II. und Philipp IV. – Karl V. (1500–1558) hatte von seinem Urgroßvater, Juan II. von Kastilien, von seiner Großmutter, Isabella der Katholischen, und von seiner Mutter, Johanna der Wahnsinnigen, Gemälde flämischer und italienischer Meister geerbt. Er erteilte Tizian Malaufträge, genoß die erste Wahl aus seinem Schaffen und ließ sich von dem Größten der Venezianerschule mehrmals porträtieren. Während seiner Herrscherjahre zeichneten sich bereits zwei Konstanten der habsburgischen Sammler ab: die Vorliebe für Flamen und Italiener, sowie ihre nahe Beziehung zum zeitgenössischen Kunstschaffen.

War Karl V. feinsinniger Kunstliebhaber, trat sein Sohn Philipp (1527–1598) als leidenschaftlicher Sammler auf. Ihm ging es nicht um das wertvolle Einzelstück; er war bereits auf Lückenlosigkeit aus. Am liebsten hätte er das Gesamtwerk des Hieronymus Bosch, von dem er allein 36 Gemälde besaß, um sich vereinigt. Er bereicherte den königlichen Bilderfonds um 1 617 Gemälde. Seine Spannweite verrät die Vorliebe für die Spukwelt von Bosch und für den sinnenfreudigen Tizian. Verübelt wurde ihm, daß er keinen rechten Zugang zu dem aufsteigenden Stern des Kreters Doménikos Theotocópoulos, genannt El Greco, fand. Der Methodik seines Sammeleifers entsprach die Idee, die in mehreren Schlössern verstreuten Kollektionen in einem zentralen Museum zusammenzufassen und auszustellen.

Philipp IV. (1605–1665), der den politischen Niedergang Spaniens unaufhaltsam machte, hatte als Sammler eine glückliche Hand. Als Mäzen vergab er Aufträge an Rubens, Zurbarán und Claude Lorrain. Er berief Velázquez zum Hofmaler, schickte ihn als Aufkäufer von Gemälden und Plastiken nach Italien und übertrug ihm die Pflege seines Kunstbesitzes. Bei der Versteigerung des Nachlasses von Karl I. von England (1649) gelang dem König ein einmalig zu nennender Fischzug. Er sicherte sich Werke von Mantegna, Raffael, Tizian, Tintoretto, Veronese und das Dürer-*Selbstbildnis* des Jahres 1498 (Abb. 56); sie gehören heute zu den Juwelen des Prado. Philipp IV. ging es in erster Linie um Qualität; er war aber auch bedacht, seine Sammlung abzurunden. Unmittelbar vor seinem Tode am 16. September 1665 ordnete er an, daß sein Kunstbesitz zum unveräußerlichen Kronschatz, ›Patrimonio Real‹, erklärt werde.

Unter den Bourbonen, deren Herrschaftsantritt mit dem Beginn des 18. Jahrhunderts und der Aufklärung zusammenfiel, ragte wie zuvor bei den Habsburgern wieder ein Sammlertrio heraus: Philipp V., Karl III. und Karl IV. Der erste Bourbone Philipp V. (1683–1746) und seine Gemahlin Isabella Farnese betrachteten das Sammeln von Kunstwerken als Teil ihrer Repräsentationsaufgaben. Im Sinne der Aufklärung galt es ihnen als erzieherisch nützlich. Von ihnen wurde 1744 die ›Academia de Nobles Artes‹ ins Leben gerufen. Sie setzten der Königlichen Sammlung, die auf 5539 Gemälde angewachsen war, neue Akzente, indem sie darin die französische Kunst zur Geltung brachten und außerdem zahlreiche Murillo-Arbeiten erwarben. Philipp V. holte französische Maler – René Houasse, Jean Ranc, Louis Michel van Loo – an seinen Hof und kaufte Bilder von Poussin, Watteau, Largillière, Rigaud. Der Plan einer gemeinnützigen Galerie rückte der Verwirklichung näher.

Obwohl Karl III. (1716–1788) sich nicht als Verehrer der Musen auszeichnete, erwarb er doch vier Sammlungen, begeisterte sich für die Idee eines ›Generalmuseums‹, in dem alle wertvollen Gemälde des Kronschatzes – nach Epochen und Schulen geordnet – ausgestellt werden sollten. Um ein Haar hätte er jedoch dem spanischen Kunstleben einen nicht wieder gut zu machenden Schaden zugefügt. Gemäß dem moralischen Denkens des 18. Jahrhunderts fand er nämlich Aktdarstellungen unmoralisch. Auf dem Totenbett gab er seinem Nachfolger, Karl IV. (1748–1819), den Auftrag, alle Bilder dieser Art zu vernichten! Dieser Befehl, der auch letzter Wille war, sollte unter anderen treffen: *Adam und Eva* von Dürer, den *Garten der Lüste* von Bosch, *Adam und Eva, Bacchanal, Venus und Adonis, Venus und der Orgelspieler, Danae* von Tizian, mehrere Werke Tintorettos und einen Großteil der Rubens-Gemälde! Um sie vor dem Feuer zu retten, schlug der deutsch-böhmische Hofmaler Mengs vor, die betroffenen Gemälde in einem Saal der Akademie unter Verschluß zu halten. Sie sollten nur von Künstlern mit schriftlicher Sondererlaubnis besichtigt werden können.

Karl IV. vermochte als König wenig Ruhm zu erwerben, doch muß man ihm lassen, daß er ein eifriger, vom Glück begünstigter Sammler war. Er brachte über 400 Bilder zusammen, darunter einige Glanzstücke. Und kein Geringerer als Francisco de Goya war sein Hofmaler. Dem Museumsplan stand er mit passivem Wohlwollen gegenüber.

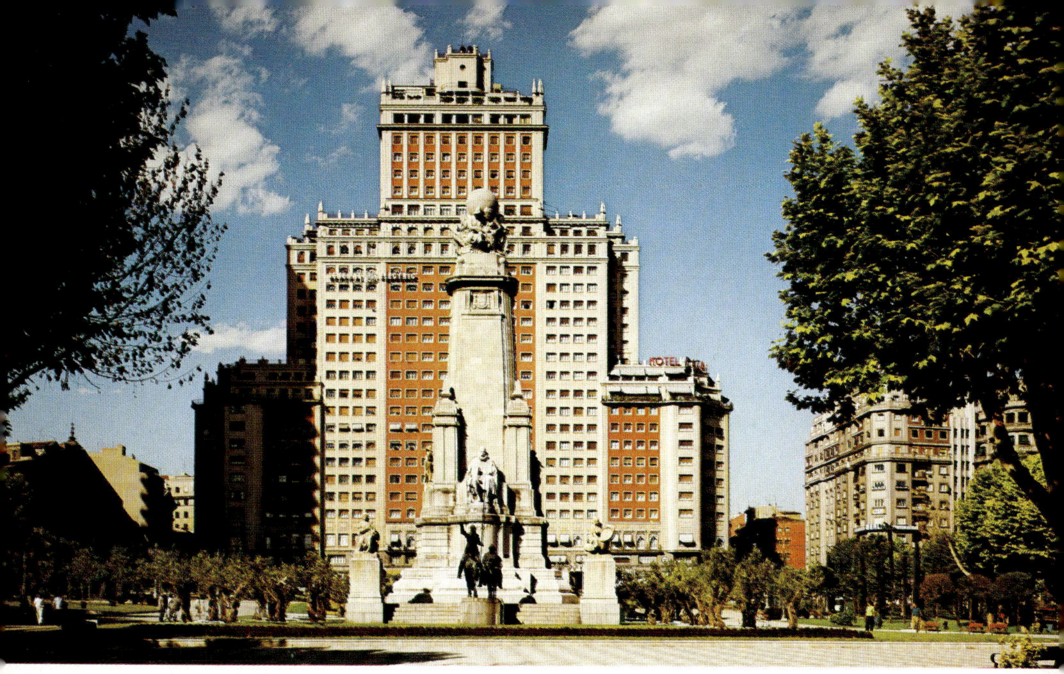

MADRID Plaza de España mit Cervantes-Denkmal

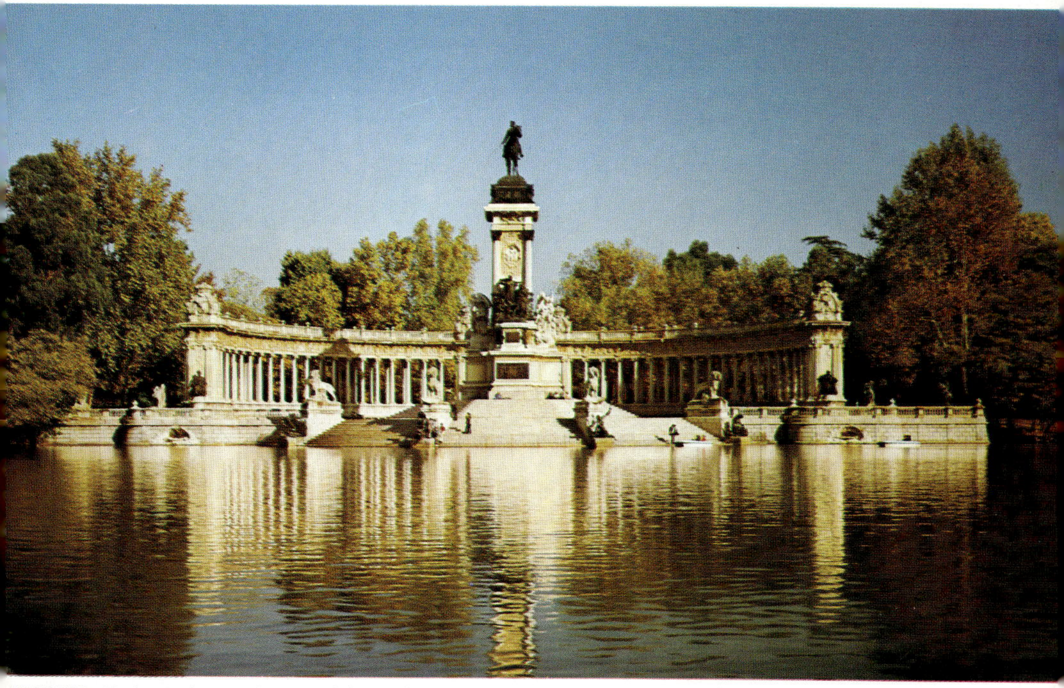

MADRID Retiro-Park. Im Hintergrund das Denkmal Alfons XII.

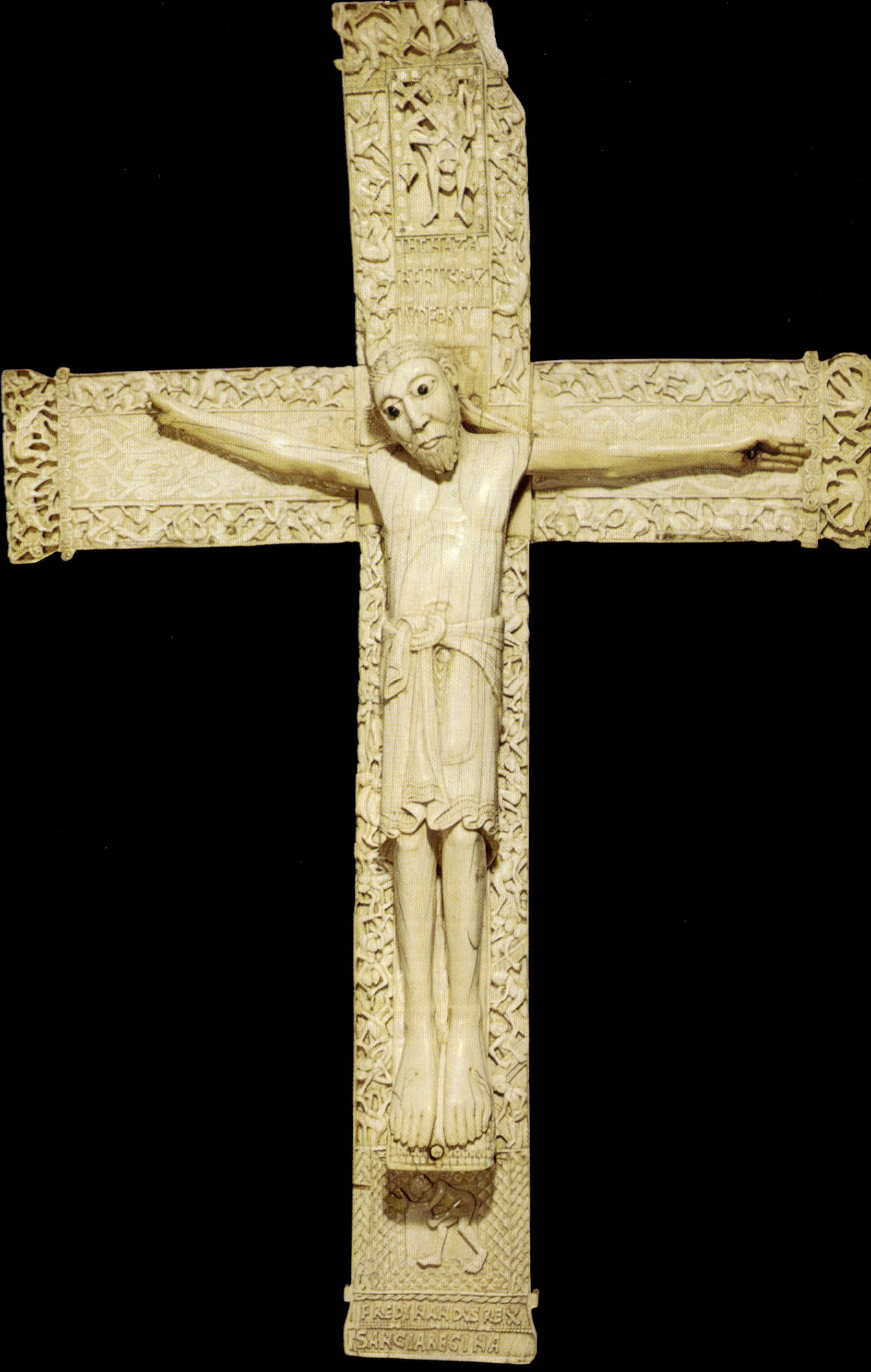
FREDINANDVS REX
SANCIA REGINA

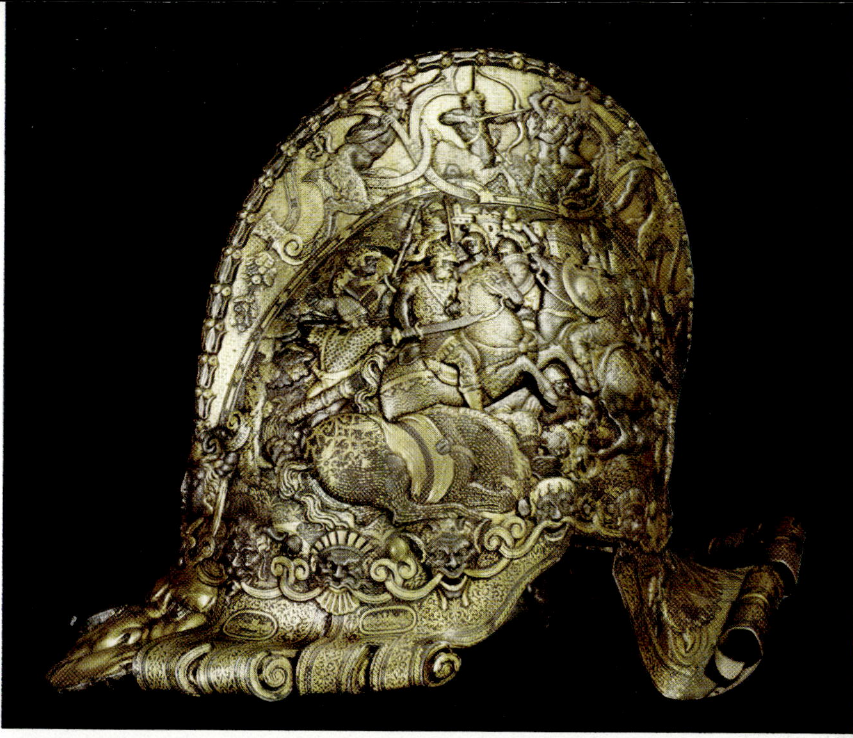

MADRID Armería.
Paradehelm Karls V.

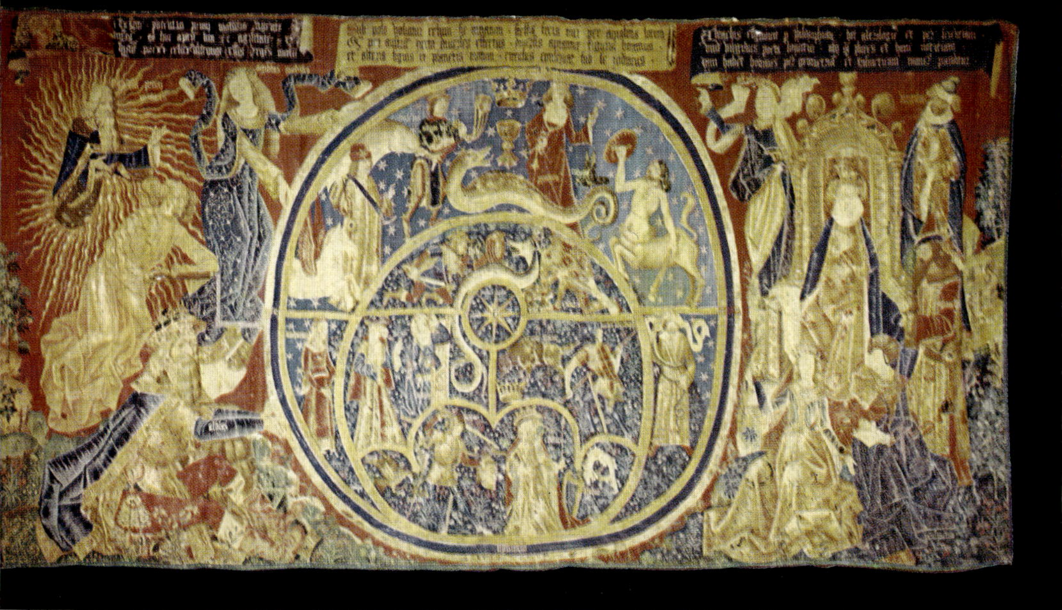

TOLEDO Museum Santa Cruz. Flämischer Wandteppich mit Darstellung des Himmelsgewölbes. 15. Jh.

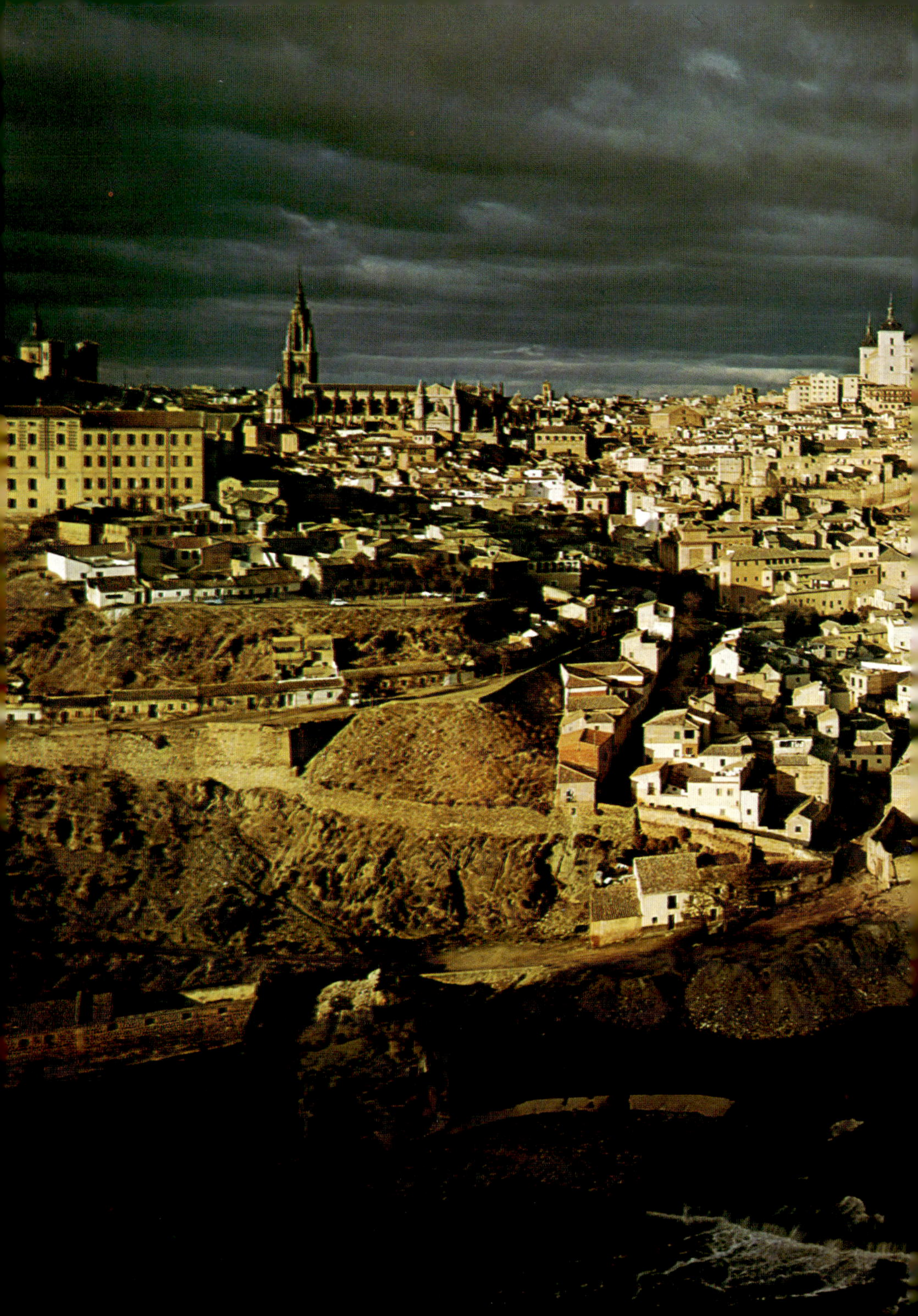

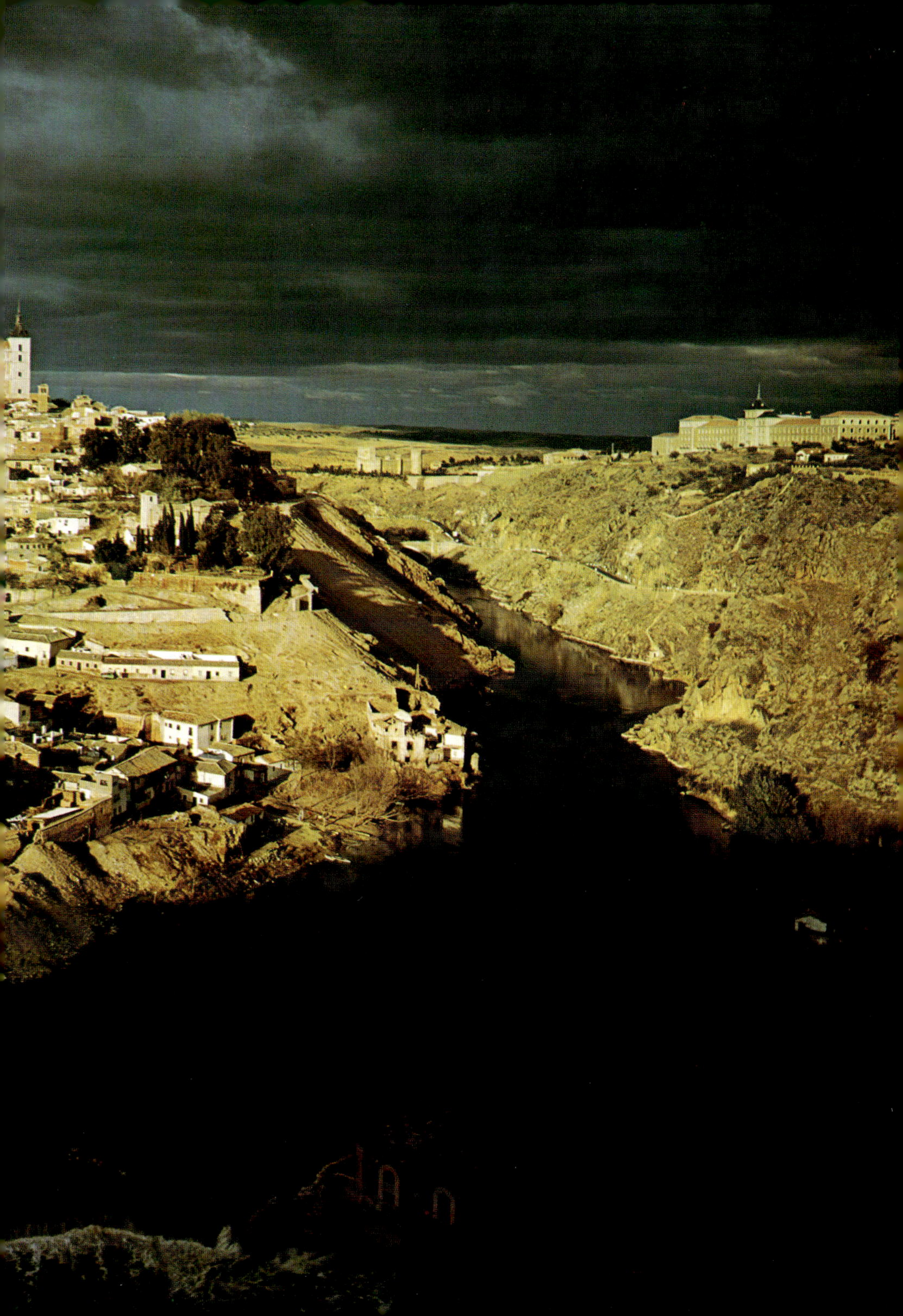

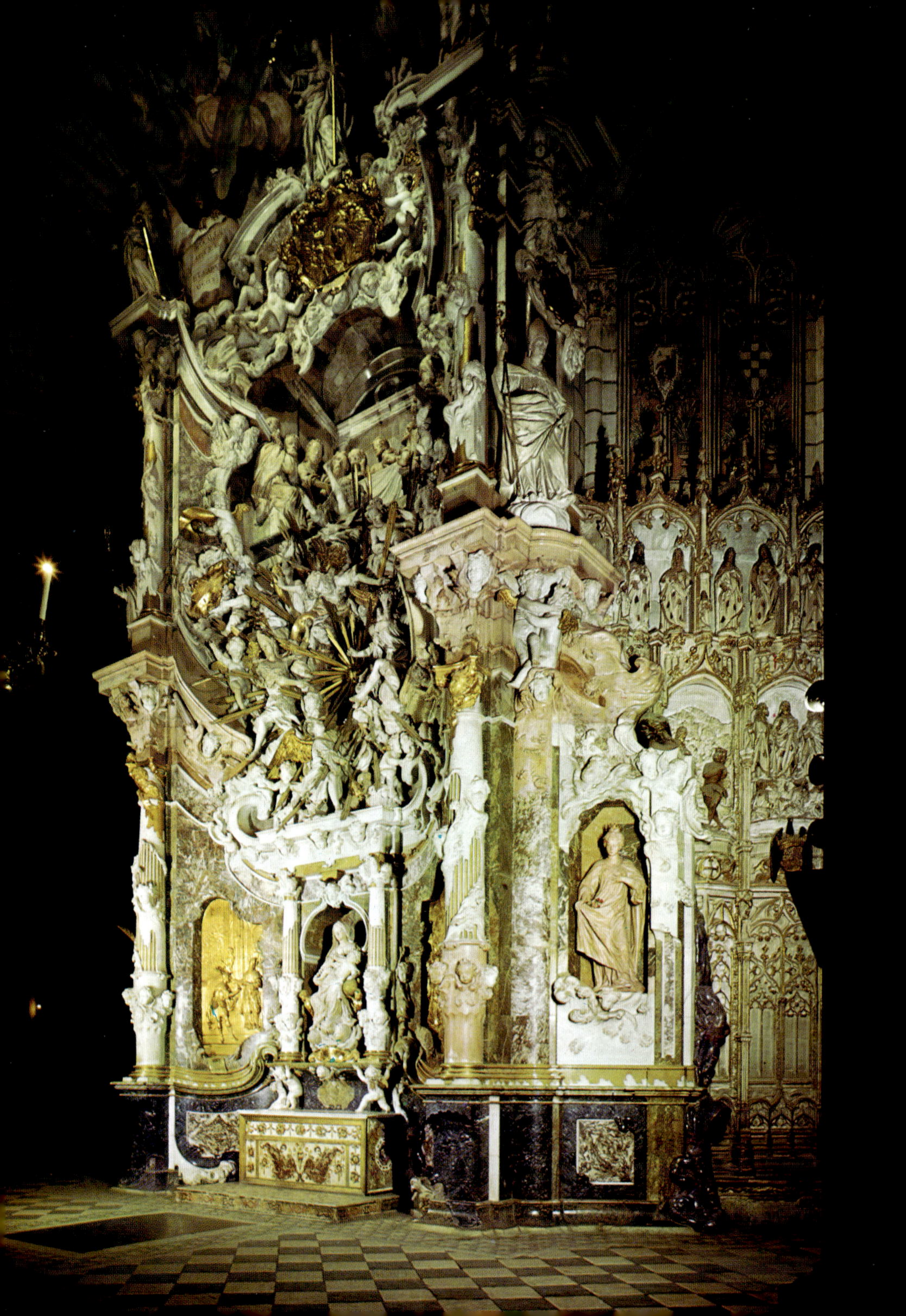

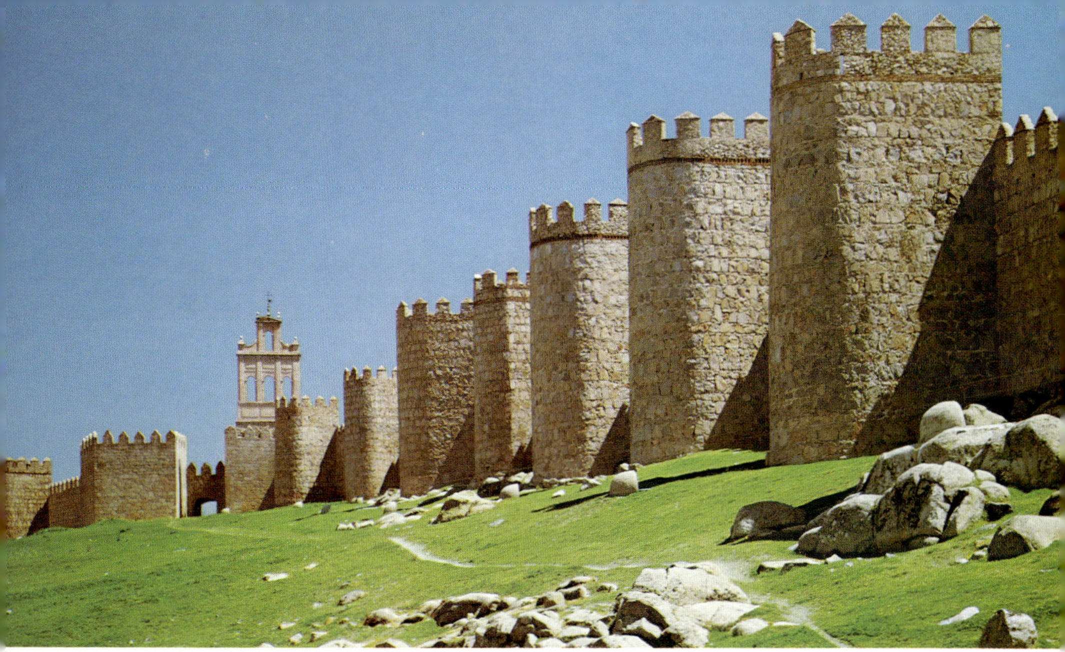

AVILA Stadtmauer von Norden

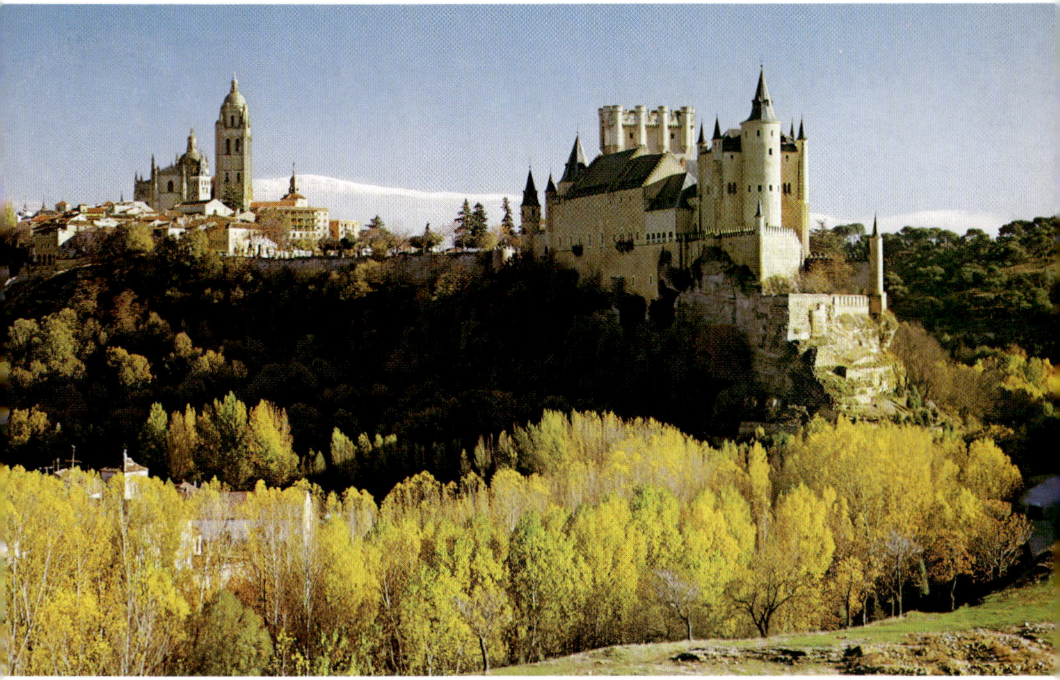

SEGOVIA Blick auf Alcázar und Kathedrale. Im Hintergrund die Sierra Guadarrama

] 7 TOLEDO Narciso Tomé (tätig um 1715–1742), ›El Transparente‹ der Kathedrale

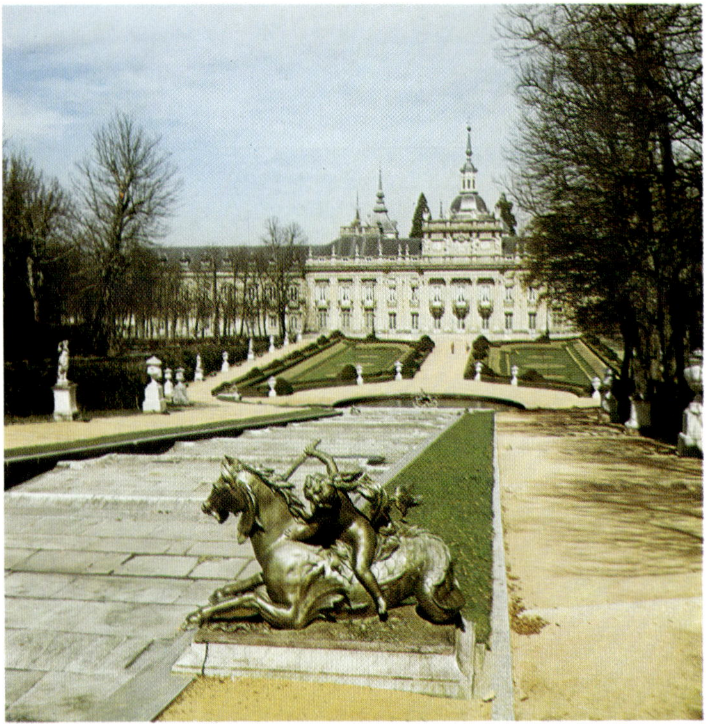

10 LA GRANJA Gartenfassade

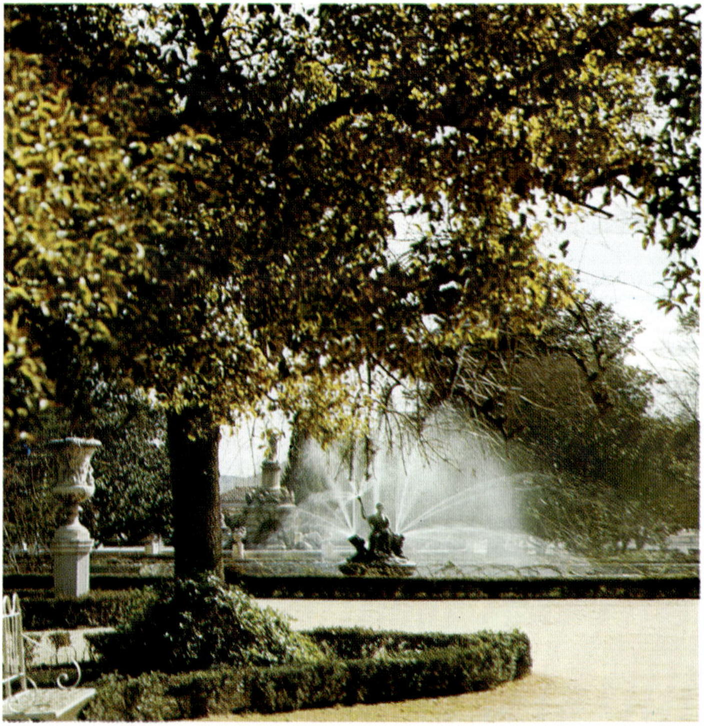

11 Die Gärten von Aranjuez

Ihn sollte erst Ferdinand VII. (1784–1833), von allen Bourbonen der unerfreulichste, realisieren. Als Heimstatt der Königlichen Galerie, die »sowohl Unterrichtszwecken dienen, wie die edle Neugier der Spanier und Fremden befriedigen, außerdem zum Ruhme Spaniens beitragen« sollte, wurde der Prado-Bau vorgesehen. Ursprünglich sollte dieser ein Naturkundemuseum beherbergen. Madrids erstem Architekten, Juan de Villanueva (1739–1811), waren Bauplanung und -Ausführung übertragen worden. Jedoch durch die napoleonische Invasion (1808) und die nachfolgende Geldknappheit verzögert, konnte die Prado-Pinakothek erst am 19. November 1819 eröffnet werden.

Damals waren einzig 311 Gemälde, die ausschließlich von spanischen Künstlern stammten, ausgestellt. Die Prado-Sammlung wuchs schnell. 1821 verzeichnete der Katalog 512, im Jahr 1828 757 und 1843 bereits 1949 Gemälde. Dazu trugen wesentlich die 1836 unter dem Ministerpräsidenten Mendizábal säkularisierten Klöster bei. Außerdem gab das Königshaus mehr und mehr die in den verschiedenen Palästen angesammelten Kunstwerke in die Obhut des Museums. Dieses besitzt heute über 5 000 Gemälde. Davon sind rund 2 350 in 120 Sälen, Kabinetten und Gängen dreier Stockwerke ausgestellt. Der Rest wurde als Leihgabe an Ministerien und Provinzmuseen abgetreten oder befindet sich im Depot.

Der Prado ist ein außergewöhnliches, doch kein lückenloses Museum. Da es die Neigungen seiner Königlichen Herrn widerspiegelt, wirkt es in hohem Maße persönlich, eigenwillig und intim. Wenig liegt ihm daran, alle Malschulen mit Meistern und Schülern vorzuführen. Vielmehr scheint er auf einige Mängel stolz zu sein. Vertiefen sie nicht sein persönliches Gepräge? Spaniens Herrscher beschäftigten sich mit der Kunst nicht als Historiker oder Wissenschaftler. Sie betätigten sich nicht als Ausgräber von der Zeit verschütteter Schätze. Sie trugen vorwiegend Bilder ihrer Zeit zusammen, deren Schöpfer ihre Zeitgenossen waren. Daher sind Werke des 13. oder 14. Jahrhunderts im Prado selten. Stolz sammelten die Könige auch nur die Werke ihrer politischen Freunde. Also Flamen, doch keine Niederländer; Italiener ja, Engländer nein. Dafür scharten sie eine einzigartige Auslese flämischer und italienischer Kunst um sich. Wer möchte ihre Selbstzufriedenheit anprangern, wenn sie von den Meisterwerken eines Velázquez, Zurbarán (Abb. 44), Murillo, Goya und des Kreters Theotocópoulos, genannt El Greco, umgeben waren! Die deutsche Malschule ist schwach vertreten? Aber die vier Dürer-Bilder, mit denen der Prado aufwartet, besitzen für das gesamte deutsche Kunstschaffen eine unübertreffliche Repräsentationskraft!

Wohl dem Besucher, der Zeit für mehr als einen Rundgang hat! Um den Eiligen zu ersparen, daß sie vor Bäumen den Wald nicht sehen, sei ihnen mit einigen Hinweisen eine Orientierung, ein Ariadne-Faden gegeben. Am besten beginnt der Rundgang im Hochparterre des Nordeingangs. Von der Eingangshalle der Rotunde mit dem heroisierenden Bronzestandbild Karls V. von Leone Leoni gelangt der Kunstpilger rechter Hand zu den Kabinetten der frühen Flamen. In deren rechten Hälfte empfängt ihn die *Kreuzabnahme* des Rogier van der Weyden (1399?–1464). Ein Spanier nannte sie »die Triumphpforte der niederländischen Malerei« (Abb. 42). Darin begegnen sich

Blüte der Gotik und erste Morgenröte der Renaissance. Das Malenkönnen erreichte höchste Meisterschaft. Vor solchen Bildern fällt es leicht, fromm zu sein. Unmittelbar daneben hängt eine kleine *Kreuzabnahme* des Meisters. Wendet die große Fassung sich an die Gemeinde, mahnt an Fastenpredigt und Oratorium, will die kleine dem Betrachter im stillen Kämmerlein dienen. Das gleiche Kabinett zeigt eine *Anbetung der Heiligen Drei Könige* von Hans Memling (gegen 1435–1494): burgundisch zeremoniell, vornehm verhalten und farbig harmonisch (Abb. 43). Daneben hält sich die liebliche, doch nicht sentimentale *Ruhe auf der Flucht* von Gerard David (gegen 1450/60–1523, Abb. 53). Im anschließenden Kabinett können sich vor den Tafelbildern *Johannes der Täufer und Meister Heinrich von Werl, Doktor von Köln* und der *Heiligen Barbara* die ewigen Diskussionen der Kunsthistoriker neu entzünden, ob sie frühe Arbeiten Rogier van der Weydens, eines namentlich nicht bekannten ›Meisters von Flémalle‹ oder des Robert Campin sind. Ergiebiger ist es, sich in das Raumerlebnis und die Raumschaffung – direkt und indirekt – zumal auf der Tafel *Johannes, der Täufer* zu versenken.

Im äußersten linken Kabinett des Flamen-Flügels gebieten gleich drei Gipfelpunkte Verbeugung und Verharren: Dürer, Bosch und Breughel, der Ältere. ALBRECHT DÜRER (1471–1528) stellt sich in seinem *Selbstbildnis* keck und modisch herausgeputzt vor (Abb. 56). Doch hinter der weltmännischen Maske verbirgt sich eine suchende, empfindsame Seele. Zartes Fühlen strahlt auch sein erstes Menschenpaar aus, das die damals gewonnene Selbstherrlichkeit der Renaissancemenschen preist. Im späten *Bildnis eines Unbekannten* aus den letzten Lebensjahren ist aus dem Selbsterforscher, der an das Leben und an die Kunst immer wieder Fragen stellte, der abgeklärte, eigenwillige und zielbewußte Charakter geworden. Unser eigenes Fragen nimmt vor dem *Garten der Lüste* des HIERONYMUS BOSCH (gegen 1450–1516) – an der Dürer gegenüberliegenden Wand – kein Ende (Abb. 41). Es hakt sich an unzähligen Einzelheiten fest, die verwundern, bestürzen und Rätsel aufgeben. Wer vermöchte diesen Brunnen rauschend sprudelnder Bilder auszuschöpfen? Dieses Paradies, diese Hölle und inmitten beider der Triumphzug alles Geschaffenen – nach anderer Auffassung der Reinigungsprozeß der sündig gewordenen Menschheit – bleibt jedoch ein Werk aus einem Guß und ein Ganzes, das Einzelheiten, die wir ihm entnehmen, sofort wieder in seine Einheit zurücknimmt. In Erinnerung bleibt ein Menschheitsgedicht, ein Hymnus in Bildern, der Himmel, Erde und Hölle umschließt. Einen Gegensatz dazu bildet *Der Triumph des Todes* von PIETER BRUEGHEL d. Ä. (gegen 1525–1569). Hier fehlen der Himmel und die Heilsmöglichkeit. Es herrscht allein der Tod mit tausend Gesichtern, der Tod des Jedermann und der Tod der Massen, der Tod des Henkers und der der apokalyptischen Reiter, der Tod des Kaisers und der des Scharlatans. Die Kreuze, die da und dort gesetzt sind, sind nicht Boten des Kreuzesheils; sie sind nur Siegel des Todes. Im davorliegenden Kabinett dominiert noch einmal die Welt des Hieronymus Bosch voll Gleichnis und Hintersinn. Sie wird von den unendlich weiten, von Menschen leeren und kristallreinen Landschaften des Joachim Patinir (gegen 1480–1524) begleitet.

Wieder in der Eingangsrotunde empfiehlt sich etwas überraschend nicht der Besuch der Hauptgalerie, in der vornehmlich spanische Malerei des 17. Jahrhunderts vorgestellt wird, sondern die zur Linken liegende Folge von Kabinetten, die italienische Meister beherbergen. Zwei Lücken in der italienischen Quattrocento-Malerei konnten nach dem Bürgerkrieg von 1936–39 geschlossen werden: mit einem *Christi Leichnam, von einem Engel gehalten* des Antonello da Messina (um 1430–1479) und mit drei frühen Tafeln, des Alessandro Botticelli (1444–1510), die eine Novelle aus Boccaccios ›Decamerone‹ illustrieren. Zwischen ihnen hängt ein kleinformatiger *Tod Mariae* des Andrea Mantegna (1431–1506). Das Tafelbild verdiente den Ausspruch des spanischen Philosophen Eugenio d'Ors: »Sollte der Prado brennen, möchte ich diese Mantegna-Perle retten« (Abb. 52).

Das nördlichste Kabinett ist RAFFAEL (1483–1520) gewidmet. Daß es Arbeiten früher und später Schaffensepochen vereint, macht es besonders reizvoll. In der kleinen *Heiligen Familie* des 24jährigen brach sich die Kunst der Renaissance Bahn. Sie fand ihren Höhepunkt in *Der Kardinal* (Abb. 55) und in der *Madonna mit dem Fisch* (Abb. 54). Den vollen Farbklang des Kardinals wird so leicht niemand vergessen. Im *Fall auf dem Weg nach Golgotha* wurde die in sich ruhende Statik der Renaissancekomposition durch die den Barock kennzeichnende Bewegungsdynamik abgelöst.

Die südwärts aufeinander folgenden Kabinette enthalten eine Anthologie florentiner und mailänder Meister. Sie verdienen eingehende Betrachtung, doch kann im hier gesetzten Rahmen nur auf Höhepunkte des Prado hingewiesen werden. Der berühmteste Vertreter der venezianischen Schule: TIZIAN (1477?–1576) brilliert mit 32 Werken, für die ein Saal allein nicht ausreicht. Bilder höchster Qualität wetteifern miteinander: das Bildnispaar *Karl V. mit Hund* und *Philipp II.*, zwei Fassungen von *Venus und der Orgelspieler*, *Bacchanal* – nach Ortega »das frohgemutetste Bild« –, *Venus und Adonis, Adam und Eva, Danae und der Goldregen* (Abb. 46) und das Spätwerk *Spanien steht der Religion bei.* Alle überragt das 1548 in Augsburg gemalte Reiterbildnis *Karl V. in der Schlacht von Mühlberg* (Abb. 34). Es ist mehr als das Porträt einer bedeutenden Persönlichkeit in ihrer höchsten Entfaltung. Es ist die Verkörperung eines historischen Augenblicks. Hier schlägt eine Sternstunde der Malerei. In der Bildgestaltung treffen zusammen: Beherrschung eines stattlichen Formats (3,32 x 2,79 m), Miteinander von Mensch, Tier und Landschaft, schließlich der wohl reichste Farbakkord Schwarz-rot-gold, wobei Schwarz nicht die Negation der Farbe, sondern lebendiges, tragendes Element ist.

Auch EL GRECO (1541–1614) kommt nicht mit einem Saal aus. Allein seine Porträts füllen einen Raum. Faszinierend ist die Spannung, die sich offenbart zwischen dem frühesten Bildnis *Der Mann mit der Hand auf der Brust* (um 1577) mit seiner gebieterischen Symmetrie, seiner plastischen Verschlossenheit und seiner an einen Emailüberzug erinnernden Farbigkeit (Abb. 35) und dem späten Porträt des *Lizenziaten Jerónimo de Cevallos* (um 1608) mit dem asymmetrischen Gesicht, seiner flächigen Behandlung und der dünnen, locker gewebten Farbhaut. Dieser Greco, der um die Disharmonie im Menschen und um sein schwankendes Gleichgewicht wußte, der 'unter die Haut' ging und die zitternden Nerven bloßlegte, spricht den Betrachter von heute unmittelbar an. Kann dasselbe ohne Einschränkung von den religiösen Kompositionen des Greco-Hauptsaals behauptet werden? Der Künstler malte hier die mystische Entrückung. Der Höhensog des Göttlichen ist so heftig, daß er den Menschen vom Boden der Realität losreißt und im Überirdischen schweben läßt. Selbst der Grund, auf dem er steht, verliert Festigkeit und Umriß. Im Hingerissensein gibt der Greco-Mensch seine Eigenwilligkeit auf, ja er verliert sein Gesicht. Er wird einfaches Glied eines Chors von Gottestänzern. Diese Verpflichtung lehnten schon nicht wenige Zeitgenossen des Malers ab, zum Beispiel Philipp II. Doch antwortete unserer Großvätergeneration, im besonderen ihre dem Expressionismus nahestehenden Maler und Schriftsteller, auf diesen mystischen Anruf mit rückhaltloser Bejahung. Die Menschen der Gegenwart – wenigstens ein großer Teil von ihnen –, die mit beiden Beinen auf dem Boden harter Tatsachen stehen, haben Mühe, den Greco'schen Mystizismus nachzuvollziehen. Sie bewundern des Meisters hochgezüchtete Farben, seine vergeistigte Gestik, sein absolutes Engagement. Aber ihrer Begeisterung fehlt die Hingabe der Vorfahren, die zu Greco wallfahrteten.

Nicht von ungefähr wird VELÁZQUEZ (1599–1660), dessen Ruhm eine Zeitlang von dem El Grecos überschattet wurde, wieder mehr geschätzt. Nicht nur, weil er ein überragender Maler ist, sondern seiner Menschlichkeit wegen. Sie feiert ihre schönsten Triumphe in seinem Meisterstück *Die Übergabe von Breda* (Abb. 45) und in der Reihe der *Hofnarren.* Im ersten Gemälde, das wegen der darin vorkommenden Lanzen auch ›Las Lanzas‹ genannt wird, geht der Sieger, Ambrogio Spínola, dem Besiegten, Justinus von Nassau, entgegen, und umarmt ihn. »So schließt man Frieden« schrieb eine Madrider Zeitung 1945 unter eine Reproduktion. Die Hofnarren und Zwerge waren Fehlleistungen der Schöpfung: natürliche Karikaturen. Velázquez lachte nicht über sie, unterstrich nicht ihre Gebrechen, hob sie nicht hervor. Er malte die Unglücklichen in den gleichen Farben, die er für die Porträts des Königs verwandte. Er schloß die Krüppel in seine Arme, da er in ihnen beseelte Gottesgeschöpfe und Brüder in Gott sah. Aus den Bildern des Velázquez spricht immer Menschlichkeit, auch wenn er mythologische Gestalten malte. Sie gerieten ihm zu leibhaftigen Menschen, wie sie in spanischen Dörfern und Städten anzutreffen sind. Menschen mit schlagendem Herzen waren auch seine Infanten (Abb. 38) und Infantinnen, wenngleich sie, ins Hofzeremoniell wie in ein stählernes Korsett geschnürt, zu Puppen zu erstarren drohten. Das Malerauge sah bis auf den Grund ihrer Kinderseele. Edouard Manet, der sich in seiner Malweise von Velázquez bestätigt fand, meinte, allein die Begegnung mit dem Hofmaler Philipps IV. sei eine Reise nach Madrid wert. Er mochte dabei die beiden köstlichen Skizzen *Blick in den Garten der Villa Medici* in Rom – Impressionismus vor dem Impressionismus –, die Velázquez von seiner zweiten Italienreise (1650–1651) nach Hause brachte, im Auge haben. Sicher meinte er damit auch das Velázquez-Hauptwerk seiner letzten Lebensjahre, *Las Meninas,* dem als einzigem Bild im Prado ein eigener Raum reserviert ist (Abb. 48).

Gemälde des van Dyck und Jakob Jordaens leiten zu denen ihres Lehrmeisters, PETER PAUL RUBENS (1577–1640) über. Kein anderes Museum der Welt kann sich gleichvieler eigenhändiger Rubensgemälde rühmen! Der ebenso vitale wie intelligente, feine, phantasievolle und virtuose Flame wird heutzutage etwas von der Seite angesehen. Dies ist dem modernen Sehen zuzuschreiben, das, vom Laufbild des Films beeinflußt, flüchtig sieht, ohne zu verweilen und, von der Reklame verleitet, der prägnanten Einzelheit die totale Schau opfert. Die Rubensbilder (vgl. Abb. 57) kommen zwar in ihrer Dynamik den Kunstfreunden der Gegenwart entgegen, sind ihnen jedoch zu randvoll an Bildideen und zu dicht geknüpft mit Gedankenbezügen. In ihnen strömt eine unaufhörlich sprudelnde Schöpferkraft; in ihnen feiern die Sinne ein nie erlahmendes Fest; in ihnen wird selbst der abstrakte Gedanke zum Bild. Wer sich in die *Drei Grazien*, den *Liebesgarten*, den *Bauerntanz* hineinsieht, nimmt an diesem Fest teil. Und wer sich über die Skizzen beugt, die für die Gobelinserie *Eucharistische Apotheose* geschaffen wurden, wird Zeuge, wie ein abstrakter theologischer Begriff sich unter dem raschen Pinsel des Meisters in ein rauschendes Bild mit stampfenden Rössern, vergoldeten Siegeswagen, beflügelten Genien, schweren Blumengebinden und salomonischen Säulen umsetzt. Dieser Skizzen wegen bekehrte sich dereinst Jakob Burckhardt, der auf den klassischen Raffael eingeschworen war, zum barocken Rubens!

Über Rubens wird durch einen schmalen Gang, in dem Stilleben des zu wenig bekannten Luis Eugenio Meléndez (1716–1780) hängen, der FRANCISCO DE GOYA (1746–1828) gewidmete Achtecksaal erreicht. *Die Familie Karls IV.*, die im Jahr 1800 gemalt wurde, markiert einen Höhepunkt seines Schaffens (Abb. 49). Daß Goya mit diesem Bild für den Hof neben den dortigen bereits vorhandenen von Velázquez zu bestehen trachtete, verraten die Vorstudien. Der 54jährige zog alle Register seines Könnens. Entgegen allzu literarischer Auslegung lag ihm sicherlich keine Karikatur der korruptdekadenten Bourbonen-Familie im Sinne. »Aber die Zeit malt auch«, pflegte Goya zu sagen. Da wir heute auf das Bild mit dem Wissen um die Charaktere des Königspaars, Karls IV. und María Luisa, der Infanten Fernando und Carlos schauen, erkennen wir in den Gesichtszügen der Dargestellten ihre eingefleischte Verlogenheit, Sittenlosigkeit, Dummheit, Eitelkeit, Tücke und ihren Spaß an der Intrige wieder. Unser historisches Wissen entlarvt sie. Goya selbst stellte die einzelnen Vertreter des Clans als ›vox media‹ dar, als im Äußeren festgelegte Gestalten, jedoch ohne ihre moralische Ausdeutung. Er war nicht nur Hofmaler. Er war auch, wenigstens zu diesem Zeitpunkt, königstreu. Wie fern ihm der Gedanke der Kritik oder gar der Karikatur lag, ist daraus ersichtlich, daß er die nach dem Leben angefertigten Skizzen schönte. María Luisa, damals 49jährig, war ein Ausbund an Häßlichkeit. Schon in der Skizze unterdrückte Goya ihre vom Laster gezeichneten Gesichtszüge. Im Bild glättete er ihre Haut, gab ihren Armen die 'morbidezza', worauf die Königin stolz war, und behängte sie mit Schmuck.

Im gleichen Raum wird die letzte bedeutende Prado-Neuerwerbung des Jahres 1974 ausgestellt: das aus dem Jahr 1798 stammende Bildnis des damaligen Ministers und Goya-Mäzens *Gaspar Melchor de Jovellanos* (Abb. 39). Goya setzte damit dieser

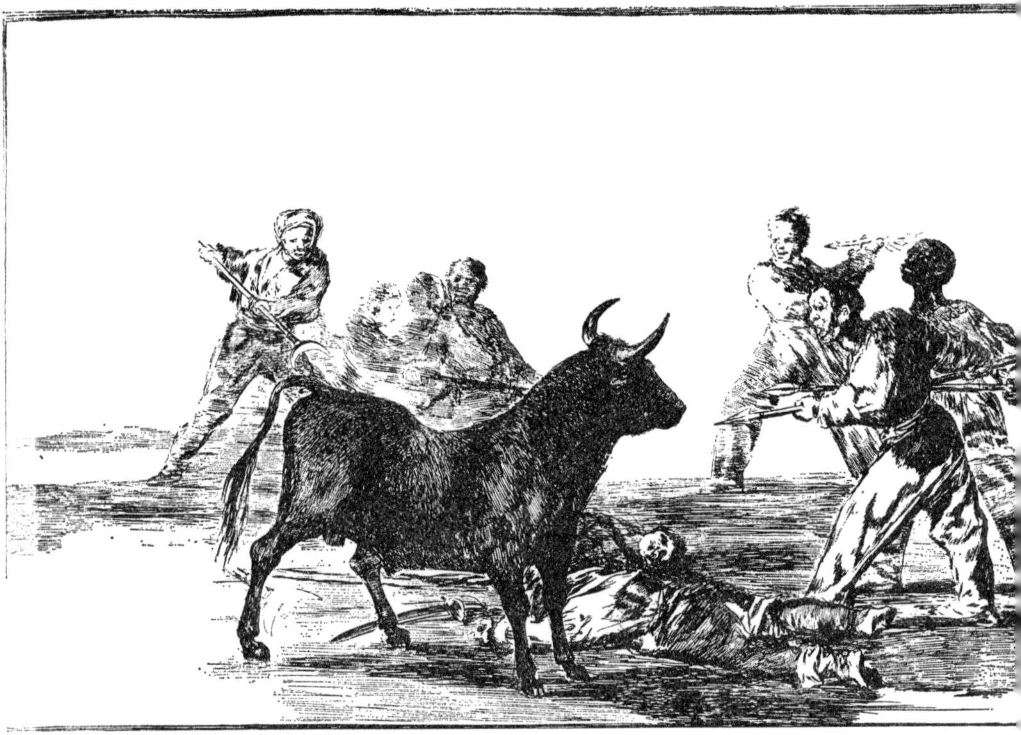

Francisco de Goya, ›Tauromaquia‹, Angriff auf den Stier mit Lanzen . . ., 1815/16. Radierung

Freundschaft ein Denkmal. Er, der bisweilen seine männlichen Modelle als 'Kanonenfutter' abfertigte, holte für Jovellanos seine feinsten Silbertöne und ein durchsichtiges Karnat von der Palette, arbeitete differenzierte Hell-Dunkel-Effekte heraus und war auf solide Bildarchitektur bedacht. Das Porträt, das uns (nicht ganz sicher) die *Frau des Malers, Josefa Bayeu*, vorstellt, und das *Bildnis der Tadea Arias de Enríquez* belegen Goyas Feingefühl für das ewig Weibliche. Es ist in ihm immer wach, ob er sich einem häßlichen Entchen oder einer unwiderstehlichen Herzensbrecherin gegenüber befand. Seine Kunst vermochte die einen zu verklären und die anderen noch unwiderstehlicher zu machen.

Da der Prado 120 Gemälde, 483 Zeichnungen und die gesamte Druckgraphik Goyas besitzt, war es bisher unmöglich, all dies geschlossen auszustellen. Im Erdgeschoß sind in mehreren Sälen Goyas Teppichentwürfe untergebracht, die Serie der ›Schwarzen Bilder‹, die großen Kompositionen *Mameluckenschlacht* und *Erschießung der Aufständischen in der Nacht vom 2. zum 3. Mai 1808* (Abb. 51), Gemälde aus den letzten Bordeaux-Jahren, schließlich Zeichnungen zu den Radierzyklen ›Los Caprichos‹, ›Los

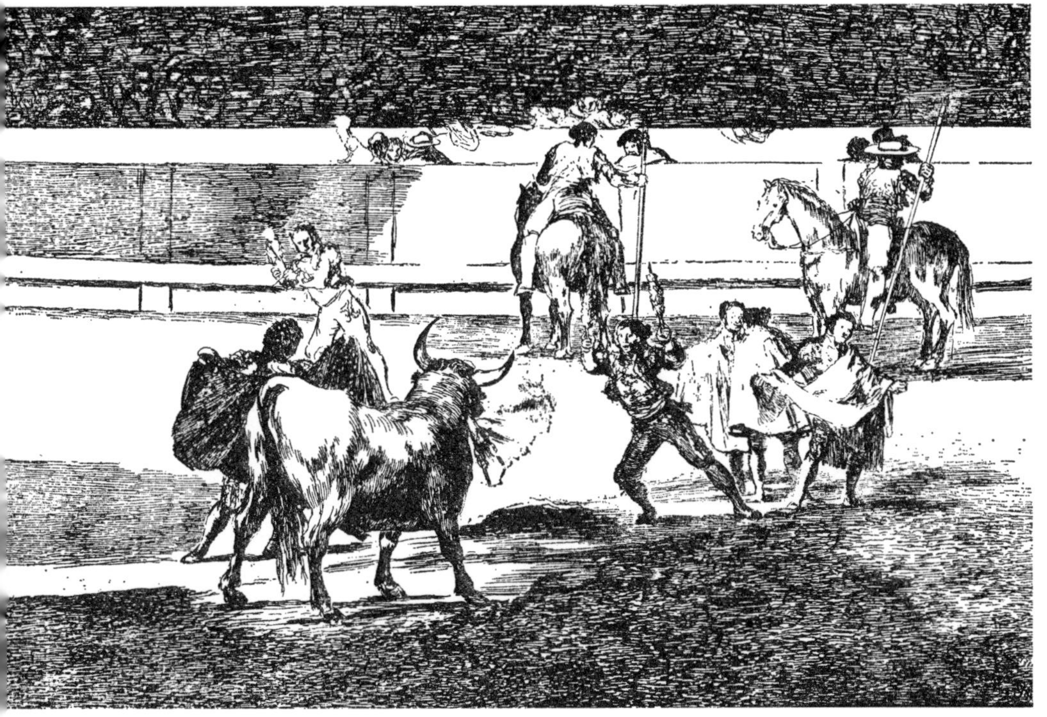

Francisco de Goya, ›Tauromaquia‹, Banderilleros mit Feuerwerk, 1815. Radierung

Desastres de la Guerra‹, ›Tauromaquia‹ und ›Disparates‹ neben Proben seiner Druckgraphik. Die Vorstellung von Goyas Genie erweitert sich damit in fast bestürzendem Maße: vom noch nicht selbständigen Maler des Spätbarock, zum verspielten Vertreter des Rokoko, zum neue Grenzen ziehenden Realisten, der nicht mehr nur für den Hof malte, sondern der Geschichte seines Volkes Ausdruck verlieh. Er stieg in die Unterwelt der ›Schwarzen Bilder‹, mit denen der Aragonese nach den Worten des spanischen Kunsthistorikers Lafuente Ferrari »neue Kontinente der Kunst« entdeckte. Doch kehrte der 80jährige aus dieser Vorhölle der Ängste und Drohungen noch einmal in das Licht des Alltags zurück, um in reifer Spätlese Porträts, Stilleben, Stierkampfszenen, Lithographien hervorzubringen. Wenn nach Nietzsche das Genie an der Spannweite zwischen seinen Polen zu erkennen ist, gibt es für Goyas Genialität keinen schlagenderen Beweis. Erstaunlich ist nur, daß rund hundert Jahre vergehen mußten, bevor die Kunstfreunde das Goya-Werk in seinem vollen Umfang zu erfassen und in seiner ganzen Tiefe auszuloten wußten. Lange Zeit hielten sie sich an den anekdotischen Maler der Teppichentwürfe oder würdigten den Porträtisten. Dagegen stießen seine späten Arbeiten, vor allem die ›Schwarzen Bilder‹, noch zu Beginn des 20. Jahrhunderts auf entrüstete Ablehnung selbst von Kritikern, die den Ruf von »Schrittmachern der modernen Kunst« genossen. Auch heute üben die Gobelinkartons starke Anziehung aus, weil sie bunt und fröhlich sind. Sie lassen die schnelle Entwicklung Goyas zur eigenständigen Künstlerpersönlichkeit erkennen. Aber im Grund werden sie als Durchgangsstufe des Malers zur Kenntnis genommen. Dabei haften ein Glückswurf wie *Der Sonnenschirm* oder die zuletzt entstandenen Entwürfe wie *Weinlese, Das Blindekuhspiel, Der Hampelmann* und *Die San Isidro-Wiese* in der Erinnerung (vgl. auch Einband-Rückseite). Mehr beschäftigt in einem rot ausgeschlagenen Kabinett das Bildpaar: *Nackte* und *Bekleidete Maja* (Abb. 47). Sie wurden als Sexbomben bezeichnet. Sie haben weder etwas von der Göttlichkeit der Venus, noch von der Unschuld einer Eva, von der Reinheit einer Madonna oder der Heiligkeit einer Märtyrerin. Selbstzufrieden, lauernd spielt die Maja ihre Reize aus. Sie springt den Betrachter an; der könnte darüber übersehen, wie leicht und duftig die Laken des Lotterbetts gemalt sind!

Der Saal der ›Schwarzen Bilder‹ verwirrt, verblüfft und stellt zunächst nur Fragen. Goya malte sie an die Wände seiner ‘Finca’. Er lebte mit ihnen. Wie sein Enkel versicherte, bedeuteten sie ihm viel. Weil er malte, was und wie er wollte? Er malte die Angst der Menschen, die im Bannkreis des Urbösen mit verstörten Gesichtern der Teufelspredigt lauschen (Abb. 50). Er malte den Zug der Menschen aus der Nacht und in die Nacht, wobei sie, zu Masken erstarrt, singen und heulen, um ihr Bangen loszuwerden. Er malte den *Saturn*, der seine eigenen Kinder auffrißt. Da diese Themen menschliche Begriffe übersteigen, erfand er dafür neue Formen, die den Kanon des menschlichen Körpers hinter sich lassen. Menschen schlagen sich gegenseitig tot. Menschen fliegen durch die Luft. Ein Hundekopf blickt – voll Urangst – auf: pure Furcht auf leerer Fläche. Goya malte das Nichts. Er malte die Verlorenheit der Menschen, der in den Händen der Schicksalsdämonen nur ein Homunkulus ist. Aber er brachte noch den Mut auf, dieser Dämonen zu spotten, indem er sie als mannweibische Vetteln darstellte. Der spanische Nihilist gibt nicht klein bei. Er verzweifelt nicht. Auf das Brüllen des Dämons antwortet Goyas Greis mit einem selbstsicheren, unbeirrbaren Lächeln. Seine Besucher, die von Ängsten geplagt werden, können sich vor den ›Schwarzen Bildern‹ nicht der Schauer wehren, können ihnen aber auch tröstlichen Zuspruch entnehmen. Nie zuvor wurden die Forderungen moderner Künstler nach Engagement, nach Verzicht auf Genußkunst, auf Antikunst radikaler erfüllt als vom alten Goya!

Zuvor hatte er die beiden Erinnerungsbilder an die napoleonische Invasion *Aufstand vom 2. Mai 1808* und *Erschießung der Aufständischen in der Nacht vom 2. auf 3. Mai 1808* (Abb. 51) geschaffen. Zwingt die Freiheit seiner Farbgebung zur Bewunderung, überrascht die Gestaltung des Themas. Er wollte dem Freiheitssinn der Madrider, die sich gegen die napoleonische Besatzungstruppen erhoben, ein Denkmal setzen. Daraus wurde das erste Denkmal des Unbekannten Soldaten. Ein neuer Heldenbegriff, der den klassischen Helden des Altertums und den christlichen Märtyrer ablöste, nahm Gestalt an. Weder Verklärung noch Resignation umstrahlen Goyas namenlosen Helden, der den geballten Gewehrläufen des Erschießungspelotons Gesicht und Brust bietet. Protest gegen Willkür und Gewaltherrschaft, Protest gegen brutale, mechanische Macht, Protest bis zum letzten Atemzug ist sein Lebensmotor. Er stirbt aufrecht. Wie Christus am Kreuz breitet er seine Arme aus.

Die beiden Erinnerungen an die napoleonische Zeit – Dokument und Monument – rahmen das Selbstbildnis des 69jährigen. Gegenüber befinden sich das Porträt von Goyas Bankierfreund Muguiro, das der halbblinde und auf den Beinen wacklige Maler stolz signierte: »Don Juan de Muguiro von seinem Freund Goya mit 81 Jahren in Bordeaux, Mai 1827«, und das wohl letzte Werk des 1828 gestorbenen Meisters, *Das Milchmädchen von Bordeaux*. Goya, dem die Frauen nacheinander zu Puppen, Majas und Hexen wurden, preist darin Schönheit und Unschuld des jungen Mädchens.

Der Prado nimmt kein Ende! Noch bleiben die beiden Teile der Erdgeschoß-Hauptgalerie, die im ersten Teil spanischen Malern des 15. und 16. Jahrhunderts vorbehalten ist und im zweiten Teil eine Parade großformatiger Rubens-Kompositionen enthält. In den beiden westlichen Kabinettfolgen, die parallel dazu liegen, sind Werke von Murillo (1618–1682) und Ribera (1591–1652) aufgereiht. Ihre Qualität vermag das Vorurteil, das seit einiger Zeit dem 'süßlichen' Murillo und dem 'blutrünstigen' Ribera entgegengebracht wird, zu entkräften. Am einen Ende der Kabinette lassen die virtuosen, repräsentativen, gleichwohl lebendigen Porträts des Antonis Moro (1519?–1576) von Königinnen und Prinzessinnen Kunstbetrachtung mit Genealogie verknüpfen (Abb. 36). Am andern Ende warten die flämischen Stilleben- und Genre-Maler mit ihrer Freude an den Objekten der göttlichen Schöpfung, mit ihrem Auskosten familiärer Szenen und mit ihrer Farbentrunkenheit auf.

An der Südseite im Hochparterre verlohnt es sich, in das hinter dem Goya-Achtecksaal gelegene Kabinett bei Giambattista Tiepolo einzukehren. In seinen frohgemuten Gemälden geben Venedig und der italienische Barock eine letzte Galavorstellung. Die sich anschließenden Räume, die von allzuvielen Pradobesuchern übergangen werden, danken ein Abweichen vom Allerweltsparcours mit unverhofften, erlesenen Proben französischer Kunst des 17. und 18. Jahrhunderts von Poussin, Claude Lorrain, Watteau bis Largillière, van Loo und Houasse.

Gibt es nicht noch wohl bestellte Säle im Obergeschoß des Nord- und Südflügels? Selbst das Tiefgeschoß neben der Cafetería wird zur Unterbringung von Gemälden benützt. Doch Ober- wie Tiefgeschoß sind wegen Personalmangels seit Jahren meistens geschlossen. Verraten sei, daß dort Italiener von Guido Reni über Annibale Carracci und die energische Artemisia Gentileschi bis zu Carlo Maratta ein unverdient verborgenes Dasein führen müssen und daß hier das Licht des Böhmen Mengs, der englischen Porträtisten des 18. Jahrhunderts und des hochbegabten Goya-Zeitgenossen Luis Paret (1746–1798/99?) unter den Scheffel gestellt ist.

Wer stimmt nach einem, wenn möglich nach mehreren Pradobesuchen nicht Hemingway bei, der schrieb: »Allein der Prado würde es verlohnen, jedes Frühjahr einen Monat in Madrid zu verbringen.«

Archäologisches Nationalmuseum

Der Prado zählt jährlich eine Million und mehr Besucher, das Archäologische Nationalmuseum nicht den zwanzigsten Teil. Dennoch birgt es in seiner Art die bedeutendste Sammlung des Landes und ist in Madrid dem Prado zunächst zu nennen. Seine Unterschätzung ist zu einem Teil seiner Spezialisierung auf frühe Kunst zuzuschreiben. Sie könnte auch auf seine etwas disparate Vielseitigkeit zurückgeführt werden. Denn dort sind nicht allein Ausgrabungen der Vorgeschichte ausgestellt, sondern auch Zeugnisse der phönizischen, griechischen, punischen, römischen, westgotischen und maurischen Zeit. Selbst Beispiele der romanischen und gotischen Plastik, maurischer und maurisch beeinflußter Keramik, sogar Porzellan und Kunstgewerbe des Barock, des Rokoko und des 19. Jahrhunderts sind hier anzutreffen. Das Übel des Allzuvielen, in dem die Qualität künstlerischer Spitzenleistungen zu ertrinken drohte, wurde durch eine gründliche Umorganisation jüngsten Datums erheblich gemindert. Die Neuaufstellung ist noch nicht abgeschlossen.

Die archäologischen Funde haben bei dieser Reform durch übersichtliche, moderne Aufstellung sehr gewonnen. Sie führen vor Augen, daß Spanien schon vor dem Jahr 1000 christlicher Zeitrechnung in einem fruchtbaren Handels- und Kulturaustausch mit den Ländern des östlichen Mittelmeers stand. Seit dem 7. Jahrhundert vor Christus drangen immer neue Stämme keltischer Einwanderer auf die Pyrenäenhalbinsel vor. Ihnen standen innerafrikanische Einflüsse gegenüber. Die Pyrenäenhalbinsel war zu allen Zeiten kein abseits und isoliert liegendes Anhängsel Europas, sondern ein Lebensraum zwischen Osten und Westen, zwischen Norden und Süden. Der mittelmeerische Einfluß wirkte am stärksten längs der Südküste, drang jedoch tief ins Landesinnere, entlang den Flußläufen des Tajo, Guadalquivir und Guadiana, vor.

Die Ausgrabungsfunde lassen sich nicht immer leicht datieren. Dies trifft zumal auf die iberische Kunst zu, da sie einerseits auf die Nachahmung ausländischer Muster zurückging, andererseits konservativ an ihrem primitiven Ausdruck festhielt und sich wiederholte.

Gleich bei Betreten des ersten Saales schimmern die Schätze aus Lebrija im Tal des Guadalquivir mit sechs hohen Kandelabern, die einen ägyptischen Einschlag haben und aus dem 9.–8. Jahrhundert vor Chr. stammen. Golden leuchtet der Schatz von Sagrajas in der Provinz Badajoz (um 850 v. Chr.). Seine Armbänder und sein Halsschmuck kamen erst 1969 ans Tageslicht. Sie sind aus massivem Gold geschmiedet. Das Hauptstück, das durch leichte Gravierung veredelt ist, wiegt zwei Kilo! In seine Nähe gehören der ›Tesoro‹ von Bodonal und Berzocana (Provinz Cáceres). Jünger, aus dem 7. Jahrhundert v. Chr., ist der in seinen Formen barbarisch anmutende, durch das Raffinement seiner Technik jedoch erstaunliche Schatz von Aliseda. Er dürfte in einer phönizisch-andalusischen Werkstätte hergestellt sein. Seine Meister kannten bereits das Verfahren der Granulierung. Ein Goldgürtel zeigt in vielfacher Wiederholung den Kampf eines Greifen mit einem Löwen. Mit feinster Granulierung und mit außergewöhnlichem Formenreichtum prunkt der aus dem 4. Jahrhundert v. Chr. herrührende ›Tesoro de Javea‹. Aus seiner noblen Ordnung und Durchformung spricht griechischer Kunstsinn. Obwohl sich die Griechen nur an einigen Plätzen der Mittelmeerküste ansiedelten und früh den Phöniziern und ihren Bundesgenossen, den Puniern, weichen mußten, blieben ihr Geist und ihre Kunst noch lange lebendig. Neues Staunen nötigt das silberne *Tafelgeschirr* von Abengibre ab, Entstehungszeit 5.–4. Jahrhundert v. Chr. Von seinen ursprünglich 26 oder 28 Teilen sind 18 erhalten. Einige davon tragen kaum sichtbar eingeritzte iberische Inschriften. Vor so üppig ausgebreitetem Reichtum droht die Gefahr, erlesene Einzelheiten der Vitrinen zu übersehen, so ein handgroßes, nüanciert gearbeitetes phönizianisches Alabasterfigürchen des 9.–8. Jahrhunderts v. Chr., eine vergoldete Silberfibel mit einer großartig stilisierten Taube aus dem Schatz von Mogón in der Provinz Jaén, eine phantasievolle Silberfibel aus dem Schatz von Cañete de las Torres (Provinz Córdoba) oder eine Silberschale in vollendeter Treibarbeit, in deren Mitte ein Löwenkopf von galoppierenden Kentauren umkreist wird.

Vom gleißenden Gold werden die Tonfiguren- und Masken der Insel Ibiza in die Ecke gedrängt. Sie wurden dort hauptsächlich im Gräberfeld des Puig d'es Molins gefunden. Auf der seit dem 7. Jahrhundert v. Chr. von den Karthagern beherrschten Insel – Kreuzungspunkt viel befahrener Wege – fanden sich Schätze aus Vorderasien, Ägypten, Griechenland und Italien. Man begegnet kretischen, mykenischen, mesopotanischen, ägyptischen, griechischen und etruskischen Einflüssen. Die Punier mischten sich daraus eine Kunst mit eigenem Ausdruck: urtümlich, unmittelbar und dämonisch lebendig. Eine ungehemmte, aus den dunkelsten Gründen hervorbrechende Vitalität geht von ihren Tonfiguren aus, deren Technik meist primitiv und sogar plump ist. Sie stellen häufig die Todesgöttin Tanit dar. Der Realismus der Darstellung und die Vitalität des Ausdrucks bereiten hellen Spaß, obwohl ihre Stilisierung zuweilen, bis zum Äußersten geht und es sich um Serienware handelt. Ihre Entstehungszeit reicht vom 6. Jahrhundert vor Christus bis weit in die Römerzeit hinein. Die bronzenen Krieger, Frauen, Kaufleute, Wanderer, Reiter und Wagen samt Gespannen, die in den iberischen Heiligtümern im Südosten des Landes, Castellar de Santiesteban, Collado de los Jardines, Santa Elena, Cerro de los Santos angetroffen wurden, dienten als Votivgaben.

Im Hauptsaal halten drei Großplastiken der iberischen Kunst feierliches Konzil ab: die ›Dama de Elche‹, die ›Dama de Baza‹ und die ›Dama del Cerro de los Santos‹. Die *Dama de Elche*, 5. Jahrhundert vor Christus, ist in ihrer steil gereckten Haltung voll Würde die griechischste (Abb. 25). Sie war ursprünglich bemalt und wurde 1897 in Elche (Prov. Valencia) gefunden. Die *Dama de Baza* (Abb. 26), die erst vor kurzem in der Vega von Baza bei Granada ausgegraben wurde, ist ein außergewöhnlicher Glücksfall. Denn sie blieb uns in ihrer ganzen, auf einem Flügelthron sitzenden Gestalt und mit ihrer ursprünglichen Bemalung – rot, blau, schwarz – erhalten. An der rechten Seite des Throns befindet sich ein Hohlraum, der einst die Asche eines Kriegers barg. Daraus kann man schließen, daß die ›Dama‹ eine Totesgöttin, verwandt der griechischen

Demeter und der punischen Tanit, darstellt. Damit ist auch das Rätsel um die ›Dama de Elche‹ gelöst, die häufig als Büste einer Fürstin oder einer Priesterin gedeutet wurde. Auf ihrer Rückseite befindet sich ebenfalls ein Hohlraum, der wohl zur Aufnahme von Totenasche diente. Auffallend ist der schwergliedrige Schmuck der beiden Damen, der gegen die zierliche Art griechischer Juwelen gehalten barbarisch anmutet. Auffallend auch das Ungegliederte, Blockhafte, Starre dieser Großplastiken. Gerade dies macht den Unterschied zur durchartikulierten griechischen Körperauffassung augenfällig. Die hieratisch hoheitsvolle *Dama del Cerro de los Santos* von Montealgre in der Provinz Albacete dürfte die Jüngste in dieser Runde sein.

Dem Block verhaftet blieben auch noch die Steinreliefs von Osuna. Sie entstanden im 3. Jahrhundert vor Christus bereits unter römischer Herrschaft und dienten als Ecksteine von Gedenkstätten. Wenn sie der römischen Kunst ihre Monumentalität verdanken, sind ihr Realismus und ihre Lebensfülle iberische Grundeigenschaften. Die drei imponierenden Stierköpfe aus Bronze, die einst im 4.–2. Jahrhundert v. Chr. einen dem Kriegsgott Mars geweihten Tempel in Costix auf Mallorca zierten, sind ebenfalls ohne die Römer nicht zu denken. Sie zählen zu den machtvollsten Zeugen der tief wurzelnden, geheimnisvollen Verehrung der Spanier für den Stier, die bis heute im Stierkampf fortlebt.

Die Jahrhunderte römischer Herrschaft hinterließen in Spanien zahlreiche Spuren. Uneingeschränkte Bewunderung ist ihren Bauwerken sicher, wie dem Amphitheater von Mérida, dem Triumphbogen von Barea und allen voran dem Aquädukt von Segovia. Was sie an Bildnisplastiken, Reliefs, Schmuck, Sarkophagen, Kunstgewerbe hervorbrachten, kann sich zwar sehen lassen, trägt jedoch den Stempel des Provinziellen. Davon sind auch die Fundstücke des Museums nicht auszunehmen. Den Reichtum der spanischen Provinzen belegen Mosaiken von riesigem Ausmaß wie das in Hellín (Provinz Albacete) freigelegte ›Jahreszeiten- und Monats-Mosaik‹, die in Liria (Provinz Valencia) gefundenen ›Arbeiten des Herkules‹ oder der aus Saragossa stammende ›Triumphzug des Bacchus‹. Interessant die in Bronze gegossenen Kaiserlichen Erlasse.

Der Saal der griechischen Keramik aus der Zeit vom 9. bis 3. Jahrhundert v. Chr. fordert die Spezialisten heraus: mit Amphoren, Krügen, Trinkgefäßen, Tellern, Urnen; mit geometrischen oder pflanzlichen Motiven, mit figürlichen Darstellungen schwarz auf rot, sowie rot auf schwarz bis zu den Lekythos mit schwarzer und roter Bemalung auf weißem Grund, mit anonymen Werkstattarbeiten und vom Künstler signierten Einzelstücken aus Athen, Korinth und Unteritalien. Die Spezialisten sind auch vor den spätrömischen und frühchristlichen Ausgrabungen aufgerufen, die noch heidnische und schon christliche Themen behandeln, wenn nicht beide zugleich.

Im ersten Stock im Hauptsaal zur rechten Hand wird der Besucher zuerst von den goldenen *Votivkronen* der westgotischen Könige angezogen (Abb. 30). Sie wurden beim Herannahen der arabischen Invasoren im Jahr 712 in Guarrazar bei Toledo vergraben. Als man sie 1859 wieder auffand – es waren insgesamt elf Kronen, außerdem zwei Goldketten und drei Bischofs- und Vortragskreuze –, schmolzen ihre Ausgräber einige Kronen ein und verkauften andere an das Pariser Cluny-Museum. Am besten ist die Krone des Königs Recesvinto (649–672) erhalten. Mit all ihrem Reichtum an Gold, Edelsteinen und Emails gehören die Kronen, die dereinst in der Königskirche von Toledo aufgehängt waren, zu den bemerkenswertesten Goldschmiedearbeiten dieser Kunstepoche. Steinplatten mit Reliefs an den Wänden und zahlreiche Adlerfibeln mit Email in den Vitrinen sprechen für das, an Rom und Byzanz geschulte Können der prunkliebenden Westgoten.

Ungleich kultivierter und zivilisierter gaben sich die maurischen Herrscher. Bevor sie im Jahr 711 zur Eroberung der iberischen Halbinsel auszogen, hatten sie in Syrien und Ägypten die noch lebendigen Reste der griechisch-römischen Kultur in sich aufgenommen. Sie vermochten im Okzident Europas ein Kulturzentrum des Orients zu schaffen. Kunst und Kunstgewerbe erlebten unter den Mauren eine einzigartige Blüte. Da der Islam die Darstellung von Personen und Tieren verbot, konzentrierten sich die Künstler auf dekorative Darstellungen mit geometrischen Formen, die sie unendlich zu variieren verstanden. Wie Gespinst überziehen zartgliedrige Muster den Materialgrund. Zu höchster Vollendung gelangte diese Kunst in der *Elfenbeindose* einer cordobesischen Werkstätte, die der Kalif Al-Hakem II. im Jahr 964 seiner Lieblingsfrau Aurora schenkte (Abb. 29). Der Islam hatte damals schon seine ursprüngliche Strenge verloren, so daß der Künstler sich nicht mehr an rein abstrakte Formen hielt und sein Werk, das zudem den Blicken der Öffentlichkeit entzogen war, mit pflanzlichem und tierischem Leben erfüllen konnte.

Die christlichen Künstler Andalusiens lernten von ihren arabischen Meistern. Wenn sie in das von den Christen zurückeroberte Gebiet auswanderten, nahmen sie maurische Vorstellungen und Techniken mit, die sie bei der Gestaltung christlicher Themen anwandten. Daraus ergab sich eine originelle Mischung aus hochgezüchteten maurischen Dekorationsformen und der Verkündung christlichen Gedankenguts. Dieser als mozarabisch bezeichneten Kunst ist das *Elfenbeinkreuz* des Königspaars Ferdinand I. und Sancha von Kastilien und León aus dem Jahre 1063 zu danken (Ft. 3). Der monumental aufgefaßte, romanisch strenge, Hoheit ausstrahlende Christus ist an ein Kreuz geschlagen, das über und über mit dekorativen Motiven überzogen ist. Ein zart eingraviertes Blattmuster kontrastiert mit einem das Kreuz rahmenden Band, das in kräftigem Relief eine figurenreiche, von Leben erfüllte Darstellung des Jüngsten Gerichts gibt. Über dem Haupt des Gekreuzigten ist die Inschrift sichtbar ›HJHG Nazarenus Rex Judeorum‹ und medaillonartig ausgeführt der auferstandene Christus, auf den die Taube des Heiligen Geistes niederfährt. Zu Füßen des Erlösers ist innerhalb einer fünffach gestuften Rahmung eine gebückte, nackte Gestalt zu erkennen – stellt sie den Künstler dar? –; den unteren Abschluß bilden zwei Schriftbänder: ›Fredinandus Rex Sancia Regina‹. Trotz der dekorativen Überfülle und Vielfalt, von der sich die monumentale Majestät des Heilands abhebt, haben wir ein Werk von seltener Vollendung vor uns: eine Synthese christlichen Glaubens und maurischer Dekoration. Wessen die mozarabischen Künstler fähig waren, demonstriert gleich daneben die aus dem 10. Jahrhundert stammende *Agath-Schatulle*. Ihre Hufeisenbogen-Architektur und ihre sich rollenden, ineinander verschlingenden, doch gebändigten dekorativen Formen schießen mit den glatten, bunten Agath-Scheiben und deren unruhig züngelnden, elementar freien Zeichnung zu schöner Harmonie zusammen.

Maurische Dekoration bleibt weiterhin der romanischen Plastik anzumerken. So zum Beispiel, wenn auf dem Sargdeckel des Anfus Pérez aus dem Jahr 1093 die lateinische Inschrift schmückend gereiht wird oder dicht aneinander gesetzt, kleinformige Bänder zu großer Form zusammengefaßt werden. Neben dem königlichen Ausdruck der romanischen Madonna des frühen 12. Jahrhunderts aus Sahagún oder der Apostelsäule des Meisters Mateo von Santiago de Compostela aus der ersten Hälfte des 12. Jahrhunderts, aus der heller Geist und aktionsfreudige Vitalität sprechen, fallen die Proben gotischer Bildhauerkunst durch Verspieltheit ab.

Maurische Dekoration dehnte sich im Fortschreiten der Reconquista* erst recht aus. Die christlichen Sieger nahmen die maurischen Künstler und Kunsthandwerker in ihre

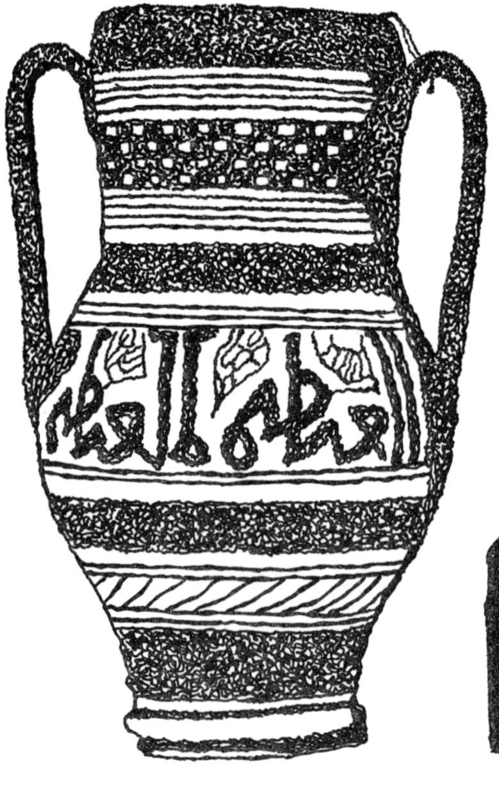

◁ Krug aus der Zeit des Kalifats. Madrid, Archäologisches Museum

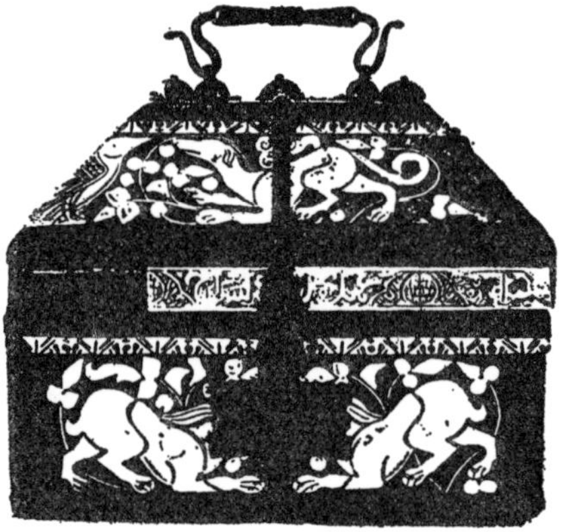

Kästchen mit Einlegearbeit aus San Isidoro de León. Madrid, Archäologisches Museum

* Zurückeroberung aus maurischer Herrschaft

Dienste. Sie stellten ihnen Aufgaben aus der christlichen Glaubenswelt. Die Ausführung überließen sie jedoch dem überlegenen Können der Besiegten. Diese mudéjar genannte Kunst zeichnet sich durch Flächigkeit, Abstraktion, Gleichförmigkeit, Variationsfreude und Wiederholung ihrer Schmuckformen aus. Sie bedecken mit einem wahren 'horror vacui' sei es eine Wand, sei es ein Gefäß oder ein Schmuckstück von Rand zu Rand. Am reinsten tritt die mudejare Kunst in der Keramik in Erscheinung, so daß Krüge und Schalen des 13. und 14. Jahrhunderts, die auf christlichem Gebiet hergestellt wurden, maurisch anmuten. Bis näheres Zusehen mitten im maurischen Formengespinst ein fremdes Formgebilde, etwa ein Wappen oder ein Medaillon bemerkt, durch die Gleichmaß und Harmonie der maurischen Bildwelt gestört werden. Dies läßt sich studieren an zahlreichen Keramiktellern und -platten (azulejos) aus Werkstätten Granadas und Málagas des 12. und 14. Jahrhunderts, sowie der Herstellungszentren an der Levante – voran Manises –, in Aragonien und in Katalonien, mit Metallglanz und mit Goldgrund, rein dekorativ oder mit Jagdszenen. Das Geschäft blühte bis ins 17. Jahrhundert.

Sollte von der überbeanspruchten Aufnahmefähigkeit noch etwas übriggeblieben sein, so kann man nach Verlassen des Gebäudes in einem Tiefgeschoß des Vorgartens die Reproduktion der Höhle von Altamira besichtigen. Deren Deckengemälde sind in allen Punkten originalgetreu, maßgerecht und mit wissenschaftlicher Genauigkeit wiedergegeben. Sie haben den Originalen sogar etwas voraus: daß sie sich ohne Gedränge und ohne Führung betrachten lassen.

Academia de San Fernando

Die Academia de San Fernando, die dem praktischen Studium der Schönen Künste diente und Sammelpunkt ihrer Schöpfungen wurde, war trotz ihrer Kunstwerke das Aschenbrödel unter den Madrider Museen. Sie wird zur Zeit umgebaut; vor 1978 dürfte sie nicht wieder eröffnet werden. Ihre wichtigsten Gemälde wurden für die Zwischenzeit in Ausstellungssälen der Biblioteca Nacional zugänglich gemacht.

Die Akademie wurde 1744 von dem Bourbonen Ferdinand VI. (1713–1759) gegründet und 1752 im ›Palacio Goyeneche‹, einem der wenigen heute noch erhaltenen Madrider Paläste, eröffnet. Dieser war von dem Ältesten der Churriguera-Brüdern, José Benito (1665–1725), erbaut worden und erhielt bei einem Umbau im Jahr 1773 sein heutiges Aussehen, das einer abweisend mürrischen Staatskanzlei. In ihr waren untergebracht: die Repräsentationsräume der Akademie, in der Goya Direktor war, die Ateliers für Maler, Bildhauer und Architekten, in denen in unserer Zeit Picasso und Dalí, letzterer bis zum Hinauswurf, ein Gastspiel gaben, die ›Calcographie‹, in der unter anderen die Radierungen Goyas gedruckt wurden und die Kupferplatten zu seinen Radierfolgen ›Los Caprichos‹, Los Desastres de la Guerra‹, ›Tauromaquia‹ und ›Los Disparates‹ aufbewahrt werden.

Mittelpunkt der Akademie wurde die Gemäldegalerie. Ihren Grundstock bildeten Schenkungen der an der Akademie tätigen Professoren. Dazu kamen so viele beschlagnahmte Kunstwerke der 1767 von Karl III. des Landes verwiesenen Jesuiten, daß vierhundert Gemälde keinen Platz zur Ausstellung fanden. Dasselbe Los traf rund fünftausend Zeichnungen, Skizzen und Entwürfe, unter ihnen welche von Perugino, Raffael, Tizian. Die Zeichnungen der Academia de San Fernando übertreffen an Qualität die des Prado-Museums, blieben jedoch der Öffentlichkeit fast immer vorenthalten.

Hauptanziehungspunkt war der Saal mit den Goyas. Man kann in ihnen eine glückliche Ergänzung der Prado-Sammlung sehen. Übermächtig und beherrschend steht die Schauspielerin *La Tirana* (1799) an der Bühnenrampe. Sie bestätigt das Ortega-Wort: »Spanische Porträts springen uns an«. Man glaubt das Rollen ihrer Verse zu hören. Sie besaß den »großen Schrei«. In ihren Augen blitzt ein ungeheurer Witz; er wetterleuchtet in der leicht angehobenen linken Augenbraue. Goyas Farbe fließt in breitem Strom. Im gleichen Jahr malte er den Dichterfreund *Leandro Fernández de Moratín*, der ihm in den Bordeaux-Jahren 1824–1828 noch einmal Modell stand. Goya, der seine Männerporträts bisweilen mit der linken Hand abtat, verzichtete zwar in den Bildnissen seiner Freunde auf Uniformen, Perückenpuder und Ordenspracht, wählte dafür aber helle Farben, mit denen er einen überraschend zarten Ausdruck erreichte. Der Unterschied zwischen dem Freundesbild und dem Porträt des Generaldirektors der Akademie *Juan de Villanueva* – er baute das Prado-Museum – ist deutlich. War Villanueva auch Amtskollege Goyas, verlangte sein Porträt doch nach distanzierender Repräsentation. Die Machtstellung des Ministers (und Geliebten der Königin María Luisa), *Manuel Godoy*, erforderte außer dem Großformat allerlei Zutaten – eine Fahne, Pferde im Hintergrund und einen Adjutanten. An sie hielt sich der Maler, um möglichst nichts über den Dargestellten zu sagen. Goyas *Selbstbildnis* aus dem Jahr 1815, dessen Replik wir im Prado begegneten, ist ein Geschenk seines Sohnes Javier.

Schwierigkeiten bereiteten den Kunsthistorikern die fünf Tafelbilder Goyas *Inquisitionstribunal, Flagellantenprozession, Irrenhaus, Stierkampf im Dorf* und *Das Begräbnis der Sardine* (Abb. 23). Lange wurden sie in das Jahr 1793 datiert, also unmittelbar nach des Künstlers schwerer Erkrankung und Ertaubung von 1792. Das Thema der Bilder hätte zu einem Brief des Genesenden gepaßt, den Goya an den Vizeprotektor der Akademie Bernardo de Iriarte richtete: »Um meine durch die Betrachtung meiner Leiden gequälte Phantasie zu beschäftigen ... habe ich damit begonnen, eine Gruppe von Kabinettstücken zu malen, in denen es mir gelungen ist, Beobachtungen anzustellen, die in Auftragsarbeiten gewöhnlich keinen Platz finden, da bei diesen Laune und Erfindungsgabe nicht frei schalten und walten können.« Doch die Farbgebung und die Komposition widersprachen. Im *Begräbnis der Sardine* haben wir es bereits mit entfesselter Malerei zu tun. Die Farben sprühen wie explodierende Raketen. Sie steigern sich gegenseitig. Die ganze Komposition ist in Bewegung geraten. Sie kreist. Um die thematische Mitte, in der eine Gruppe Akteure den Blick fesselt, dreht sich wie vom Geschehen mitgerissen eine johlende dichte Menschenmasse. Zu dieser dynamischen

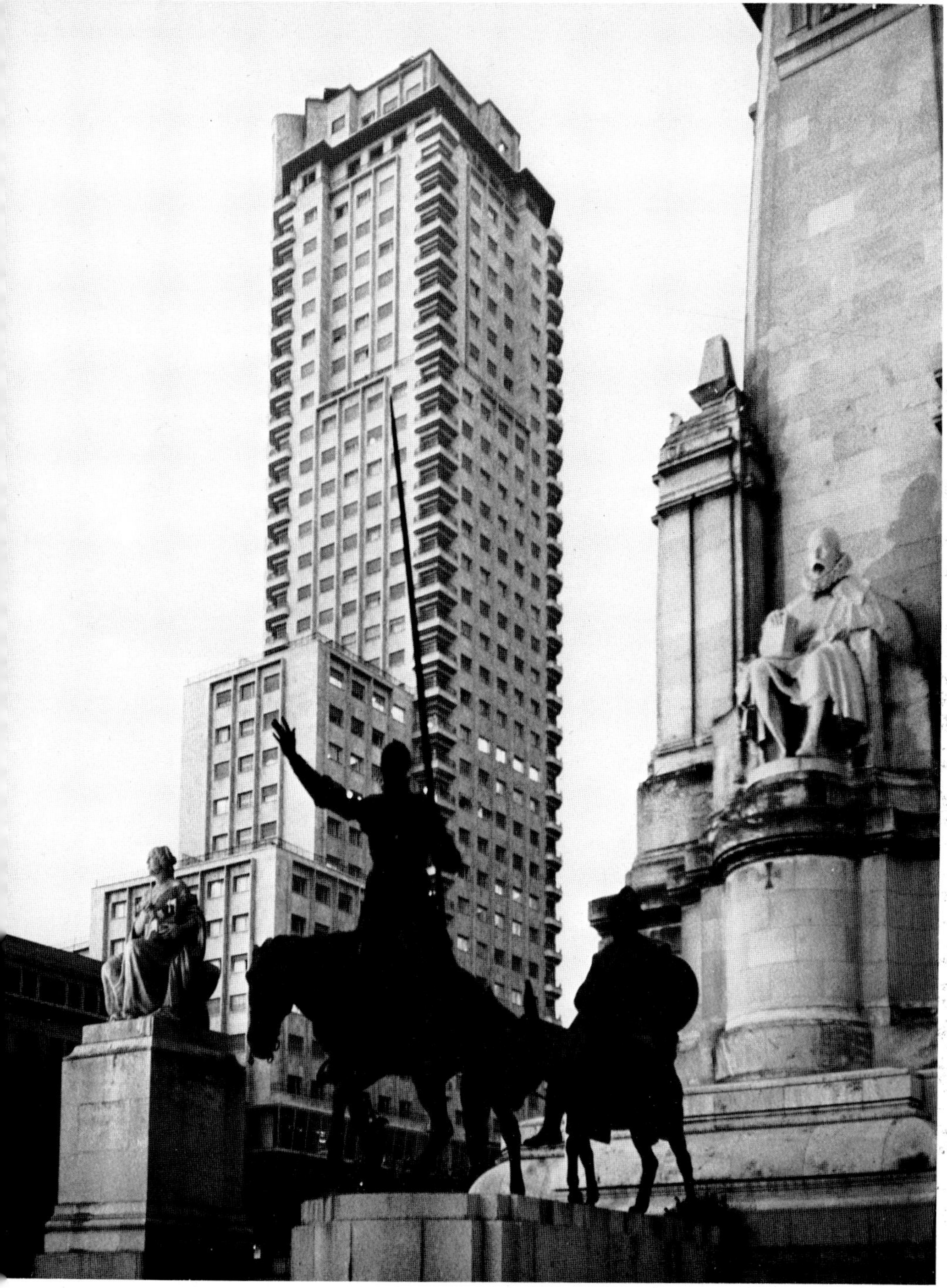

MADRID Cervantes-Denkmal auf der Plaza de España

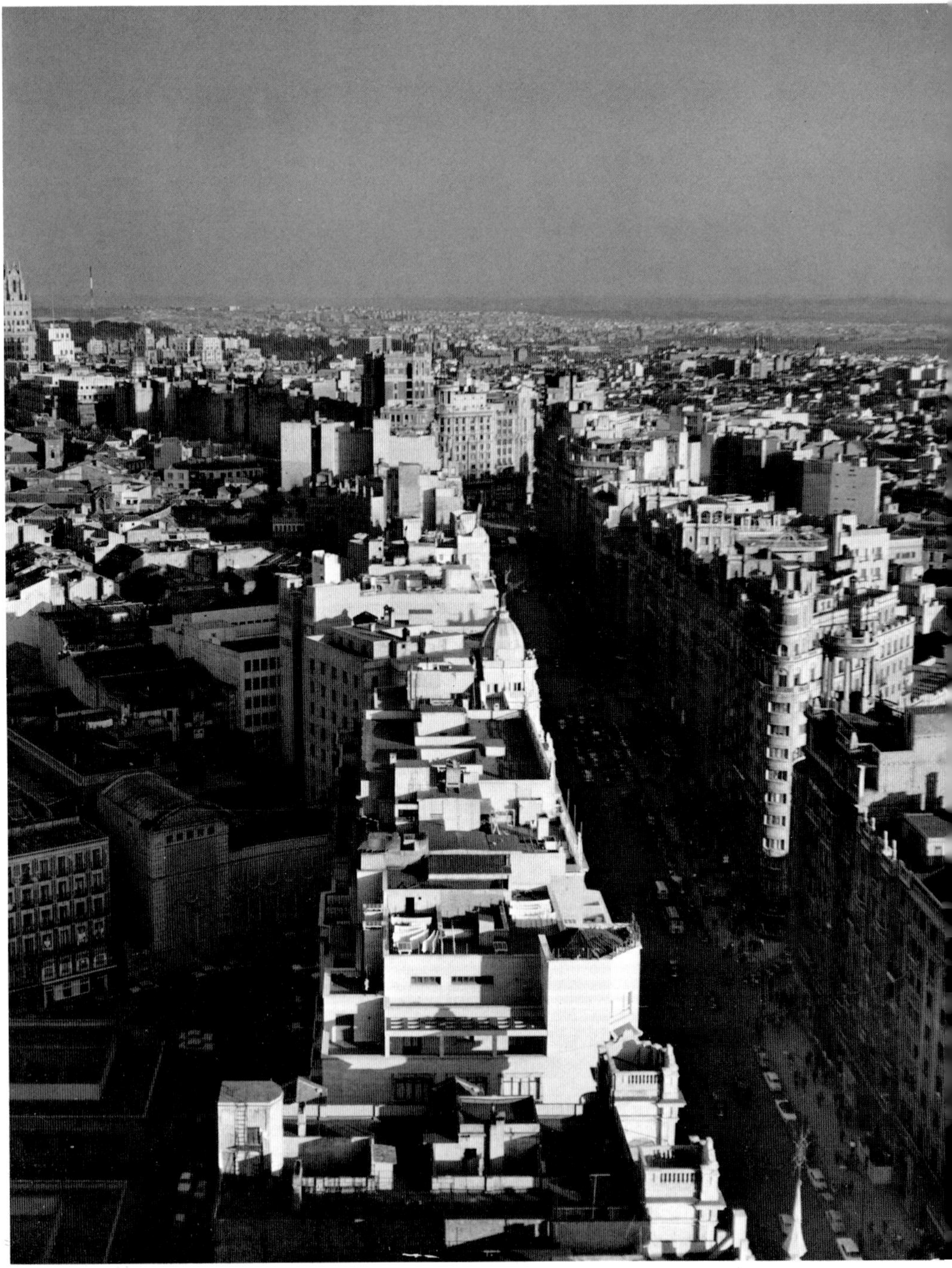

2 MADRID Blick über das Häusermeer mit Avenida de José Antonio Primo de Rivera

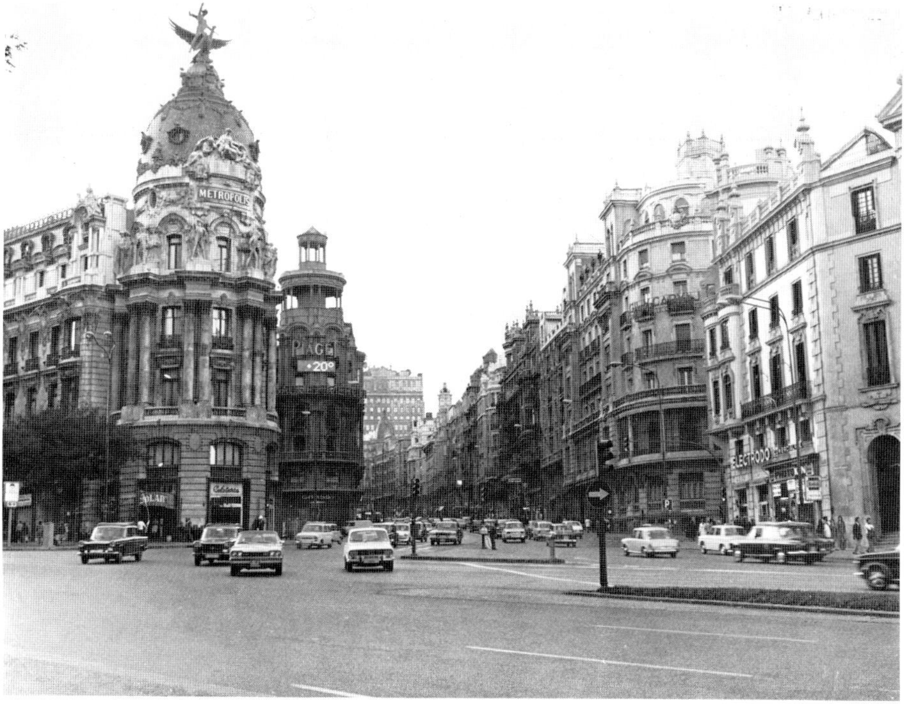

3 MADRID Calle de Alcalá mit Blick in die Avenida de José Antonio Primo de Rivera

4 MADRID Das Wahrzeichen der Stadt, der Cibeles-Brunnen. Im Hintergrund die Hauptpost

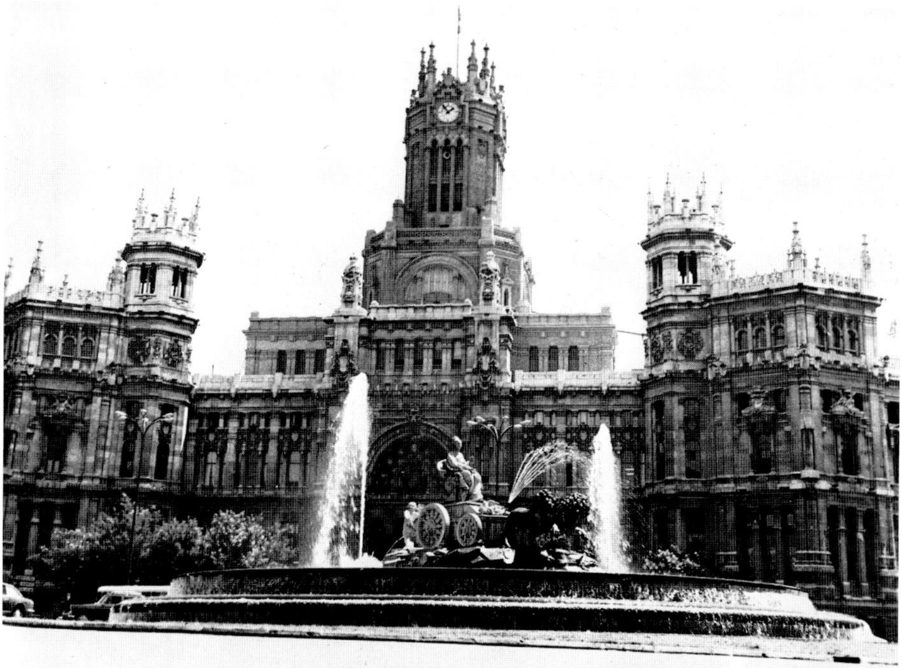

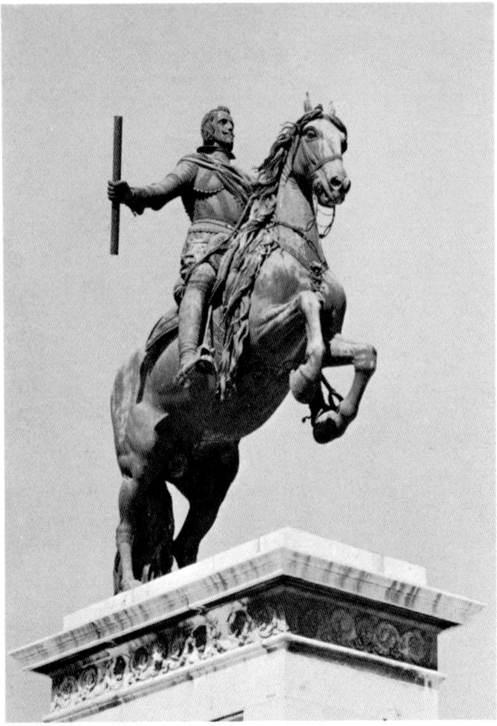

5 Reiterstatue Philipps IV.

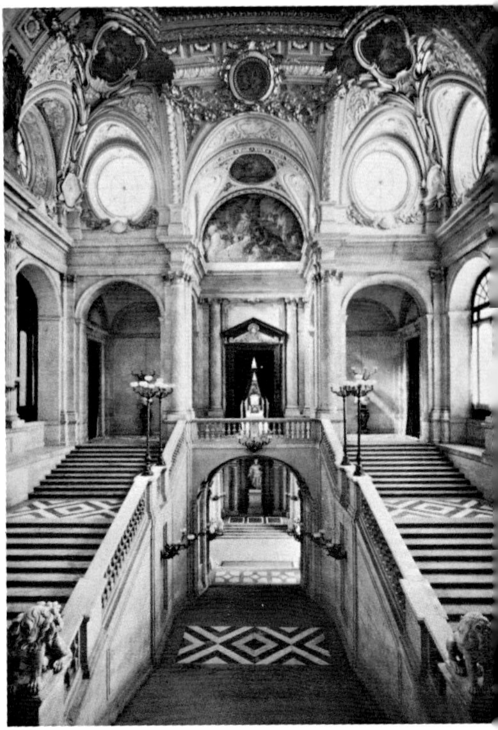

6 Treppenhaus

7 Nordseite des Palacio Real, 1735 begonnen

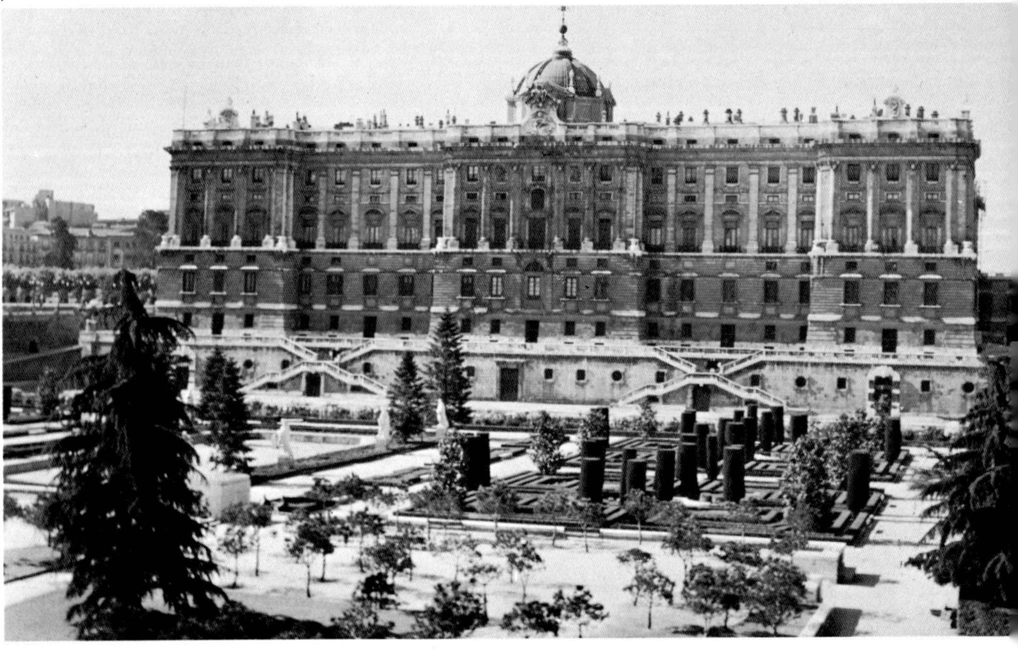

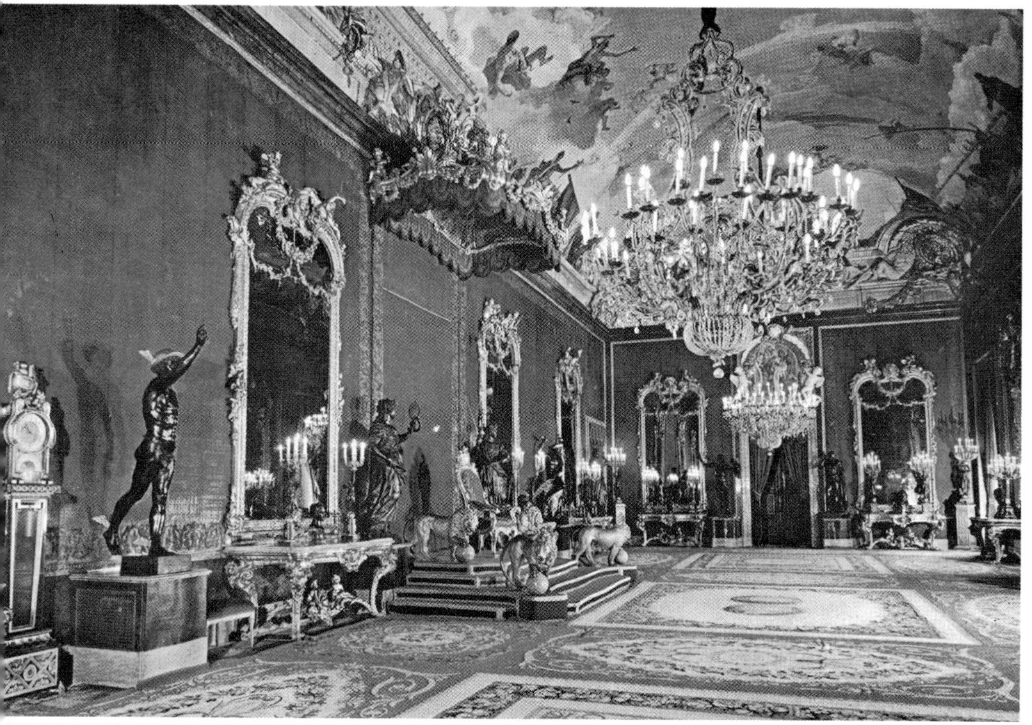

MADRID Thronsaal im Königlichen Schloß mit Deckengemälde von Tiepolo (1764)

MADRID Blick in die ›Armería‹

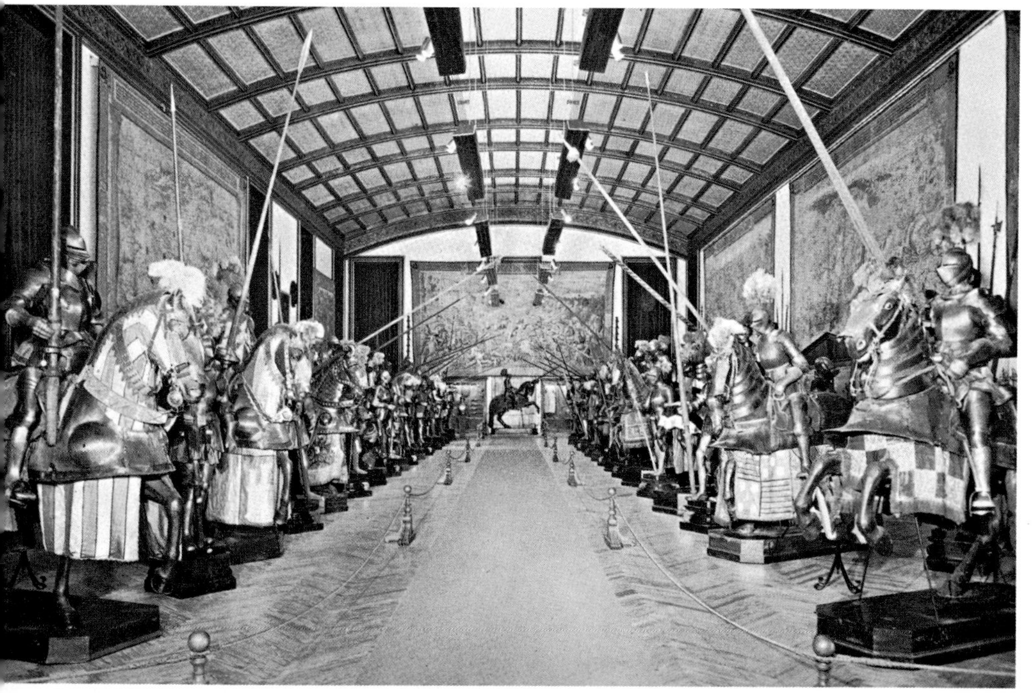

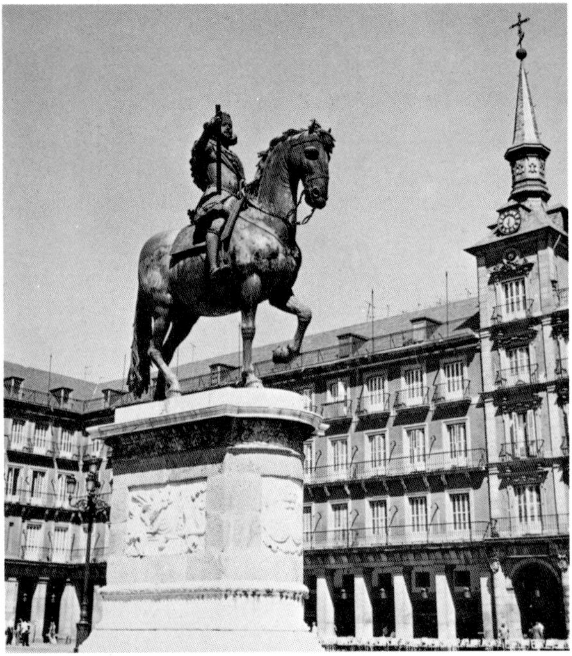

10 MADRID Reiterstandbild Philipps III. auf de
›Plaza Mayor‹

11 MADRID Plaza Mayor, einst Schauplatz vo
Königsproklamationen, Stierkämpfen und Ketze
verbrennungen

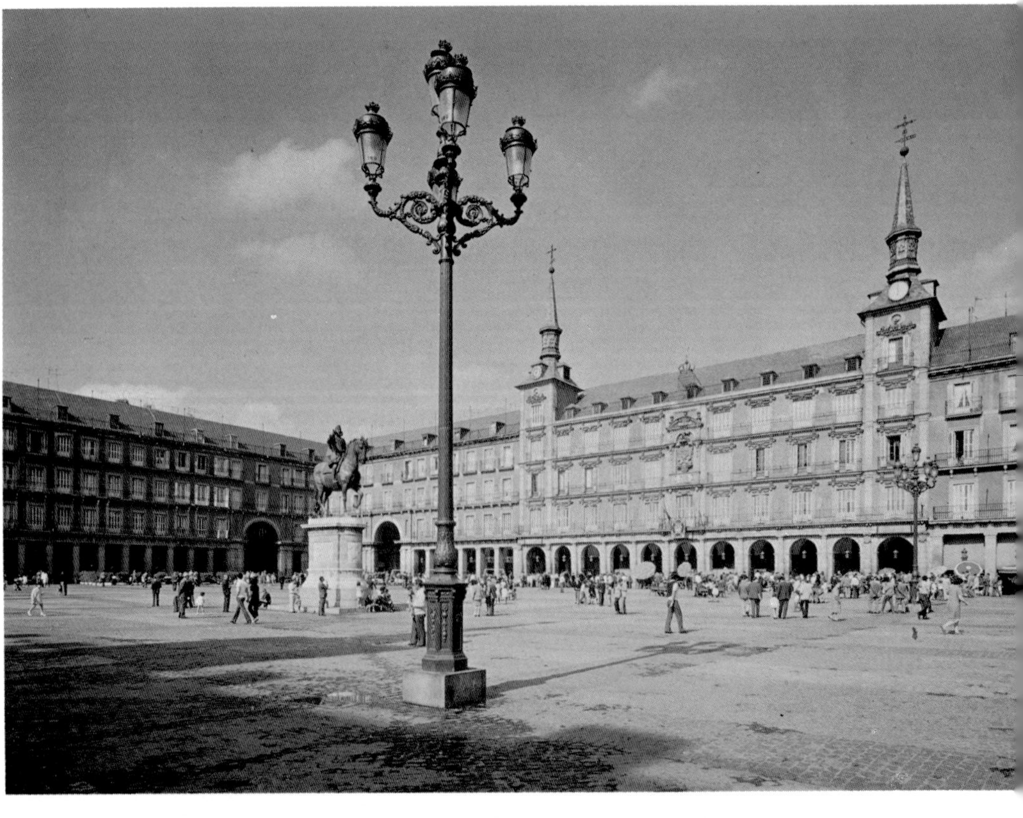

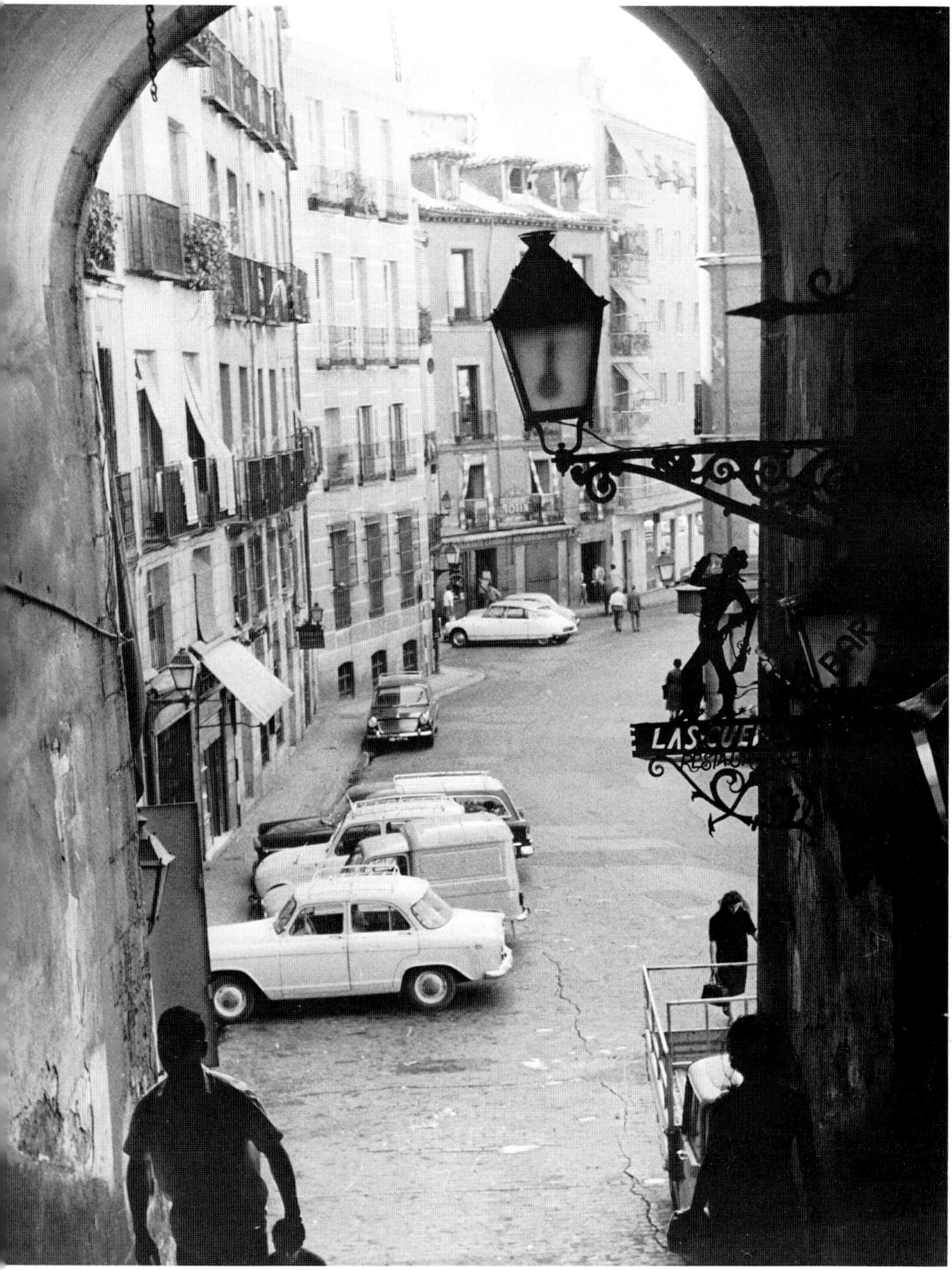

MADRID Durchblick von der Plaza Mayor in die Altstadt

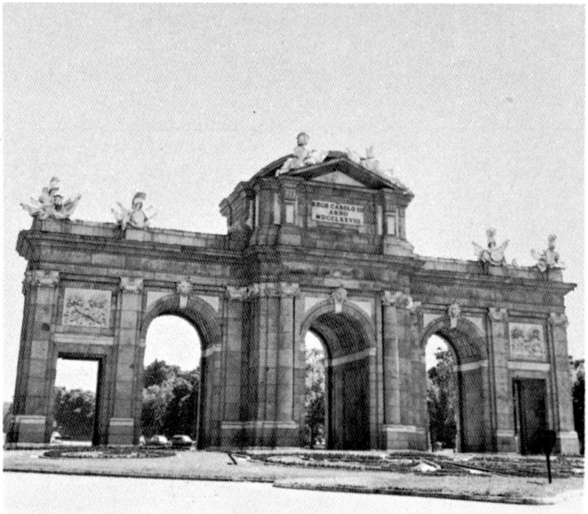

13 Puerta de Alcalá

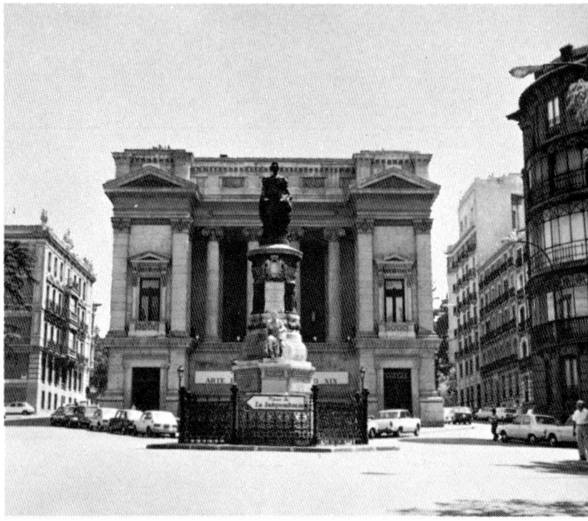

14 ›Casón‹, heute Museum der Malerei des 19. Jh.

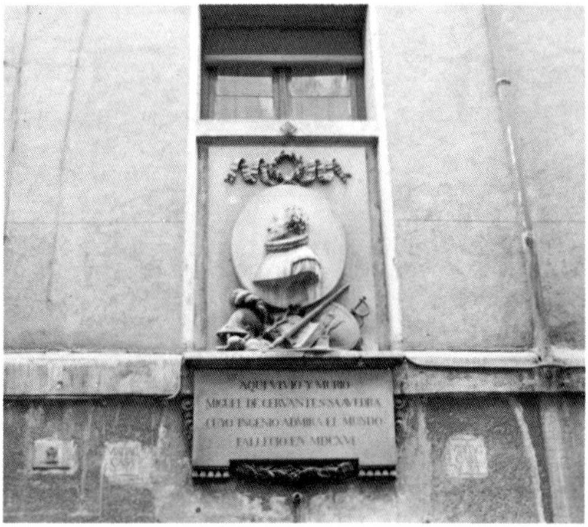

15 Hier starb am 23. April 1616 Miguel de Cervantes

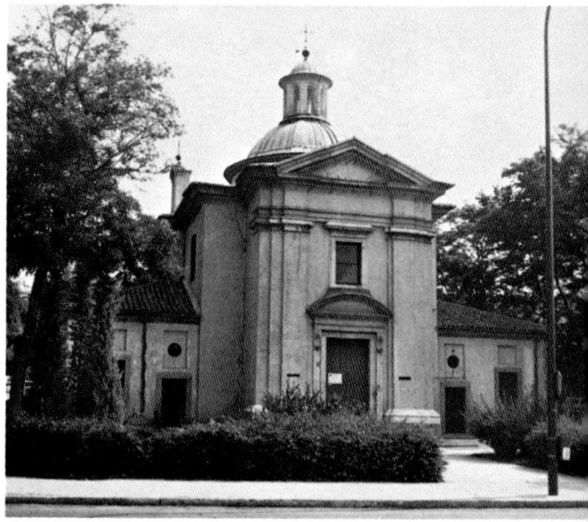

16 San Antonio de la Florida

17 Puerta de Toledo

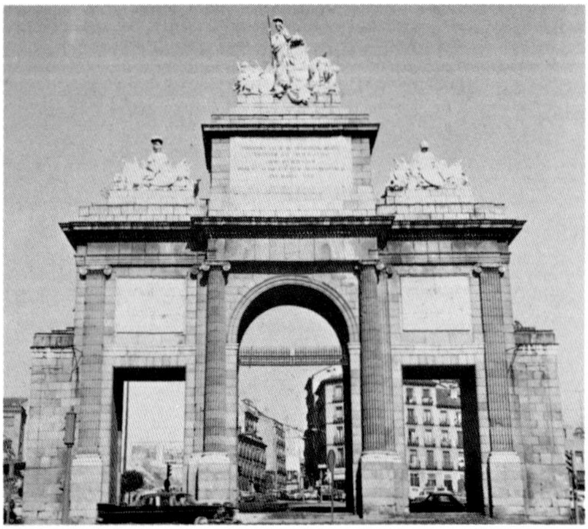

18 Der ägyptische Debod-Tempel

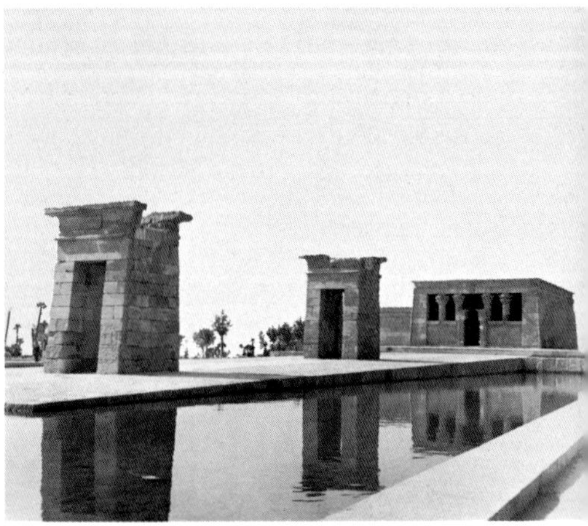

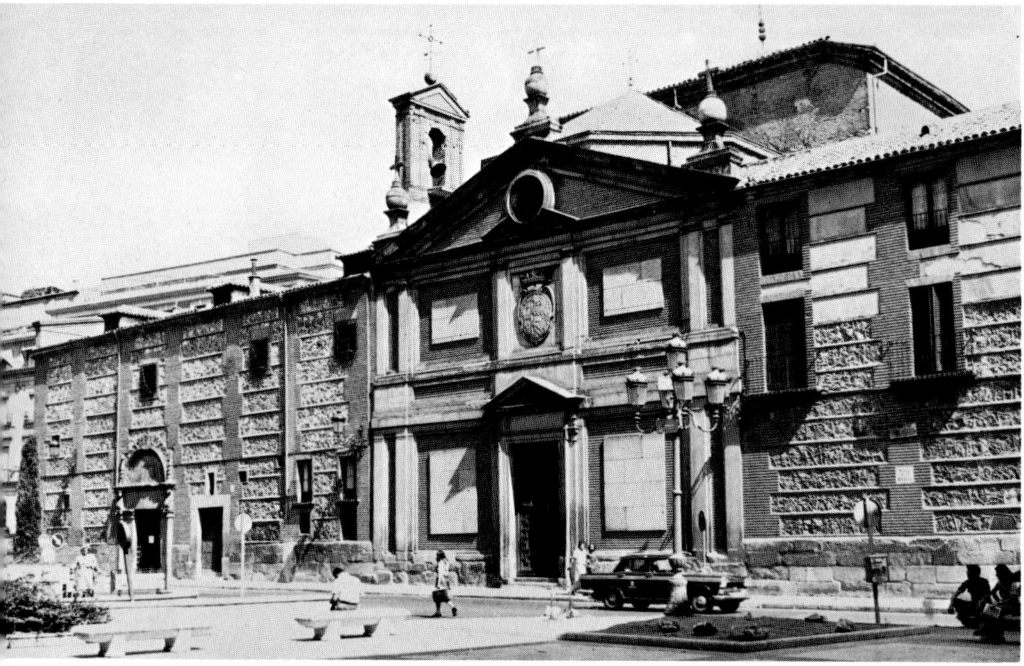

MADRID Das Kloster Descalzas Reales, 1560 eingeweiht

MADRID Treppenaufgang im Kloster Descalzas Reales. Links: Philipp IV. mit Familie

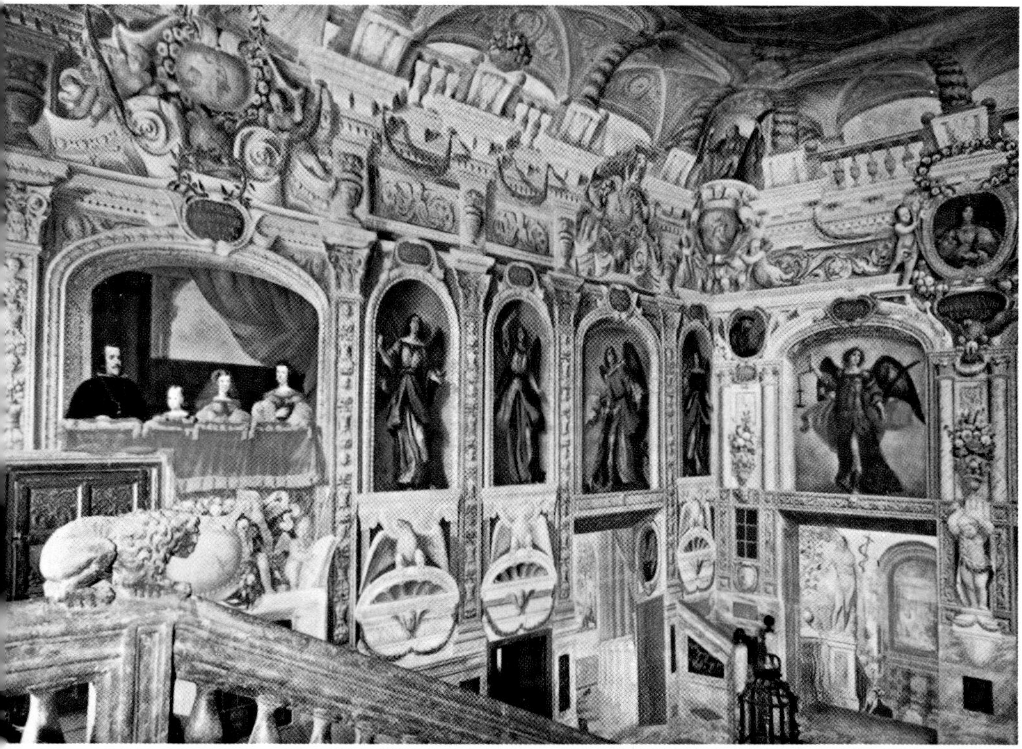

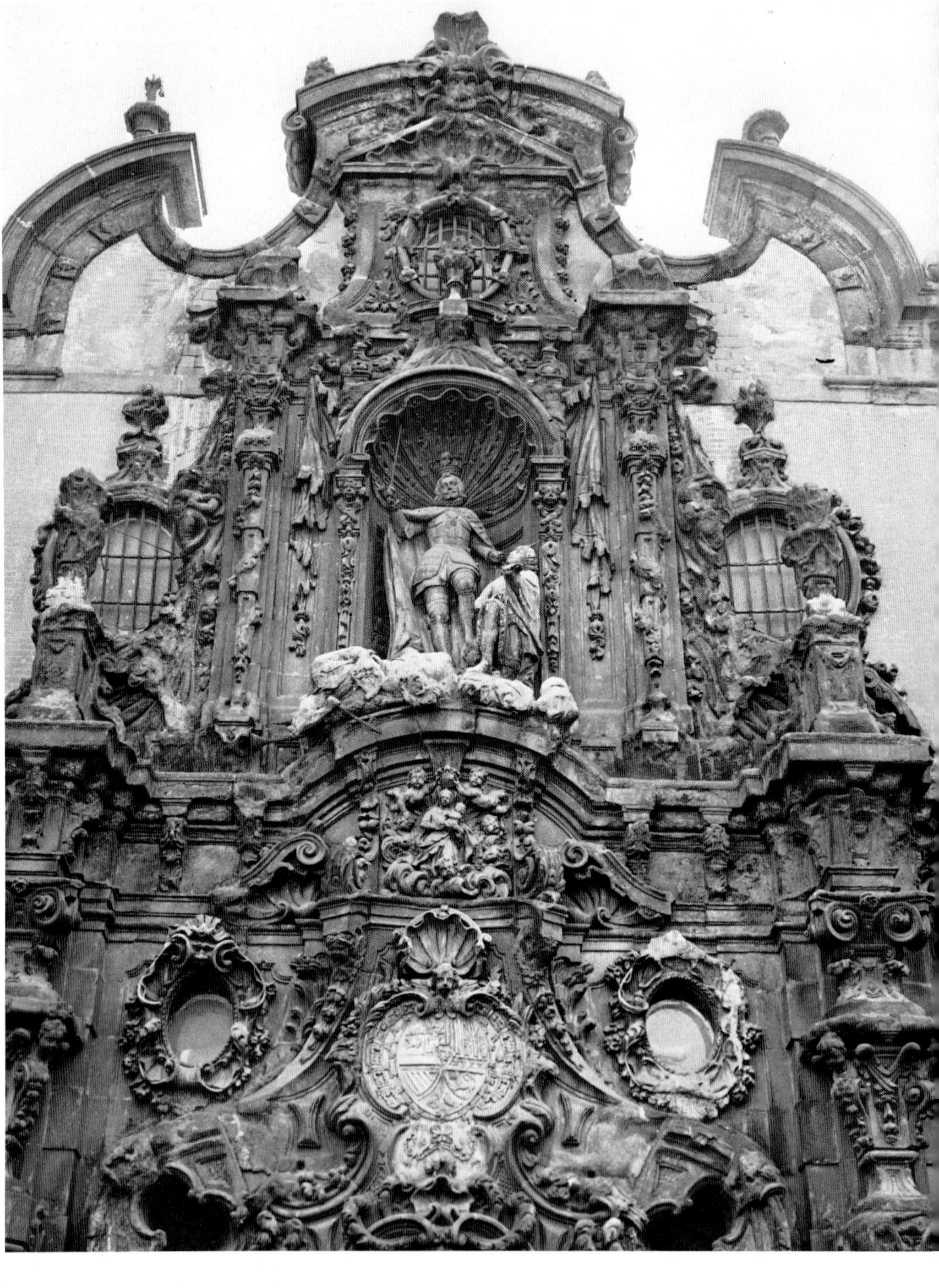

21 MADRID Barockportal des ehemaligen Hospiz San Fernando, heute Städtisches Museum

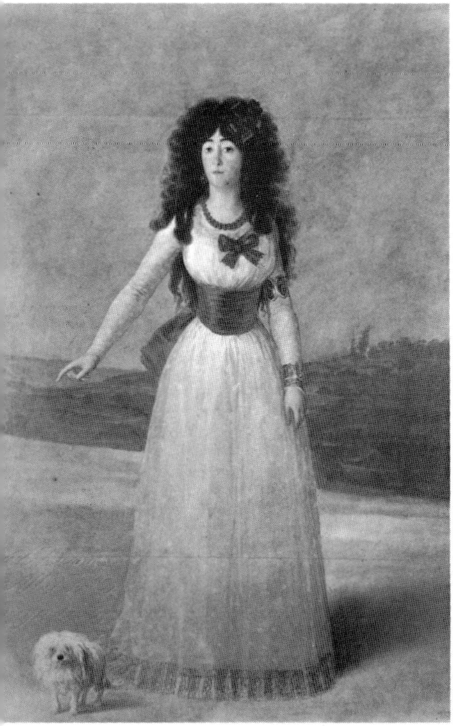

MADRID, Palacio de Liria Francisco de Goya, Die Herzogin von Alba. 1795 (Slg. des Herzogs von Alba)

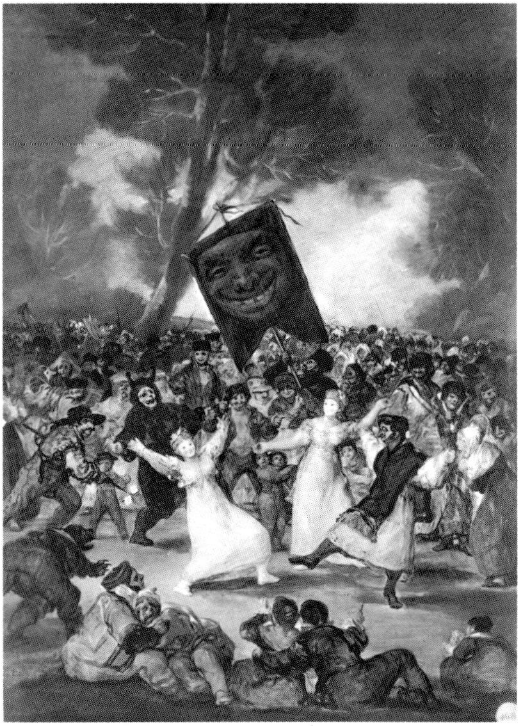

23 MADRID, Academía San Fernando Goya, Das Begräbnis der Sardine. Um 1815

MADRID, San Antonio de la Florida Ausschnitt aus dem Deckenfresko von Francisco de Goya. 1798

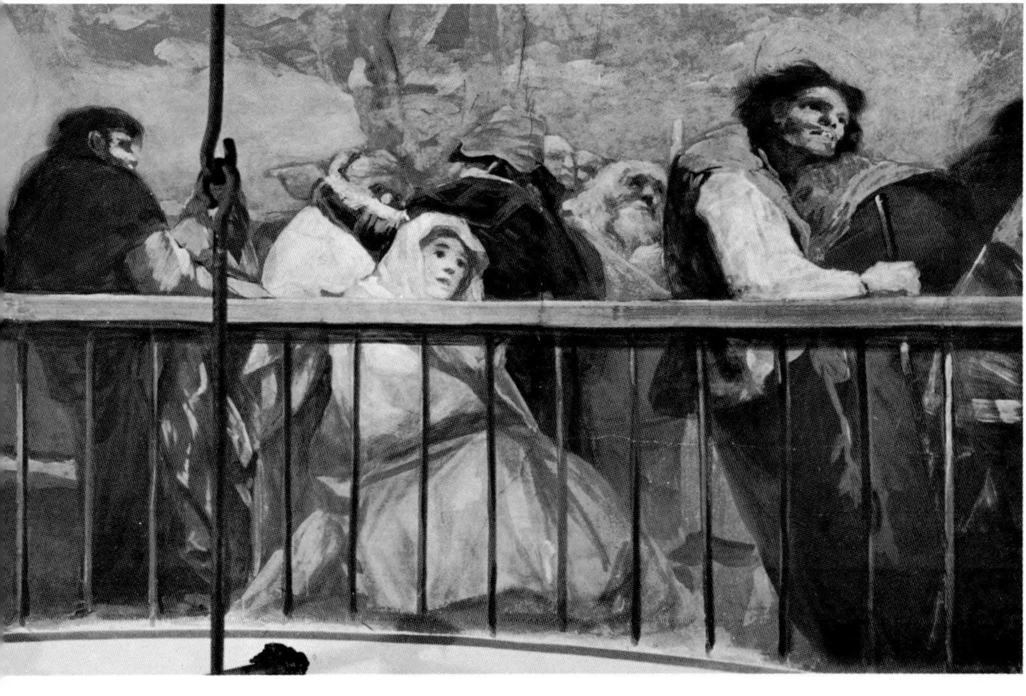

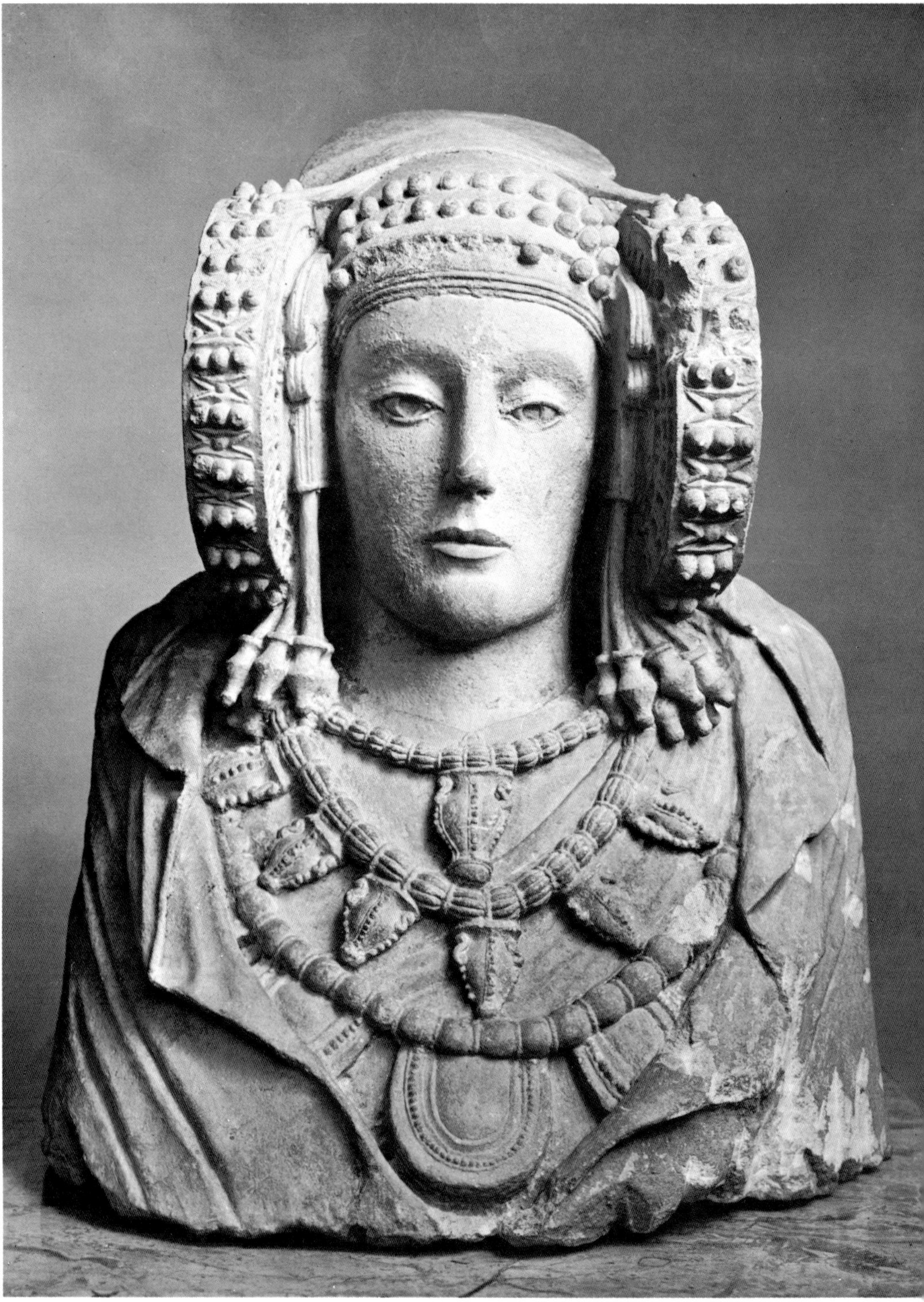

25 MADRID, Archäologisches Museum ›Dama de Elche‹, 5. Jh. v. Chr.

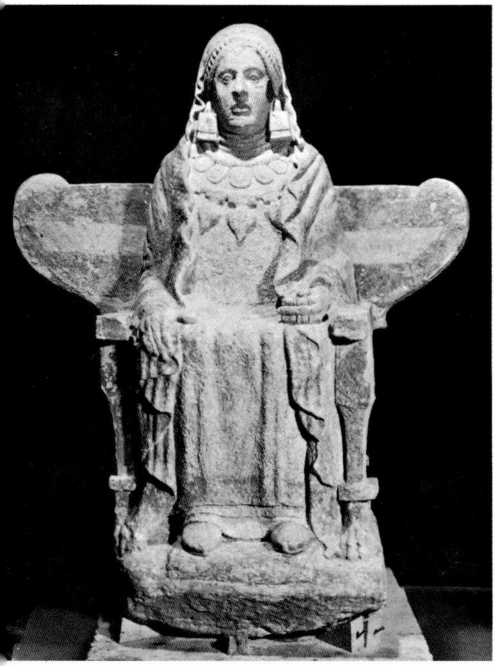

6 ›Dama de Baza‹, 4. Jh. v. Chr.

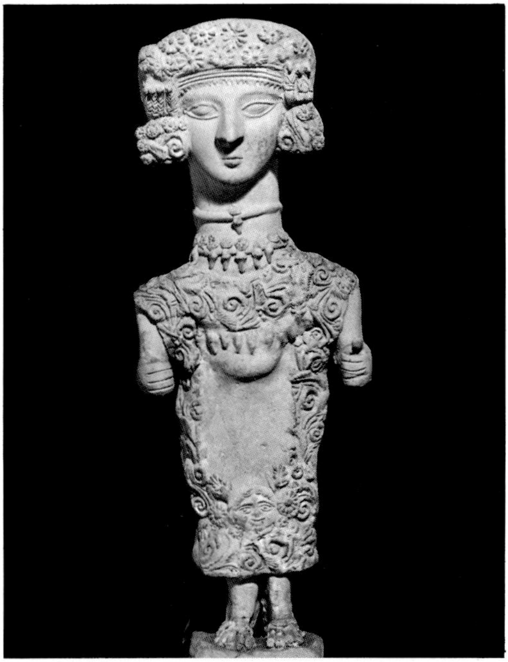

27 ›Dama de Ibiza‹, 4. Jh. v. Chr.

8 Leuchter von Calaceite (Detail). Bronze, Späte Hallstattzeit

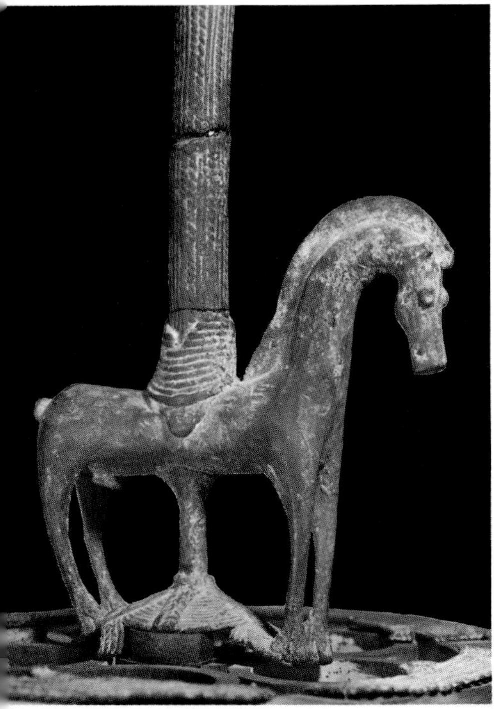

29 Elfenbeindose von Al-Hakem II. aus dem Jahre 964

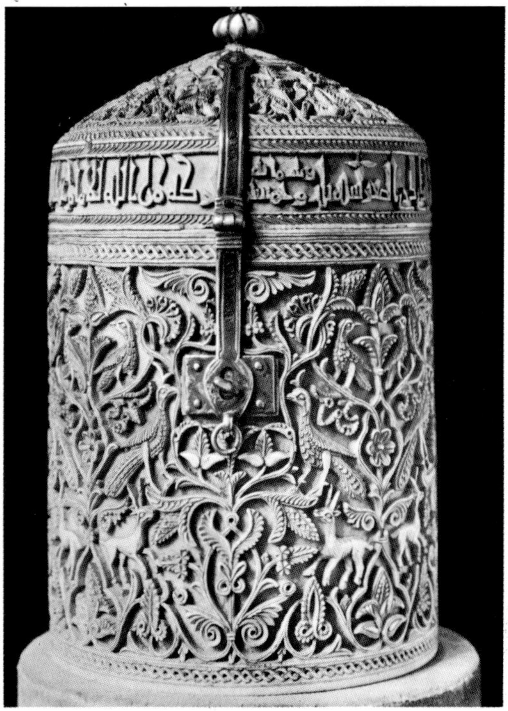

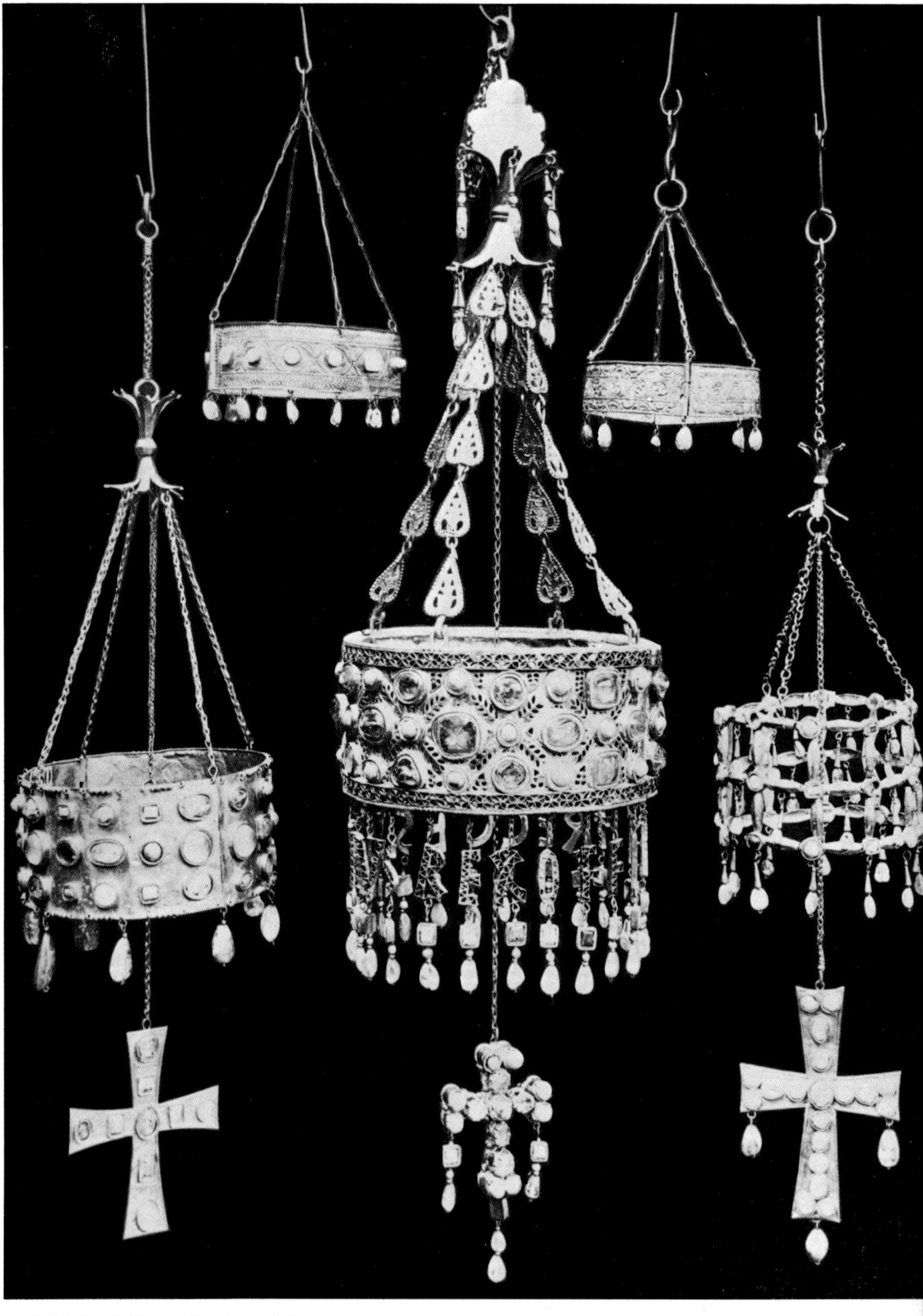

30 MADRID, Archäologisches Museum Westgotische Votivkronen aus dem Schatz von Gurrazar

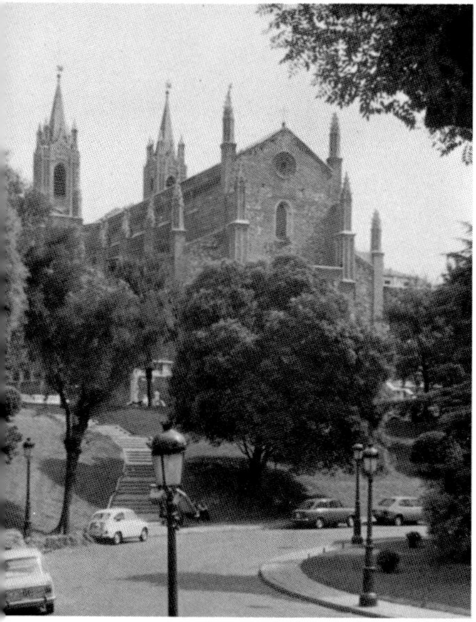

MADRID San Jerónimo (Krönungskirche)

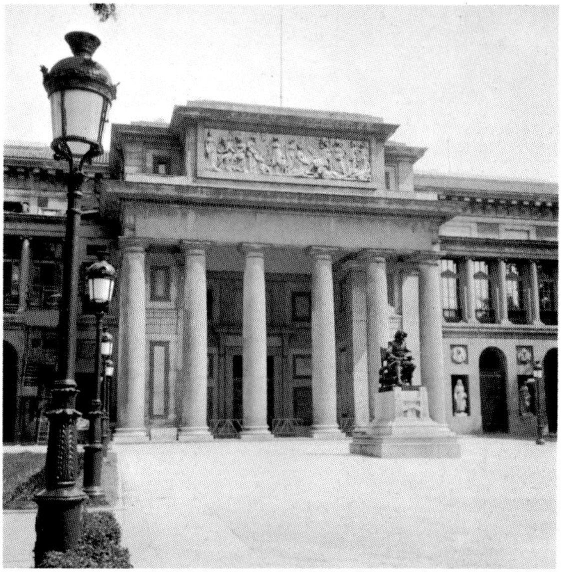

32 MADRID Haupteingang des Prado (Architekt Juan de Villanueva) mit Velázquez-Denkmal

MADRID Paseo del Prado

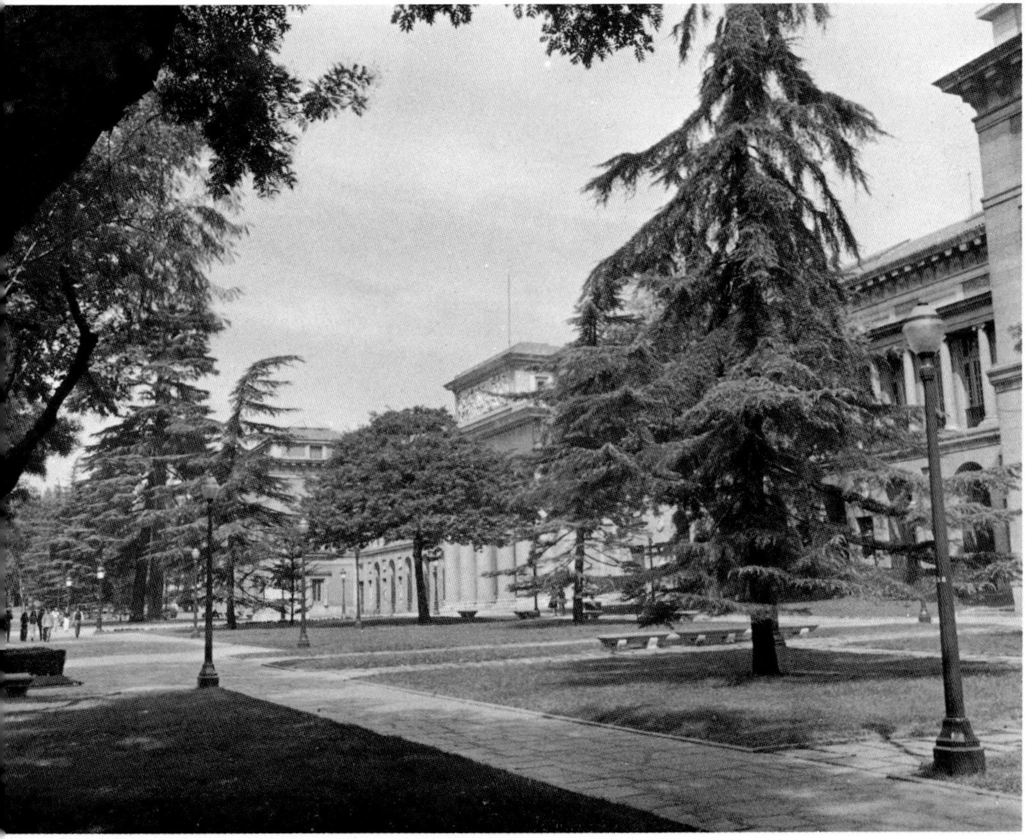

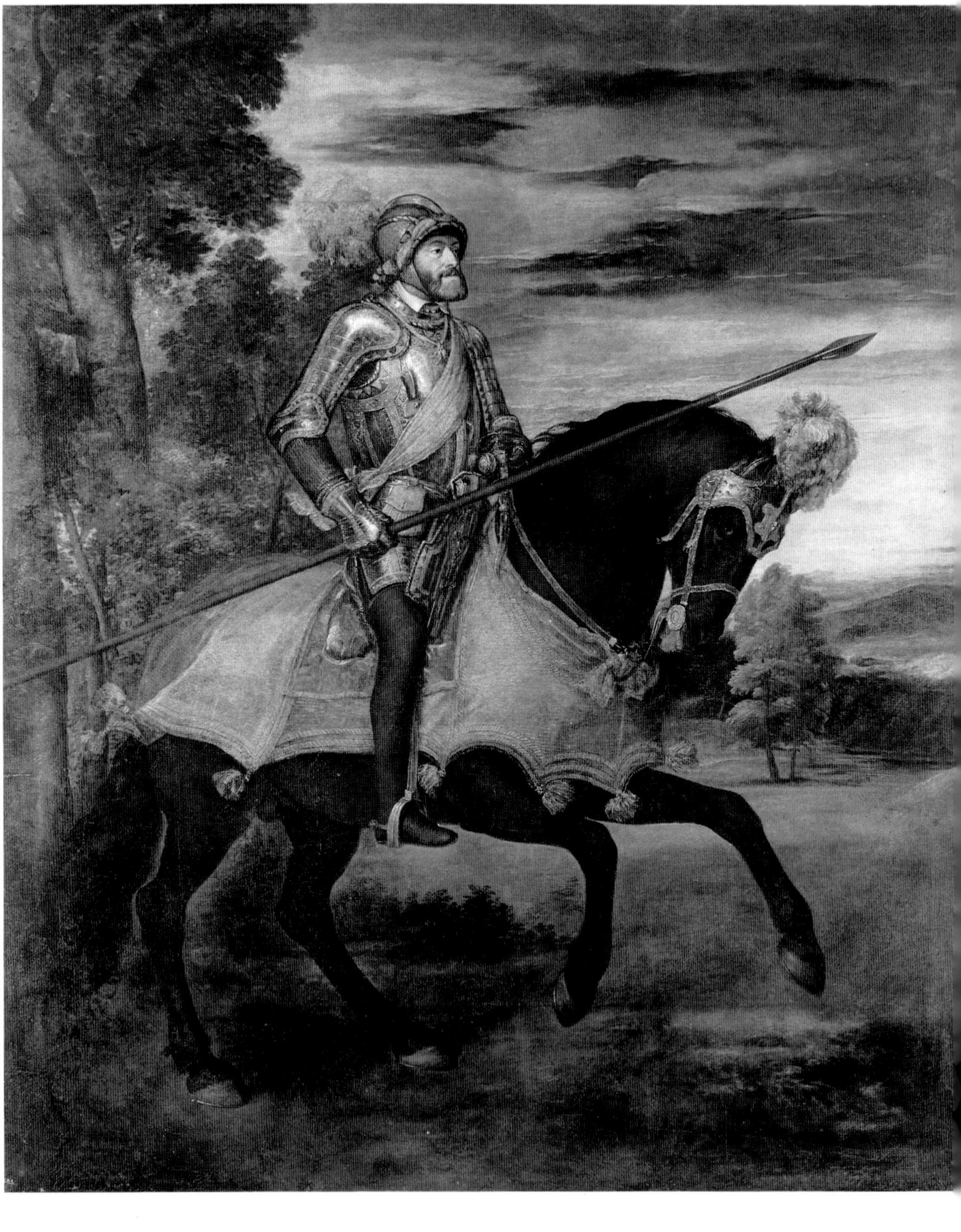

34 MADRID, Prado Tizian, Karl V. in der Schlacht von Mühlberg. 1548

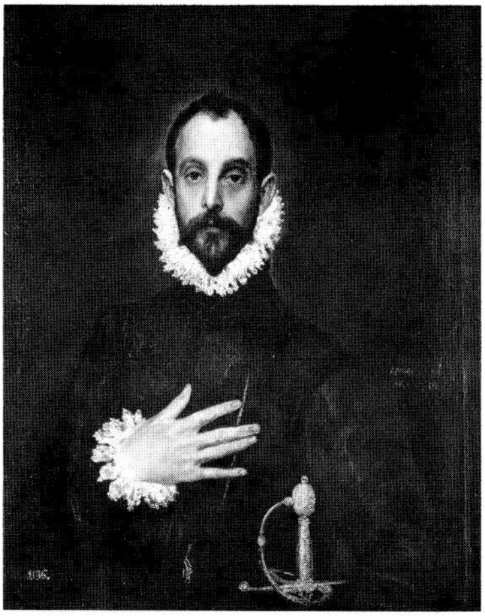

El Greco, Der Mann mit der Hand auf der Brust. Um 1577

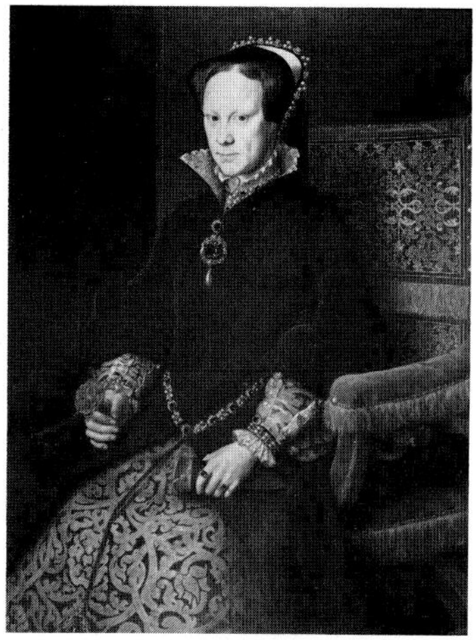

Antonis Moro, Maria von England (zweite Frau Philipps II.). 1554

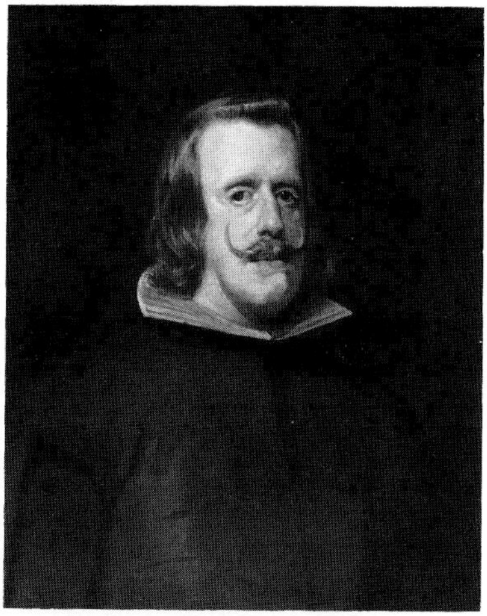

Velázquez, Philipp IV. 1655–1660

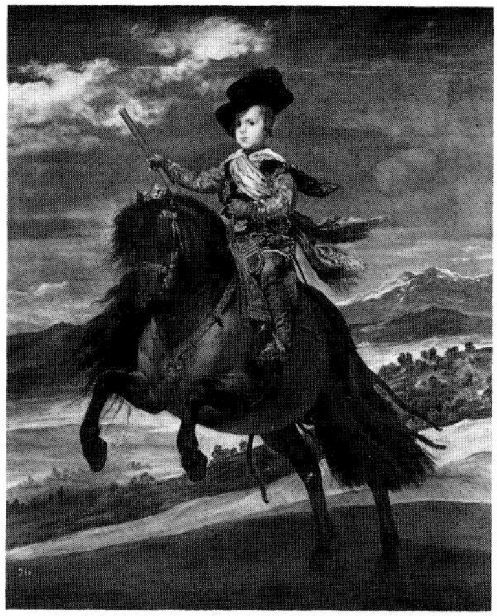

Velázquez, Prinz Baltasar Carlos zu Pferd. 1535/36

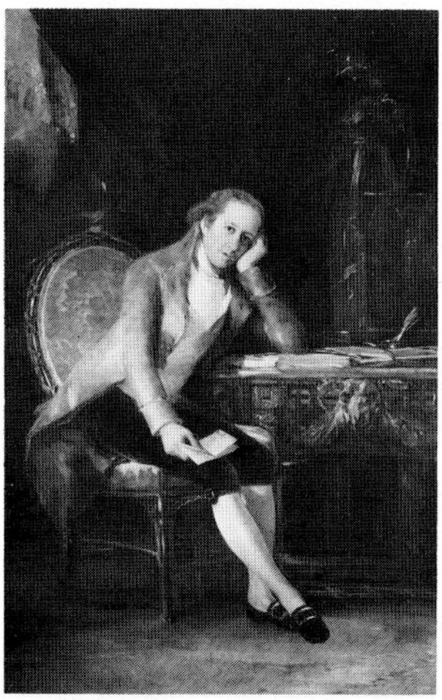

Francisco de Goya, Gaspar Melchior de Jovellanos. 1798

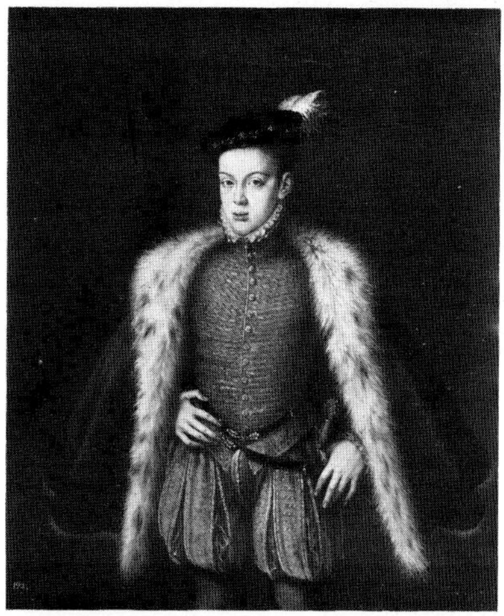

Sánchez Coello, Don Carlos. Vor 1582

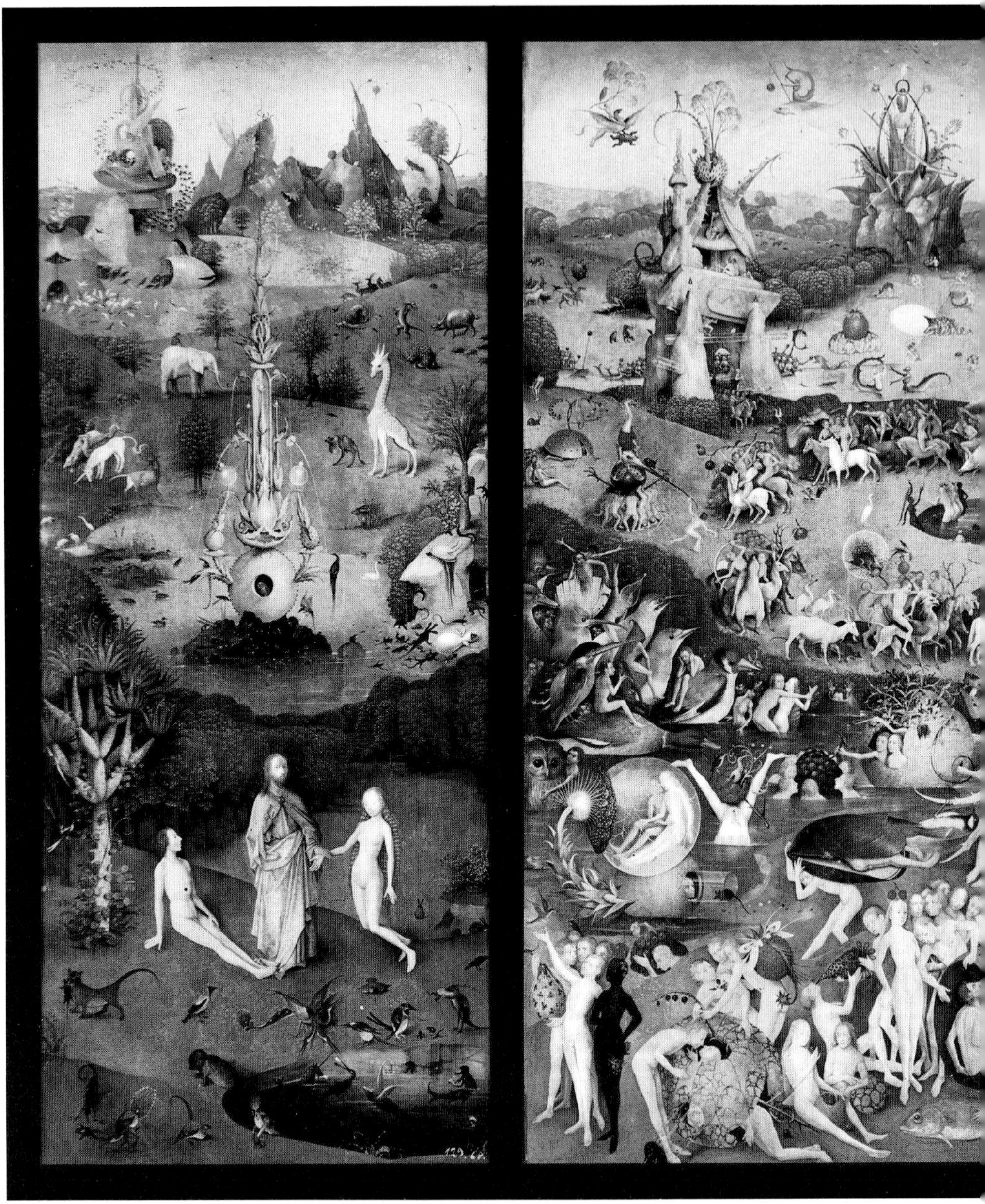

41 MADRID, Prado Hieronymus Bosch (um 1450–1516), Der Garten der Lüste (Triptychon). 220 x 195 cm (Flügelbreite je 97

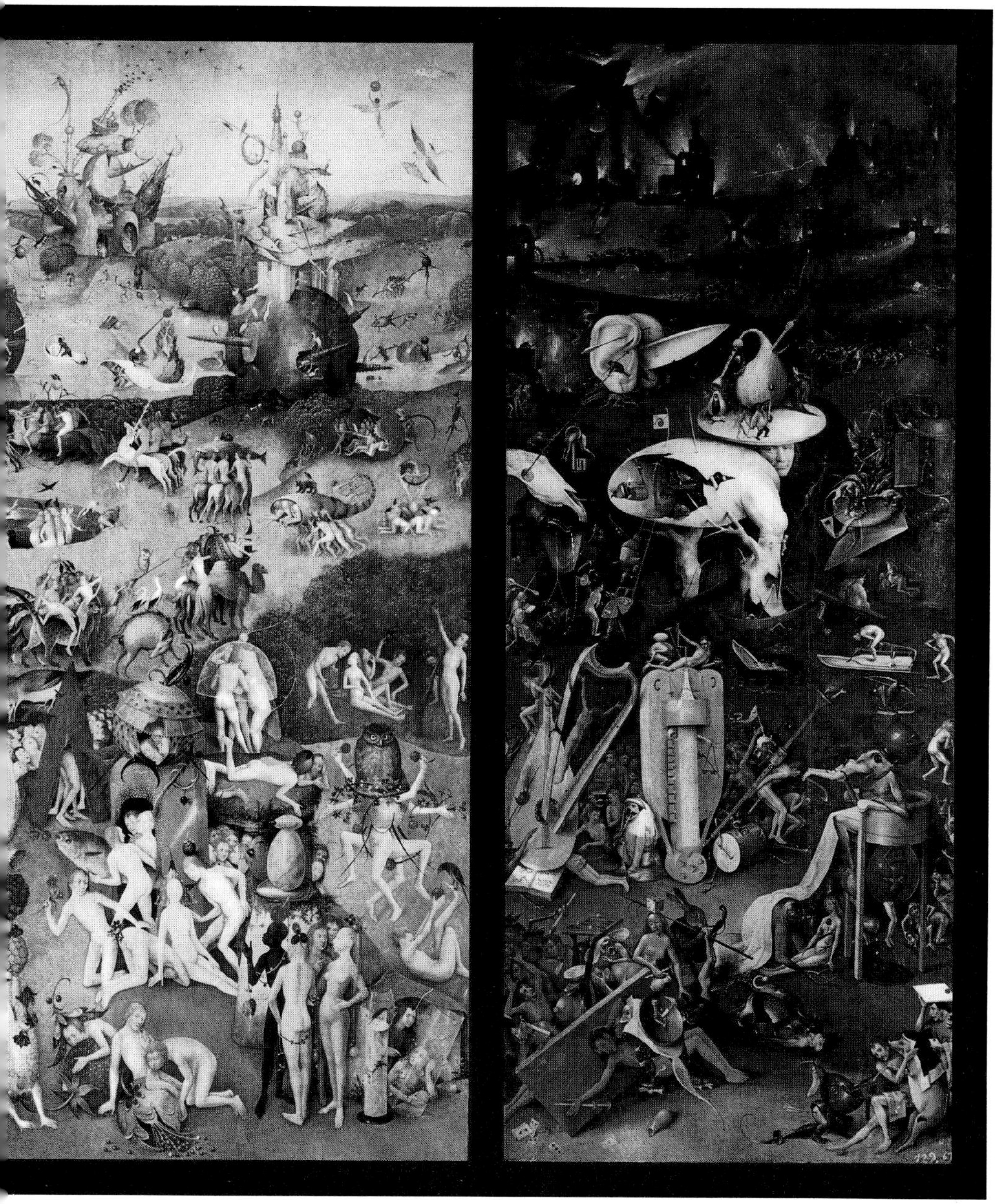

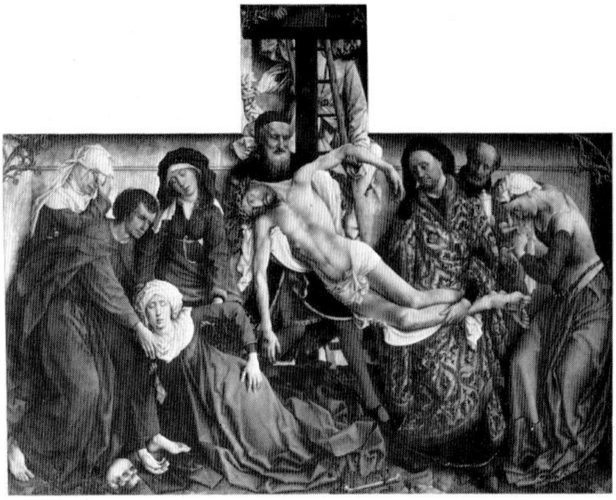

42 Rogier van der Weyden, Kreuzabnahme. Um 1435

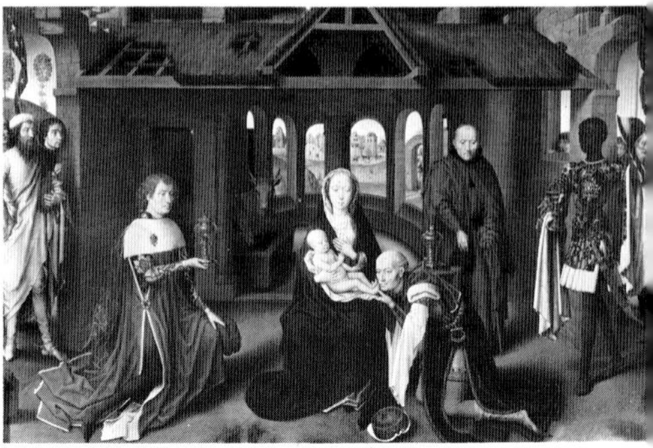

43 Hans Memling, Anbetung der Heiligen Drei Könige. Um 1470

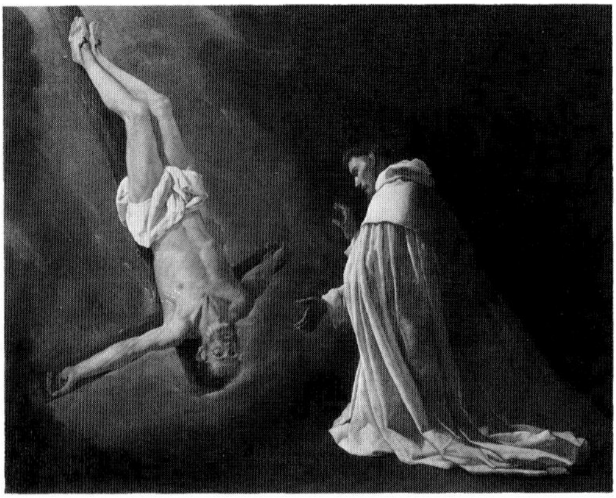

44 Francisco Zurbarán, Petrus erscheint dem hl. Pedro Nolasco. 1629

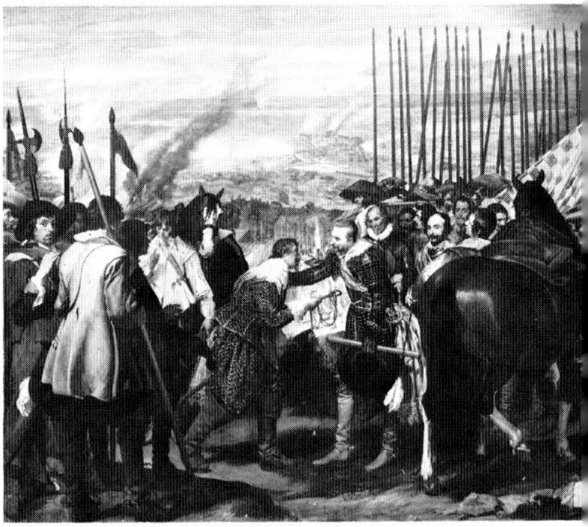

45 Velázquez, Die Übergabe von Breda. 1635

46 Tizian, Danae und der Goldregen. 1552/53

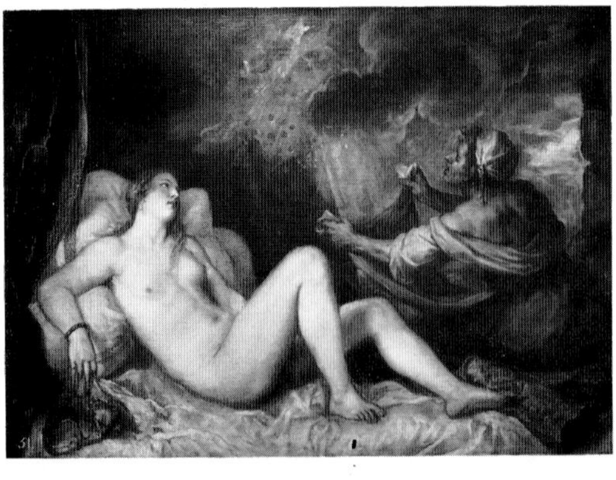

47 Francisco de Goya, Die nackte Maja. Um 1804

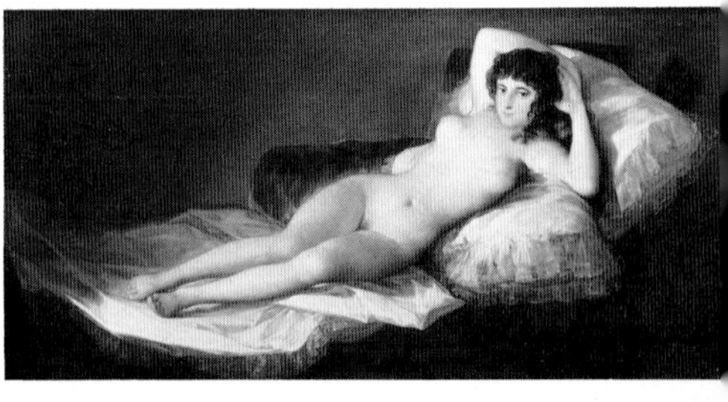

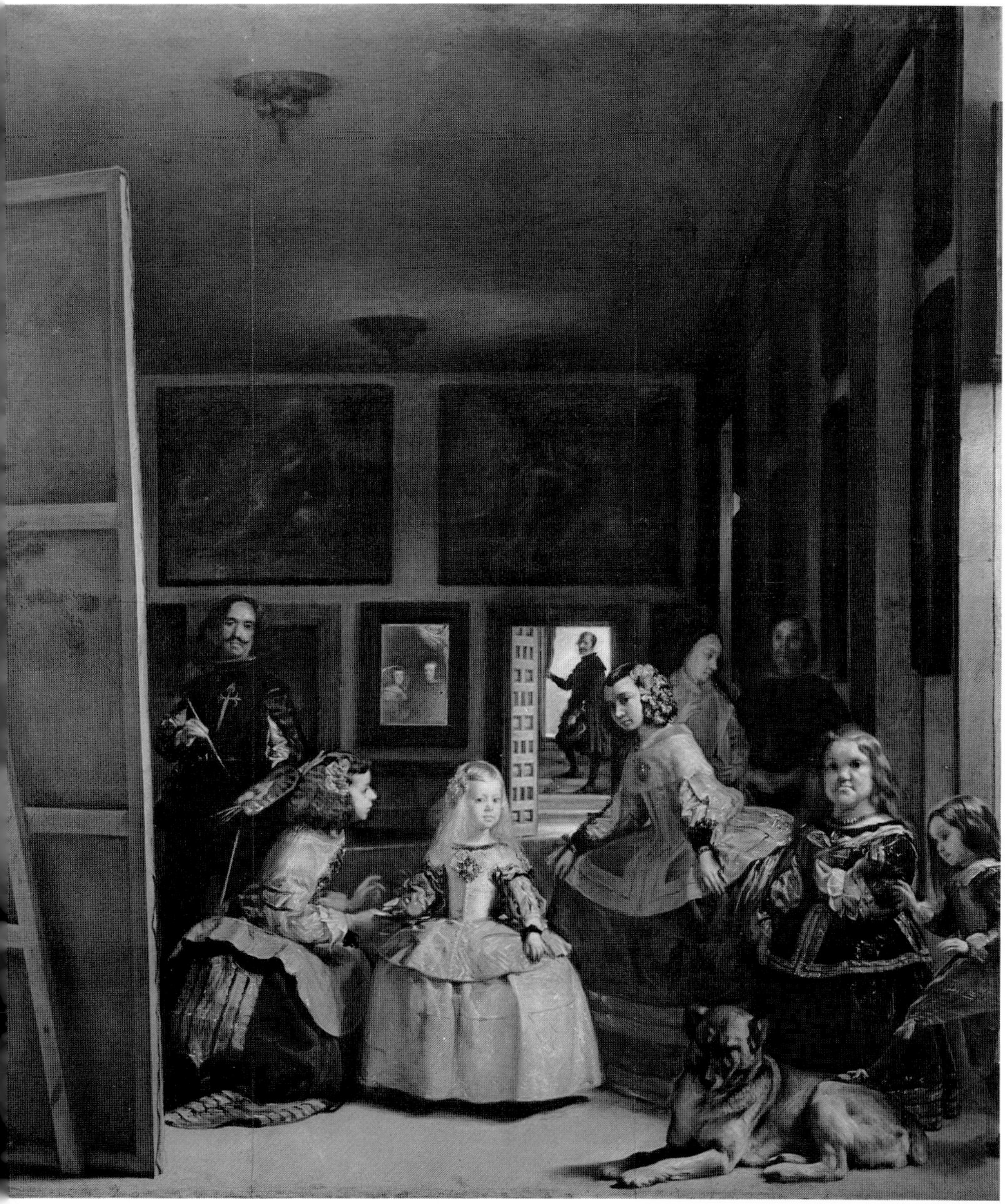

MADRID, Prado Velázquez, Las Meninas (Die Hofdamen). 1556

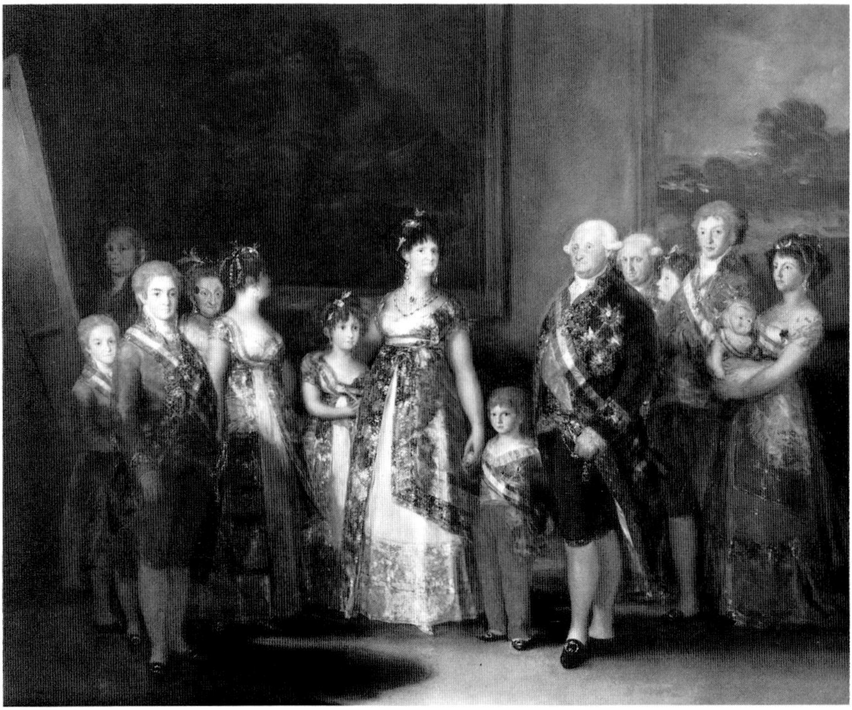

49 MADRID, Prado Goya, Die Familie Karls IV. 1800

50 MADRID, Prado Goya, Hexensabbat (Der große Ziegenbock). Gemälde aus der ›Quinta del Sordo‹. 1820–1823

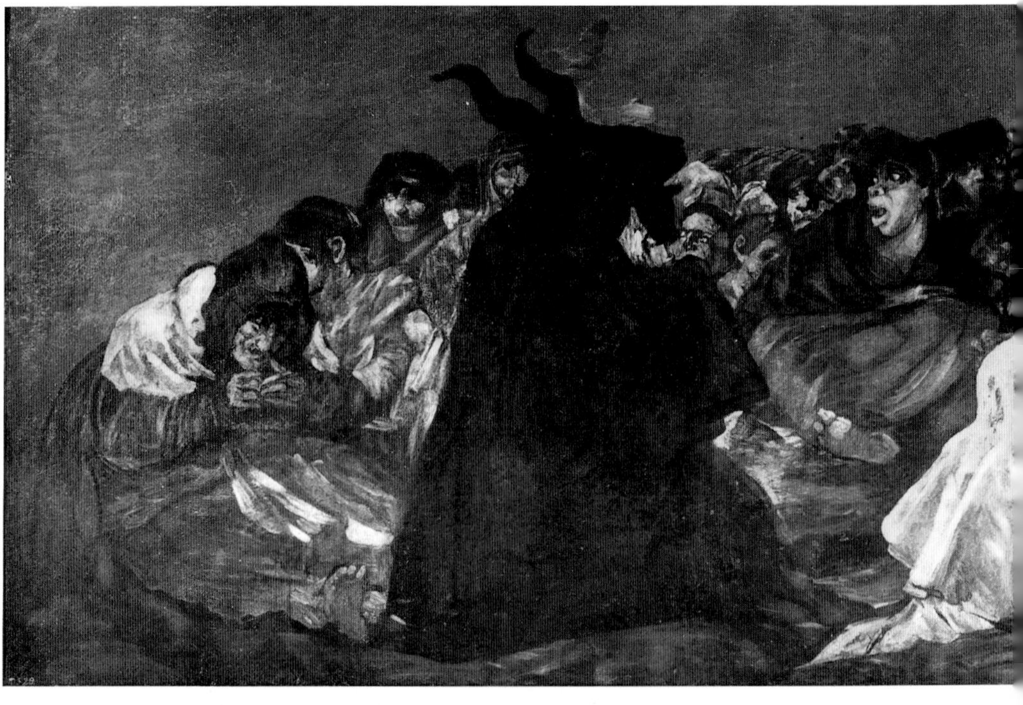

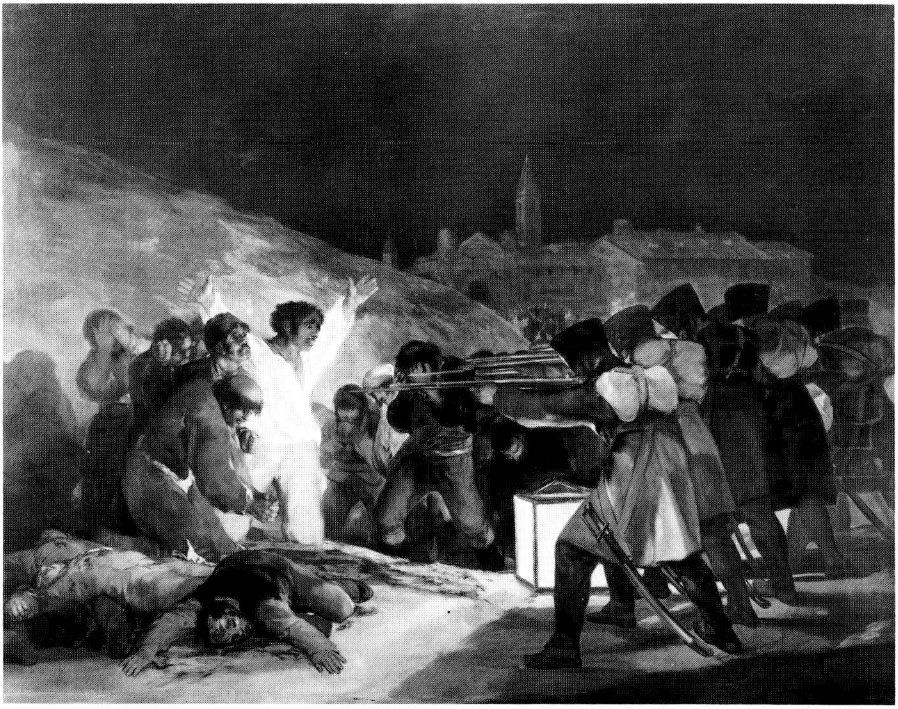

51 MADRID, Prado Goya, Die Erschießung der Aufständischen in der Nacht vom 2. zum 3. Mai 1808. 1814

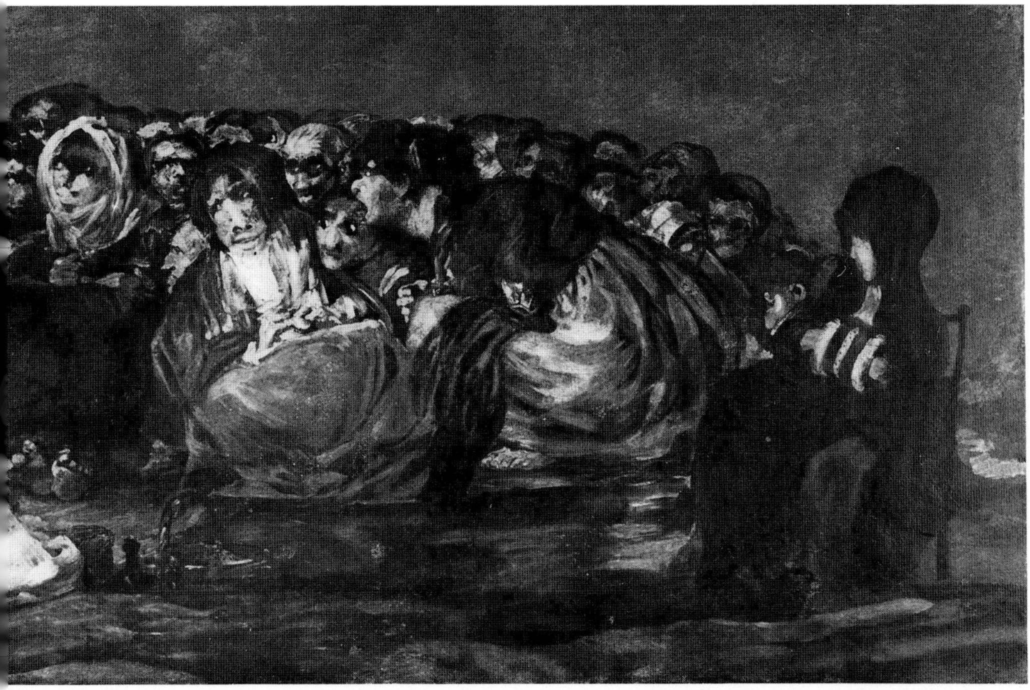

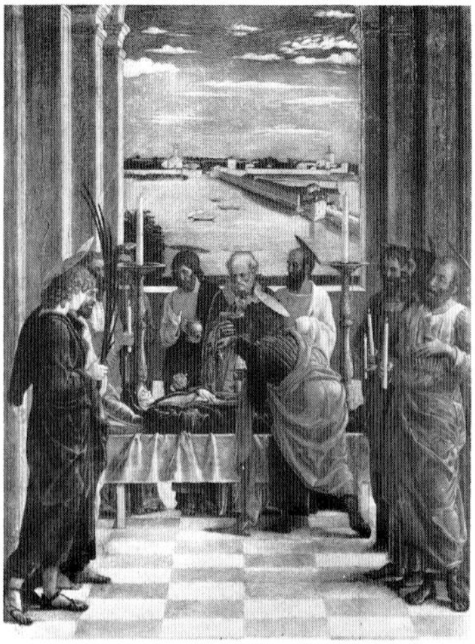

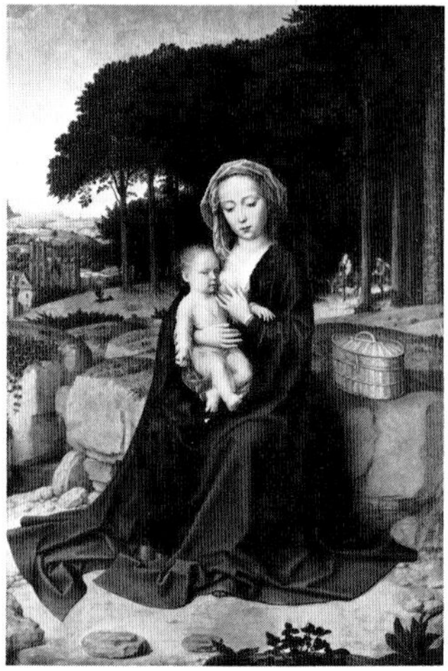

52 Andrea Mantegna, Tod Mariae. 1462 oder 1492

53 Gerard David (1450/60-1523), Ruhe auf der Flucht

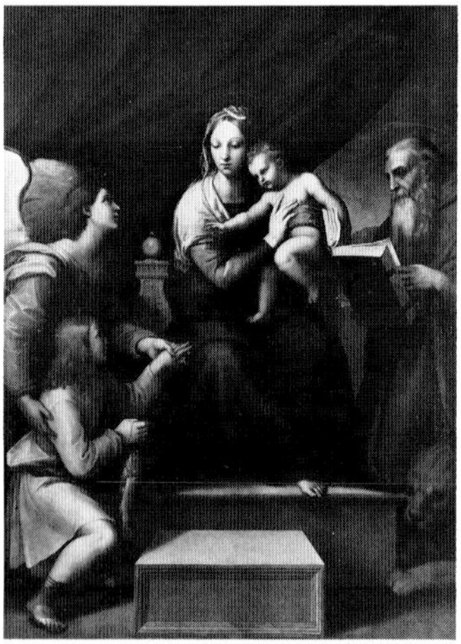

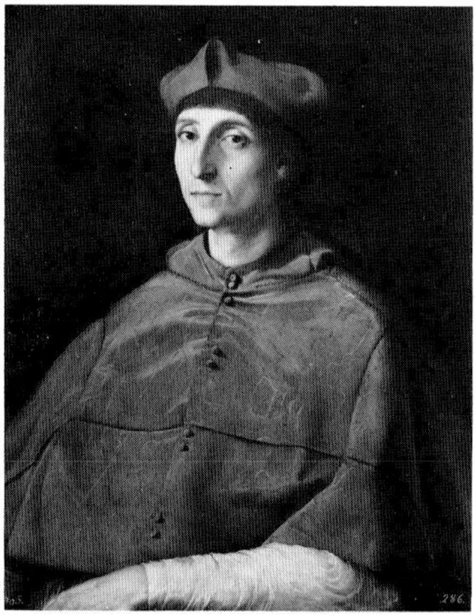

54 Raffael, Die Madonna mit dem Fisch. Um 151

55 Raffael, Der Kardinal. Um 1510

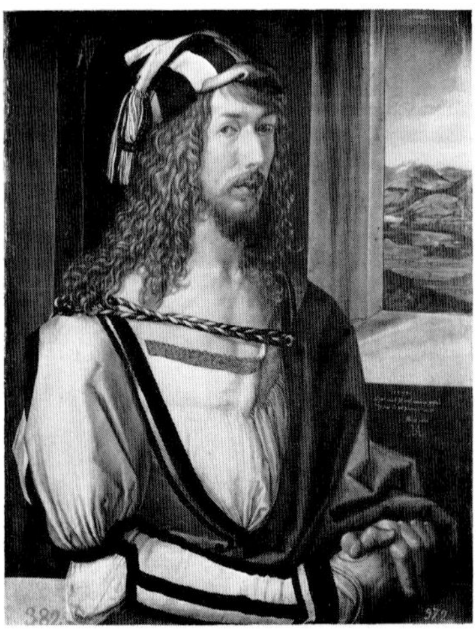

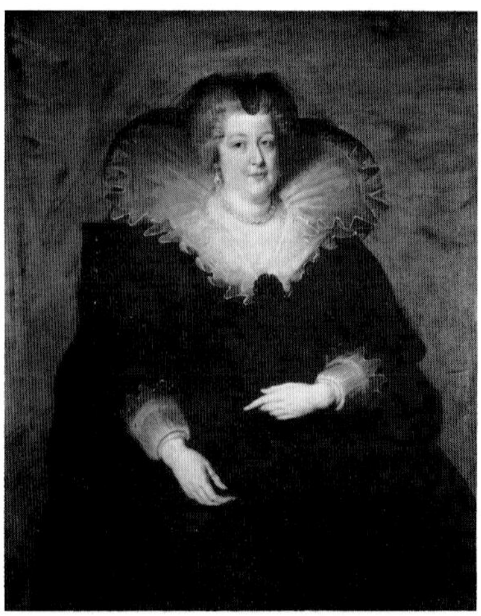

56 Albrecht Dürer, Selbstbildnis. 1498

57 Peter Paul Rubens, Maria de Medici. 1622–1625

/59 MADRID,
Muséo America
Schatz der Quimbayas.
Kolumbien, vor Cortés

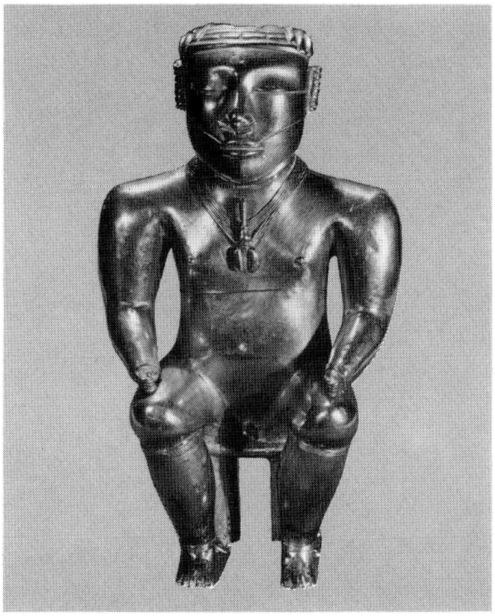

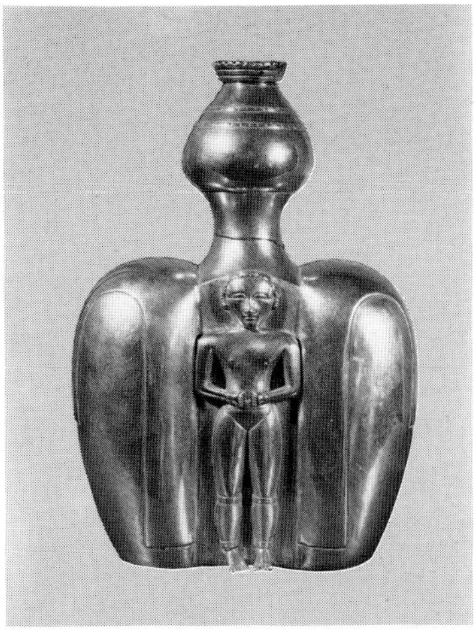

MADRID,
Muséo America
Peruanische Keramik

MADRID,
Muséo America
Maya-Grabrelief.
7. Jh. v. Chr.

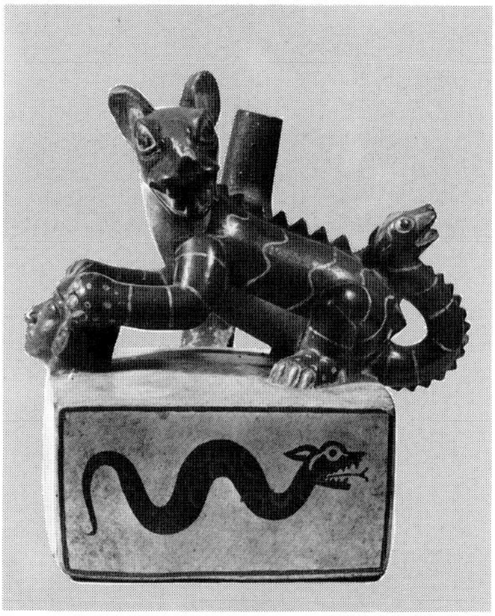

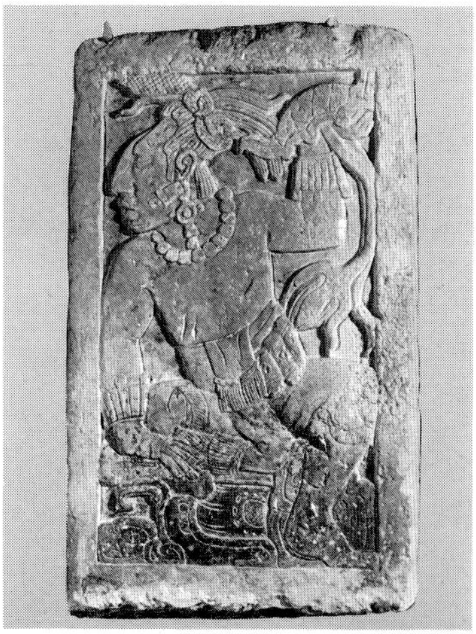

MADRID,
Casón Federico
de Madrazo (1815–1894).
Carolina Coronado

MADRID,
Casón Vicente
López, Francisco
de Goya im Alter
von 80 Jahren.
1826

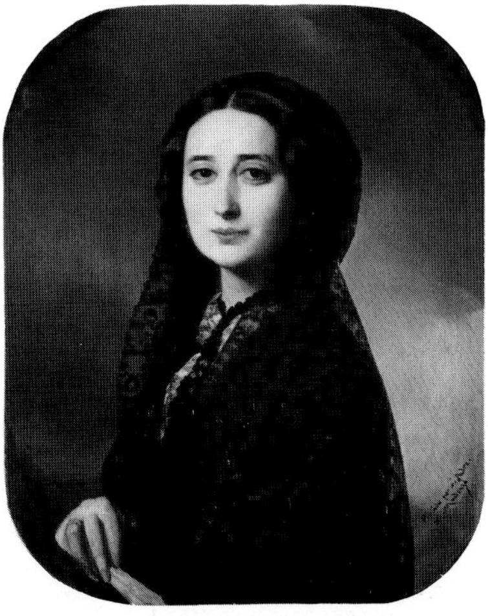

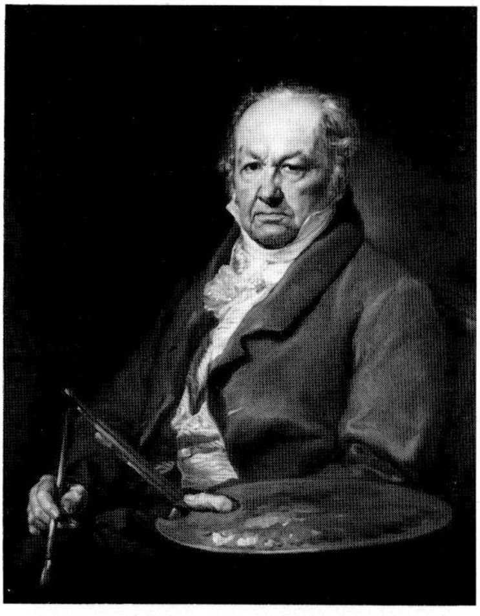

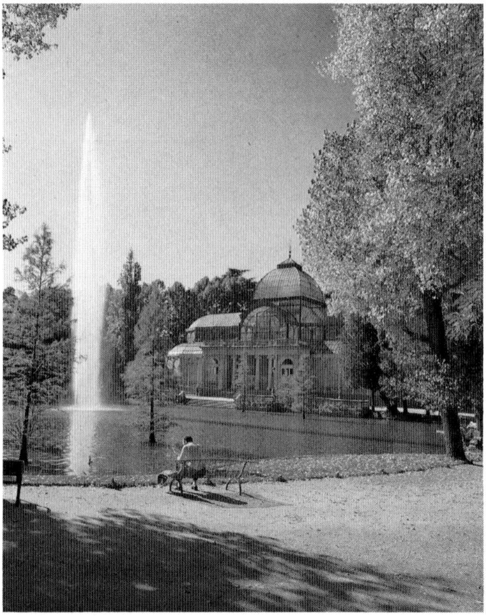

64 MADRID, Retiro-Park. Vor dem Kristallpalast

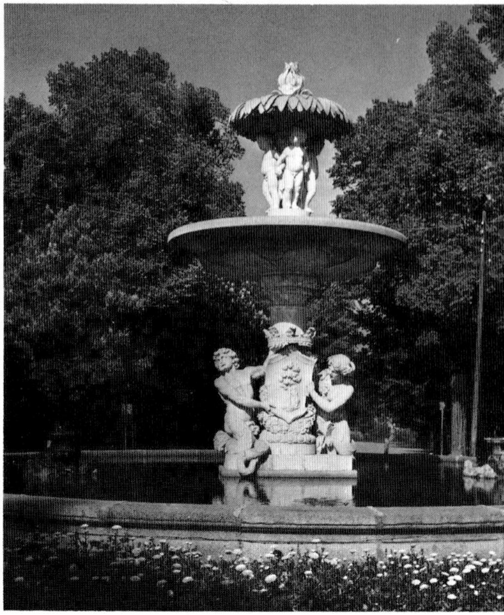

65 MADRID, Brunnen im Retiro-Park

66 MADRID, Puerta del Sol

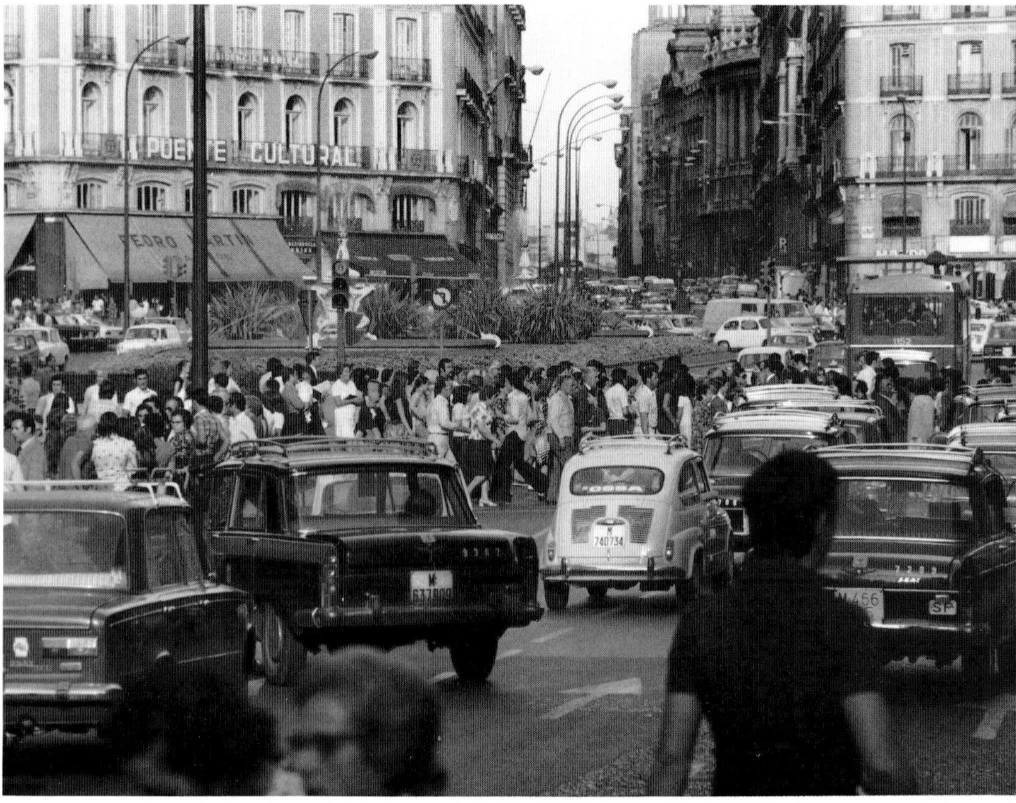

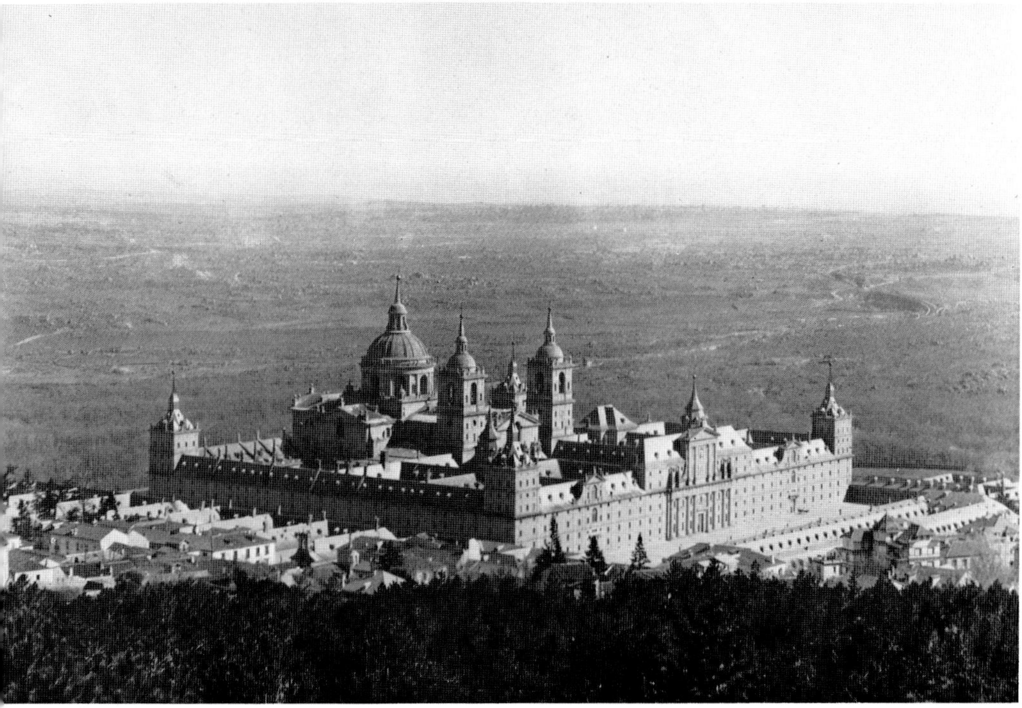

EL ESCORIAL (1563–1584) Palast, Kloster, Pantheon und Museum

EL ESCORIAL Südfront

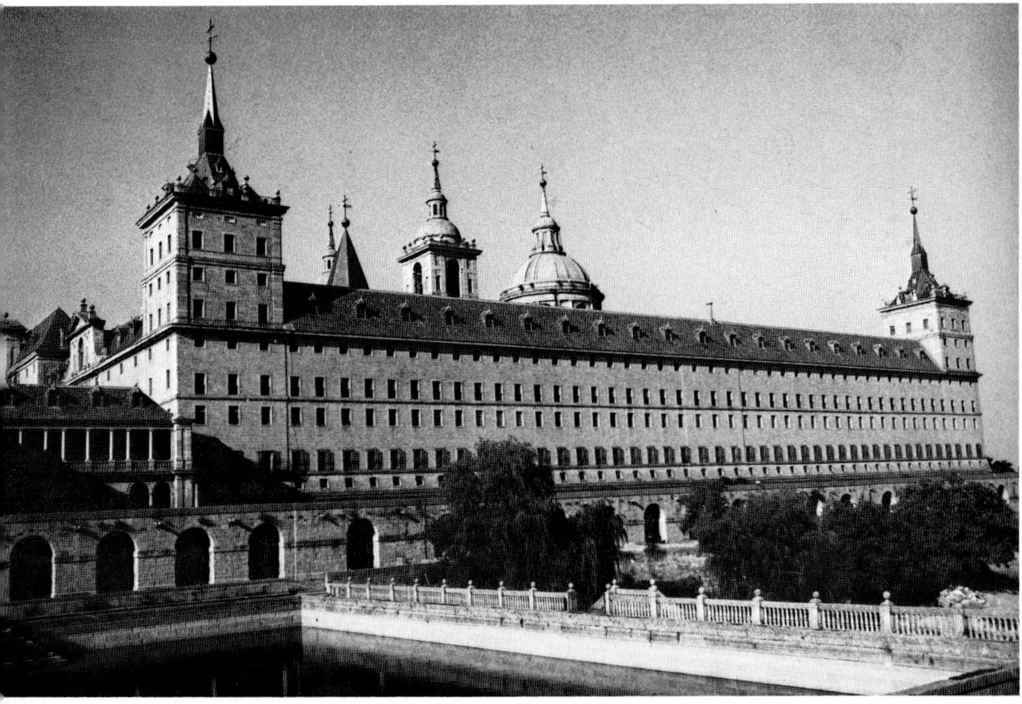

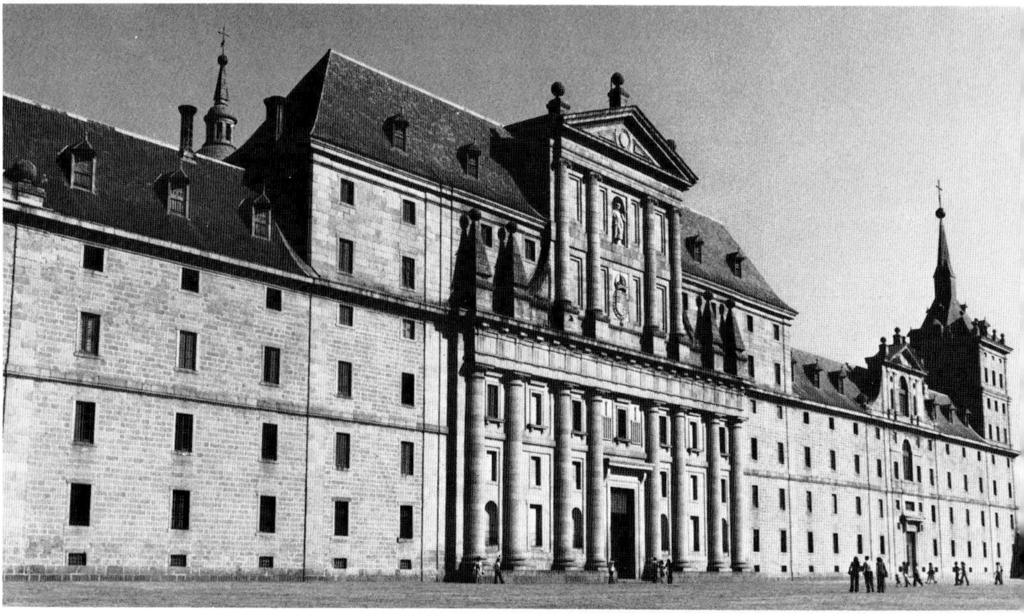

69 EL ESCORIAL Hauptfassade

70 EL ESCORIAL Fassade der Kirche

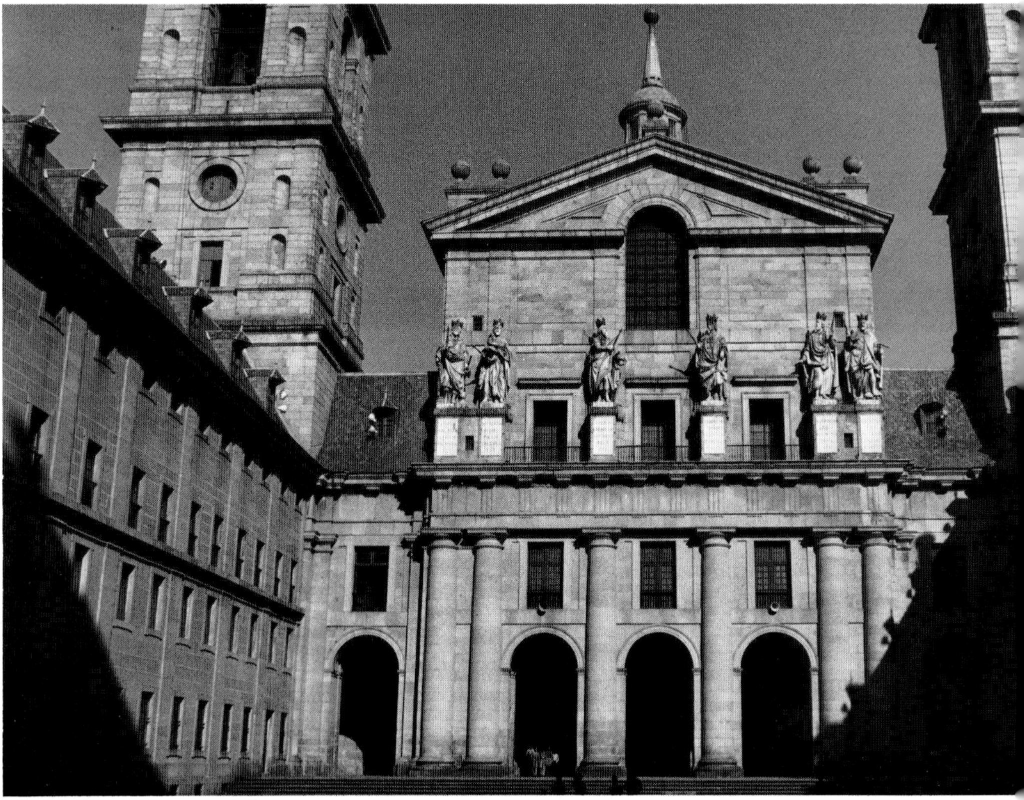

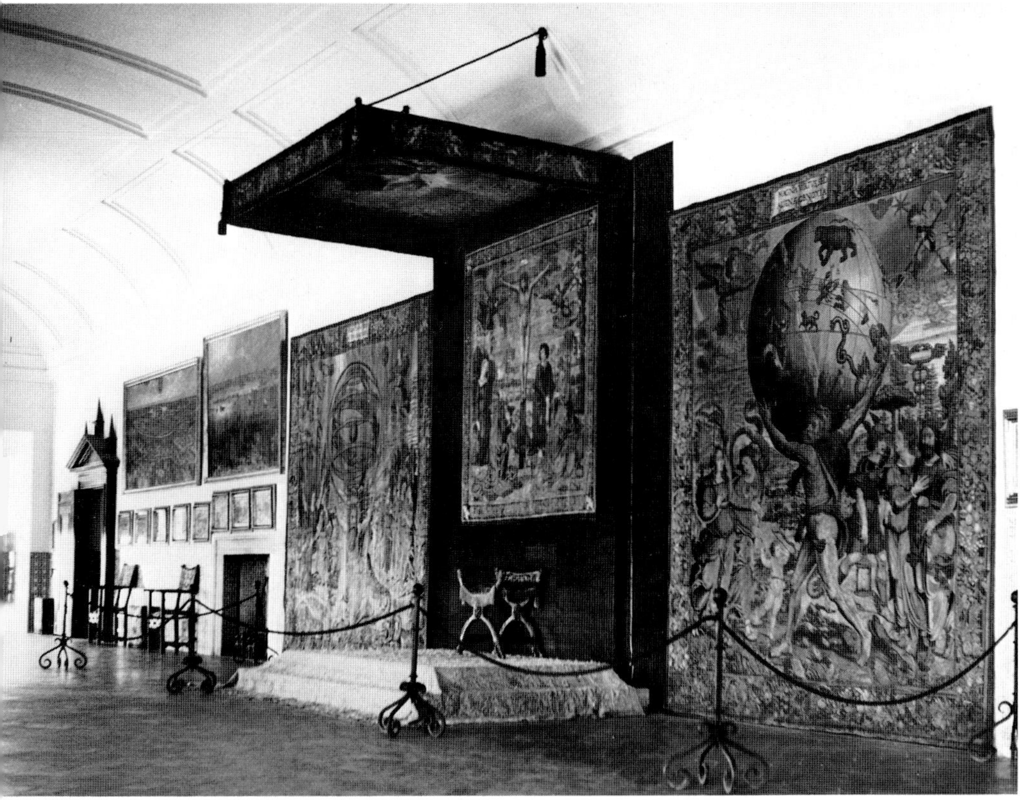

EL ESCORIAL Thronsaal Philipps II. mit Gobelins

EL ESCORIAL Das Pantheon, die Grabkammer der Herrscher Spaniens

73 EL ESCORIAL Hochaltar der Kirche

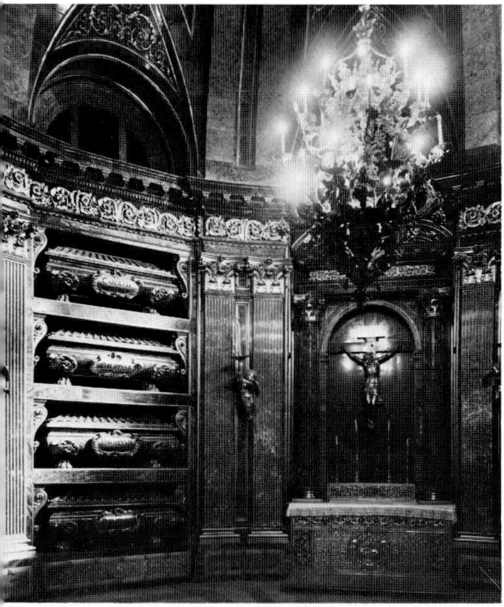

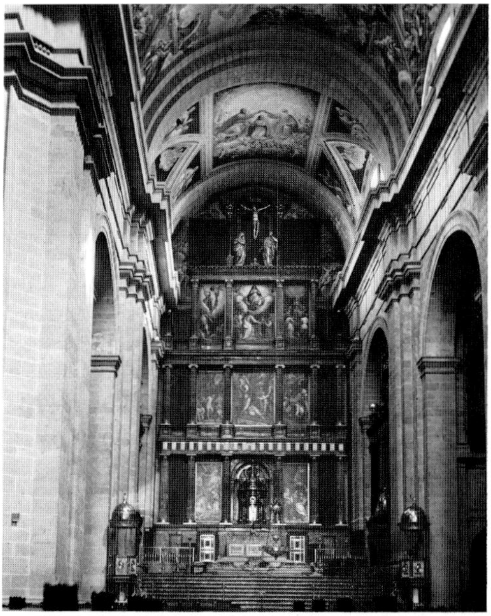

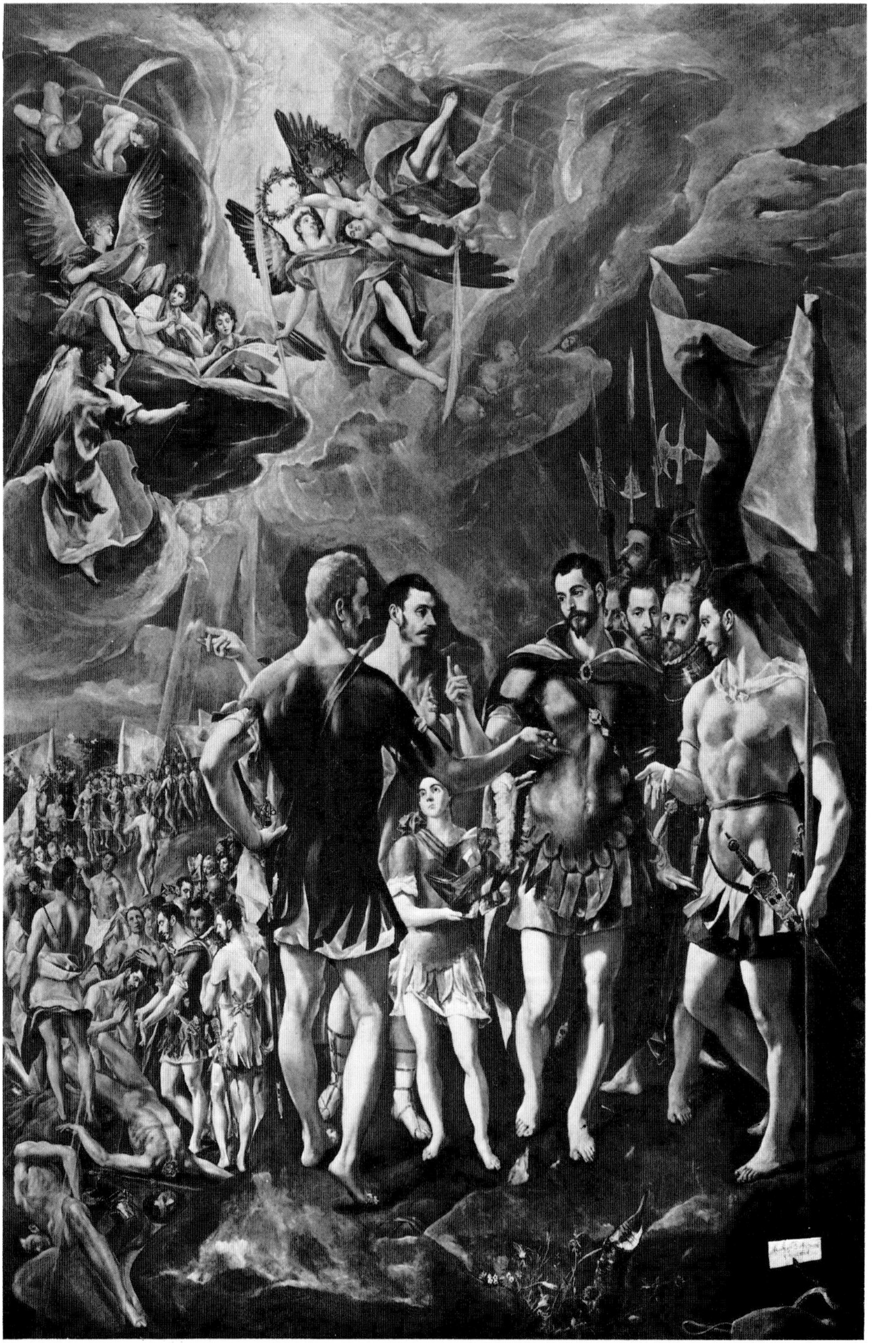

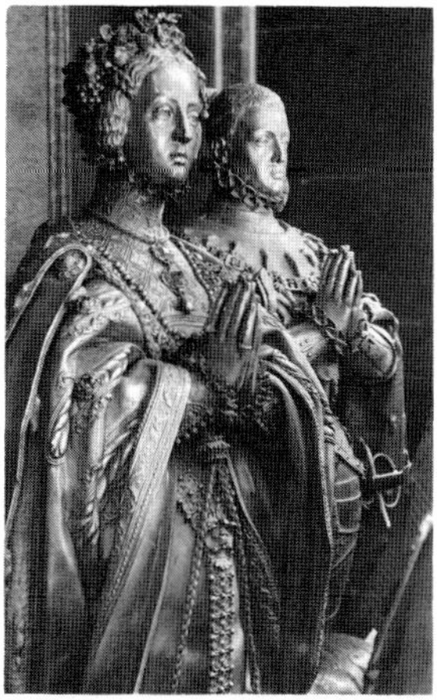

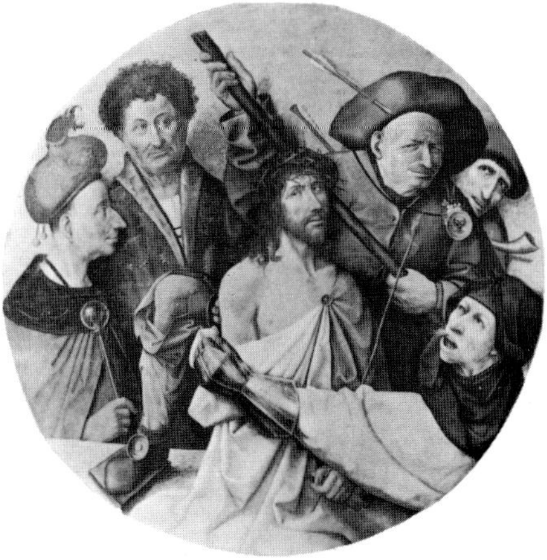

75 Detail des Grabmals Philipps II. – Maria von Portugal († 1545) und ihr Sohn Don Carlos

76 Hieronymus Bosch (gegen 1450–1516), Dornenkrönung

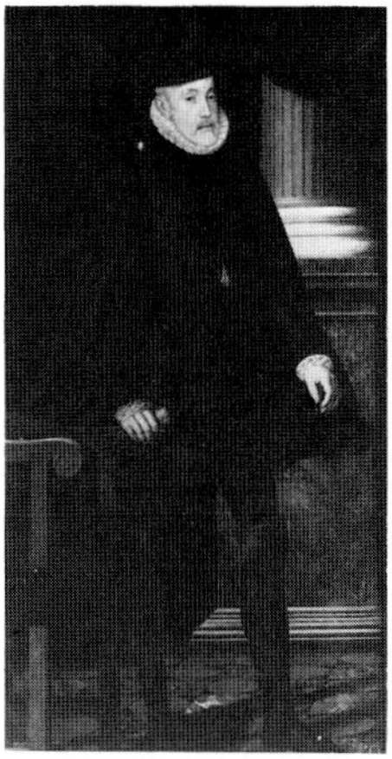

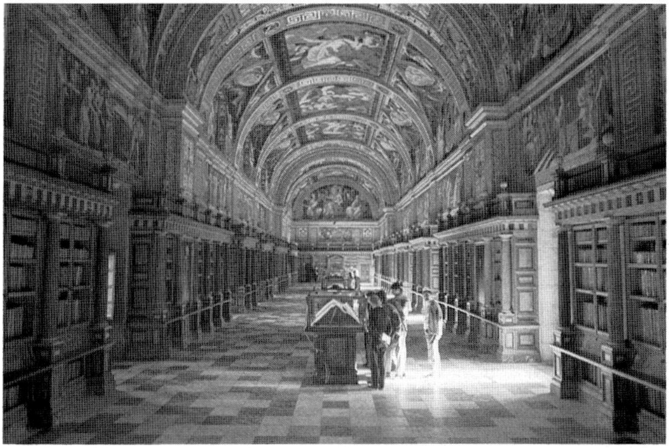

77 Pantoja de la Cruz (1553–1608), Philipp II. im Alter von 71 Jahren

78 Bibliothek

◁ 74 EL ESCORIAL, Neue Museen El Greco, Martyrium des hl. Mauritius. 1580–1584

79 Tragestuhl Philipps II.

80 Saal der Schlachten

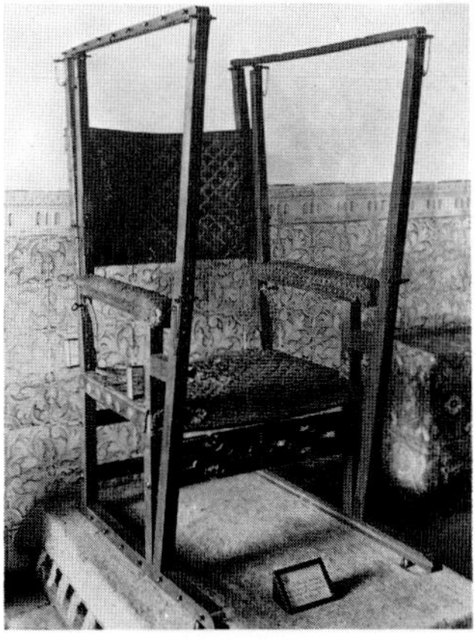

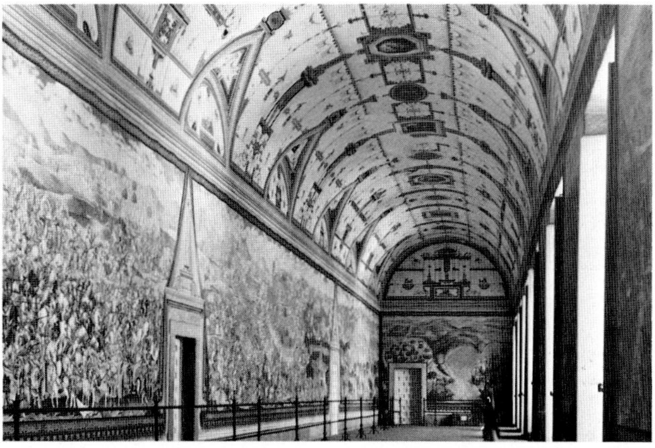

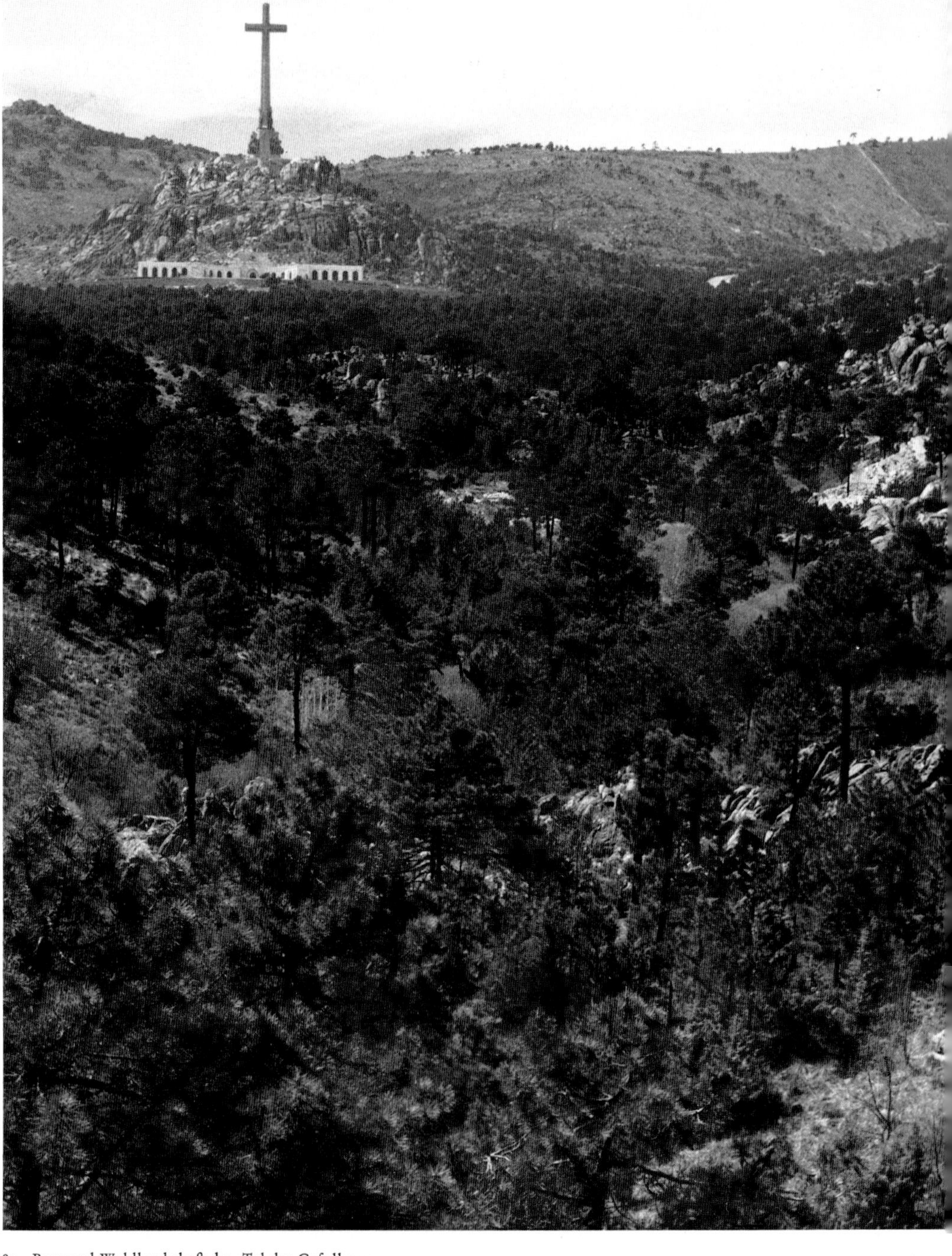

81 Berg und Waldlandschaft des ›Tal der Gefallenen‹

Kompositionsweise gelangte Goya erst nach 1810; sie findet sich in Zeichnungen nach 1812 und in der Radierfolge zur ›Tauromaquia‹. Für eine späte Datierung spricht auch die Tatsache, daß Goya während des Unabhängigkeitskrieges gegen Napoleon kaum offizielle und nur wenige private Porträtaufträge erhielt, so daß ihm Muße blieb, Bilder nach eigenen Einfällen zu malen.

Was die Bilder von Velázquez, Murillo, Rubens und van Dyck angeht, sind diese Künstler im Prado besser, zahlreicher und weniger umstritten vertreten. Aufmerksamkeit verdienen die überlebensgroßen *Mönche* von Zurbarán (1598–1664): männlich, ernst, verschwiegen, vor allem sehr spanisch. Einer davon – Fray Jerónimo Pérez – könnte Savonarola heißen. Wollte der Künstler den Ausdruck seiner Mönche, die er bald nach 1630 als 32jähriger malte, auf ihre Glaubenssicherheit reduzieren? Beschränkte er deswegen seine Farben auf den radikalen Schwarzweiß-Gegensatz? Die in Oben und Unten, in Himmel und Erde, geteilte Komposition *Vision des heiligen Alonso Rodríguez* ist charakteristisch für Zurbarán. In irdischen Dingen, den Menschen und ihrer Umwelt gegenüber, hält er einem bodenständigen Realismus die Treue. Sobald er sich aber in höhere Regionen begibt, beschränkt er sich auf den schematischen, sogar etwas süßlichen religiösen Ausdruck volkstümlicher Frömmigkeit. Kühn das orangene Gewand des Engels, das sich vom konventionellen Rot und Blau der Himmelsgestalten und von der schwarzen Capa des frommen Klosterbruders abhebt.

Die Academia besitzt gute Porträts des Böhmen Anton Raffael Mengs (1728–1779), der zu Goyas Frühzeit in Madrid die Rolle eines Kunstpapstes spielte. Wider Erwarten ist der Nachfolger Goyas im Amt des Hofmalers, Vicente López (1772–1850), der allzusehr von seinem Vorgänger überschattet wird, mit einer Bildnisserie vertreten, die eine nicht gewöhnliche Charakterisierungsgabe offenbart.

San Antonio de la Florida

Dem im Prado und in der Academia de San Fernando gewonnenen Goya-Bild würde ohne den Besuch der von ihm ausgemalten Kapelle San Antonio de la Florida (Abb. 16) ein wesentlicher Zug fehlen. Hier liegen auch die sterblichen Überreste des Malers begraben, der am 16. April 1828 in Bordeaux im Alter von 82 Jahren starb. Der Kopf fehlt. Als der spanische Konsul den Auftrag erhielt, die sterblichen Überreste des Malers auszugraben und nach Madrid zu schicken, mußte er telegraphieren: »Goya-Skelett ohne Kopf«. Worauf er die Order erhielt: »Schickt Goya, mit oder ohne Kopf«.

Goya malte die Kapelle im Sommer 1798 aus. Als Thema war ihm ein Wunder des heiligen Antonius von Padua gestellt: wie dieser einen Toten zum Leben erweckt, damit er für die Unschuld seines des Mords angeklagten Vaters zeuge. Daß Goya das religiöse Wunder in ein Volksfest verwandelte, ist nur eine seiner Neuerungen. Dazu gehörte außerdem, daß er dem Volk eine tragende Rolle zuwies. Dabei ging er nicht von einem abstrakten Volksbegriff aus, sondern vom konkreten, leibhaften Volk Madrids mit seinen 'Majas' und 'Majos', mit seinen Bettlern, seinen 'Pícaros' und 'Golfillos', kurz mit 'Madrileños'. Sie gaffen und gestikulieren, als feierten sie kein Wunder, sondern eine ›Feria‹, einen Jahrmarkt. Am Rande ist anzumerken, daß wir zu einem Wunder für Taubstumme hochblicken. Von den rund fünfzig Personen, die in der Kuppel von San Antonio versammelt sind, redet nicht eine. Die Münder sind verschlossen. Sie öffnen sich allenfalls zu einem sprachlosen Staunen. Um so beredter sind die Gesten. Sie künden von Beschwörung, Ergriffenheit, Außer-sich-Sein und stiller Betrachtung (vgl. Abb. 24).

Das Außergewöhnliche der San Antonio-Fresken ist der Schritt Goyas vom Gegenstand weg – hin zur reinen Malerei, sein Abrücken vom Was, sein Hinwenden zum Wie. Das Bildthema verliert seinen absolut dominierenden Rang. Der Künstler nimmt es zum Anlaß, seine höchst persönliche Auffassung der Malerei vorzutragen. Goya trat dabei zum ersten Mal als Formzertrümmerer auf. Er warf den Aberglauben an den Realismus der Formen über Bord. Zugleich stellte er das humanistische Idealprinzip der Kunst in Frage. Wir sind ebenso weit weg vom Menschen als Ebenbild Gottes wie vom Menschen als Maß aller Dinge. Goyas Menschen sind ihrem Schicksal ausgeliefert. Sie fühlen sich verloren. Von religiöser Erhebung und idealistischer Beschwingtheit bleibt wenig zu spüren. Erstarrte Verzweiflung breitet sich aus. Diese Menschen »mit Hundeblick«, wie der spanische Goya-Kenner Lafuente Ferrari schrieb, sind geschlagen und zerschlagen, ergeben in ihr Schicksal.

Der Gegenpol dazu ist die malerische Qualität, die, vom Gegenstand losgelöst, als eigener Wert auftritt. Bis heute stehen die Besucher fassungslos vor den mit »furia española« gemalten Fresken, weil sie in Neuland weisen, Neuland, das erst hundert Jahre nach dem Tode Goyas zur Entdeckung lockte und seit wenigen Jahrzehnten mit Eifer bestellt wird. Geist und Methode der modernen Kunst nahm Goya hier vorweg.

Das Königliche Schloß

Das Schloß steht an der gleichen Stelle wie der an Weihnachten 1734 abgebrannte Alcázar. Philipp V. und Isabella Farnese beauftragten schon im darauffolgenden Jahr den in Turin erfolgreichen sizilianischen Architekten Filippo Juvara (1678–1736) mit Plänen für einen Neubau. Diese sahen einen Palast vor, der größer als der von Versailles sein und außerhalb der Stadt errichtet werden sollte. Juvaras Nachfolger, der aus Piemont stammende Giovanni Bautista Sacchetti, der nach Juvaras Tod im Jahr 1736 mit dem Bau beauftragt wurde, kehrte zum Bauplan des abgebrannten Alcázars zurück, drängte die Juvara-Entwürfe mit drei Höfen auf ein geschlossenes Quadrat mit Innenhof zusammen und folgte für die Fassaden Plänen, die Bernini 1655 für den Pariser Louvre gemacht hatte. Der französische Geschmack der Bauherren kam in einigen Einzelheiten zum Ausdruck, so im Hauptportal, das sich von der überschäu-

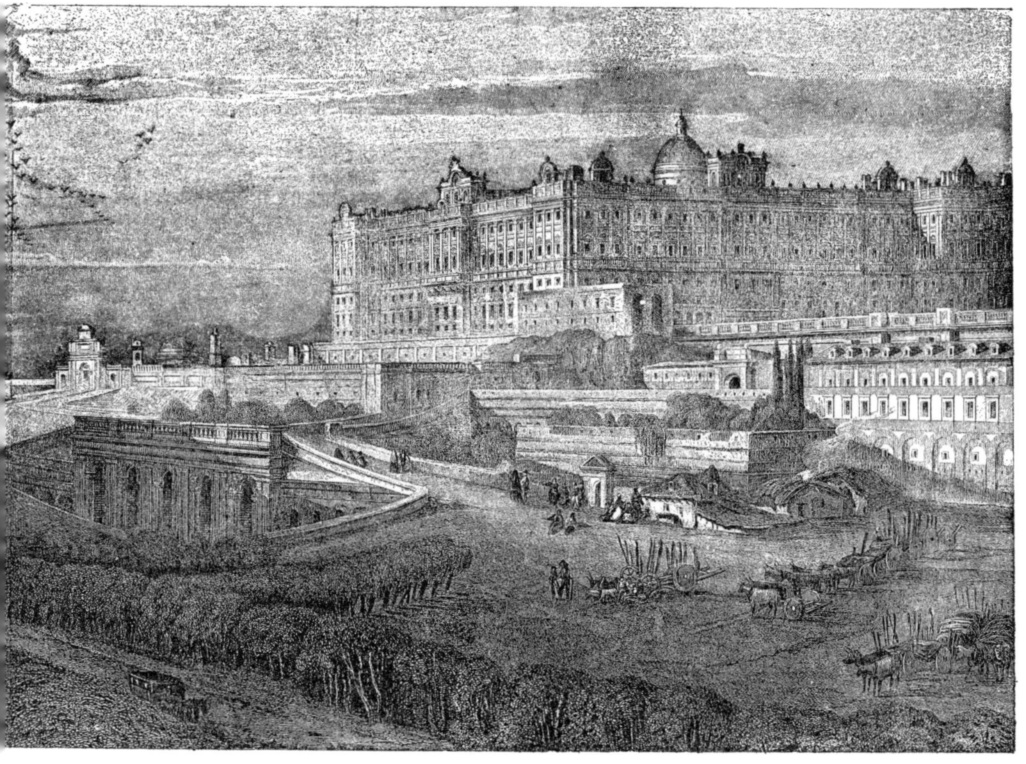

Madrid, Das Königliche Schloß. Alter Stich

menden Dekoration spanischer Tradition fernhält, im Oberstock, dessen Fenster an die Mansarden französischer Bauten des 17. Jahrhunderts erinnern, und in der Gestaltung der Palastecken, die nicht in spanischen Alcázartürmen enden, sondern flach abschließen. Trotz der italienischen Architekten und trotz des französischen Geschmacks der Bauherren war das Endergebnis doch wieder ein spanischer Alcázar: massig, wuchtig, unnahbar, isoliert, dominierend (Abb. 7).

Die Reichtümer des Schlosses blenden. Sie verwirklichen die Vorstellungen über Pracht, Üppigkeit, Endlosigkeit und Verwirrung eines Märchenreichs. Die Besichtigung der Säle – rund 51 werden gezeigt – und der Sonderabteilungen – Bibliothek, Apotheke, Kutschenmuseum, ›Armería‹ (Rüstkammer) – beansprucht reichlich drei Stunden. Man wandert endlos. Die Augen sehen sich müde. Der Rundgang läuft darauf hinaus, von unzähligen Dingen gerade nur Kenntnis genommen zu haben. Aber nicht mehr. Da der Besuch gruppenweise unter der Führung eines Cicerone abläuft, da überdies eine

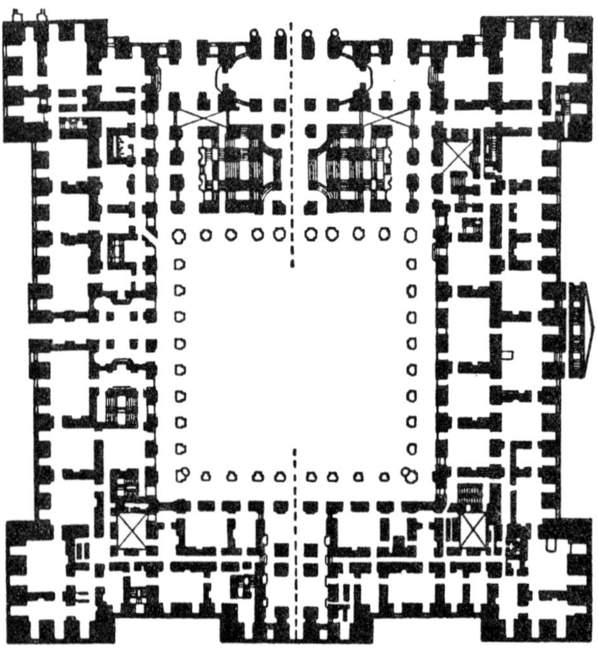

Madrid, Palacio Real.
Grundriß von Sacchetti

Besucherschar der andern auf den Fersen folgt, ist kein Verweilen möglich. Für einen Raum werden oft keine zwei Minuten Zeit gewährt. An dieser Stelle kann nur punktuell darauf hingewiesen werden, worauf der Besucher sich gefaßt machen soll.

Das Gewölbe über der majestätischen HAUPTTREPPE von Sabatini (Abb. 6), die in den ersten Stock führt, wurde von Conrado Giaquinto (1700–1766) mit dem Fresko *Triumph der Religion und der Kirche* ausgemalt. Der Neapolitaner Giaquinto wurde von Ferdinand VI. nach Madrid geholt. Außer dem Fresko im Treppenhaus malte er im ›Salón de Columnas‹ (Säulen-Salon) das Deckenfresko *Geburt der Sonne* und *Triumph des Bacchus* und die Deckenfresken der Schloßkapelle *Heilige Dreifaltigkeit* (in der Kuppel), *Die Schlacht von Clavijo, Gottvater mit dem toten Erlöser, Pfingsten, Christi Geburt* und *Ruhe auf der Flucht nach Ägypten.* Einfallsreichtum und souveräne Beherrschung der Freskotechnik zeichnen ihn aus. Seine Gewandtheit und seine Noblesse lassen ihn zwischen dem fruchtbaren Luca Giordano und Giambattista Tiepolo (1696–1770) einreihen. Letzterer stellt sich erstmals gleich zu Beginn im ›Salón de Alabarderos‹ (Salon der Hellebardiere) vor, dessen Decke er 1766 mit dem Fresko *Apotheose des Äneas* schmückte. Tiepolo war 1761 als 65jähriger, der bereits den Höhepunkt seines Ruhmes erreicht hatte, in Begleitung seiner Malersöhne Giovanni Domenico und Lorenzo nach Madrid gekommen. Seine Hauptaufgabe war das Deckenfresko im SALÓN DEL TRONO (Thronsaal, Abb. 8). Es mißt nicht weniger als

26 x 11 Meter. Als Thema war gestellt *Die Größe der spanischen Monarchie mit ihren Provinzen und Staaten.* Die Gelehrten streiten sich, ob sie diesem Madrider Fresko von 1764 oder dem zehn Jahre zuvor gemalten Fresko im Treppenhaus der Würzburger Residenz die Palme des schönsten Tiepolo-Werks zuerkennen sollen. An keiner Stelle des allzu schnellen Schloßbesuches wird mehr bedauert, daß nur eine flüchtige Betrachtung eines solchen Meisterwerks möglich ist; man kann es einzig vom Saloneingang her sehen. Tiepolo schüttet hier noch einmal das Füllhorn seiner Bildphantasie, seiner Regiekunst, seiner Farbenpracht aus. Der Kunst des Barock und Rokoko hatte die Stunde geschlagen, aber sie ging mit Tiepolo in Sonnenglorie unter. Giambattista hinterließ ein drittes, herrliches Fresko an der Decke der ›Saleta‹ mit dem Thema *Die Macht und Größe der spanischen Monarchie.*

Tiepolos Konkurrent war der deutsche Anton Raffael Mengs (1728–1779). Er bedeutete außer einem Generationenwechsel einen Stilwandel: vom Barock zum Klassizismus. Als der Böhme 1761 als 33jähriger mit einem wahrhaft königlichen Vertrag Karls III. in Madrid eintraf, war er schon berühmt und sein Stern im weiteren Anstieg begriffen. Er sollte Spaniens Kunstpapst werden. Im Schloß stellt er sich bereits zu Beginn der Besichtigung in der ›Saleta‹ und der ›Antecámara de Gasparini‹ vor. In der ersteren malte er *Die Apotheose des Kaisers Trajan;* in der zweiten *Die Apotheose des Herkules.* Für die Decke des ersten Abschnitts des dreiteiligen ›Comedor de Gala‹ (Gala-Speisesaal) lieferte er eine *Aurora auf ihrem Wagen.* Mengs steuerte zur Schloßausstattung außerdem einige Ölgemälde bei. So aus seinem Sterbejahr 1779 eine unvollendete *Himmelfahrt* (in der Schloßkapelle), Bildnisse von Ferdinand IV. von Neapel und seiner Gemahlin Maria Carolina (in der Bibliothek der Königin Victoria), je ein Porträt Karls III. und Karls IV. (in Saal elf der Neuen Museen). Mengs hinterließ schließlich Spuren seiner klassizistischen Kunstauffassung in einigen Fresken seiner Schüler Francisco Bayeu (1734–1795) und Mariano Salvador de Maella (1739–1819). Dabei mag auffallen, daß der nur wenige Jahre jüngere, aber ungleich genialere Goya (1746–1828) keinen Freskoauftrag erhielt, wohl aber sein Nachfolger Vicente López (1772–1850). Der Goya der Fresken in San Antonio de la Florida (1798) hätte den Rahmen des Schlosses gesprengt! Aber er vermag sich dort doch von den verschiedensten Seiten zu zeigen. In der ›Antecámara de Gasparini‹ hängen seine Bildnispaare *Karl IV.* und *María Luisa* sich gegenüber, der König einmal im Jagdanzug und das andere Mal in der Uniform eines Obersten der ›Guardia de Corps‹, während die Königin in einem schwarzen Kleid mit Mantilla und im weißgrauen Hofkleid posiert. Im Saal ›Corbella‹ der Königin Victoria sind Gobelins nach den Goya-Kartons *Das Kohlenbecken, Blinde Kuh, Der Pelele* und *Der Rastro* ausgestellt. Zu guter Letzt bietet der Saal 3 der ›Neuen Museen‹ gleich drei Goya-Überraschungen: einen seiner ersten Gobelins-Kartons von wenig persönlicher Eigenart, *Die Wildschweinjagd* von 1775. Dann die vor einigen Jahren wieder entdeckte Grisaille *Die heilige Isabella pflegt eine kranke Frau,* die der Maler 1816 für den Ankleideraum der Königin Isabel de Bragança zu malen hatte. Schließlich, außergewöhnlich – im Thema, als Landschaftsbilder und in ihrer Farbigkeit –, die zwischen 1810 und 1814 während des Befreiungskampfes gegen Napoleon entstandenen kleinen Ölbilder *Pulverherstellung in der Sierra von Tardienta* und *Kugelgießen in der Sierra de Tardienta.* Sie müßten im Prado ausgestellt sein!

Höhepunkt des Schlosses sind die verschwenderisch ausgestatteten Räume Karls III.: die SALETA (Kleiner Saal), ANTECÁMARA DE GASPARINI (Vorsaal Gasparinis) und der SALÓN DE GASPARINI. Sie wurden nach dem aus Neapel stammenden Maler und Stukkateur Matías Gasparini genannt. Mit Stuck vollbrachte er wahre Zauberkunststücke. Er füllte Wände und Decken mit Vögeln, Blumen, Früchten und Chinesen, gab ihnen Farbe, stimmte die seidenen Bezüge der Wände und Stühle darauf ab und vergaß nicht die 'Steinmalerei' des Bodenmosaiks.

Wie um soviel Märchenpracht leichter tragen zu lassen, erlaubt sich die Schloßführung nach dem Gaparini-Salon den Scherz, den dahinter liegenden schmalen, länglichen Raum ›Tranvía‹ (Straßenbahn) zu nennen. Die Distanz gebietende Feierlichkeit kehrt schnell im ›Salón de Carlos III.‹ zurück. Hier schlief der tüchtigste der spanischen Bourbonen. Hier starb er. Ein dekoratives Bravourstück ist die anschließende ›Sala de Porcelana‹. Sie ist völlig mit Porzellanplatten der Madrider ›Fábrica del Buen Retiro‹ bedeckt. Bewunderung rufen die mit gelber Seide ausgeschlagene ›Sala Amarilla‹ und der ›Comedor de Gala‹, der GALA-SPEISESAAL, hervor. Sein Tisch ist für 145 Gäste gedeckt. An den Wänden hängen Brüsseler Gobelins des 16. Jahrhunderts von Wilhelm Pannemaker, auf Postamenten stehen Bronzekrüge und Sèvresvasen. Fünfzehn Lüster, zehn Wandleuchter und silberne Kandelaber sorgen für festliche Beleuchtung. Wer hat da noch Augen für die Uhrensammlung des anschließenden ›Salón de Cine‹? Die SCHLOSSKAPELLE mit Grundriß eines lateinischen Kreuzes verdient Aufmerksamkeit. Sie wurde von dem Italiener Giovanni Bautista Sacchetti und dem Madrider Architekten Ventura Rodríguez in den Jahren 1749 bis 1757 gebaut. Alle Künstler, die damals in Madrid Rang und Namen hatten, trugen zu ihrer Ausstattung bei, die Maler Giaquinto und Mengs, die Bildhauer Ginés de Castro und Olivieri. Schwarzer Marmor und vergoldeter Stuck wetteifern miteinander. Eine opulente Kuppel krönt den Raum.

Der Besucher hastet nacheinander durch die ANTESALA DE DOÑA MARÍA CRISTINA zu den offiziellen Wohnräumen der Königin María Cristina, der Mutter von Alfons XIII. Verschnörkeltes Rokoko wechselt mit kühlem Klassizismus, Geschichte des 19. Jahrhunderts mischt sich mit der des 20. und selbst mit der unserer Gegenwart. Ihr Flügelschlag ist zumal in den Räumen zu vernehmen, die bis zum 14. April 1931 von der letzten königlichen Familie bewohnt wurden. Noch stehen ihre Fotos umher; auf einem davon ist der mit dem Königshaus verwandte Kaiser Wilhelm II. zu erkennen. Es gibt Nippes von zweifelhaftem Geschmack, sogar Stücke, die ein Kitschmuseum zieren würden. Aber immer wieder melden sich die Geschichte und die Repräsentationsfreude des Bourbonenhauses. Am eindrucksvollsten im *Salón del Trono,* in dem mit rotem Samt ausgeschlagenen Thron-Saal, der fast ganz unter Karl III. eingerichtet wurde. Giambattista Tiepolo gab ihm mit seinem Deckenfresko Glanz und Feierlichkeit (vgl. S. 76). Sein Sohn Giovanni Domenico steuerte Grisailles bei. Raum, viel Raum ist hier für die Empfänge der spanischen Granden und der ausländischen Diplomaten. Goldgestickte Uniformen und blitzende Ordensreihen gehören hierher. Und die Klänge der Königshymne.

Die Ausbreitung höfischer Pracht in Deckenfresken, seidenen Wandbespannungen, Kristall-Lüstern, Uhren (1500), Bronzen, Gemälden, Porzellanvasen, Porzellanfiguren, Möbeln, Teppichen nimmt kein Ende. Was soll man erst über die Gobelins sagen! Aneinandergereiht sollen sie eine Länge von einem guten Dutzend Kilometer haben. Sie ergeben die reichste und größte Gobelinsammlung der Welt. Im Schloß wurde eigens für sie ein zusätzliches GOBELIN-MUSEUM eingerichtet. Es enthält unter anderen die Serie *Triumph der Mutter Gottes* (gegen 1490) nach Kartons von Quentin Massys und Juan de Flandes. Sie wurden dereinst von Philipp dem Schönen (1478–1506) erworben. Daneben hängen Brüsseler Gobelins, die Johanna der Wahnsinnigen (1479–1555) gehörten und ihren Palast von Tordesillas verschönten. Die Kartons zur *Geschichte des heiligen Johannes des Täufers,* zur *Passion Christi* und zur *Geschichte Abrahams* werden van Orley zugeschrieben. Die *Passion Christi* wurde von der Regentin der Niederlande, Margarete von Österreich (1480–1530), dem Brüsseler Meister Peter Pannemaker, die *Geschichte Abrahams* dessen Sohn Wilhelm in Auftrag gegeben. Der Besucher durchwandert in den Schloßgängen ein ununterbrochenes Spalier von Gobelins flämischer Werkstätten, darunter welche nach Kartons von Raffael und Giulio Romano, erhält einen Überblick über die Produktion der Madrider ›Real Fabrica‹ und wird fast nebenbei auch mit Erzeugnissen der französischen Werkstätten von Beauvais und Aubusson konfrontiert.

Um zu verhüten, daß einzelne Gemälde in der Vielzahl der Säle 'untergehen', wurden 1962 im Nordwestflügel fünfzehn Säle für die NEUEN MUSEEN bestimmt. Gleich das erste Kabinett beherbergt ein *Triptychon* mit fünfzehn kleinen Tafeln des Juan de Flandes, das einmal Isabella die Katholische besaß; einen *Gang zum Kalvarienberg* von Hieronymus Bosch; das wohl beste Porträt der nicht gerade schönen, doch historisch bedeutenden Isabella der Katholischen, von Bartolomé Bermejo (?) und ein Bildnis *Philipps des Guten,* Herzog von Burgund, von Rogier van der Weyden. Im dritten Saal ragen hervor eine *Salome* von Caravaggio und *Abraham verstößt Hagar und Ismael* eines anonymen Meisters, der Guercino sein könnte. Saal 5 ist Velázquez gewidmet. Er enthält das fast lebensgroße Gemälde eines Schimmels, der als Vorbild für das Bronzereiterdenkmal Philipps IV. von Tacca auf der Plaza de Oriente diente (vgl. Abb. 5), zwei Damenbildnisse und ein Fragment. Es zeigt die Hand eines Klerikers, die ein Blatt Papier mit der Signatur des Malers hält.

Saal 7 offeriert einen *Heiligen Paulus* von El Greco, der zumindest übermalt ist. Mehr überzeugen und bezaubern im nächsten Kabinett zwei handgroße Watteaus (1684–1721), *Liebeslektion* und *Ländliches Duo.* Daneben hängen kleine Meisterwerke des sympathischen Franzosen Michel-Ange Houasse (1680–1730), den der Bourbonenkönig Philipp V. als einen der ersten französischen Künstler an seinen Hof berief. In den Neuen Museen konnten auch Teile der Königlichen Porzellansammlungen zusammen ausgestellt werden. Aus der Madrider Manufaktur, die in fast allen Schloßräumen anzutreffen ist, werden geschlossene Serien gezeigt, daneben reihen sich Serien und Einzelstücke der Manufakturen von Meißen, Berlin, Wien, Sèvres.

Mit Respekt wird von der BIBLIOTHEK Kenntnis genommen, die allein 24 Säle in Anspruch nimmt. Ihre Schätze – 4000 Manuskripte, 3000 Notenwerke, 3500 Landkarten, 2000 graphische Blätter – sind nur zu erahnen. Mehrere Stundenbücher des 15. Jahrhunderts, die in Vitrinen ausliegen, geben eine Probe davon. Der Bücherfreund wird nicht zuletzt die herrlichen Bucheinbände bewundern. Es bleiben für den Neugierigen immer noch die Kuriositäten der REAL OFICINA DE FARMACIA (der Königlichen Apotheke) und der CABALLERIZAS (des Kutschen-Museums), das im Garten, im ›Campo del Moro‹ untergebracht ist.

Die ›Armería‹ verdient eigens einen Besuch.

Armería Real

In Madrid gibt es mehrere Waffensammlungen – unter anderem im Heeresmuseum, im Museo Cerralbo, im Instituto Valencia de Don Juan, im Museo Làzaro Galdeano –, die ARMERÍA REAL übertrifft sie alle. Das verdankt sie ihren königlichen Sammlern, den ersten Waffenschmieden Europas und nicht zuletzt der spanischen Geschichte mit ihrer endlosen Kette von Kriegen. Die zwei Stockwerke der seit 1893 eingerichteten ›Armería‹ reichen nicht aus, um die rund 3000 Rüstungen, Kettenhemden, Schilde, Helme, Lanzen, Keulen, Degen, Schwerter, Büchsen, Sättel, Zäume, Steigbügel, Sporen, Pulverfässer, Pistolen und Fahnen aufzunehmen (Abb. 9). Sie gehörten dereinst dem Cid Campeador, den Katholischen Königen Ferdinand von Aragon und Isabella von Kastilien und ihrem Feldherrn, dem Grancapitan Gonzalo de Córdoba. Die Rüstungen wurden von Karl V. und Philipp II. bei Paraden und in der Schlacht getragen. Die Schwerter hingen am Gurt der Konquistadoren Cortés und Pizarro. Eine einfache Hiebwaffe wurde Franz I., König von Frankreich, in der Schlacht bei Pavia abgenommen. Auch sein mit Edelsteinen geschmückter Paradedegen fiel damals in die Hände der Spanier; Marschall Murat 'repatriierte' ihn während der napoleonischen Invasion. Die besten Waffenmeister Augsburgs und Mailands, allen voran Colman Helmschmied und die Negroli, waren aufgeboten, Spaniens Könige und Infanten mit kostbar verzierten Waffen auszurüsten. Die Ciceroni vermerken gerne, daß die Rüstungsträger des 15. und 16. Jahrhunderts von kleiner Statur sein mußten. Oder daß eine Rüstung, die der junge Karl V. nach Spanien mitbrachte an den Schultern gerade und über der Brust gewölbt geschmiedet war, wogegen eine spätere, italienische Rüstung in den Schultern deutlich gerundet und an der Brust eingesenkt ist. Die prächtigste Rüstung, die Karl V. besaß, diente Tizian als Modell, als er 1548 in Augsburg das Reiterbildnis *Karl V. in der Schlacht von Mühlberg* (vgl. Abb. 34) malte. Auch die Rüstung Philipps II.

posierte als Modell, als Tizian 1551, ebenfalls in Augsburg, den Thronfolger als Werber um die Hand von Maria Stuart porträtierte. Selbst wenn die Königskinder im zarten Alter für Parade-Auftritte schon in Panzer gesteckt wurden, waren ihre Harnische genau nach denen der Erwachsenen angefertigt. Ob sie sich darin wohl fühlten? Ob sie darin die ihrem Alter anstehenden Sprünge machen konnten? In Vitrinen liegen Trophäen aus historisch bedeutungsreichen Schlachten – Lepanto, Pavia, Cerignola – aus. Während die meisten Waffensammlungen schnell Langeweile aufkommen lassen, weil ihre Stücke anonymen, gesichtslosen Charakter haben und auf Serienherstellung zurückgehen, halten in der Armería Real die hohe Qualität des Rüstzeugs und das Wissen darum, daß sie zu einem guten Teil von historischen Persönlichkeiten benützt wurden, Neugier und Interesse wach. Wir sehen hinter ihnen die Katholischen Könige, die Habsburger, die Konquistadoren Amerikas. Im Salon des Hauptgeschosses sind die Rüstungen vom Ende des 15. bis zu den Anfängen des 16. Jahrhunderts und die Karls V. ausgestellt. Die Vitrinen enthalten Waffen und Trophäen; das älteste Stück ist ein westgotischer Zaum. Im Erdgeschoß und im ›Salon de Alabarderos‹ des Königlichen Schlosses fanden die Rüstungen aus der Zeit der 'Felipes': Philipp II., Philipp III. und Philipp IV. Aufstellung.

Das Kloster der ›Descalzas Reales‹

Als 1960 das Kloster der Descalzas Reales – der ›Königlichen Barfüßerinnen‹ und franziskanischen Clarissinnen – täglich für einige Stunden zum Besuch freigegeben wurde, öffnete sich den Kindern der Frau Welt eine Schatztruhe. Der Vergleich mit einer Perlauster trifft zu. Während das Äußere des Gebäudes unscheinbar, nüchtern, wenig einladend ist (Abb. 19), entfaltet das Innere farbigen Prunk. Die Augen haben Mühe, ihm zu folgen. Die Versuchung, vor Gobelins, Gemälden, Fresken, Juwelen, goldgestickten Paramenten, holzgeschnitzten Decken und mit Azulejos bedeckten Böden stehenzubleiben, ist entschieden größer als die Eile, mit der die offiziellen Führer die Gäste daran vorbeiführen. Inmitten des lautesten Weltstadtlärms tauchen wir in eine Oase der Stille ein.

Das Kloster ist in einem Renaissance-Palast untergebracht, den Karl V. von seinem Schatzmeister Alonso Gutiérrez gekauft hatte. Hier, außerhalb des Alcázars, auch außerhalb des damaligen Madrids, wohnte öfters die Gemahlin des Kaisers, Isabella von Portugal. Hier gebar sie im Jahr 1535 ihre jüngste Tochter, Juana de Austria, die später den portugiesischen Prinzen Juan Manuel heiratete und Mutter des sagenumwobenen Königs Sebastian wurde. Als Witwe nach Spanien zurückgekehrt, verwandelte Juana ihr Geburtshaus in ein Kloster, das sie zu ihrer Grabstätte bestimmte. Die erforderlichen Umbauten besorgten die Architekten Antonio Sillero und Juan Bautista de Toledo, der erste Architekt des Escorials. Die ersten Nonnen konnten 1560 aufgenommen werden. 1581 zog sich die Kaiserin Maria, Gemahlin Maximilians II. und ältere Tochter Karls V., hierher zurück; sie starb 1602. Auch ihre Tochter, die Erzherzogin Margarita, verbrachte im Kloster ihre letzte Lebenszeit. Dort suchten 1581 fromme Ruhe: die Witwe des deutschen Kaisers Maximilian, Maria, und ihre Tochter, die Erzherzogin Margarete.

Im 17. Jahrhundert legten die Tochter des deutschen Kaisers Rudolf II., Anna Dorothea, und die Tochter des Siegers bei Nördlingen, des Infanten Fernando, Mariana de la Cruz, ihre Gelübde ab. Ihnen folgte später die Lieblingstochter Philipps II., Isabel Clara Eugenia. Erst wurden nur Novizen aus königlichem Hause oder aus höchsten Adelsfamilien aufgenommen. Später fanden auch der eine oder andere 'Fehltritt' der Monarchen und Infanten wie Doña Margarita, die Tochter des Infanten Juan José de Austria und einer Tochter des Malers Ribera, oder gar Töchter eines Kirchenfürsten, wie die des Kardinalinfanten Fernando, diskreten Unterschlupf.

Der königliche Charakter des Klosters, dessen Äbtissin den Rang eines Granden von Spanien einnahm, brachte mit sich, daß das Gelübde der Armut nicht zu streng genommen wurde. Die Nonnen, deren Zahl auf 33 – die Zahl der Lebensjahre Jesu – beschränkt war, verfügten über Dienerinnen; sie durften Besuche empfangen. Da sie ihre Aussteuer mitbrachten, außerdem die mächtigen Gönner des Klosters nicht müde wurden, die königliche Stiftung mit Gaben zu überschütten, sammelten sich außergewöhnliche Reichtümer an. In den Sälen, Kammern, Kämmerchen und auf den Gängen hängen allein gegen vierhundert Gemälde. Die Reliquiensammlung türmt sich zum Berg. Den Kunsthistorikern und Geschichtsforschern tut sich eine wahre Fundgrube auf. Die Ersteren begegnen dem *Zinsgroschen* von Tizian, den sie von der Staatsgalerie in Dresden her kennen. Haben sie das Original, eine zweite Fassung oder eine Kopie vor sich? Ähnliche Fragen stellen sich vor einer *Anbetung der Heiligen Drei Könige* von Breughel d. Ä. Da die Nonnen nur geringe Sachkenntnisse zur Katalogisierung und Konservierung ihrer Gemälde besaßen, blieb die Herkunft vieler Bilder ungesichert. Auftretende Schäden wurden buchstäblich jahrhundertelang nicht ausgebessert oder nur verkleistert.

Zahlreich sind die frühen Flamen vertreten. Da schwirren die Namen von Rogier van der Weyden, Memling, Bouts, Isenbrandt und Mabuse. Neben ihren kleinen Tafelbildern für die stille Andacht verkünden die spanischen Meister Ribera, Zurbarán und Murillo die Glaubensoffensive des Konzils von Trient. Diese Fanfare blasen auch die Gobelins zur *Verherrlichung der Eucharistie,* heute im ehemaligen Schlafsaal. Rubens lieferte dazu im Auftrag der Infantin Isabel Clara Eugenia geniale Entwürfe (im Prado), mit denen die Weber Jan Raes, Geubels und Jan Vervoert der Brüsseler Gobelinmanufaktur nicht Schritt zu halten vermochten. Vom *Zinsgroschen* Tizians und einem Caravaggio abgesehen, bescheidet sich die italienische Schule auf zweit- und drittrangige Meister. Doch hat das Kloster eine *Verkündigung* des Fra Angelico an das Prado-Museum abgetreten.

Unter den Plastiken ragt der *Liegende Christus* von Gaspar Becerra (1520–1570) heraus, der neben Alonso de Berruguete und Juan de Juni zu den bedeutendsten spanischen Bildhauern des 16. Jahrhunderts zählt. Er vermag zu erschrecken, vor allem in der Umgebung vieler lieber und herziger Jesuskindchen. Zu ihnen steuerte der große andalusische Bildhauer Martínez Montañés einen bubenhaft frischen *Pastorcito* bei. Der sentimentalen Frömmigkeit der Nonnen kam auch eine *Büßende Magdalena* des Gregorio Hernández und mehrere leicht süßliche Halbfiguren des granadinischen Bildhauers Pedro de Mena entgegen.

Adlige Würde geht jedoch von dem Marmorgrabmal der Stifterin, der Prinzessin Juana de Austria aus. Sein Schöpfer war Pompeo Leoni, der in der Escorialkirche die Familiengruppen Karls V. und Philipps II. und die Bronzeplastiken des dortigen Hochaltars hinterließ.

Historisch Interessierte dürfen sich mit der kompletten Ikonographie all derer auseinandersetzen, die im Zeitraum von drei Jahrhunderten spanische Geschichte machten. Die Genealogen sind angesprochen, um vor jedem Porträt einer Dame zu sagen, wie sie hieß, welchem Zweig der Habsburger Großfamilie sie angehörte, welchen Rang sie einnahm. Um das Bildnis der Gründerin Juana de Austria sind wie zum Familientag versammelt: Kaiser Ferdinand I., die Königin von Portugal, Leonore von Österreich, die portugiesische Königin Catalina, der Prinz Don Carlos, der portugiesische König Don Sebastian, die Königin Isabel von Frankreich, die Kinder Philipps II., Philipp III., der letzte Habsburger Karl II. Sie wurden von den Flamen Antonis Moro, Rubens, Pourbus, van Dyck und von den Spaniern Pantoja und Morales gemalt. Nicht zu entscheiden ist ohne weiteres, ob man es jeweils mit Originalen, Repliken oder Kopien zu tun hat.

Da die Descalzas Reales nur mit Führung und in Gruppen besichtigt werden können, vermag selbst der aufmerksamste Besucher nicht alles Gebotene in sich aufzunehmen. Sicher ist, daß er von einer Verwunderung zur anderen schreitet, angefangen von der Treppe zum Hochgeschoß, wobei ihm aus Fresken von Carreño und Rizzi Philipp IV. und seine Familie zuschauen (Abb. 20), bis zur letzten Kapelle, der ›Capilla de la Dormición‹, deren Deckengemälde *Himmelfahrt Mariens* Luca Giordano malte. Das Haupterlebnis bleibt das Bewußtsein, nicht ein Museum zu absolvieren, sondern sich in einer Atmosphäre zu bewegen, die von Leben, Geschichte und Kunst erfüllt ist, zu spüren, daß mit all diesen Bildern gelebt wurde, daß sie bestimmten Personen gehörten, die mit ihnen Zwiegespräche hielten.

Kloster ›La Encarnación‹

Im gleichen Viertel wie die Descalzas Reales, noch näher am Königlichen Schloß, wurde das Kloster der Augustinerinnen ›De la Encarnación‹ zum Besuch geöffnet. Stifterin war Margarethe von Österreich, die Gemahlin Philipps III. Doch wurde der Bau erst 1616, fünf Jahre nach ihrem Tod eingeweiht. Der beständigen Gunst des Hofes und des Adels verdankte es hochmögendes Ansehen, reiche Ausstattung und sogar politischen Einfluß. Zehn Säle und die Kirche können besichtigt werden.

›La Encarnación‹ liegt an einem stillen Platz voll Romantik, die durch den ehemals hier wohnenden Lyriker Gustavo Adolfo Becquer bestätigt wird. Bemerkenswert ist die Fassade seiner Kirche. Sie wurde von Juan Gómez de Mora (1586–1646 oder 48?), dem bedeutendsten und meistbeschäftigten Architekten des spanischen 17. Jahrhunderts gebaut. Von ihm, der auch die Madrider Plaza Mayor schuf, kann gesagt werden: »Er war der Architekt, der die Epoche Lope de Vegas ausfüllte«. Er war Schüler seines Onkels Francisco de Mora, der wiederum Schüler des Escorial-Erbauers Juan de Herrera war. Letzterer galt auch dem jungen Juan Gómez de Mora noch als Vorbild. Doch war ihm gegeben, mit den Mitteln des Meisters, die im Escorial zum Heroischen und Wuchtigen drängten, etwas mit dem Gnadezeichen der Grazie und Intimität zu schaffen.

Der Weg zur Kirche führt über eine flache, von Rasen gesäumte Freitreppe, durch eine Gitterabsperrung und einen von einstöckigen Gebäuden gesäumten Vorhof. Auf diese Weise ist ein dreifach gestuftes Abrücken vom Verkehr erreicht. Ein Portikus verzögert den Zutritt. Die Fassade ist mit ihrem Dreiklang von Bogen, Fenstern und schmückenden Reliefs unauffällig, doch lebendig gegliedert. Sie übt den feinen Zauber der Einfachheit, des Maßes und der Harmonie aus. Die Schlichtheit wurde auf den einfachsten Nenner gebracht. Nichts fehlt, aber jede Zutat wäre zuviel.

Ein Kunsthistoriker schrieb darüber: »Diese Fassade gehört zu den Kunstwerken, die den Eindruck hervorrufen, daß sie die Konventionen beachten, in Wirklichkeit jedoch beispielhaft und suggestiv überzeugend mit ihnen brechen«. Da die Kirche bis auf die Außenmauern niederbrannte, war ein Neubau erforderlich. Ihn beendete 1767 Ventura Rodríguez, der Hofarchitekt Ferdinands VI. mit dem Titel ›maestro mayor de Madrid‹. Er nahm im Kircheninneren wenig Rücksicht auf den gemessenen Ausdruck der Fassade. Seine Kassettendecke, seine Pilaster mit schwülstigen Kapitellen wirken schwer und lastend. Der spanische Barock schlug eine seiner späten Schlachten.

Der Klosterbesucher betritt zuerst einen Vorraum, von dessen Wänden Porträts der Habsburger-Könige, darunter ein Philipp II. von Pantoja de la Cruz, grüßen. Ein großes Landschaftsbild von Peter van der Meulen hält den historischen Augenblick des Jahres 1615 fest, als auf der Insel des spanisch-französischen Bidasoa-Grenzflusses die Tochter Philipps III., Anna von Österreich, die mit Ludwig XIII. vermählt werden sollte, und die Tochter Heinrichs IV., Isabelle von Bourbon, die dem künftigen Philipp IV. als Gemahlin bestimmt war, übergeben wurden. In den folgenden Sälen fallen immer wieder die breiten Verkleidungen mit Talavera-Fliesen des 17. Jahrhunderts auf. An den Wänden reihen sich Gemälde der Madrider Maler des 17. Jahrhunderts Carreño, Carducho, Pereda, Román. Ein jugendlicher *Johannes der Täufer* von Ribera ragt heraus. Ein Luca Giordano (aus seiner Neapler Zeit) kann nicht fehlen. Dazwischen stehen Plastiken von Gregorio Hernández, José de Mora, Pedro de Mena, Pedro Roldán. Als 'zweifellos Wertvollstes' wurde von einer spanischen Schriftstellerin die

Reliquie des Märtyrers Pantaleon gepriesen. Dazu wird versichert, sie bestehe aus einer Ampulle mit Blut des Heiligen, das sich jedes Jahr am Vorabend und Tag seines Namensfestes verflüssige: »ein Wunder, das so offensichtlich und erwiesen ist, daß es jede Kritik herausfordert«. Mit Recht fragte sich ein Madrider Chronist: »Ist die Reliquiensammlung nach Aufstellung, Umfang und überwältigendem Eindruck die bedeutendste, größte und überraschendste von Madrid?« Staunen ist die geringste Reaktion, die sie hervorruft. Doch kommt nicht jeder Besucher um die Frage herum: »Wie viele Säle mit viel interessanten Einzelheiten, aber ohne überragende Werte sind noch zu durchwandern?«

Museo de América

Es sieht aus wie eine Kirche, ist – 1965 eröffnet – fast neu und steht beherrschend über der Ausfallstraße nach La Coruña am Eingang der Universitätsstadt. Wer seinen Schätzen der Neuen Welt aus vorkolumbianischer Zeit, während der spanischen Herrschaft und aus der Gegenwart die verdiente Aufmerksamkeit widmet, darf nicht vergessen, aus den großen Bullaugen des Gebäudes ein weites Panorama von Madrid, des Parque del Oeste, der Casa de Campo bis zu den Bergen des Pardo in sich aufzunehmen. Dem Besucher bieten sich drei Möglichkeiten an: das Studium der Entdeckung Amerikas und der Entwicklung der spanischen Kolonien anhand von Dokumenten, Land- und Seekarten, Berichten der Entdecker und Vizekönige; sodann die Sammlungen zur Ethnographie, die über die Rassen der mittel- und südamerikanischen Völker, über ihre Geschichte, ihr gesellschaftliches Leben, ihr Brauchtum Auskunft geben. (Dabei sorgen Modelle von Wohnstätten mit Geräten und Gebrauchsgegenständen jeder Art, mit Stoffen und Kleidern, mit Flechtarbeiten, Federhüten und Federteppichen, mit Schnitzwaren und keramischen Arbeiten für Anschaulichkeit). Schließlich die Begegnung mit der vorkolumbianischen Kunst. Was davon ausgestellt ist, kann weder im Umfang, noch mit der Geschlossenheit der großen Museen Südamerikas verglichen werden. Doch nötigen einige Vitrinen Staunen und Bewunderung ab. Der *Schatz der Quimbayas* läßt in seiner Einmaligkeit die Augen übergehen (Abb. 58 u. 59). Er besteht aus 62 Objekten aus purem Gold (im Gesamtgewicht von 16 Kilogramm). Der vehemente Ausdruck der Idole steht im Gegensatz zu ihrer raffinierten Bearbeitung. Monumentaler, auch geheimnisvoller muten die Steinplastiken der Azteken, Inkas und Mayas (Abb. 61) an. Unergründlich Fremdes geht von den Obsidian-Masken der Mexikaner aus. Eine Verbindung zu den aufgerissenen Löwenmäulern, zum Sprung geduckten Jaguaren und ausgespannten Adlerschwingen stellt der *Tro-Cortesiano-Codex* der Mayas her, in dem die Wildheit der Raubtiergottheiten zu Schriftzeichen gemildert ist. Leichter fällt der Zugang zu den Tongefäßen (Abb. 60), da sie bei aller Originalität Verwandtschaft mit der frühgeschichtlichen Vasenkunst Europas erkennen lassen.

Kunst des 19. Jahrhunderts im ›Casón‹

Daß es in Spanien zwischen den Genies Goya und Picasso keine beachtenswerten Maler gab, ist eine verbreitete Ansicht. Diesem Vorurteil tritt das ›Casón del Buen Retiro‹, in unmittelbarer Nähe des Prado, mit seinen Gemälden und Plastiken des 19. Jahrhunderts entgegen, ohne es allerdings völlig entkräften zu können. Doch ist das vergangene Jahrhundert nicht mit einer Wüste, öde und leer, zu vergleichen, zumal wenn ihm noch wie hier die Leistunggen der ersten vier Jahrzehnte des 20. Jahrhunderts zugeschlagen werden.

Die erste Freude bereitet das Casón-Gebäude selbst. Es gehörte als Ballsaal zu dem Komplex der Königlichen Sommerresidenz im benachbarten Retiro-Park, und wurde 1637–38 von Alonso Carbonell gebaut (Abb. 14). Luca Giordano, der ab 1692 mit schneller Hand viele Decken und Wände des Escorials mit Fresken bedeckte, malte im Casón sein üppigstes, rauschendstes, wohl auch umfangreichstes Deckengemälde, das einen Aufblick verlohnt. Es trägt den Titel: *Der Orden des Goldenen Vlieses und die Arbeiten des Herkules.*

Von den ausgestellten Gemälden sprechen vor allem die Porträts an. Vielleicht ist es weniger der Maler als sein Modell, das uns vor dem *Bildnis des 80jährigen Goya* von Vicente López (1772–1850) fasziniert innehalten läßt (Abb. 63). Goya sitzt kerzengerade und stark wie eine Eiche, blickt furchtlos mit seinen ungleichen Augen – das eine zupackend, das andere Maß nehmend – und erinnert mit seinem fest verschlossenen Mund an Schopenhauer. Der gleiche Vicente López, der zumeist brillant, aber ohne tief schürfende Aussage porträtierte, malte den Organisten der Capilla Real, *Féliz López,* mit einer Kraft und einem Mut zur Häßlichkeit, denen Respekt gebührt. Die Malerdynastie der Madrazo – José (1781–1859), Federico (1815–1894), Luis (1825–1897) und Raimundo (1841–1920) hinterließ Bildnisse voll Eleganz und hoher Kultur. Federico de Madrazo gleich bestechend, ob er skizziert oder eine Farbsymphonie in Grün orchestriert, stellt in seiner *Carolina Coronado* das Urbild einer stolzen Spanierin vor (Abb. 62) und beschwört im Porträt des Kadetten *Federico Flores* das Andenken eines Ferdinand Rayski. Am schwächsten kommen die unmittelbaren Nachfolger Goyas weg. Bei den 'nachempfundenen Goyescas' der beiden Lucas, Eugenio Lucas Padilla (1824–1870) und Eugenio Lucas Villaamil († 1918), die lange überschätzt wurden, gehen dreizehn Bilder auf ein Dutzend. Allenfalls vermag in der Goya-Nachfolge der früh verstorbene Leonardo Alenza (1807–1845) mit seinen verhaltenen, aufs Wesentliche bedachten Porträts zu überzeugen. Eine wahre Plage der spanischen Malerei des 19. Jahrhunderts waren die ›Historienschinken‹. In ihnen tobten sich Akademismus und Medaillenjägerei aus. Man möchte in ihre Bausch- und Bogen-Verlästerung einstimmen, wenn hinter ihrer Gestelltheit und Theatralik nicht auch die Tradition des vitalen spanischen Realismus zu ihrem Recht käme. Über den offiziellen Malbetrieb stießen der Madrider Eduardo Rosales (1836–1873) und der Katalane Mariano Fortuny (1838–1874) hinaus. In seinem groß gesehenen, locker, weich und spontan gemalten *Rücken-*

akt (1868) führte Rosales die spanische Malerei an den französischen Impressionismus heran. Und Fortuny, dem für seine mit außergewöhnlichem Können gemalten Genreszenen wie *Die Kinder des Malers im japanischen Salon* die höchsten Preise seiner Zeit bezahlt wurden, drang in *Ufer des Guadaira* und *Landschaft* zu einer Lichtmalerei von fast pointillistischen Effekten vor. Beide Künstler starben im Alter von 36 und 37 Jahren, in der ersten Blüte ihres Schaffens.

Es ist nicht verwunderlich, daß die impressionistische Malweise bei den spanischen Künstlern Anklang fand. Hatten nicht die französischen Impressionisten zuvor entscheidende Anregungen und Bestätigungen für ihre Malerei bei den spanischen Meistern Velázquez und Goya gefunden? Erstaunlich bleiben Zahl und Qualität der spanischen Impressionisten. Außerhalb der iberischen Halbinsel ist dies wenig, zu wenig bekannt. Gern verweilt der Betrachter vor der Lichtfülle in den Landschaften des intelligenten und kultivierten, doch außerhalb Spaniens nahezu unbekannten Madriders Aureliano Beruete (1846–1912). Zu entdecken bleibt auch der intime, lyrische Asturianer Darío de Regoyos (1857–1913) mit seinen »Landschaften voll Seele«. Von einigen Liebhabern schon immer hochgeschätzt, werden heute für seine meist kleinformatigen Gemälde auf den spanischen Kunstauktionen die höchsten Summen geboten. Bei dem Valencianer Joaquín Sorolla (1863–1923), der sich an Menzel inspirierte, in seiner Vitalität an Corinth erinnert und kurz nach 1900 Weltruhm erlangte, wurde die Malerei zum Fest. Das Licht flimmert, seine Farben sind wie Sonneneruptionen. Seine Bilder sind Hymnen ans Leben. Ein ähnliches Überschäumen der Farbe und der Lebensfreude droht die Landschaften des Katalanen Joaquín Mir (1873–1940) zu sprengen. Noch weitere drei Katalanen sind im Casón vertreten: Santiago Rusiñol (1861–1931), Ramón Casas (1866–1932) und Isidro Nonell (1873–1911). Sie gingen über den Impressionismus hinaus und wurden, zumal die beiden Ersteren, zu Koryphäen des Katalanischen Modernismus, dem Gegenstück des Jugendstils. Sie schufen als Seele des Barceloneser Cafés ›4 Gats‹ einen künstlerischen Nährboden, auf dem das junge Genie Picasso bis zu seiner Übersiedlung nach Paris erstarken konnte.

Museo Sorolla

Eine der letzten Amtshandlungen des Königs Alfons XIII. war, im März 1931 die Unterschrift unter die königliche Order, mit der im Namen des Staates die Schenkung des künstlerischen Nachlasses des Malers Joaquín Sorolla (1863–1923) angenommen wurde, zu setzen. Am 11. Juni 1932, bereits während der Zweiten Republik, wurde in der Villa des Künstlers das Sorolla-Museum eröffnet. Es enthält über 5 700 Gegenstände, darunter 4 530 Zeichnungen und Skizzen, sowie 1 156 Gemälde; von diesen sind 280 im ehemaligen Atelier und in den Wohnräumen ausgestellt. Sorolla stammte aus Spaniens privilegierter Malerecke Valencia. Angeregt von den französischen Impressionisten und vom impressionistischen Realismus Menzels entwickelte er sich, nach einigem Schwanken zwischen der spanischen Historienmalerei und dem sozialen Naturalismus, zum ›Pintor de la Luz‹, zum ›Maler des Lichts‹. Vitalität, Sensibilität, Können und Fleiß ermöglichten ein brillantes Lebenswerk, dem über Spanien hinaus Erfolg beschieden war. Diesen Erfolg, der den Künstler zu Lebzeiten nur schwer zu sich kommen ließ, wurde ihm nach seinem Tod streitig gemacht. Die folgende Generation schob Sorolla samt seinem Museum zur Seite. In jüngster Zeit läßt sich jedoch eine Sorolla-Renaissance beobachten. Sobald ein Gemälde oder auch nur eine bescheidene Skizze seiner Hand auf den Madrider Kunstauktionen auftaucht, erreichen sie Höchstgebote. Aber Sorolla-Arbeiten sind auf dem Kunstmarkt rar geworden. In seinem Museum hängen alle Wände voll damit: Lebensfreude verbreitend, ein Fest für die Augen. Der Könner Sorolla besticht; er vermochte auch riesige Formate zu bewältigen. Er war ein gewandter, nobler Porträtist, der von den Spaniern, die im ersten Viertel des 20. Jahrhunderts im Gesellschafts- und Geistesleben Madrids eine Rolle spielten, eine fast lückenlose Galerie hinterließ. Am unmittelbarsten berührt der Valencianer in Bildern mittleren Formats, die er ohne Auftrag, wie absichtslos und für sich malte. Da vermag eine einfache Wand die ganze Sonnenkraft zu sammeln. Malerei wird zum Sonnengesang. Das Fluten, Strahlen, Glitzern, Explodieren des Lichts können die Augen kaum fassen.

Museo Lázaro Galdeano

Als im Jahr 1947 der Finanzier José Lázaro Galdeano starb, hinterließ er seine Sammlung mit Gemälden, Skulpturen, Bronzen, Juwelen, Emails, Waffen, Möbeln, Münzen, Medaillen, Paramenten und Keramiken dem spanischen Staat. 1951 wurde im Haus des Stifters, dem ›Palacio Florido‹, das nach ihm genannte Museum eröffnet.

Die Sammlung füllt drei Stockwerke mit dreißig Räumen und umfaßt rund 9000 Gegenstände. Umfang und Vielseitigkeit schlagen ihr zum Nachteil aus. Der Besucher sollte in vielen Fächern Spezialist oder doch Liebhaber sein. Darf er aber wirklich Spezialist in einem Fache sein? Hier setzt die Diskussion ein. Dabei kann jenen nicht mit Sicherheit widersprochen werden, die zu den Zuschreibungen Zweifel anmelden. Etwas zu großzügig werden Werke von Leonardo da Vinci, Michelangelo, Dürer, El Greco, Velázquez, Zurbarán, Rembrandt vorgestellt, vor denen der Kenner Zurückhaltung bewahrt, wenn nicht verneinend den Kopf schüttelt. Der Besucher wird dadurch verunsichert. Er kommt in die Versuchung, auch dann zu zweifeln, wenn zum Zweifel kein Grund gegeben ist. Zu alledem wurde das Museum voreilig als das bedeutendste Museum Madrids nach dem Prado angepriesen. Uneingeschränkt kann der Meinung zugestimmt werden: »Im Lázaro Galdeano gibt es viel zu sehen«. Und zu diskutieren, sei hinzugefügt. In der Diskussion gewinnt dieses Museum eines Sammlers aus Leidenschaft an Reiz; es vermag sich sogar zu behaupten.

Instituto Valencia de Don Juan

Es ist das am wenigsten bekannte und schlechtest besuchte Museum Madrids, jedoch keineswegs sein unbedeutendstes. Es ist ein Platz für Kenner und Gelehrte, für Archäologen, Kunsthistoriker, Spezialisten für Keramik, Numismatik, Waffenkunde, Historiker. 1916 schufen Guillermo J. de Osma und seine Gemahlin, Gräfin de Valencia de Don Juan, mit ihren ererbten und selbst zusammengetragenen Sammlungen das ›Instituto Valencia de Don Juan‹. Es ist in einem Haus arabischen Stils in elf Sälen untergebracht. Beachtenswerte Gemälde, darunter ein Greco und ein paar frühe *Goya-Zeichnungen,* wechseln mit flämischen Gobelins, einer erlesenen Münzensammlung und kunstvoll gearbeiteten Waffen ab. Dokumente aus der Zeit Philipps II. liegen neben wertvollen Briefen aus; unter den letzteren befindet sich ein Brief des Don Juan de Austria, den er am 9. Oktober 1571, zwei Tage nach seinem Sieg in der Seeschlacht von Lepanto, geschrieben hat.

Die Vitrinen mit Keramik seit der Prähistorie, vor allem aber der Maurenzeit und des Mudéjar-Stils aus Paterna, Manises und Talavera bilden den Hauptanziehungspunkt. Qualität und Seltenheit ergeben ein gutes Gespann. Einmaliges Prachtstück ist eine große *Keramikplatte,* die zu Beginn des 15. Jahrhunderts dem König von Granada Yusuf I. gehörte. Keramikfreunde dürfen das Instituto Valencia de Don Juan nicht auslassen.

Museo Cerralbo

Enrique de Aguilera y Gamboa, Marqués de Cerralbo, de Almarza y de Campo-Fuerte, Graf von Alcudia, Foncalada und Villalobos, der 1845 geboren wurde und 1922 starb, hat seinen 1886 gebauten dreistöckigen Palast mit allen seinen Sammlungen dem spanischen Staat geschenkt. Das seit 1924 eröffnete Museum bietet außer Kunstgenuß eine Begegnung mit dem spanischen Adel. Der Stifter des Museums war der XVII. Marqués de Cerralbo. Der Titel war seinem Vorfahren Rodrigo Pacheco Ossorio 1533 von Karl V. verliehen worden.

Pflege der Tradition, Prachtliebe und Mäzenatentum bestimmten den Lebensstil seines Nachfahren. Beim Kriegsadel des Hauses verwundert nicht die darin ausgebreitete Liebe zu Waffen jeder Art, sei es der Prähistorie oder des Mittelalters. Der Hauptakzent liegt jedoch auf den Porzellan-Kollektionen von Sèvres, China, Chelsea, Wedgwood, Sachsen, Buen Retiro. Gut vertreten ist die Malerei mit Werken von Tintoretto, Veronese, El Greco, Ribera, Zurbarán, Tiepolo, Mengs, Vicente López. Von Goya stammt eine späte Zeichnung aus seiner Bordeaux-Zeit.

Der Große Salon wirkt auf den Besucher von heute wie die Kulisse zu einem historischen Film um einen der letzten Bourbonenkönige. In jedem Augenblick könnte eine rauschende Polonaise ihren Einzug halten. Der Besucher dünkt sich nicht Museumsbesucher, sondern geladener Gast.

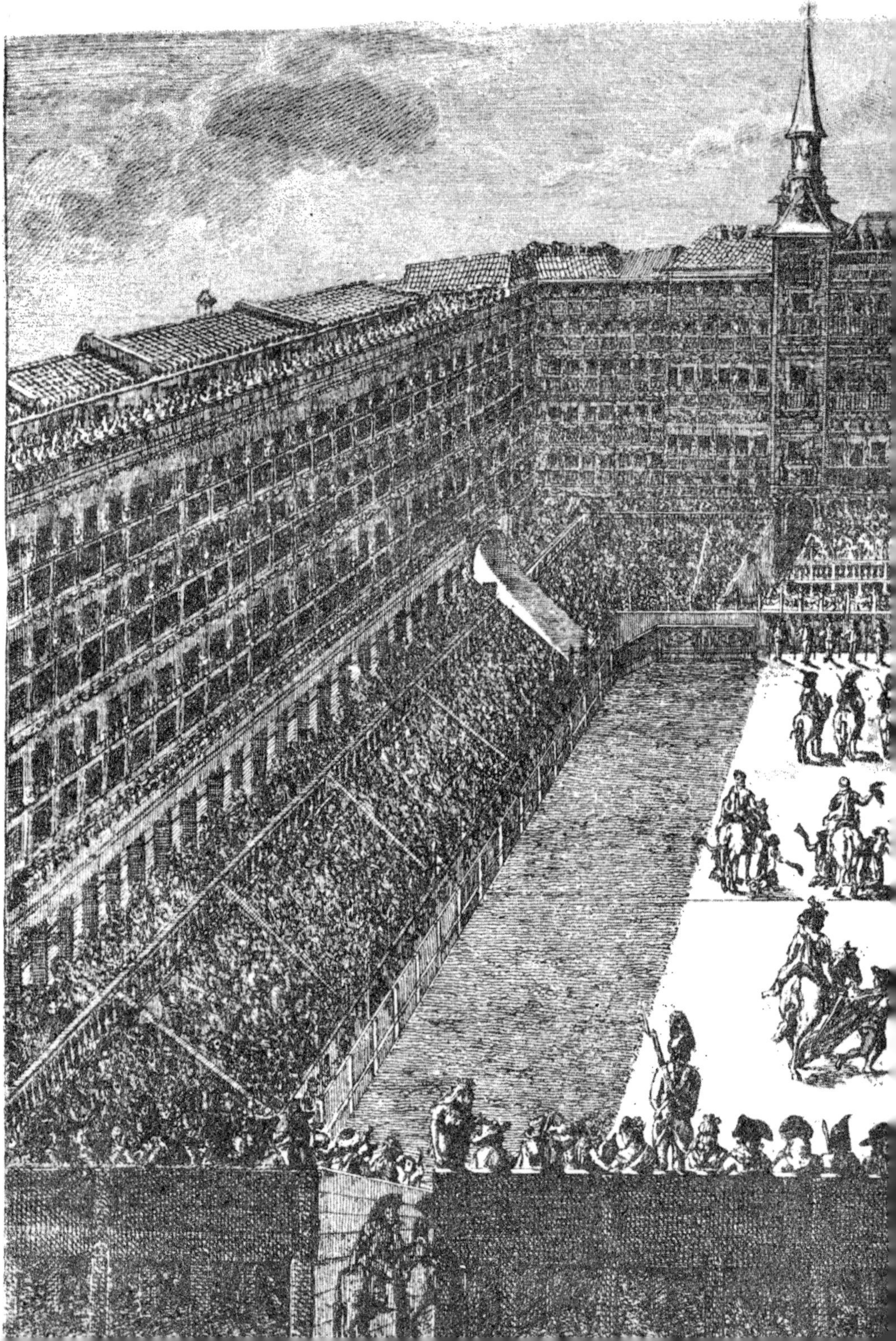

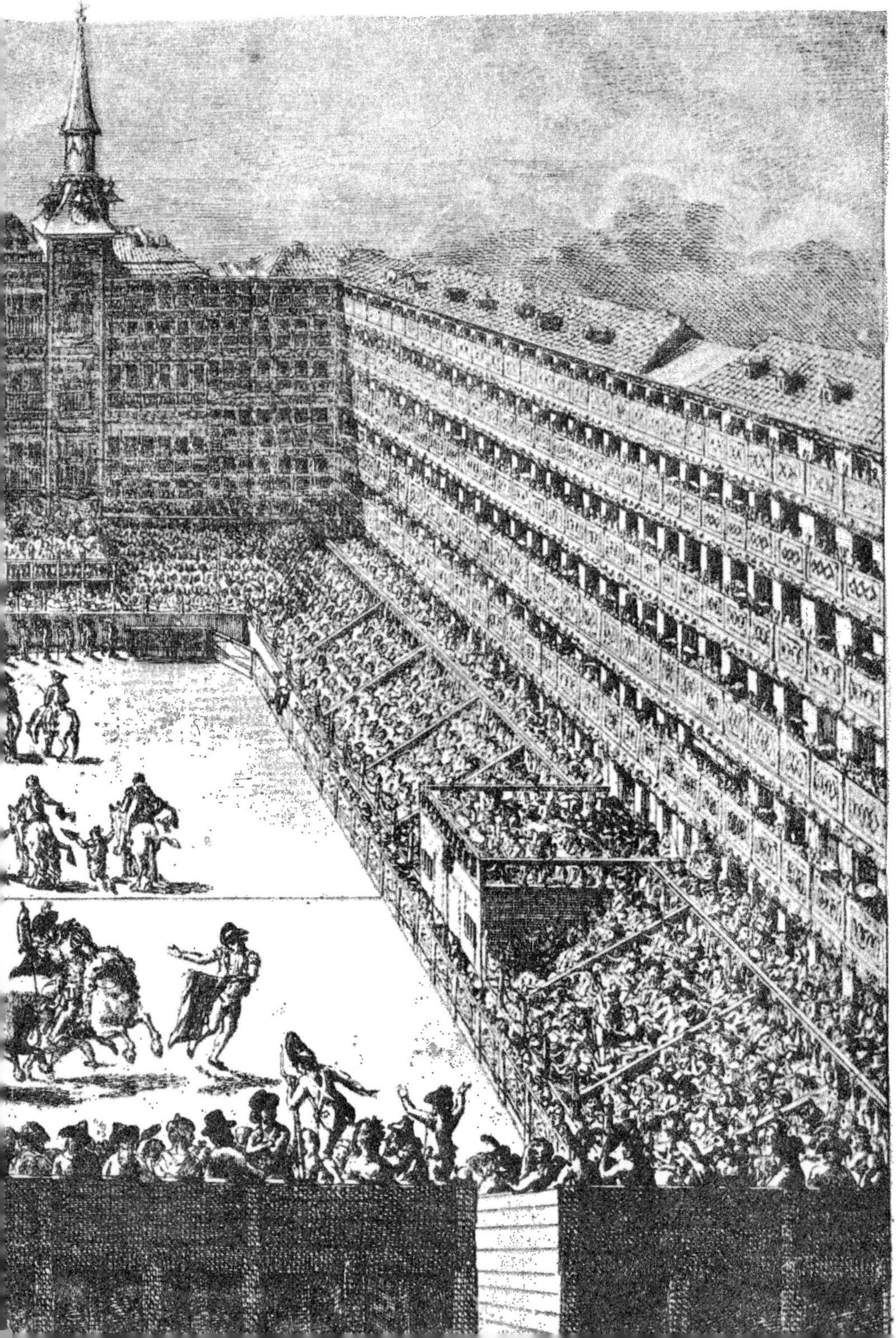

Drei Rundgänge durch die Stadt

Erster Rundgang

Da das Königliche Schloß der natürliche Ausgangs- und Angelpunkt Madrids ist, eignet es sich als Start zu einem ersten Rundgang: in südliche und südöstliche Richtung. Von der Ostseite des Schlosses führt eine Rampe zur kleinen PLAZA DE RAMAL. An dieser Stelle stand einst die Kirche San Juan, in der Velázquez am 7. August 1660 begraben wurde. Ein Kreuz wahrt das Andenken des Malers, dessen Gebeine wie die so vieler berühmter Spanier verschollen sind. Im Gäßchen rechter Hand liegt Madrids älteste Kirche SAN NICOLÁS. Sie ist klein und intim wie eine Dorfkirche. Ursprünglich, gegen Ende des 11. Jahrhunderts, diente sie als Moschee. Ihr Backsteinturm, dessen dekorative Hufeisenbogen von grazilen Säulchen getragen werden, bietet ein typisches Beispiel mudejarer Bauweise. Mudéjar sind auch die Hufeisenbogen am Choreingang und die feingliedrige Stuckdekoration an der rechten Seite des Chors. Die Chordecke zeigt ein hübsches gotisches Rippengewölbe. An der Epistelseite wurde im 19. Jahrhundert eine Kapelle mit einem ovalen Kuppelchen angebaut. Trotz verschiedener Stilelemente ist San Nicolás voll Harmonie und Ruhe, still, abseits vom Großstadtlärm, unauffällig. Nur selten findet ein Madridbesucher den Weg dorthin.

Am Ende der Calle San Nicolás stößt man auf die Calle Mayor, just an der Stelle, wo zwei stattliche PALÄSTE sich gegenüberstehen. Der eine wurde im späten 16. Jahrhundert von dem Herrera-Schüler Francisco de Mora für den Herzog von Uceda gebaut, war lange Zeit »das schönste Haus Madrids nach dem Alcázar« und ist heute Sitz der ›Capitanía General de la Primera Región‹, des Wehrkreises Madrid. Der zweite wurde schon 1555 in einem Privileg Philipps II. für das Mitglied seines Rats, den Calatravasritter Antonio de Valdés erwähnt und ist heute Italienisches Kulturinstitut. Nach rechts mündet der Weg in die Calle de Bailén, die linkerhand über einen Viadukt mit beiderseitig lohnendem Ausblick zur Kirche SAN FRANCISCO EL GRANDE geleitet. Diese größte und repräsentativste Kirche Madrids wurde 1761 von Fray Francisco de la Cabeza begonnen, der dazu von Carlo Fontanas Santa Maria in Campitelli zu Rom inspiriert wurde. 1770 übernahm der Lieblingsarchitekt Karls III., Francisco Sabatini (1722–1797), die Bauleitung. Er schuf die Fassade und die Rotunde. Im Endergebnis wurde die Kirche mehr italienisch als spanisch. Monumentalität kann ihr nicht abgesprochen werden. Das Kircheninnere – ein überkuppelter Rundbau mit sechs, von Kuppeln gekrönten Kapellen – ist reich ausgestattet. Goya trug dazu mit dem Gemälde *Predigt des hl. Bernhardin von Siena* (erste Kapelle links) bei. Es war der erste große Madrider Auftrag des 34jährigen. Am rechten Bildrand ist sein Selbstbildnis zu erkennen.

◁ Stierkampf auf der Plaza Mayor in Madrid am 20. Juli 1803. Kupferstich

Durch die Calle de San Francisco gelangt man zur ehemaligen ›Puerta de Moros‹, an der als mächtiger Block die CAPILLA DE SAN ISIDRO (1643–1659) nach Entwurf von Pedro de la Torre steil zum Himmel ragt. Sie barg dereinst die Gebeine des Stadtpatrons, des heiligen Isidro. Ihre Architektur erinnert an die für Grabstätten bestimmten arabischen Kuppelwürfel, deren Tradition während der Gotik nachgewiesen ist. Seit dem Bürgerkrieg von 1936–1939 stehen nur noch die Außenmauern. Die daran angebaute San Andrés-Kirche ist notdürftig restauriert. Wenige Schritte entfernt liegt die sehr bemerkenswerte, leider meist geschlossene CAPILLA DEL OBISPO. 1535 beendet, verbindet sie spätgotische Struktur mit plateresker Dekoration. Ihr für Madrid unerwartetes Retabel schuf der Berruguete-Schüler Francisco Giralte um 1500–1576. Den architektonischen Rahmen und die Bemalung besorgte ebenfalls ein Berruguete-Schüler, Juan de Villoldo d. J. Arbeiten Giraltes sind wiederum die beiden Grabmäler für Francisco de Vargas und Inés de Carvajal, rechts und links des Retabels, sowie das theatralisch inszenierte Grab des Bischofs Gutierre Vargas de Carvajal. Von der Calle Segovia aus, die hinter der vom Verkehr umbrausten kleinen ›Puerta Cerrada‹ in die Calle de Toledo einmündet, ist rechter Hand der Backsteinturm von S. Pedro zu sehen und an ihm einige Fenster mit mudejaren Hufeisenbogen, die zum ältesten Madrid gehören. Gleich zu Beginn der Calle de Toledo liegt die KATHEDRALE SAN ISIDRO. Dieser typische Repräsentant des von Italien ausgehenden Jesuitenstils wurde von dem Jesuiten Pedro Sánchez (1568–1633?) begonnen und von Fray Francisco Bautista (1594–1679) zwischen 1624 und 1651 vollendet.

Zurück zur ›Puerta Cerrada‹ und von hier in die Calle S. Justo einbiegend, stellt sich die vorgewölbte Fassade der spanischen Pontifikalkirche SAN MIGUEL in den Weg. Zwischen 1739 und 1743 errichtet, ist sie eine der frühesten Schöpfungen des gegen 1731 aus Italien berufenen Malerarchitekten Santiago Bonavia, der sich überdies als königlicher Bühnenbildner auszeichnete. Sein Sinn für Theaterwirkung ist nicht zuletzt dem bewegten, etwas effektistischen Kircheninnern anzumerken. Auffallend ist die Anordnung des Chors hinter dem Altar.

Wir befinden uns im ältesten Teil Madrids, der von Mauren bewohnt wurde. Nach wenigen Schritten wird das Gäßchen ›Puñonrostro‹ erreicht, das zur PLAZA DE LA VILLA, dem Stadtplatz, hinaufsteigt. Das Rathaus, die ›Casa de Cisneros‹, die ›Torre de Los Lujanes‹, die ›Hemeroteca Municipal‹ (das Städtische Zeitungsarchiv) umgeben ihn. Der zuletzt genannte Bau stand bereits um die Mitte des 15. Jahrhunderts. Sein Eingangstor mit großem Hufeisenbogen dokumentiert ihn als das vielleicht älteste zivile Gebäude Madrids. Die TORRE DE LOS LUJANES mit spätgotischem Tor ist um hundert Jahre jünger. Sie diente eine Zeitlang dem französischen König Franz I., den Karl V. in der Schlacht von Pavia (1525) gefangengenommen hatte, als Gefängnis. Die CASA DE CISNEROS wurde 1537 vom Erben und Enkel des mächtigen Kardinals und Staatsmanns Francisco Jiménez de Cisneros (1436–1517) errichtet. Da die Pläne zum RATHAUS von dem Barockarchitekten Juan Gómez de Mora (1586–1646/48) stammen, gibt die Plaza de la Villa eine Mustersammlung aller Stile ab, die Madrid seit dem

15. Jahrhundert kennenlernte. Die Portale und die an den Escorial erinnernden Türme entwarf der tüchtige weltaufgeschlossene Teodoro Ardemans (1664–1725), der Sohn eines deutschen Angehörigen des Königlichen Wachregiments, der wohl Hartmann hieß. Wir begegnen seiner bestimmten, etwas militärisch kühnen Art wieder beim Besuch des Bourbonenschlosses La Granja (siehe S. 192).

Die Calle Mayor stadteinwärts wartet rechter Hand die PLAZA MAYOR (Abb. 11). Sie hat den großen Zuschnitt des Escorialerbauers Juan de Herrera (1530?–1597), der sich um 1581 mit ihrer Planung befaßte. Gebaut wurde das Platzrechteck mit Portikusumgang 1617–1619 von Juan Gómez de Mora. Aber obwohl drei Brände in den Jahren 1671, 1672 und 1790 umfangreiche Wiederaufbauarbeiten notwendig machten, für die so markante Architekten wie José Ximénez Donoso (1628–1690) und Juan de Villanueva (1739–1811) herangezogen wurden, bewahrte sich die großartige Nüchternheit und Konsequenz des Herrera-Geistes. Er vermochte eine Bühne zu schaffen, auf der 50000 Personen so verschiedenen Ereignissen zuschauen konnten wie Königsproklamationen, Heiligsprechungen, Ketzerverbrennungen und Hinrichtungen, Komödien von Lope de Vega und ›Autos sacramentales‹ von Calderón, Stierkämpfen und Reitturnieren. Über der Platzmitte erhebt sich das *Reiterdenkmal Philipps III.* (Abb. 10), dem Madrid seinen schönsten und ganz Spanien den zweitschönsten Platz – nach der Plaza Mayor von Salamanca – verdankt. Das Bronzedenkmal wurde von Giambologna und Pietro Tacca geschaffen. Eine Reform der letzten Jahre säuberte die Gebäude des Platzes von häßlichen Dachgärten, sorgte für ihren einheitlichen Anstrich und verbannte den Autoverkehr. Noch immer findet unter den Arkaden des Südostflügels die sonntägliche Briefmarkenbörse statt.

Die nahe liegende PUERTA DEL SOL (Abb. 66), die einmal im äußersten Osten der Stadt lag, kann zwar architektonisch mit der Plaza Mayor nicht konkurrieren, brachte es aber dazu, im 19. Jahrhundert zum Inbegriff Madrids zu werden. Einzig das Gebäude der ›Seguridad‹, der Sicherheitspolizei (ehedem Post, 1767–1768), setzt ihr einen künstlerisch beachtenswerten Akzent. Er ist dem Franzosen Jacques Marquet (* 1782) zu danken, der nach Madrid geholt worden war, um seinen Straßen einen Pflasterbelag zu geben. Eine Tafel rechts des Eingangs macht darauf aufmerksam, daß die Madrider sich auf der Puerta del Sol am 2. Mai 1808 gegen die napoleonischen Besatzungstruppen unter Befehl des Generals Murat erhoben. Davor ist am Rand des Bürgersteigs der Nullpunkt eingetragen, von dem aus alle Straßen des Landes gemessen werden. Er fällt fast mit dem geographischen Mittelpunkt Spaniens zusammen, der am ›Cerro de los Angeles‹, etwa zehn Kilometer im Süden Madrids, liegt.

Zweiter Rundgang

Ausgangspunkt ist die PLAZA DE CIBELES. Ihr Brunnen (Abb. 4) mit der Erdgöttin Cibeles, deren Wagen von Löwen gezogen wird, ist das Wahrzeichen Madrids. Die Löwen

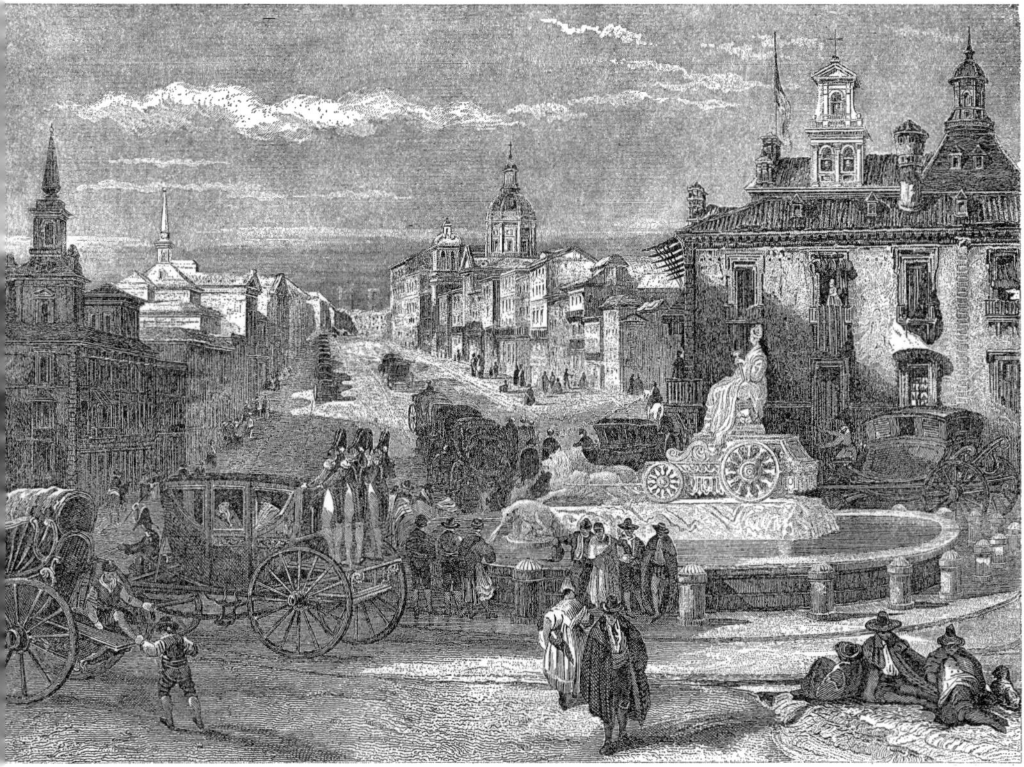

Die Plaza de Cibeles in Madrid. Alter Stich

schuf der Franzose Robert Michel (1720–1786), während die Göttin und ihr Wagen ein Werk des Spaniers Francisco Gutiérrez (1727–1782) sind. Der ›Cibeles-Platz‹ wird täglich von über hunderttausend Autos umbraust, da sich dort die Nord-Süd-Achse der Stadt mit ihrer Ost-West-Achse kreuzt. Damit ist er ein Verkehrspunkt von betäubender Dynamik. Er ist zugleich Herzstück der städtebaulichen Struktur voll natürlichen Reizes und durch bedeutende Bauwerke hervorgehoben. Die natürliche Verlockung rührt einerseits daher, daß die Nord-Süd-Achse nicht einer Reißbrettvorzeichnung, sondern einem in leichten Windungen verlaufenden Bachbett folgt. Andererseits bildet die Ost-West-Achse durch ihren beiderseitigen Anstieg einen kräftigen Kontrast zum flachen Verlauf der Nord-Süd-Achse. Sie wird überdies im Osten durch die stattliche ›Puerta de Alcalá‹ (Abb. 13) von Francesco Sabatini abgeschlossen und nach Westen von repräsentativen Bauten begleitet. Rund um den Cibeles-Platz selbst liegen das Heeresministerium, einst der Palast der Herzogin von Alba, die Bank von Spanien und die

Hauptpost (Abb. 4) im »monumentalen Zuckerbäckerstil« des Jahrhundertbeginns. Der nördlich gerichtete Paseo de Recoletos und der südwärts führende Paseo del Prado (Abb. 33) wurden im 18. Jahrhundert zu Recht »Salón del Prado« genannt. Sie gelten als die gute Stube Madrids. Sorgfältig gepflegte Baumalleen, Rosengärten und Blumenbeete erheben sie über den Alltag. Dazwischen stehen der Apollo- und der Neptun-Brunnen. Der eine gereichte Manuel Francisco Alvarez (1727–1797), der andere Juan Pascual de Mena (1707–1784) zum Ruhm. Das schönste Gebäude am Paseo del Prado steht im Rücken des Neptun-Brunnens: Es ist das PRADO-MUSEUM, das Hauptwerk des Madriders Juan de Villanueva und das erlesenste Beispiel der klassizistischen Architektur in Spanien. Ihm ist anzumerken, daß sein Architekt während eines siebenjährigen Aufenthalts in Italien gründlich die Baukunst Palladios studierte. Die ersten Pläne für den Prado der Jahre 1785 und 1787 waren überaus ehrgeizig. Sie sahen einen gedeckten Umgang in der Form eines römischen Zirkus vor. In seiner Mitte sollte dem Museums-Haupteingang gegenüber eine Rotunde stehen. Villanueva gab den Peristyl auf, vereinfachte den Plan und konzentrierte ihn einzig auf das Museumsgebäude. Dieses gewann durch die Betonung der beiden Flügel an plastischer Wirkung. Dazu trägt die Verwendung von Rundsäulen in der Vorhalle zum Haupteingang (Abb. 32), entlang des Obergeschosses und im Hochparterreeingang der Nordseite bei. Der Gedanke liegt nahe, daß Villanueva sich dabei von der Säulenvorhalle des naheliegenden ›Casón‹ inspirieren ließ (vgl. Abb. 14).

Madrid, dem so oft und nicht einmal zu Unrecht der Charakter eines »großen Mancha-Dorfes« vorgeworfen wird, gibt sich hier nobel und hauptstädtisch. Was in ihm so selten anzutreffen ist, ergibt sich an dieser Stelle: eine imposante städtebauliche Perspektive. Der Salón del Prado mit seinen Brunnen, Bäumen, Blumen und mit seinem Prado harmoniert mit den ihn kreuzenden Straßen. Die ostwärts verlaufende wird abgeschlossen mit der Sicht auf das Casón, die Sprachakademie und die überrestaurierte, gotische Kirche SAN JERÓNIMO (Abb. 31), die einst am Westausgang der Stadt stand und von den Katholischen Königen 1503–1505 hierher übertragen wurde. An der westwärts ansteigenden Carrera de San Jerónimo wird die Uniformität der Häuserzeilen durch einen Palast des 17. Jahrhunderts, durch den spätklassizistischen Bau der ›Cortes‹, des Abgeordnetenhauses, und durch einen kleinen Platz aufgelockert. Mit Leidenschaft verteidigten die Madrider dieses 'griechische Viertel', als es unlängst durch den Plan eines Prado-Anbaus gefährdet wurde.

Von der Feierlichkeit zur Anspruchslosigkeit ist es in Madrid immer nur ein Schritt. Gegenüber den Cortes geht von der Carrera de San Jerónimo die Calle San Augustín ab, die von der Calle de Cervantes gekreuzt wird. In ihr liegt die CASA DE LOPE DE VEGA. Hier lebte und starb der Dichter (1562–1635). Das nur einstöckige Haus ist typisch für die Bürgerhäuser des 16. und 17. Jahrhunderts. Da der König von allen mehrstöckigen Gebäuden eine Etage für die Belange seines Hofes beanspruchte, begnügten sich die Madrider mit einem Stockwerk. So auch Lope, der über den Haupteingang die lateinische Inschrift setzte: »Parva propia magna-Magna aliena parva«

– Das kleine Eigene ist groß – das fremde Große klein«. Das Lope-Haus, zu dem ein winziges, vom Dichter besungenes Gärtchen gehört, ist als sehenswerte Gedenkstätte mit Möbeln aus der Zeit ausgestattet.

Gleich links biegt die Calle de Quevedo ab. Am Eckhaus zur Calle de Lope de Vega zeigt eine Tafel an, daß hier der politische Schriftsteller, Satiriker und Meister, der spanischen Prosa Francisco de Quevedo (1580–1645) gelebt hat. Eine Zeitlang soll auch sein in Satire und Sprachbeherrschung ebenbürtiger Gegner Luis de Góngora y Argote (1561–1627) dort gewohnt haben. Ein paar Schritte in der Calle de Lope de Vega abwärts macht eine Gedenktafel am KLOSTER DE LAS TRINITARIAS darauf aufmerksam, daß hier Miguel de Cervantes (1547–1616) bestattet wurde. Das Grab selbst ist heute nicht mehr lokalisierbar. Zu den Nonnen des Klosters zählten einst eine uneheliche Tochter von Cervantes und eine Tochter Lope de Vegas. Als dieser nach seinem Tod am 27. August 1635 zu seiner Grabstätte in die nahegelegene San Sebastian-Kirche gebracht wurde, zog der Trauerzug am Kloster vorüber, damit die Tochter vom vergitterten Fenster der Klausur aus ihrem Vater einen letzten Gruß zurufen konnte. Da in der unfernen Calle de Atocha die Druckerei des Juan de la Cuesta erhalten blieb, in der 1605 der erste Teil des ›Don Quijote‹ und 1616 der zweite Teil herausgebracht wurde, da schließlich zurückkehrend in die Calle de Cervantes, an deren Kreuzung mit der Calle León ein Gedenkrelief auf das (abgerissene) Sterbe-Haus von Cervantes († 23. April 1616) hinweist (Abb. 15), wird dem Besucher der Begriff des ›Goldenen Jahrhunderts‹ der spanischen Literatur zum unmittelbaren Erlebnis. Es wird noch vertieft durch die vielen Antiquitätenläden in der Calle del Prado, durch das dort liegende ATENEO, das während des 19. Jahrhunderts und weit in das 20. Jahrhundert hinein ein Zentrum des Madrider Geisteslebens war, durch das Staatstheater TEATRO ESPAÑOL auf der Plaza de Santa Ana und das TEATRO DE LA COMEDIA in der anschließenden Calle del Príncipe.

Der Gang durch das 'Genieviertel', der am besten in den Abendstunden unternommen wird, läßt sich abschließen entweder mit dem Besuch einer der unzähligen TASCAS (Stehkneipen), die zwischen der Plaza de Santa Ana und der Puerta del Sol ihre ›Chatos‹ (Gläschen Wein), ›Cañas‹ (Bierchen), ›Tapas‹ und ›Pinchos‹ (Appetithäppchen), anbieten, oder mit einem Halt vor dem Außenministerium am Ende der Calle de las Huertas und der Calle de la Bolsa. Das MINISTERIO DE ASUNTOS EXTERIORES liegt an der Plaza de Santa Cruz, die in politischen Gesprächen ein so fester Begriff ist wie der Quai d'Orsay in Paris, die Downing-Street in London und die Wilhelmstraße im alten Berlin. Früher beherbergte das fast bescheiden wirkende Gebäude mit zwei Escorialtürmchen das Adelsgefängnis. (Wenn ein Adliger zum Richtplatz geführt wurde, durfte er auf einem Rappen mit schwarzer Schabracke reiten. Wurde ein gewöhnlicher Delinquent zum Galgen eskortiert, wurde er rückwärts auf einen Esel gesetzt.) Der Bau (1629–1634) wurde dem Italiener Giovanni Bautista Crescenti (seit 1617 in Spanien, † 1660) zugeschrieben. Neuere Studien beanspruchen ihn für den Spanier Juan Gómez de Mora, der auch für die Plaza Mayor und für das Rathaus verantwortlich zeichnet.

Dritter Rundgang

Er beginnt am Verkehrsknotenpunkt Plaza de Colón, biegt gegenüber der Staatsbibliothek in die Calle Barbara de Braganza ein und verweilt erstmals an der Plaza de las Salesas, an der die Kirche LAS SALESAS REALES liegt. Bauherren waren Ferdinand VI. (1713–1759) und seine Frau Barbara de Braganza (1711–1758), ihre Architekten waren Francisco Carlier († 1760) und Francisco Moradillo. Die Bauzeit betrug acht Jahre (1750–1758). Zur königlichen Stiftung gehören eine großzügige Anlage und reiche Ausstattung. Carlier steuerte die Fassade mit der Säulenhalle bei. Moradillo entwarf die Giebelpartie und die niedrig gehaltenen Ecktürmchen, sowie die hochragende Kuppel. Die Unterordnung der Seitentürme unter die dominierende Kuppel ist typisch für den spanischen Kirchenbau des Barock. Im königlichen Prunk des Innern fand das barocke *Grabmal* für Ferdinand VI. und Barbara de Braganza, dessen Vorbilder in den Papstgräbern der Peterskirche von Rom zu suchen sind, den würdigen Rahmen. Es ist das bedeutendste Werk des Francisco Gutiérrez, den wir als Schöpfer des Cibeles-Brunnen kennenlernten.

Einen weiteren Halt verdient in der Calle Hortaleza die Kirche SAN ANTÓN. Sie enthält ein spätes, außergewöhnliches Werk Goyas, *Die letzte Kommunion des San José de Calasanz.* Der Künstler malte es 1819 als 73jähriger. Was niemand von dem Maler der verspielten Teppichkartons, der anklagenden Radierfolgen ›Los Caprichos‹ und ›Desastres de la Guerra‹ und der antiklerikalen Zeichnungen erwartet, findet hier erschütternden Ausdruck: ein echtes, tiefes religiöses Gefühl. Es ist, als ob Goya das in Spanien häufig zu hörende Wort bestätigen wollte: »Wir Intellektuellen sind antiklerikal, aber katholisch«. Damit kein Zweifel an der völlig unvermuteten, darum aber nicht weniger wahren Frömmigkeit Goyas möglich ist, schenkte er seinen Auftraggebern, dem Schulorden des ›José de Calasanz‹, noch ein kleines Bild *Christus am Ölberg* von stärkster religiöser Aussagekraft. Leider dringen nur wenige Besucher bis zu ihm vor; es hängt in einem Amtszimmer der zu San Antón gehörenden Klosterschule.

Unverdient schlecht besucht ist das MUSEO ROMÁNTICO in der benachbarten Calle de San Mateo, obwohl es in ansprechender Weise Möbel, Autographen, Dokumente, Gemälde des frühen 19. Jahrhunderts zu bieten hat. Wiederum nahebei, in der Calle Fuencarral, präsentiert sich im Hauptportal des ehemaligen HOSPICIO DE SAN FERNANDO – heute ›Städtisches Museum‹ – Madrids Barock in seiner kühnsten Ausformung (Abb. 21). Es wurde 1722 von Pedro de Ribera (1683–1742) wie ein Retabel gestaltet, das sich über die ganze Höhe des Gebäudes hinzieht. In der Zeit des Klassizismus um die Wende vom 18. zum 19. Jahrhundert wurde Ribera dafür nicht nur als »total verrückt«, sondern auch als »unerträglich geschmacklos« beurteilt. Es dauerte lange, bis ihm seine formenreiche Phantasie und seine unversiegbare Kombinationsgabe nicht nur verziehen wurden, sondern bewundernde Anerkennung fanden. Ribera bewahrte immer den Überblick und zwang seine Einfälle in beherrschte Ordnung. Heute sind die Madrider stolz darauf, ihre Gäste in Kirchen und zu Palastportalen zu führen, die von Ribera entworfen oder gebaut wurden. Ihm verdanken sie auch die ›Toledo-Brücke‹ (1723–1724), der wir jedoch die wuchtige und majestätische ›Segovia-Brücke‹ (1572–1584) aus Philipps II. Zeit und nach Plänen des Rodrigo Gil de Hontañón vorziehen. Wir werden noch mehrmals auf Ribera stoßen.

Doch sei zuerst in der äußerlich unscheinbaren Kirche SAN ANTONIO DE LOS ALEMANES (Heiliger Antonius der Deutschen) Einkehr gehalten (Calle de la Puebla). Mit ihr war einst eine Herberge für arme und kranke Deutsche verbunden. Der Jesuit Pedro Sánchez (1568–1633?) gab ihr einen ovalen Grundriß und versah sie mit seitlichen Tribünen. Luca Giordano malte ihre Decke und ihre Wände bis zum Fußboden aus. Der Gestalter des Cibeles-Brunnen, Francisco Gutiérrez schnitzte für sie eine Statue des heiligen Antonius. Weitere Heiligenstatuen sind Arbeiten von Manuel Pereira und Miguel Hernández. San Antonio de los Alemanes ist nicht ganz leicht zu finden. Wer sich darum bemüht, wird es nicht bereuen. Unweit davon liegt in der Calle del Pez die Klosterkirche SAN PLÁCIDO, die von dem Augustiner Fray Lorenzo de San Nicolás errichtet wurde. Velázquez malte dafür seinen *Christus am Kreuz*, heute im Prado-Museum. Durch Gemälde von Claudio Coello, Meléndez und Francisco Rizzi und Skulpturen von Pereira und Gregorio Hernández zählt San Plácido zu den künstlerisch reichsten Gotteshäusern Madrids.

Zur KIRCHE MONTSERRAT in der Calle de San Bernardo gelangt man, wenn am Ende der Calle del Pez nach rechts in die Calle de San Bernardo eingebogen wird. Obwohl sie nie zu Ende gebaut wurde, imponiert ihre Gewichtigkeit. Sie ist die erste Kirche, die Pedro de Ribera in Madrid baute (1720). Noch machte sich die Schule des energisch zupackenden Teodoro Ardemans geltend. Daß Ribera keineswegs über der Dekoration die Architektur vergaß, bewies er mit dem umfangreichen Gebäudekomplex der Kaserne CONDE DUQUE aus derselben Zeit. Der Bau ist streng funktionell. Nur im Hauptportal spielt Ribera seine dekorative Phantasie aus, ohne sich jedoch dem Überschwang am Portal des Hospicio de San Fernando zu überlassen.

Im Schatten des Wolkenkratzers Edificio España, in der Calle San Leonardo, führt die Kirche SAN MARCOS ein stilles Dasein. Sie ist ein Hauptwerk des überaus fruchtbaren Madriders Ventura Rodríguez (1717–1785). Zusammen mit Pedro de Ribera und Juan de Villanueva bildete er ein kontrastreiches Trio, das die Entwicklung der Architektur Madrids im 18. Jahrhundert bestimmte. Rodríguez, der als Zeichner des Franzosen Marchand in Aranjuez begonnen und sich unter den italienischen Architekten Bonavia, Juvara und Sacchetti seine Sporen verdient hatte, darf als »charakteristisches Beispiel für die französisch-italienischen Neigungen des Königshofes um 1750« angesehen werden. Dies trifft zumal auf seine erste Schaffensperiode bis zum Tode Ferdinand VI. im Jahr 1759 zu. Damals war er Direktor der Architekturabteilung der Real Academia de San Fernando (1752) und »Architekt des Königspalastes« (1757). Der Grundriß von San Marcos (1749–1753) verweist mit seinen fünf ineinander übergehenden Ellipsen auf italienische Vorbilder von Juavara und Borromini. An die Stelle der Geraden des spanischen Herrera-Stils sind die Kurven des italienischen Barock getreten. San Marcos wurde auch nicht aus Granitquadern gebaut, sondern mit Backstein, der mit Stuck verkleidet wurde. In seiner zweiten Schaffensperiode, als Ventura Rodríguez vom Schützling Karls III., Sabatini, verdrängt worden war, kam seine kastilische, dem frivolen Schnörkel abholde Art zum Vorschein. Das Ornament ordnete sich der Architektur unter.

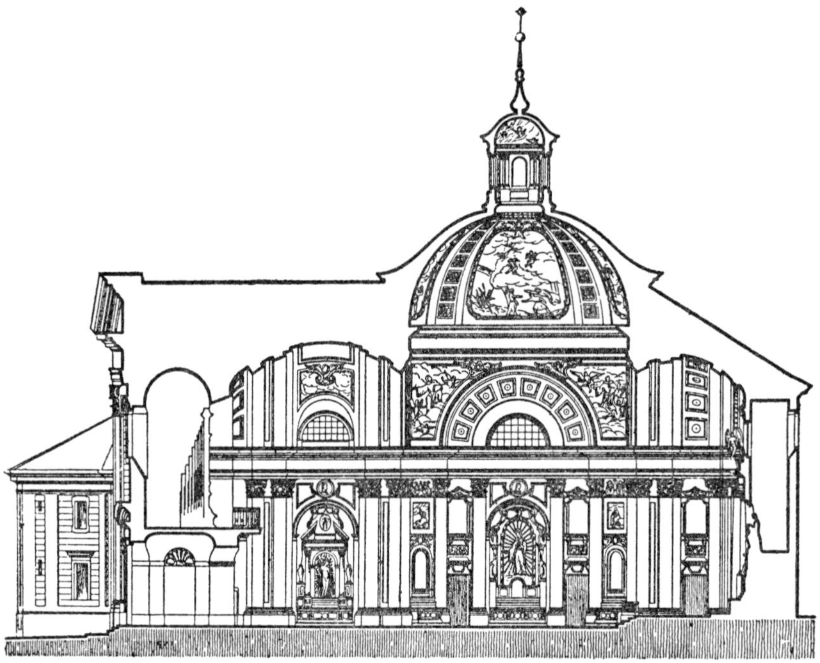

Madrid, San Marcos: Aufriß (nach Schubert)

El Escorial

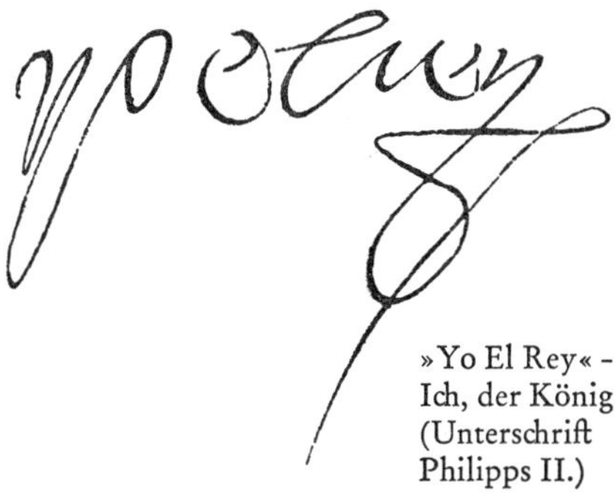

»Yo El Rey« – Ich, der König (Unterschrift Philipps II.)

Das ›Real Monasterio de San Lorenzo de El Escorial‹ ist umstritten. Müßte sich jedoch ein Madridbesuch auf nur drei Ziele beschränken, dann würde der Palast Philipps II. geradezu protokollarisch dazu gehören wie das Prado-Museum und die Stadt Toledo; dabei mag unentschieden bleiben, ob an zweiter oder dritter Stelle. Für die Spanier ist der Escorial gemeinhin »das achte Weltwunder« und »der König unserer nationalen Denkmale«. Die ›Generation 98‹ der Unamuno und Ortega y Gasset erhob ihn zum »Mekka der Spanier« und feierte ihn als »nuestra gran piedra lírica« – »unsern großen lyrischen Stein«. Aber selbst Spanier folgten über das 19. Jahrhundert hinaus der romantischen Mode, alle denkbaren Anatheme dagegen auszustoßen. Während Théophil Gautier am Escorial nicht mehr zu sehen vermochte als »nach den ägyptischen Pyramiden den größten Steinhaufen des Erdenrunds«, war er für den spanischen Politiker und Präsidenten der Republik, Manuel Azaña (1880–1940) »der Katafalk des spanischen Imperialismus«. Der deutsche Dichter Rudolf Binding erspürte zwar im Escorial »die Herzkammer der spanischen Seele«, aber ihn schauderte vor dem »fürchterlichen, nicht endenwollenden Grau seines Granits, in dem keine Ader schlägt«; er schreckte vor seiner »eintönigen Zellenhaftigkeit und Zellenhaft« zurück. Schon der erste Chronist des Palastes, der Hieronymiten-Pater Sigüenza, der sein Entstehen miterlebte, hatte notiert: »Im Escorial gibt es Räume, klar und groß, die die einen bedrücken und den andern die Seele weiten«. Philipps II. letzte Ruhestätte ist ein Reagenz geblieben, an dem sich die Geister scheiden. Sie kennt fast nur begeisterte Zustimmung oder schroffe Ablehnung. Dessen sollte jeder eingedenk sein, bevor er mit dem Zug, im Auto oder im Omnibus den 50 Kilometer langen Weg dorthin antritt.

Nach der Schlacht von Saint-Quentin am 10. August 1557, in der eine Kirche des heiligen Laurentius zerstört wurde, gelobte Philipp II., dem Märtyrer eine Stätte der Verehrung zu widmen. Er verband damit den Wunsch, das seinem Vater, Karl V., gegebene Versprechen zu erfüllen, für ihn und seine Nachfolger ein Mausoleum zu errichten. Der Bauplatz wurde unweit des armseligen Orts El Escorial an einem über tausend Meter hoch liegenden Hang der Sierra de Guadarrama gefunden. Am 23. April 1563 wurde der Grundstein gelegt, 21 Jahre später, am 13. September 1584, im Beisein Philipps II. der Schlußstein gesetzt (Abb. 67).

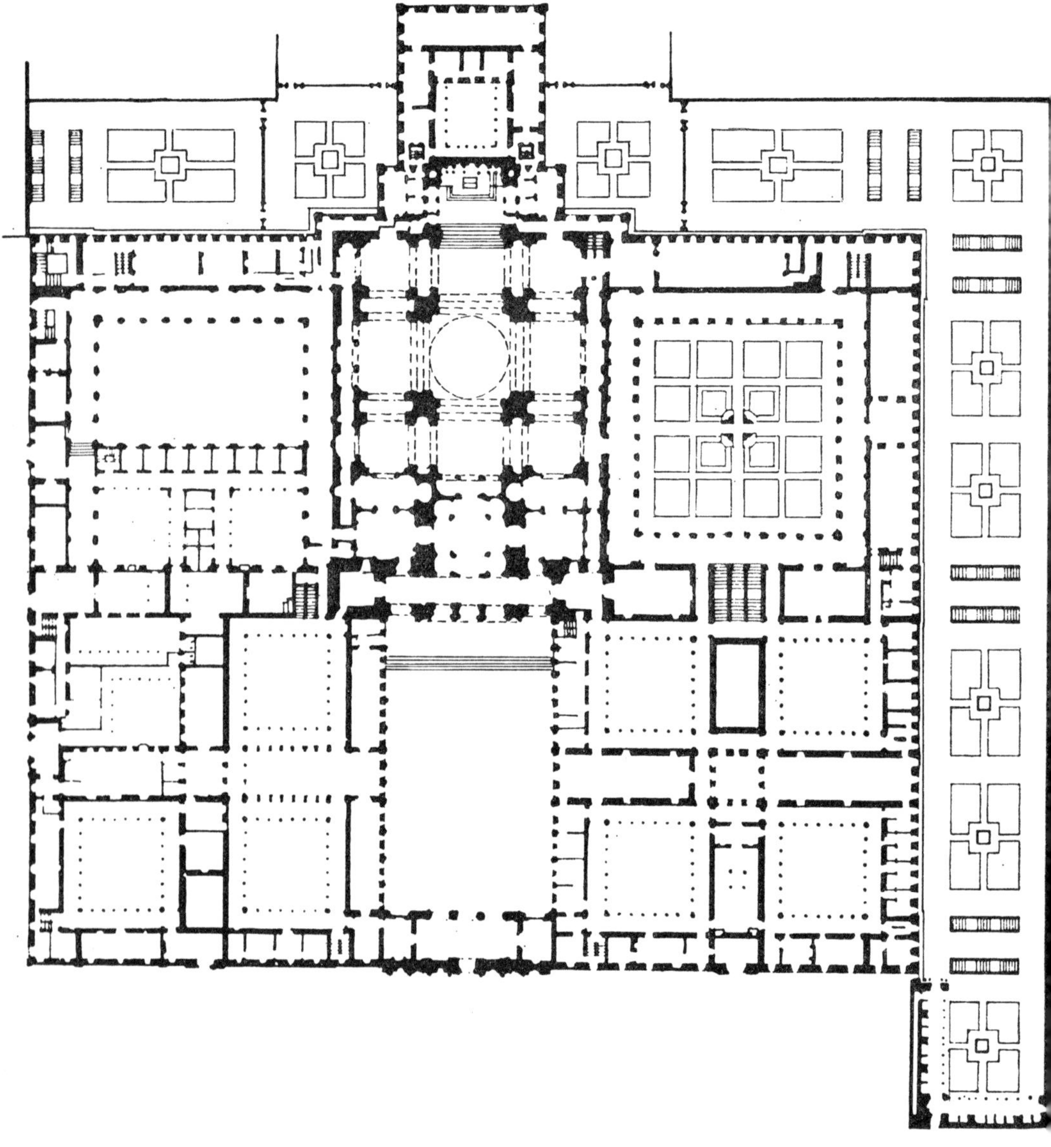

Juan Bautista de Toledo und Juan de Herrera, Plan des Escorial 1563–1582

Erster Baumeister war der italienisch geschulte Juan Bautista de Toledo; er starb 1567. Seine Stelle übernahm der niederländisch beeinflußte Juan de Herrera. Der Hieronymiten-Bruder Antonio de Villacastín fungierte als Bauleiter. Der König selbst behielt sich die Oberaufsicht vor. Er studierte die Baupläne, inspizierte häufig den Bauplatz und prüfte die Rechnungen. Fand er ihre Summe für angebracht, schrieb er an den Rand: »Está bien así« – »Ist gut so«. Schienen ihm die Preise zu hoch, vermerkte er: »Miente« – »Er lügt«. Auf Philipps Wunsch wurde der ursprüngliche Plan Juan Bautistas entscheidend abgeändert. Die der Kirche vorgelagerte Westfassade wurde um ein Stockwerk erhöht; zwei Türme aus dem Plan wurden gestrichen. Auf Juan de Herrera gehen die Geschlossenheit, die asketische Linie und die 'heilige Nüchternheit' des Escorials zurück. Er gab ihm seinen Charakter. Zu seinen Verdiensten gehört mit an erster Stelle die Rationalisierung der Bauarbeiten. Sie ermöglichte, die riesige Anlage – ein Rechteck von 161:204 Metern, mit 10 Meter tiefen Fundamenten und mit der 90 Meter hohen Kirchenkuppel – in einundzwanzig Jahren bis zum Schlußstein voranzutreiben. Die Baukosten beliefen sich zwischen 1562 und 1598, von der Planung bis zur Ausstattung, auf 5 260 560 Golddukaten. Deren Einzelwert ist am Jahresgehalt Juan de Herreras abzuschätzen; es betrug 100 Dukaten.

Der Bau zählt 16 Höfe, 12 Kreuzgänge, 86 Treppen, 1 200 Türen und über 2 000 Fenster. Er dient als Kirche, Kloster, Palast, Grabstätte, Bibliothek und Museum. Für solchen Mehrzweck reichte die ›maniera gentile‹ der Renaissance nicht aus. Er forderte die ›maniera grande‹ des frühen Barock. Um seine Bestimmung zu erfüllen, mußte er den Rahmen des Gewohnten sprengen. Er durfte die zupackende Härte des ordnenden Geistes nicht scheuen. So konsequent wurde dabei verfahren, daß der fertige Bau dem ersten Blick sich als nahtlose Einheit darbietet. Zu ihm passen die Weite, Strenge und Härte der umliegenden Landschaft.

Es wurde darauf hingewiesen, daß der Escorial mehr an ein ›Castrum romanum‹ gemahnt als an einen Palast. Seine Anlage im Rechteck lehnt sich an die altspanischen Schloßbauten wie die Alcázare von Toledo und Madrid an. Die SÜDFRONT ist ausgerichtet wie eine friderizianische Parade-Aufstellung (Abb. 68). Die Westseite als HAUPTFRONT gliedern drei Tore. Das mittlere Tor für den Hauptzugang setzt der einheitlichen Fensterwand einen kräftigen Akzent: mit einer doppelten Halbsäulenordnung, in deren Mitte übereinander das streng lineare Motiv des Laurentius-Rostes im Reliefschnitt, das an kleinen Formen reiche Wappen der Habsburger und die vier Meter hohe Vollplastik des Märtyrers Laurentius von Juan Bautista Monegro angeordnet sind (Abb. 69). Der hellgraue Granit ist hier mit besonderer Sorgfalt bearbeitet; er wirkt wie tags zuvor aus den nahen Steinbrüchen von Peralejos angefahren. Hinter diesem Tor, dessen Aufbau an ein Retabel erinnert, empfängt den Besucher der *Patio de los Reyes* (Hof der Könige). Aus diesem von Mauern umschlossenen Vorsaal zur Kirche ist jede Spur sinnenfroher Weltlichkeit verbannt. Flankiert von zwei massiven Glokkentürmen erhebt sich über fünf Stufen die Kirchenfassade (Abb. 70). Sie baut sich auf aus fünf tief verschatteten Arkaden, sechs Halbsäulen im Untergeschoß und einer

Balustrade, die mit den Standbildern der biblischen Könige Josaphat, Ezechias, David, Salomon, Josias und Manasse besetzt ist. Den durch einen Halbbogen aufgebrochenen Architrav krönt das von Juan de Herrera beliebte Kugelornament. Die den Arkaden vorgelagerten Stufen zwingen den Ankommenden, der sich zwischen den ihn umdrängenden Steinmassen wie eine Ameise vorkommt, die Augen bald hilfesuchend zum Himmel zu erheben, bald zerknirscht zur Erde zu senken.

Das Dunkel bei Betreten des tiefen, niedrigen und flach gewölbten Kirchenvorraums steigert die Verwirrung und das Gefühl des Verlorenseins. Das KIRCHENINNERE ist gewaltig. Sein Licht blendet. Die Masse der Pfeiler mit einem Umfang von 32 Metern erdrückt. Die in Granit aufgemauerte, 90 Meter hohe Kuppel reißt in die Höhe. Und die Pracht des fernen Hochaltars bannt die Blicke. Es fehlt nicht an der Größe der Verhältnisse, an Wucht der Massen, an Einheit in Anwendung des dorischen Stils. Doch will sich das Hochgefühl der Harmonie nicht einstellen. Das Kolossale der Pfeiler würde weniger lasten, wenn die Kuppel, die einer Kreuzkuppelkirche entspricht, sich über der Mitte des Gotteshauses und über seinem Hochaltar wölben würde. Aber indem das Mittelschiff auf beiden Seiten eine Verlängerung um je ein Joch erhielt, war die Idee des quadratischen Zentralbaus aufgegeben. Da zudem der Hauptaltar als Retabel an die Ostwand der Kirche gesetzt wurde, verlor die Kuppel ihre sammelnde zentrierende Funktion. Schließlich verkürzt die weit in den Kirchenraum ragende Mönchsempore den Abstand zwischen dem Vestibül und den Kuppelpfeilern so, daß diese unvermittelt vor dem Besucher in die Höhe steigen und die Sicht, wenn nicht verstellen, so doch zum Hochaltar hin einengen. Damit wird wiederum dessen Anziehungskraft gesteigert. Sie wird noch vermehrt durch seine erhöhte Aufstellung, die eine breite Treppe mit 17 Stufen erfordert, und durch seine künstlerische Gestaltung. So dringt beim Begehen des Kirchenraums vielleicht am deutlichsten ins Bewußtsein, daß der Escorial weniger einer einheitlichen künstlerischen Konzeption entsprang als einem Willensakt, der darauf abzielte, in einen begrenzten Rahmen eine Vielzahl von Vorhaben zu zwängen. Das Ergebnis war ein Sichüberschneiden der Baugedanken, das den Kirchenraum ungleich zerdehnte, Höfe zu Gefängnishöfen verengte, Treppen zu Abstiegen in Verließe werden ließ und das einfache Viereck des Grundrisses in ein Labyrinth verwandelte.

Im Chor steigert sich die Wuchtigkeit der Kirche zum Prunk. Der Hochaltar ist für sich eine ehrgeizige Architektur (Abb. 73). Er erhebt sich 26 Meter hoch in vier Stockwerken, deren Säulenordnung nach klassischer Regel: dorisch, ionisch, korinthisch und komposit ist. Kostbares Material – Jaspis und roter Marmor aus Brescia – kam zur Verwendung. Manieristische Gemälde des Florentiners Federico Zuccaro und des Bolognesen Pelegrino Tibaldi fügen sich gut ein. Die Mailänder Pompeo und Leone Leoni arbeiteten die vergoldeten Bronzestatuen. Den Tabernakel in Form eines korinthischen Rundtempels schuf der italienische Juwelier Giacomo da Trezzo – dessen Name eine Madrider Straße bis heute trägt – in siebenjähriger Feinarbeit. Die edelsten, seltensten und härtesten Steine Spaniens wurden dazu ausgesucht. Auf den Altar blicken rechts

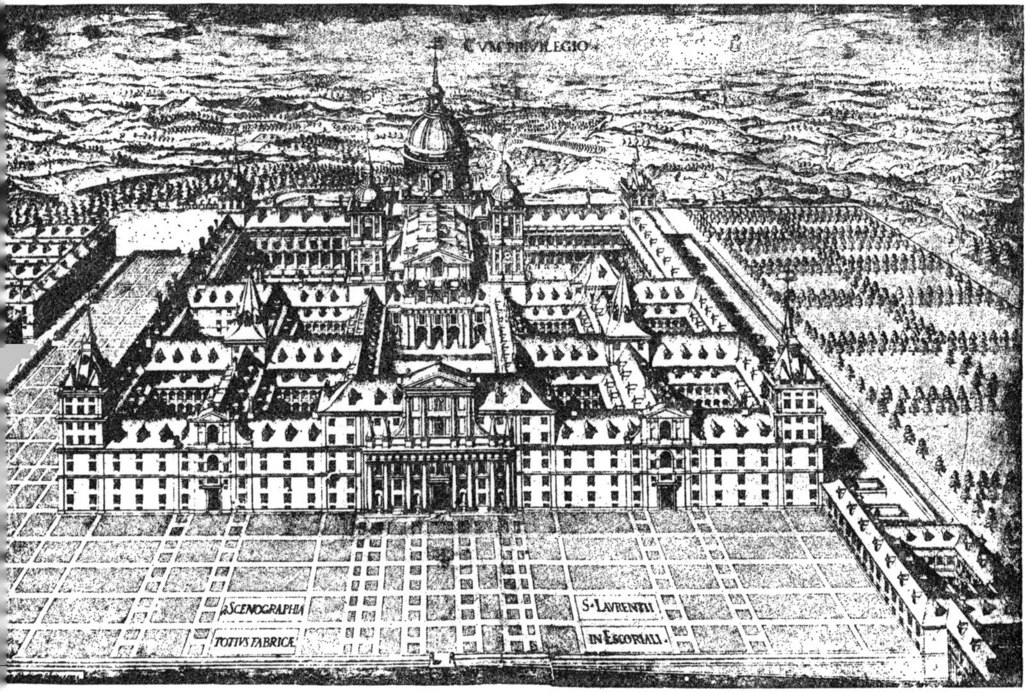

El Escorial. Stich von Perret nach Zeichnung von Herrera

und links aus Kammern in schwarzem Marmor die Bronzegruppen der Familie Karls V. und der Familie Philipps II. Auf der Evangelienseite kniet in ewiger Anbetung in Rüstung und Staatsmantel Karl V., begleitet von seiner Gemahlin Isabella, seiner Tochter Maria und seinen Schwestern Eleonore und Maria. Auf der Epistelseite knien Philipp II., drei seiner Frauen – Anna von Österreich, Isabella von Valois und Maria von Portugal – und sein Sohn Don Carlos (Abb. 75).

Da die Gruppen der Betenden den Mittelteil der drei Kammern ihres Oratoriums einnehmen, während die Räume rechts und links davon leer bleiben, da sie außerdem vom vordersten, über den Säulenfuß hoch hinausragenden Rand in die im Halbdunkel verschwimmende Tiefe angeordnet sind, ist nicht nur Lebensraum ohne Enge, sondern auch Luft und Licht um sie, das voll auf die Vordergrundgestalten fällt und dem Hintergrund zu gegen tiefe Schatten kämpft. Vater und Sohn Leoni, die daran von 1593–1598 arbeiteten, vollbrachten ihr Meisterwerk. Der Ausdruck der Porträtierten und die souveräne Materialbearbeitung zwingen zur Bewunderung. Für das technische Raffinement zeugt die Bearbeitung der reich verzierten Bronze-Prunkgewänder. Sie fallen wie kostbare Stoffe. Sie können abgenommen werden und lassen sich, wie es heißt, »wie Seide falten«). In den 'Proszeniumslogen', von denen aus die beiden Habsburgerfamilien am Gottesdienst, abgesondert von der Gemeinde und zu ihren Häupten, teilnehmen, erreicht der von Juan de Herrera geschaffene Typ einer Hofkirche seinen Höhepunkt.

Die Ausmalung der Kirche bleibt hinter der Großartigkeit ihrer Architektur zurück. Das Gotteshaus ist daher, abgesehen vom Altarraum, dort am schönsten, wo es keinen Bildschmuck trägt und sich nur mit der Nacktheit des Granits kleidet. Der vielseitig gewandte Luca Giordano, der in sieben Monaten zehn Gewölbe mit Fresken überzog, kommt überall anders besser zur Geltung als im Escorial, wo seine Kunst als zu leicht befunden wird.

Unmittelbar unter dem Hochaltar befindet sich das PANTHEON, die Grabstätte der spanischen Könige und Königinnen seit Karl V. Sie ist nur über einen Umweg zu erreichen, der aus der Kirche heraus und durch den mit blassen Fresken ausgemalten Hauptkreuzgang zum Vorraum der Sakristei geleitet. Von hier aus geht es über eine steile, schmale Treppe zur Gruft. Am Weg liegt linker Hand die Tür zum ›Pudridero‹, dem Verwesungsraum, in dem die verstorbenen Herrscher für einige Jahre aufgebahrt wurden. Das Pantheon ist ein achteckiger, mit Marmor verkleideter Kuppelbau von zehn Metern Durchmesser und gleicher Höhe. Philipp II. hatte einen einfachen Raum gewünscht, Juan de Herrera einen entsprechenden Entwurf gezeichnet. Zu Beginn des 17. Jahrhunderts legte Juan Gómez de Mora einen Erweiterungsplan vor. Bei dessen Ausführung durch Pedro Lizargárate wurde der Boden der Herrera-Grabkapelle um fünfeinhalb Fuß gesenkt. Der Italiener Giovanni Bautista Crescenti, dem bisher die Architektur des Pantheons zugeschrieben wurde, war mit seiner Dekoration beauftragt. Er schlug die Auskleidung der Wände mit Mamor vor, entwarf die Särge und Nischen, berief italienische Bronzisten für die leuchtertragenden Putti und die Bronzeverzierungen an den Särgen. Er beauftragte ferner Pietro Tacca mit dem vergoldeten Kruzifix der Altarwand und den Genuesen Virgilio Fanelli mit dem großen Kronleuchter. Vor allem ließ er sich viel Zeit. Seine Tätigkeit nahm die Jahre von 1617–1654 in Anspruch.

Zwischen je zwei korinthischen Pilastern stehen in je vier Nischen die Sarkophage übereinander (Abb. 72). Getreu der im früheren Spanien beachteten Geschlechtertrennung ruhen links vom Altar die Könige und rechts die Königinnen, deren Ehe fruchtbar war. Zwei Särge über der Eingangstür und drei Särge der Frauenseite blieben bisher leer. Die Bourbonenkönige Philipp V. und seine Gemahlin Isabella Farnese fehlen, da sie in ihrem Schloß La Granja beerdigt sein wollten. Ferner traten Ferdinand VI. und seine Gemahlin Barbara de Braganza, die in der Madrider ›Iglesia de las Salesianas‹ beigesetzt wurden, nicht zum königlichen Totenappell an. Schließlich blieben ihm noch der aus Italien gerufene König Amadeo de Savoya, der nach kurzer Regierungszeit (1870–1873) in seine Heimat zurückkehrte, und der 1941 im römischen Exil gestorbene Alfons XIII. fern.

Die Uniformität und die Stapelung der Särge, die an ein Sarglager denken lassen, haben soviel nivellierende Gewalt wie der Tod selbst. Repräsentative Pracht ist der

Gedenkstätte nicht abzusprechen. Dennoch werden viele Besucher wie der Herzog von Saint Simon empfinden, der in seinen Memoiren bemerkte: »Das Pantheon jagte mir mit seiner Mischung aus Majestät und Entsetzen einen Schrecken ein«. An Tagen des Touristenandrangs, wenn die Luft nicht wegen der Toten, sondern wegen der Vielzahl der Lebenden kaum zu atmen ist, trifft dies durchaus zu. Doch vermag die königliche Totenkammer ihr ›Memento mori‹ mit historischen Erinnerungen an Männer, die Geschichte machten, zu verbrämen. Dieser Trost bleibt im Pantheon der Infanten versagt. Hier sind die unfruchtbaren Königinnen, die unmündigen Prinzen und Prinzessinnen und die Bastarde der Herrscher zu Dutzenden versammelt. Mitten unter den Kindern Baltasar, Carlos, Prosper, Philipp, Margarita und Catarina ruht Juan de Austria, der Sieger von Lepanto, der Sohn Karls V. und der Regensburgerin Barbara von Blomberg. Für die Allerkleinsten wurde ein Sammelgrab gebaut, das wie eine riesige Sahnetorte aus Marmor oder, nach einer andern Meinung, wie ein 'Marmorkarussell' aussieht. Der Escorial verliert hier seinen gebieterischen Charakter und wird trostlos. Vom Geiste Philipps II. ist nichts mehr zu spüren. Dieses Gräberfeld wurde erst 1862–1888 von der Bourbonenkönigin Isabella II. angelegt.

Wie dem Leben zurückgegeben, freut sich der Besucher, wenn er der Unterwelt der Toten entronnen und in die gleißende Helligkeit des Tages und ins silbrige Licht des Escorials zurückgekehrt ist. Er genießt die ausgedacht kombinierte Schönheit des HOFS DER EVANGELISTEN, in dem Stein, Buchsbaum, Wasser und Himmel phantasievoll zusammenspielen. Dorische und ionische Formen lösen einander ab. Das Quadrat steht gegen das Rechteck und die Kuppel. Grünflächen wechseln mit Wasserflächen ab. Das dem Architekten teure Kugelmotiv reiht sich zur Perlenkette. Diesen Hof sollte man nicht nur entlang gehen, um zur Sakristei oder zum Kapitelsaal zu gelangen. Er will langsam mit Bedacht und mit Pausen umschritten sein. Ins Epos, das der Escorial in seiner Breite, Verschlungenheit und Themenfülle darstellt, ist der Hof der Evangelisten wie ein maßgerechtes, Herz und Verstand erfreuendes Sonett eingefügt. Nebenbei läßt sich von hier aus ein Abstecher in die SAKRISTEI machen. Noch vor wenigen Jahren war sie eine wahre Schatzkammer mit Bildern von Tizian, Veronese, Tintoretto, El Greco, Zurbarán. Sie verlor jedoch an Bedeutung, seitdem ein Teil ihrer Gemälde an den Prado abgegeben und ein weiterer erst in jüngster Zeit für die ›Neuen Museen‹ im Escorial bestimmt wurde. Nur ein Abglanz ihres früheren Reichtums blieb mit dem Hauptwerk des letzten großen spanischen Malers des 17. Jahrhunderts, Claudio Coello (1642–1693): *Karl II. kniet vor der Monstranz.* Das Gemälde hat die Sakristei, für die es gemalt wurde, zum Hintergrund. Um Karl II. sind rund fünfzig Personen seines Hofes gruppiert. Am Hof der Evangelisten liegen auch die Kapitelsäle, die bis vor kurzem zum festen Besuchsprogramm des Escorials gehörten, da in ihnen sein bester Gemäldebesitz aufgehängt war. Durch seine Überführung in die Neuen Museen büßten die Kapitelsäle ihre Anziehungskraft ein, so daß sie übergangen werden können.

Wie beflügelt schwingt sich auf der Westseite des Hofs der Evangelisten trotz ihrer Breite und trotz ihrer Granitgewichtigkeit die ESCALERA PRINCIPAL, die Haupttreppe, zum Obergeschoß des Kreuzgangs. Ihr Entwurf wurde Giovanni Battista Bergamasco zugeschrieben; neuere Forschungen sprechen ihn J. B. de Toledo zu. Luca Giordano, seiner schnellen Arbeitsweise wegen ›Fa presto‹ (Mach schnell) genannt, malte das Deckengemälde und den darunter sich hinziehenden Fries. Dem Künstler, der diese Aufgabe in sieben Monaten bewältigte, gelang damit sein Hauptwerk. Temperamentvoll vereinigte er die Himmelsglorie der Heiligen Dreifaltigkeit mit der Dramatik irdischen Geschehens in der Schlacht von Saint-Quentin. Überaus lebendige Porträts – darunter die der Escorial-Architekten Juan Bautista de Toledo, Juan de Herrera und Fray Antonio de Villacastín und die der Habsburger Herrscher von Karl V. bis Karl II. sichern dem Fresko eine persönliche Note.

Als letzte große Ergänzungsarbeiten am Escorial veranlaßten die Bourbonen Karl III. und Karl IV. gegen Ende des 18. Jahrhunderts den Ausbau eines Trakts zu ihrem Wohnpalast. Er ist vom Nordeingang her zugänglich, kann aber auch von der Kirchenvorhalle aus über zwei Höfe erreicht werden. Der Gegensatz zwischen dem Geist, der hier weht, und dem Geiste, der den Escorial erdachte, könnte nicht größer sein. Wo Philipps II. Bau kantig, graniten, doch großlinig und sinnbildhaft ist, sind die BOURBONENRÄUME rokokohaft verspielt, genießerisch und bunt. Ihre Fenster schmücken Seidenvorhänge, die Wände sind mit Gobelins bedeckt oder mit Seide bespannt. Auf den Konsolen stehen Uhren und Porzellanfiguren. Das Unvorstellbare wird wahr: Escorialräume werden zum Boudoir. Der einzige Ernst, der ihnen verblieb, ist die Urkälte des Escorials. Auch die da und dort aufgestellten Braseros (Kohlenbecken) können sie nicht vertreiben.

Wenn aus den Zellen des Escorials Wohnräume wurden, ist dies zum guten Teil einer nicht abreißenden Serie von Gobelins zuzuschreiben. Sie beleben die Wände und öffnen sie der Illusion. Vor ihnen darf die Phantasie tanzen, spielen und in Anekdoten schwelgen. Die Gobelins wurden überwiegend in der Staatlichen Tapisserie von Madrid hergestellt, die Philipp V. und Karl III. nachdrücklich förderten. Als Vorlagen dienten Genreszenen von Teniers und Wouwerman. Unter der künstlerischen Oberleitung des Böhmen Mengs lieferten die Spanier Francisco und Ramón Bayeu, Maella, Castillo, González, Velázquez und vor allem Goya Kartons mit typisch spanischen Themen. Goya überragt alle. Seine Gobelins ziehen die Hauptaufmerksamkeit auf sich. Nicht bloß seines Namens wegen. Sie sind kräftiger in der Farbe, freier in der Bewegung und übermütiger in der Erfindung als die übrigen Wandteppiche. Goyas Gestalten kommen aus dem Volk. Madrider Majos und Majas treten zum Tanz an, lagern beim Picknick mit Schinken und Wein, lassen Papierdrachen steigen oder hauen beim Kartenspiel auf den Tisch. Dazwischen tummeln sich Kinder bei ihren Spielen, ergehen sich gravitätisch die Träger des bunten Tuchs und führen Stierkämpfer ihre Kunst vor. Goya fixierte mit diesen Darstellungen unsere Vorstellung vom Spanien des ausgehenden 18. Jahrhunderts.

Beim Verlassen der Bourbonengemächer kehrt der Ernst Philipps II. zurück. Im ›Saal der Hellebarden‹, auch SAAL DER SCHLACHTEN genannt (Abb. 80), dröhnen die

Schritte martialisch. Es schießt aus tausend Rohren, Reiterschwadronen jagen sich und Fregatten prallen mit geschwellten Segeln aufeinander. Wie im Bilderbuch können die Schlachten, Gefechte und Scharmützel Karls V. und Philipps II. in Breitwandsicht nachgelesen werden: neben der Schlacht von Pavia die Belagerung von Saint-Quentin, neben der Expedition zu den Azoren die berühmteste Schlacht des 16. Jahrhunderts – die Seeschlacht von Lepanto des Jahres 1571 (vgl. Abb. 100). Doch verbreitet soviel Kriegslärm kein Grauen, da die italienischen Maler Granelino, Horacio Cambiasso und Castello ihre Heeres- und Marinestreitkräfte wie Bleisoldaten aufmarschieren lassen. Der Krieg wurde zur Kostümkunde und Anekdote.

Der Weg zu den GEMÄCHERN PHILIPPS II. führt über schmale, steile Treppen und winklige Gänge, ab- und aufwärts. Der Granit drückt von oben und drängt von den Seiten her. Der Besucher weiß sich im Innersten des Escorials. Er kommt sich wie ein im Labyrinth Verirrter oder wie ein Gefangener vor. Die Bedrückung löst sich in den Wohnräumen von Philipps II. Tochter Isabel Clara Eugenia.

Sie liegen unmittelbar neben dem Chor der Kirche, wenige Meter oberhalb des Altartisches und auf dessen Evangelienseite. Ein Fenster öffnet sich zum Hauptaltar. Die Zimmer sind liebevoll mit Möbeln und Bildern des 16. Jahrhunderts ausgestattet. Ihnen gegenüber, auf der Epistelseite, befinden sich die Räume Philipps II.: ein Arbeitszimmer, ein Oratorium, eine Bettnische. Sie ist höchst bescheiden. Indem sie menschliches Maß haben, berühren sie menschlich. Da gibt es einzig einen Schreibtisch, ein paar Stühle, einen Aktenständer, eine Handbibliothek. Während zum Aufenthaltsraum mit Blick auf die Gärten und auf die Vorberge der Sierra Sonne, Licht und Wärme Zutritt haben, liegt der Alkoven wie häufig in Spanien im Dunkeln. Alles Eitle und Unwesentliche ist aus dieser aufs äußerste zusammengedrängten Lebenswelt verbannt. Einziger Luxus waren ein paar Gemälde des sinnenstarken Tizian und des hintersinnigen Bosch. Entsprachen sie nicht einem intimen Bedürfnis nach Begleitung? Es spricht für Philipp, daß er mit so gegensätzlichen Kunstwerken leben wollte und konnte.

Hier war der König, in dessen Reich die Sonne nicht unterging, einzig Mensch und Diener Gottes. Von seinem Schlafraum aus konnte er auf den Hochaltar schauen: demütiges Menschengeschöpf, aber auch sendungsbewußter Herrscher, der mit seinem Gott Zwiesprache hält, sich mit ihm berät und von ihm direkte Weisung erhält. Diese Lage des Schlafzimmers, in dem Philipp II. am 13. September 1598 um fünf Uhr morgens starb, während der Knabenchor des Escorialklosters zur Frühmesse sang, kennzeichnet die besondere Stellung des spanischen Königs in der Welt und zur Überwelt. »Man muß den Escorial mit Versailles vergleichen, um die Unterschiede der Lehren vom Königtum in Spanien und Frankreich, jeweils zum Zeitpunkt seiner größten Machtfülle, zu erkennen. In Frankreich nimmt das Schlafzimmer, in dem der König wie die Sonne sich erhob und niederlegte, allein die Mitte ein. Die Kapelle wurde zur Seite geschoben. In Spanien umschließt das Appartement der Königsfamilie den Altarraum. Es wird anschaulich, daß durch die Rechtgläubigkeit und das Frommsein die Macht legalisiert wird« (Braunfels).

Er muß ein eigenartiger Mensch gewesen sein, dieser Philipp! Mit hohem ästhetischen Anspruch baute er in den Verhältnissen des Goldenen Schnitts die gewaltige 'moles' des Escorials, an der alles kolossal und zweckhaft ist. Vielerlei wurde dort auf einen Nenner gebracht. Ein außergewöhnlicher Wille war erforderlich, um die ebenso riesige wie komplexe Aufgabe zu bewältigen. Dennoch gibt sich das Ergebnis leidenschaftslos unterkühlt. War Philipp nicht auch ein Sammler, der unendliche Schätze an Bildern, Plastiken, Büchern und Reliquien zusammentrug, um doch in stoisch asketischer Armut zu leben. Diese hatte nichts mit schäbigem Geiz zu tun. Den nahe seinen Wohnräumen liegenden THRONSAAL (Abb. 71) ließ er mit soviel Würde ausstatten, daß seine Besucher in ehrfürchtige Verlegenheit gerieten und erst durch des Königs begütigendes »Sosiego, sosiego!« – »Gemach, gemach!« ihr Gleichgewicht wieder fanden. Der Sammler Philipp II. hat es auf 1617 Gemälde, auf 7422 Reliquien und bis zum Jahr 1568 auf über viertausend Bücher gebracht. Die BIBLIOTHEK des Escorials birgt heute 40000 Bände. Mit 90 arabischen, 580 griechischen und 72 hebräischen Manuskripten, mit dem ›Codex Emilianus‹ von 994, dem ›Codex Aureus‹ von 1050, dem ›Codex de Beteta‹ aus dem 11. Jahrhundert, den faszinierenden mozarabischen Buchmalereien zur Apokalypse des Beato de Liebana und mit kostbar ausgemalten Brevieren des 15. und 16. Jahrhunderts, die dereinst Isabella die Katholische, Karl V. und Philipp II. in ihren Händen hielten, wetteifern Handschriften der Mystikerin Teresa von Avila. Juan de Herrera ließ es sich nicht nehmen, dafür einen 52 Meter langen Bibliothekssaal zu entwerfen, für dessen Tonnengewölbe die Sixtinische Kapelle als Vorbild diente (Abb. 78). Herrera zeichnete sogar die Regale, in denen die Bücher nicht wie üblich mit ihrem Rücken nach außen, sondern umgekehrt stehen. Die Ausmalung wurde dem Italiener Tibaldi anvertraut, der für den Hochaltar Bilder beigesteuert hatte. Die Porträts Karls V., Philipps II. (Abb. 77) und Philipps III. stammen von Pantoja de la Cruz (1533–1608) und das Bildnis Karls II. von Juan Carreño (1614–1685). Zwischen ihnen fand das von Claudio Coello geschaffene Porträt des Escorial-Chronisten und seines ersten Bibliothekars, Fray José de Següenza, einen Platz.

Philipps II. Gemäldesammlung litt erst Schaden durch mehrere Brände, die den Escorial heimsuchten, später durch die Räubereien der napoleonischen Truppen und zuletzt durch das Abtreten von Hauptwerken an das Prado-Museum. 1963 wurden mit dem verbliebenen Fundus zur Feier der Grundsteinlegung vor 400 Jahren im ehemaligen Sommerpalast Philipps II. die NEUEN MUSEEN eröffnet. Sie werden unbegreiflich wenig besucht. Gleich zu Beginn begegnet man dem von Grisaillen eingefaßten Rundbild *Die Dornenkrönung* von Hieronymus Bosch (Abb. 76), in dem »die Roheit zur Perfektion und die Tortur ganz zeremoniell« wird (Carl Linfert). Ob alle in Vitrinen untergebrachten elf Dürer-Aquarelle von des Meisters Hand gemalt wurden, ist zwar strittig, doch zeugt für die Pranke des Löwen die während der ersten Italienreise 1494/95 entstandene *Paßstraße in den Alpen* mit ihrer Kraft zur Synthese und ihrem Gefühl für feinste Abstufungen. Desgleichen fällt sofort *Die große Schwertlilie* in die

Augen, denn sie weist die Merkmale Dürerschen Schaffens auf: große Form und Präzision des Details. Unwillkürlich stellt sich dazu des Meisters Wort ein: »Ein jegliches Ding muß sonderlich wohlbeträchtlich geschickt gemacht werden in den allerkleinsten Dingen als in den Großen«. Ein Höhenweg der Malerei führt vorüber an Klein- und Großmeistern hin zu den Italienern Tizian, Tintoretto und Veronese. Einige ihrer Gemälde, wie Tizians *Letztes Abendmahl* und Tintorettos *Esther und Ahasver*, haben durch Beschneidung oder Übermalung gelitten. Andere leiden noch unter den ungünstigen Raum- und Lichtbedingungen, die das Hängen erschwerten. Dieser Umstand wird vor dem Spätwerk Tizians *Hieronymus* vergessen. Mit seiner absoluten Malerei läßt es an seine *Dornenkrönung* in der Münchner Alten Pinakothek denken. In Tintorettos steil und dicht komponierter *Geburt Christi* glühen die Farben. Veroneses festlich vornehme *Verkündigung* könnte Delacroix den Satz eingegeben haben: »Es ist die erste Pflicht eines Bildes, ein Fest für die Augen zu sein«. Bilder der Bassano-Familie runden die Vertretung Venedigs ab.

Die Spanier des 17. Jahrhunderts halten mit den Italienern Schritt. Velázquez ist ihr Wortführer. Er bedarf dazu nur eines Bildes, der *Geschichte vom blutigen Rock Josephs.* Dieses Gemälde wurde zusammen mit der *Schmiede des Vulkans* (im Prado) während der ersten Italienreise des Künstlers im Jahr 1630 gemalt. Der Andalusier, der sich an realistischen Genreszenen und ersten höfischen Porträts geübt hatte, hat sich hier freigeschwommen. Er beherrscht bereits das große Format, baut seine Komposition locker und sicher auf; sein Farbauftrag ist leicht und nuanciert, ohne daß darum Kraft und Kontrast von Licht und Schatten leiden. Gemälde von Ribera, Murillo und Cano geben das Ehrengeleit.

Noch ein Höhepunkt steht bevor. Zuvor ist im Untergeschoß das MUSEUM ZUR GESCHICHTE DES ESCORIALS zu durchqueren. Neben Instrumenten und Mechaniken, die beim Bau des Escorials verwendet wurden, machen zahlreiche Entwürfe, Detailsskizzen, Werkzeichnungen mit dem Werden des Escorials von der ersten, mehrfach modifizierten Planung bis zum Schlußstein bekannt. Es folgt – wieder im Obergeschoß – das denkwürdige Finale: El Grecos *Martyrium des heiligen Mauritius* (Abb. 74). Der Grieche malte diesen Meilenstein an seinem Schaffensweg in den Jahren 1580–84; er erhielt dafür 400 Dukaten. Mit ihm brach sich, für seine Umgebung erschreckend und zur Bewunderung der Nachfahren, seine künstlerische Persönlichkeit Bahn. Der Maler ließ die venezianisch-römischen Lehrjahre und damit die italienische Renaissance-Malerei hinter sich, blieb aber auch der künstlerischen Vorstellung des spanischen Gastlandes fern. Hier war er Doménikos Theotocópoulos, ›El Greco‹ = der Grieche. Mehr als in dem 1586 gemalten *Begräbnis des Grafen Orgaz* (Abb. 98, siehe S. 143), das für sein Hauptwerk gehalten wird. Hier schlug er Farbakkorde an, huldigte einem Formenkanon und erprobte Kompositionsschemata, die in seinen spätesten Arbeiten, seinem *Laokoon* und der *Öffnung des V. Siegels der Apokalypse* noch lebendig sind. Die Begeisterung legte den fast anbetenden Enthusiasten den Vergleich auf die Zunge: »Wie eine Kantate von tausend Sängern, die in schweigender Mondnacht zum Himmel steigt« (Meier-Graefe). So mächtig ist die Strahlungskraft des Bildes, daß es gleichermaßen den Überschwang der Greco-Fanatiker wie die Zurückhaltung derer aushält, die in seinem Maler einen »Visionär in ewig gleicher Richtung« sehen. Wer den Escorial besuchte, ohne vor dem *Martyrium des heiligen Mauritius* zu verweilen, hat den Escorial nicht gesehen. Er vergibt sich außerdem die nicht alltägliche Chance, dieses Ausnahmebild in der Begleitung anderer Grecos, seines *Heiligen Eugen*, *Heiligen Petrus*, eines *Heiligen Franziskus* und des für die Vorgeschichte des ›Mauritius‹ so wichtigen *Traum Philipps II.* zu erleben.

Die Maßlosigkeit des Escorials strapaziert das Fassungsvermögen. Die Besucher sollten sich jedoch Kraftreserven bewahren für die GALERÍA DE LOS CONVALECIENTES, die ›Galerie der Genesenden‹, an der Südwestecke des Baus. Juan de Herrera, der Mathematiker und Soldat, der Mann der ›maniera grande‹ des frühen Barock, gibt sich hier als Künstler der ›maniera gentile‹. Er spielt mit Einfällen, mischt dorische und ionische Ordnung, wechselt Bogen- und Linear-Abschluß und variiert die Öffnungen. »Der Granit verliert seine Schwere und füllt sich mit Grazie und Heiterkeit«, schrieb ein Spanier. Vor der Galerie liegt ein großer Fischteich, in dessen Spiegel selbst der ‘unmenschliche’ Escorial sich selbst gefällt und eitel spiegelt. Davor beginnt auch der JARDÍN DE LOS FRAILES, der ›Garten der Mönche‹, aus dem die Düfte der Blumen, Buchshecken und Bäume wie Weihrauch aufsteigen. Von hier aus wandern die Blicke zu den Bergen im Süden und verlieren sich in der Ebene im Osten.

Zur Nachlese gehören die CASITA DEL INFANTE und die CASITA DEL PRÍNCIPE. Für beide Prinzenhäuser zeichnete Juan de Villanueva 1773 die Pläne. Der damals 34jährige hatte zuvor sieben Jahre in Rom studiert und sich mit dem Stil Palladios vertraut gemacht. Davon ging einiges in seine ersten Schöpfungen auf spanischem Boden ein. So erinnert der überkuppelte Zentralraum in der für den musischen Infanten Gabriel gebauten Casita del Infante an den palladesken Typ der ›Villa Rotonda‹. Die ›Casita de Abajo‹ oder ›Casita del Príncipe‹, die der Infant Karl, der spätere König Karl IV., bewohnte, besteht aus einem zweistöckigen Zentralbau und zwei niedrigen Flügeln. Baugeschichtlich markieren die Prinzenhäuser für Spanien die Stilwende vom Barock zum Klassizismus. Zum ersten Mal brach hier Villanueva den auf Juan de Herrera zurückgehenden und seit über hundert Jahren sklavisch befolgten Brauch, Portale mit Pilastern oder Halbsäulen plastisch zu betonen und mit einem Giebel abzuschließen. Er setzte den Portikus mit Säulen durch. Was er hier erprobte, wandte er später in großem Maßstab am Madrider Prado an. Die Ausstattung der Casita del Príncipe ähnelt der der Bourbonengemächer des Escorials. Sie ist nur noch preziöser, verspielter, insgesamt mehr ‘en miniature’. Wer durch die kleinen Räume geht, an deren Wänden kleinformatige Bilder hängen, auf deren Konsolen Uhren, Biskuits* und Nippes herumstehen, wird die Angst nicht los, etwas umzustoßen. Nach all dem dürfte es nicht schwerfallen, dem klugen Saint Simon zuzustimmen, der sein Escorial-Erleben so zusammenfaßte: »Ich verließ den Escorial, der einem aufgeschlossenen Besucher

* Zweimal gebranntes unglasiertes Porzellan.

für einen drei Monate währenden Aufenthalt Gegenstand für Studium und geistigen Gewinn ist, nicht ohne Bedauern.« Dabei ist ein Hauptgenuß des Escorial-Tags noch nicht genügend gewürdigt worden: das Licht, das seine Landschaft überstrahlt, mit feinem Griffel zeichnet und bis zum fernen Horizont silbrig flutet. Es ist das Licht, das Velázquez bezauberte und im Hintergrund seiner Gemälde festgehalten ist.

Das Tal der Gefallenen

Das Tal der Gefallenen (Abb. 81), das am Weg der Escorial-Besucher liegt, ist zunächst ein Ehrenmal für die Gefallenen des Bürgerkriegs von 1936–39. Der Gedanke an Kunst stellt sich in zweiter Linie ein. Doch ist ihm künstlerisches Wollen nicht abzusprechen. Über sein Ergebnis gehen die Meinungen noch weit auseinander. Sicher muß diese Schöpfung des spanischen Caudillo Francisco Franco in ihrer Vielgliedrigkeit erst noch mehr zusammenwachsen. Vor allem müssen die Besucher zur Zeitbedingtheit ihres Entstehens Abstand gewinnen.

Der Standort: das Tal Cuelgamuros in der Sierra de Guadarrama, übersät von Felsen, bewachsen von Eichen, Pinien und Erlen und überdeckt vom Duft der Zistrosen, des Thymian und Majoran. Am Weg zum Ehrenmal, der gebührenpflichtig ist, passiert das Auto vier mächtige Säulen: die ›Juanelas‹. Sie waren dereinst für den Escorial bestimmt. An ihrem gegenwärtigen Standort wirken sie überraschend monumental und modern.

Die Pläne zum Denkmal reichen ins Jahr 1939 zurück. Am 1. April 1940 wurde mit den Bauarbeiten begonnen. In den folgenden 19 Jahren waren hier gegen 20000 Arbeitskräfte eingesetzt. Die Baukosten beliefen sich auf über 1,1 Milliarden Peseten, umgerechnet rund 150 Millionen DM. Sie sollen durch freiwillige Schenkungen aufgebracht worden sein.

Das EHRENMAL besteht aus einer in den Fels gebauten Kirche, die von einem Kreuz überragt wird; davor liegt ein Aufmarschplatz, dahinter ein Kloster. Maße und Zahlen erdrücken. Die Gesamtanlage dehnt sich bei einem Höhenunterschied von 985 bis 1758 Metern Meereshöhe über 1365 Hektar aus. Das Kreuz, von innen her aufgemauert wie ein Kamin, ist 150 Meter hoch und wiegt 138000 Tonnen. Die seinen Fuß umgebenden Symbole der Evangelisten, aus schwärzlichem Kalkstein gehauen, sind je 500 Tonnen schwer und 11 Meter hoch. Die darüber aufsteigenden Symbole der christlichen Grundtugenden ragen weitere 18 Meter auf, so hoch wie ein sechsstöckiges Haus. Sie sind das Werk des Madrider Bildhauers Juan de Avalos. Die vernichtende Kritik spricht davor von »Diktatoren-Kolossalismus«.

Die KIRCHE mit 262 Metern Länge ist das größte in den Fels gehauene Gotteshaus der Welt; 200000 Tonnen Granitgestein mußten dazu ausgeräumt werden. Vor dem Kirchenschiff erhebt sich ein schmiedeeisernes Tor, das die spanische Tradition der Eisenbearbeitung wachhalten will. Um den Eindruck eines Tunnels zu vermeiden, ist die 88 Meter lange Halle in vier Abschnitte von unterschiedlichem Niveau unterteilt. Seitenkapellen und gigantische Alabaster-Reliefs setzen Akzente. Manch ein Besucher wird Schwierigkeiten damit haben, die Kontraste zu versöhnen, die sich aus der nüchternen Wandverkleidung von Granit, den übergroßen, etwas süßlichen Reliefs und den kleinen Altären ergeben. Die Altarbilder könnten auf den ersten Blick für Arbeiten früher Niederländer gehalten werden. Sie sind jedoch moderne ›Cordobanes‹ in altem Stil, nämlich bemalte Hochreliefs aus Leder. Einer Bewunderung ohne Einschränkung sind acht 8,70 x 5,30 Meter große Gobelins mit Darstellungen zur Apokalypse des heiligen Johannes sicher. Sie wurden kurz vor 1540 in der Werkstatt von Pannemaker in Brüssel aus Gold-, Silber-, Seide- und Wollfäden hergestellt, von Philipp II. 1553 erworben und von Pannemaker selbst nach Spanien gebracht. Die Kartons, die von Dürers ›Apokalypse‹ beeinflußt sind, werden Bernaert van Orley zugeschrieben. In den Wandteppichen schließen sich zur Harmonie zusammen: transzendentale Thematik, intelligente Komposition, gestufte Farbigkeit, meisterhafte Technik, edles Material und monumentales Format.

Dagegen fällt der Altarraum, zu dem zehn Stufen hochführen, mit seinem plakatierten Heroismus, mit dem Kruzifixus im naturalistisch-dekadenten Stil spanischer Prozessionsgruppen, mit dem unverhältnismäßig kleinen, pseudo-klassischen Chorgestühl und mit dem teils naturalistischen, teils byzantinisierenden Mosaik der Kuppel ab. Rechts und links der 42 Meter hohen Kuppel sind in den Seitenarmen des Hauptschiffs die Ruhestätten der im Bürgerkrieg Gefallenen beider Lager.

Vor dem Hauptaltar liegt der Gründer der Falange-Partei, José Antonio Primo de Rivera, begraben. Nach seiner Erschießung in Alicante am 20. November 1936 war sein Sarg nach Bürgerkriegsende in einem Tag-und-Nacht-Marsch von Falangisten zum Escorial getragen und vor dessen Hauptaltar beigesetzt worden. Kurz vor der Einweihung des ›Tals der Gefallenen‹ im April 1959 wurden die Gebeine des falangistischen ›Protomärtyrers‹ hierher gebracht. Sie ruhen auf der Vorderseite des Hauptaltars. Auf der Gegenseite liegt Spaniens Diktator von 1936–1975, Francisco Franco Bahamonde, bestattet. Er starb am 20. November 1975. Eine 1500 Kilo schwere Granitplatte mit der Aufschrift ›Francisco Franco‹ deckt seine mit Blei ausgeschlagene Gruft.

Bis Francos Tod war die Fahrt zum ›Tal der Gefallenen‹ für Staatsbesucher obligater Programmpunkt. Das ganze Jahr über wurden aus allen Provinzen des Landes Sternfahrten organisiert, die in endlosen Autokolonnen viele tausende Pilger dorthin brachten. Seitdem ist es stiller geworden. Als Touristenziel bewahrte die Gedenkstätte für die Bürgerkriegstoten Anziehungskraft. An Jahrtagen des Franco-Regimes versammeln sich dort die ihm verbliebenen Anhänger.

Von Eindrücken verschiedenster Art hin und hergerissen, verläßt der ausländische Besucher nicht ohne Bedrückung »die in Hinsicht auf Breite, Höhe und Tiefe größte unterirdische Basilika aller Zeiten«, auf der eine bis zu neunzig Metern mächtige Felsmasse lastet.

Toledo

Toledo ist vieles auf einmal: Urbild der Natur, Kompendium der Geschichte, Machtzentrum der Kirche, Werkstatt der Künste, Zentrum der Wissenschaften, modernes Touristenziel. Wer sich der Stadt nähert, sieht sich der Genesis nahe mit ihren Urgewittern, die in Grecos Bildern wetterleuchten (Ft. 6). Er blickt auf eine kahle Felsenlandschaft, die keinen Baum duldet, dafür aber den Duft von Thymian und Rosmarin verströmt. Er schaut im Süden auf rotbraune Erde, in der die Ölbäume und Weinstöcke der Bibel sich reihen. Und er hält vor dem Tajo, der sich zu enger Umklammerung des Stadtfelsens eine Schlucht durch den Granit höhlte (Abb. 82).

Die Geschichte Toledos reicht zurück bis in den Zeitenschoß. In ihrem Mörser wurden sechs Kulturen zerrieben. Kein anderer Ort Spaniens hat je so viele Ruhmestitel in sich vereint: »Summe von sechs Zivilisationen, Kreuzungspunkt der Kulturen, Brücke zwischen Orient und Okzident, Herberge der Religionen« (Gregorio Marañón). Toledo war Ziel einer Sternstraße, in dem sich nach den karpetanischen Ureinwohnern Karthager, Römer, Westgoten, Mauren, Juden und Kastilier ansiedelten. Sein Goldreichtum in westgotischer Zeit, der mit den Schätzen des Aztekenherrschers Montezuma verglichen wurde, erhielt während der Maurenherrschaft (712–1085) in den Pyramiden abgeschlagener Köpfe aufständischer Toledaner ein blutiges Gegenstück. Die Glut in dieser Esse der spanischen Geschichte, die 1520 im Comuneros-Aufstand gegen Karl V. aufflammte, sollte nie verlöschen. Zuletzt loderte sie auf im Bürgerkrieg von 1936–39, als die Blicke der Welt wochenlang auf Toledos belagerten Alcázar gerichtet waren. So wurde »jeder Stein zu einer Stimme«.

Der politische Unruheherd mit seinen grauenvollen »toledanischen Nächten« bewährte sich gleichzeitig als Drehscheibe des Geistes. »Disciplina atque scientia de Toleto« war bereits den Westgoten ein anerkannter Begriff. Toledo war seit der Römerzeit Konzilstadt. Hier schworen die Westgoten unter König Rekkared im Jahr 589 dem Arianismus ab. Die Residenz ihrer Könige – seit der Mitte des 6. Jahrhunderts – wurde damit Sitz des Primas von Spanien. Noch während der westgotischen Epoche blühte die ›Schule von Toledo‹, in der die Heiligen Eugen, Ildefons und Julian predigten, forschten und dichteten. Sie verwalteten das Erbe des universalen Bischofs Isidor von Sevilla (gegen 555–633). Als das Kalifenreich von Córdoba Mitte des 12.

Ansicht von Toledo aus dem Jahre 1585 ▷

T O L E

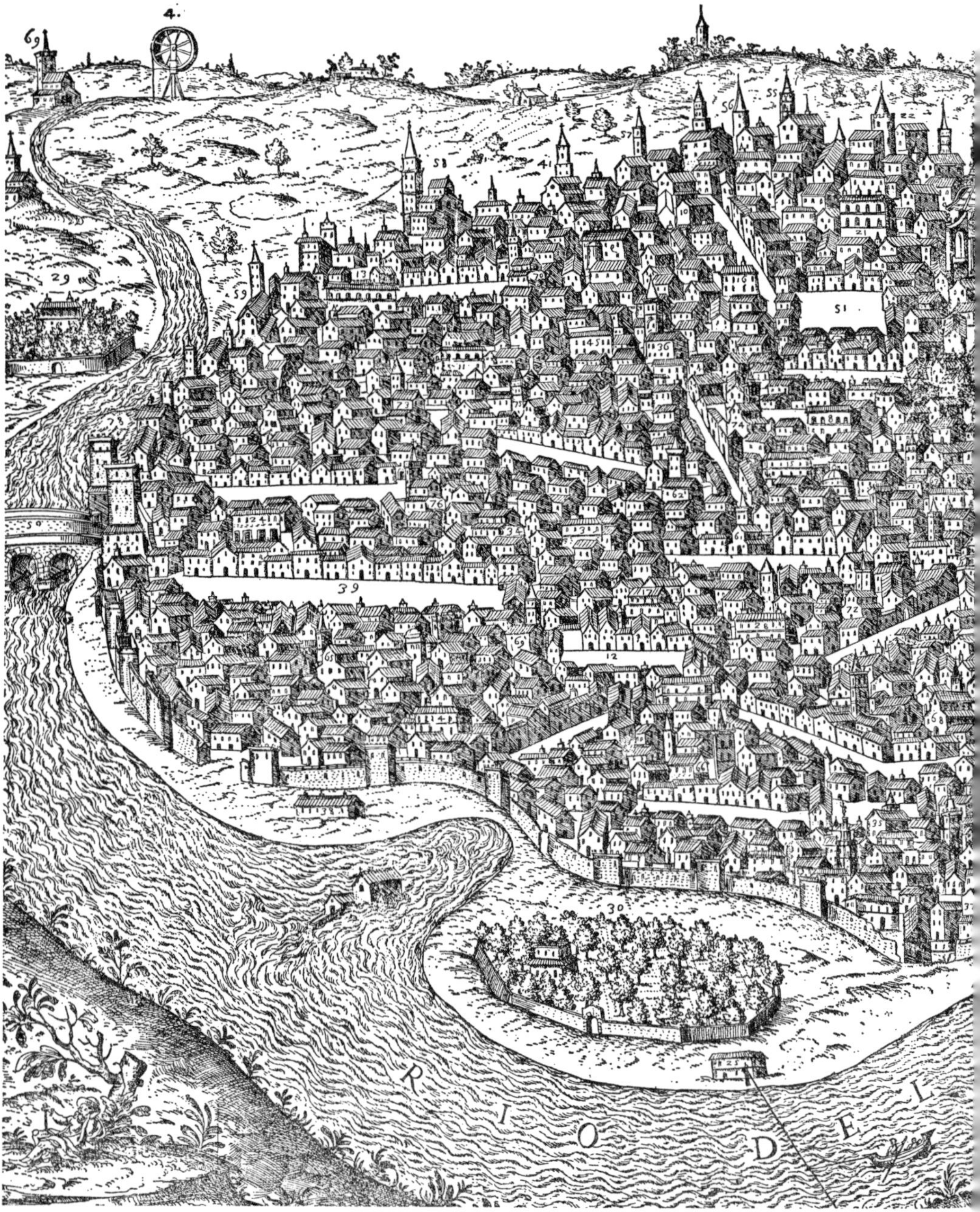

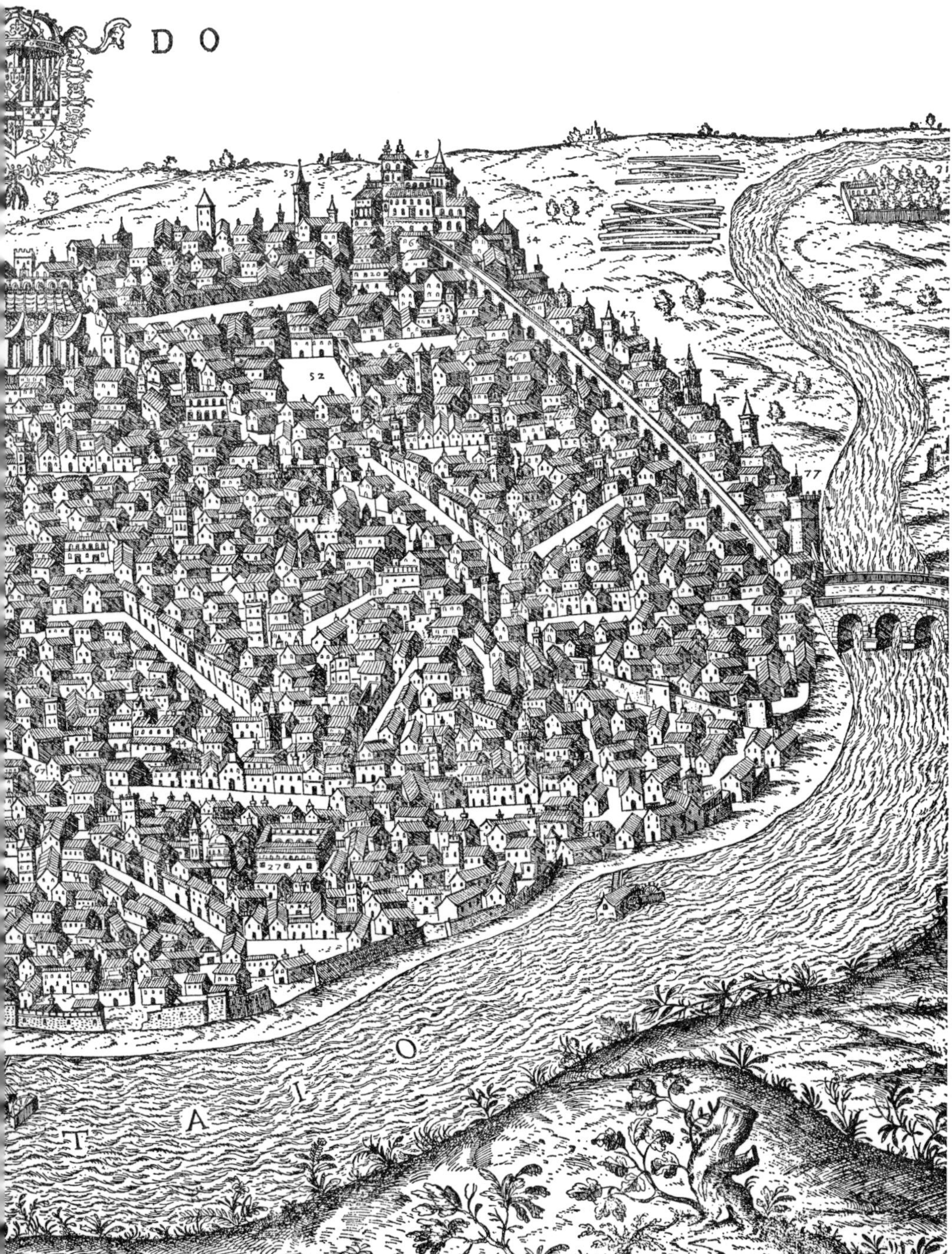
D O
T A I O

Jahrhunderts zerfiel, strömten viele seiner Gelehrten in die Tajo-Stadt, in der – ein Vorbild der Toleranz – christliche Theologie, arabische Philosophie und jüdische Wissenschaft in Harmonie miteinander wetteiferten. Beispielhaft wurde das Gebot erfüllt, den Feind nicht nur zu schlagen, sondern in seinen Werten zu erhalten. Toledo blieb Treffpunkt des schöpferischen Geistes. Der Lyriker Garcilaso de la Vega (1503–1536) war Sohn dieser Stadt. In ihr fand der aus Kreta stammende Maler Doménikos Theotocópoulos, genannt El Greco, eine zweite Heimat. Dort fühlten sich die Großen des ›Goldenen Jahrhunderts‹: Cervantes, Lope de Vega und Tirso de Molina zu Hause. Zu Beginn des 20. Jahrhunderts erhoben die Vertreter der ›Generation 98‹ – Unamuno, Valle-Inclán, Baroja, Azorín – die Stadt zu ihrem Mekka. Für Rilke war sie »in allem außerordentlich«. Toledo wurde zur Mode der Gebildeten; der Franzose Barrès »vampirisierte« es sogar. Aber die Moden der Zeitläufte springen von Toledo ab wie Wassertropfen vom Öl.

Wer die Inhalte Toledos ausschöpfen will, bedarf der Muße. Er soll die Stadt umwandern »an sieben Tagen und am siebten Tag sieben Male« wie die Juden das belagerte Jericho. Nicht umsonst gleicht Toledo von außen her einem Schalentier, das vor dem Genuß erst aufgeknackt werden muß. Ein französischer Reisender des 18. Jahrhunderts gebrauchte dafür das treffende Bild eines »halb geöffneten Granatapfels«, der mit köstlichen Kernen gefüllt ist. Toledo hat nach dem Wort eines Spaniers »olor, color, sabor« (Geruch, Farbe, Geschmack). Aber es wird »von den vier Dolchen der Eile, der Stupidität, der Unwissenheit und der Blindheit« bedroht, die der Massentourismus mit seiner Hetze und seinem in ein paar Stunden gepreßten Programm unbedenklich zückt. Die Touristen fallen täglich kurz vor Mittag in Schwärmen in die Stadt ein, absolvieren ein Besichtigungsprogramm bis zum Mittagessen und stieben auseinander.

Da es schwer ist, für den Toledobesuch einen durchgehenden Ariadnefaden zu finden, sei wenigstens versucht, einige Ziele zu gruppieren. Als Ausgangs- und Drehpunkt eignet sich der volkstümliche, aus der Maurenzeit stammende ZOCODOVER-PLATZ. Durch den Hufeisenbogen seiner Ostseite, den ›Arco de la Sangre‹, wird nach wenigen Schritten auf der zum Tajo abfallenden Straße das HOSPITAL DE SANTA CRUZ erreicht. Auftraggeber war der mächtige und reiche Kardinal Pedro González de Mendoza († 1495), der die italienische Renaissance in Spanien einführte. Als Baumeister fungierten um 1500 bis 1514 der Flame Enrique de Egas (nachgewiesene Tätigkeit seit 1490-1534) und später der Spanier Alonso de Covarrubias (1488–1570). Während der Erstere der Spätgotik treu blieb, brachte der Jüngere die dekorativen Neuheiten Italiens ein. Aus beider Zusammenwirken ergab sich ein Musterbeispiel des plateresken Stils. Dieser typische Mischstil, der die spanische Architektur bis in die zweite Hälfte des 16. Jahrhunderts beherrschte, erhielt seinen Namen nach der für ihn charakteristischen Feinarbeit, die an die Arbeitsweise der 'Plateros', der Silberschmiede, erinnert. Seine Bauten haben, wie das Hospital de Santa Cruz, ein gotisches Skelett. Ihm wurde eine von Italien übernommene Dekoration – pflanzliche Motive, Medaillons, Masken, Kande-

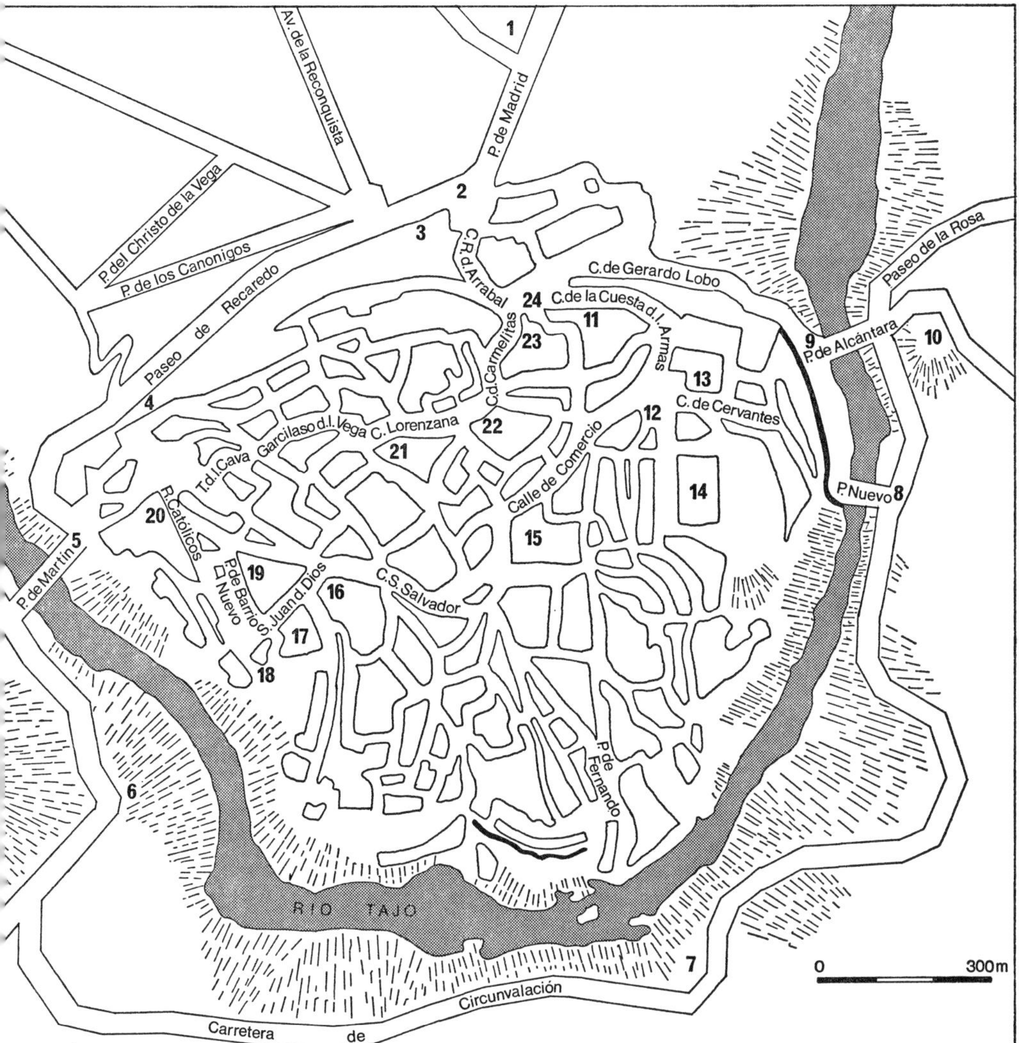

Stadtplan von Toledo

1 Hospital de Tavera 2 Puerta Nueva de Bisagra 3 Puerta Vieja de Bisagra 4 Puerta del Cambrón 5 Puente de San Martín 6 Ermita Nuestra Señora de la Cabeza 7 Ermita La Virgen del Valle 8 Puente Nuevo 9 Puente de Alcántara 10 Castillo de San Servando 11 Puerta de Alarcones 12 Zocodover-Platz 13 Hospital de Santa Cruz 14 Alcázar 15 Kathedrale 16 Santo Tomé 17 Greco-Haus und -Museum 18 Synagoge del Tránsito 19 Santa María la Blanca 20 San Juan de los Reyes 21 Casa de Mesa 22 Museo de San Vicente 23 Cristo de la Luz 24 Puerta del Sol

laber, Wappen, Waffenzeug –, vielfach wiederholt, in flachem Relief durchgearbeitet und dicht gewoben wie ein Teppich, aufgesetzt, ohne funktionelle Bedingtheit, ja nicht selten unter Verleugnung der zugrundeliegenden Baustruktur. Eine selten erreichte Qualität bildhauerischen Könnens und sprudelnde Formenphantasie standen Pate.

Enrique de Egas legte den Bau im Grundriß eines griechischen Kreuzes an, mit vier langen und breiten Schiffen, die vier Höfe schaffen. Im Kreuzungspunkt der zweistöckigen Schiffe – das untere für die Männer, das obere für die Frauen – erhebt sich ein gotisches Sterngewölbe. Im Gegensatz dazu befinden sich die über und über mit dekorativen Motiven der Renaissance verkleidete Fassade (Abb. 99), die nichts von der dahinterliegenden gotischen Struktur ahnen läßt, und die üppigen Fensterrahmungen, die noch Einschußspuren aus dem Bürgerkrieg tragen. Einen Höhepunkt erreicht der plateraske Stil im Haupthof mit der um 1524 von Alonso de Covarrubias geschaffenen Treppenanlage.

Zu Beginn des Bürgerkriegs lag das Hospital de Santa Cruz während der Belagerung des Alcázars im Kampfgebiet; von seinen Fenstern schoß der französische Freiwillige André Malraux auf die nahen Stellungen der Alcázar-Verteidiger. Eine sorgfältige Restaurierung, die fast einem Wiederaufbau des Hauptbaus von Enrique de Egas gleichkam, erlaubte, dort ein Museum einzurichten. Es faßt die bisher in der Kirche San Vicente ausgestellten Gemälde und Kunstwerke aus staatlichem, kirchlichem und städtischem Besitz zusammen. Im Erdgeschoß beschwören Dokumente, Möbel, Plastiken, Gobelins, Gemälde, Waffen und Münzen die Zeit Karls V. und der Habsburger. Mit magischer Gewalt zieht die 16 Meter lange, lichtblaue Fahne vom Flaggschiff des Siegers in der Schlacht von Lepanto (1571) die Blicke auf sich (Abb. 100). Im Obergeschoß reihen sich Gobelins, Vitrinen mit Kultgegenständen der Gotik und Renaissance, Gemälde der spanischen Schule des 16. und 17. Jahrhundert, sowie Skulpturen. Unter diesen ragt das Retabel *Heimsuchung* von Alonso Berruguete (1489–1561) hervor. In ihm, der seine letzten Lebensjahre mit der Ausführung zahlreicher Aufträge in Toledo verbrachte, treffen Kraft des Realismus, ein urgewaltiger Bewegungsdrang und der Höhensog der spanischen Mystik zusammen. Im gegenüberliegenden Flügel erwarten den Besucher achtzehn Gemälde von El Greco. Einige sind nur noch Bildruinen, in denen der Meister kaum wiederzuerkennen ist; andere sind Werkstattarbeiten, die das Genie des Malers abgeschwächt widerspiegeln. Dieses triumphiert dafür in den leuchtendsten Farben und mit hinreißendem Schwung in seiner *Mariae Himmelfahrt,* einem seiner letzten Werke (Abb. 101). Im Vordergrund unten rechts malte El Greco zum Zeichen seiner lyrischen Frömmigkeit ein Blumengebinde. Links davon wird die Landschaft Toledos sichtbar, als wäre die Gottesmutter von der Tajostadt aus zum Himmel aufgefahren. Was im Umkreis davon als Greco-Arbeiten geboten wird, darf kühnlich als Dreingabe hingenommen werden, die vom großen Wurf der *Asunción* eher ablenkt als bereichert. Unter anderem ist hier auch das Kirchenbuch mit dem Eintrag des Todes von Doménikos Theotocópoulos ausgelegt.

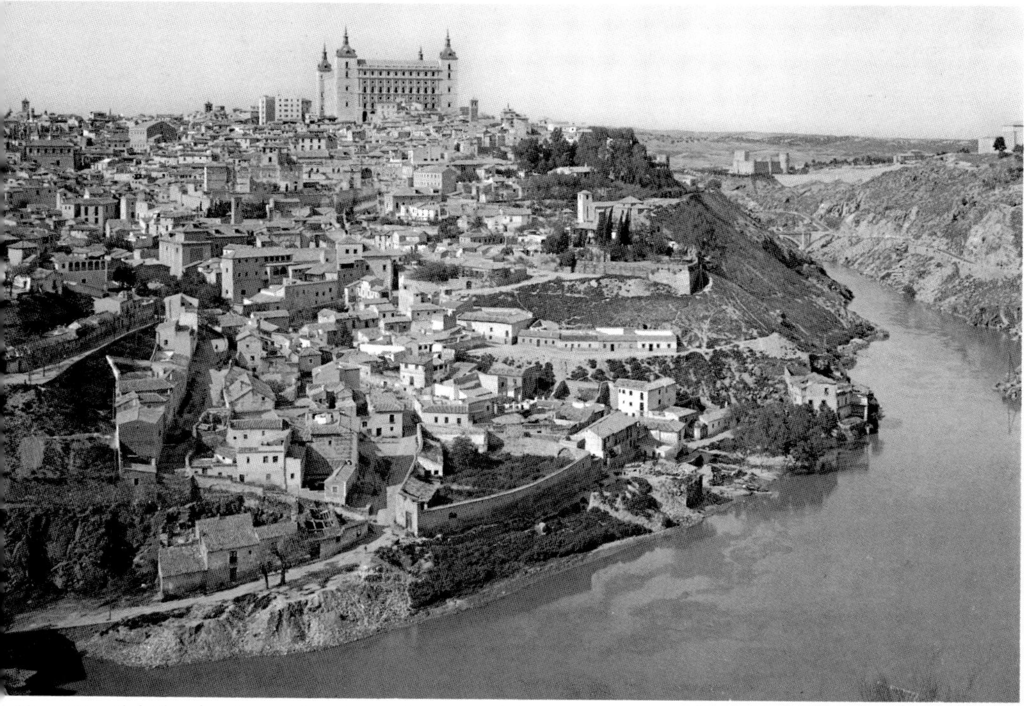

TOLEDO Blick über den Tajo auf den wieder aufgebauten Alcázar

TOLEDO mit Alcázar und Kathedrale

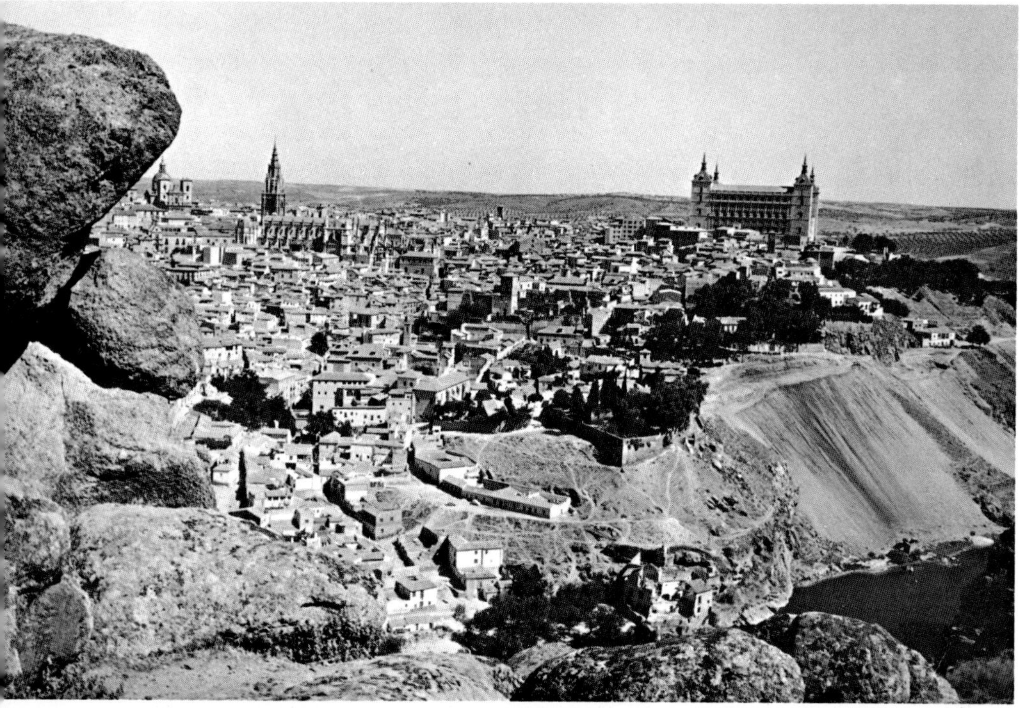

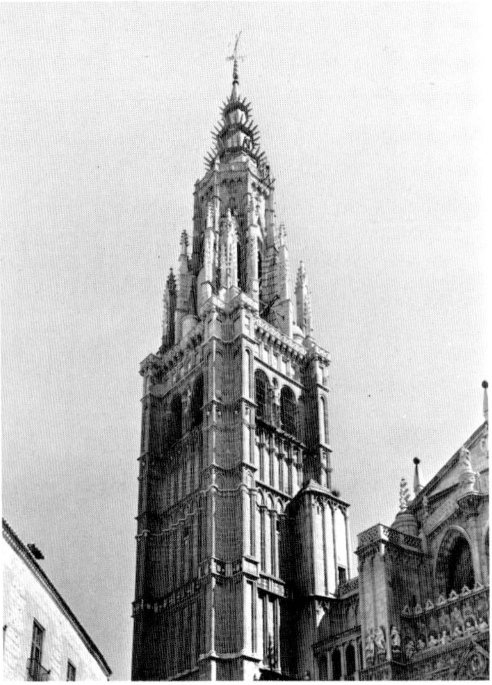

84 Turm

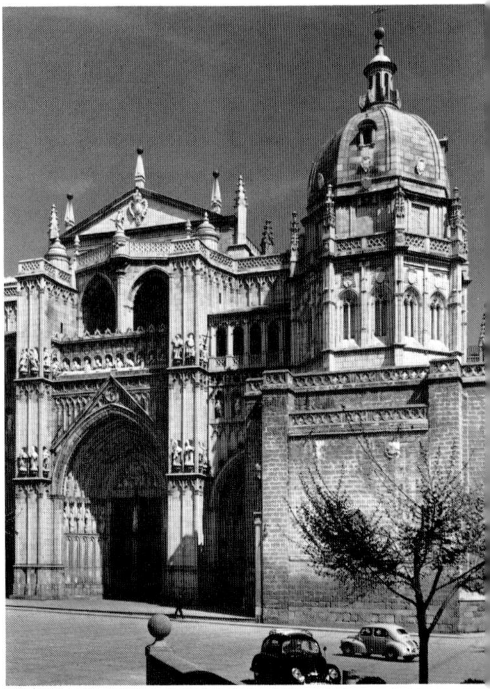

85 Westfassade

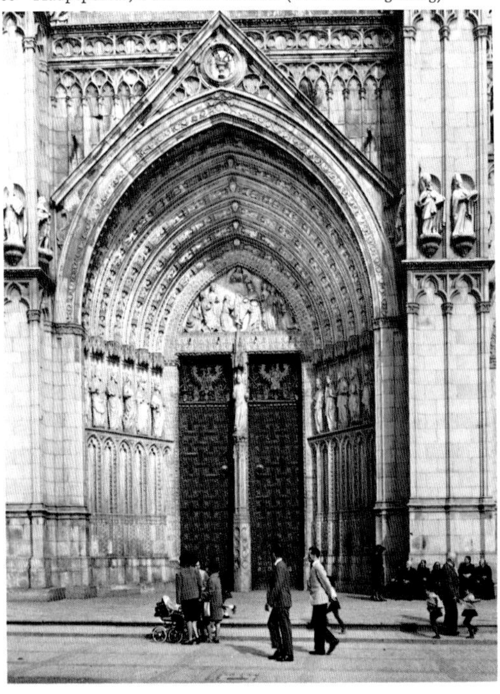

86 Hauptportal, Puerta del Perdón (Tür der Vergebung)

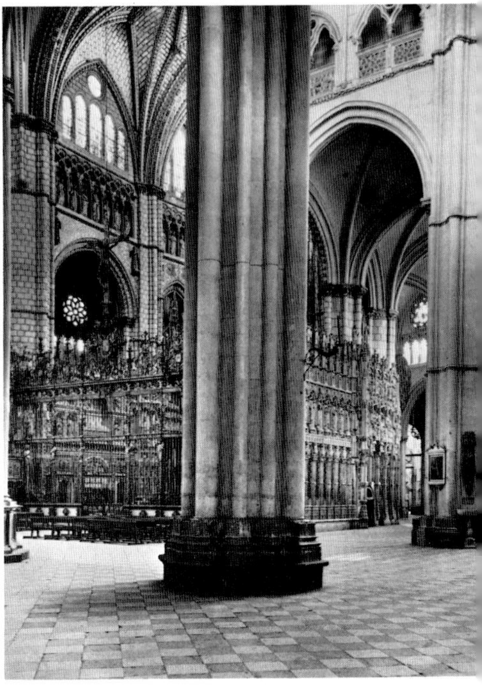

87 ›Trascoro‹ mit Gitter der Capilla de los Reyes Viejos v
Domingo de Céspedes. 1529

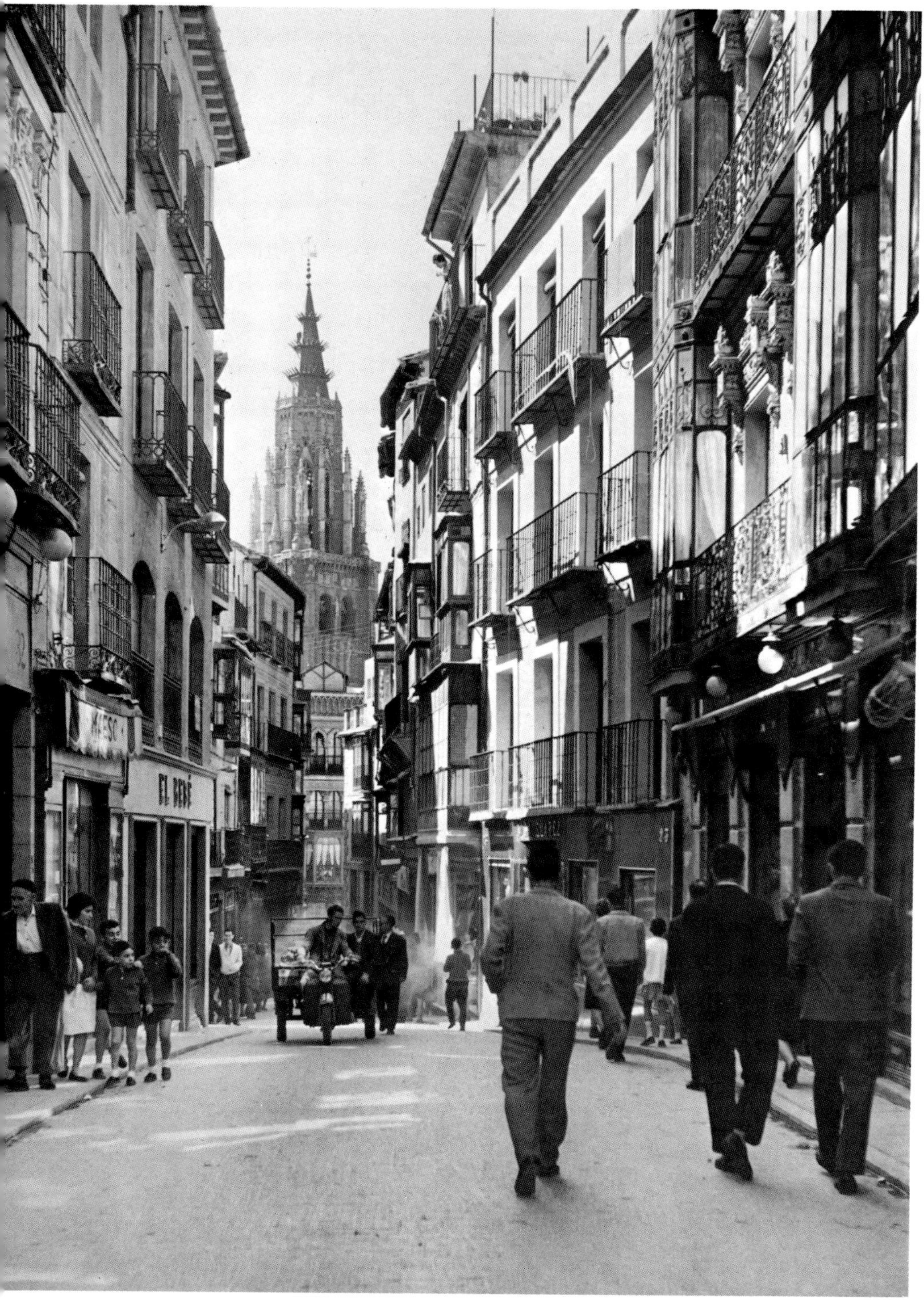

TOLEDO Altstadtgasse mit Blick auf die Kathedrale

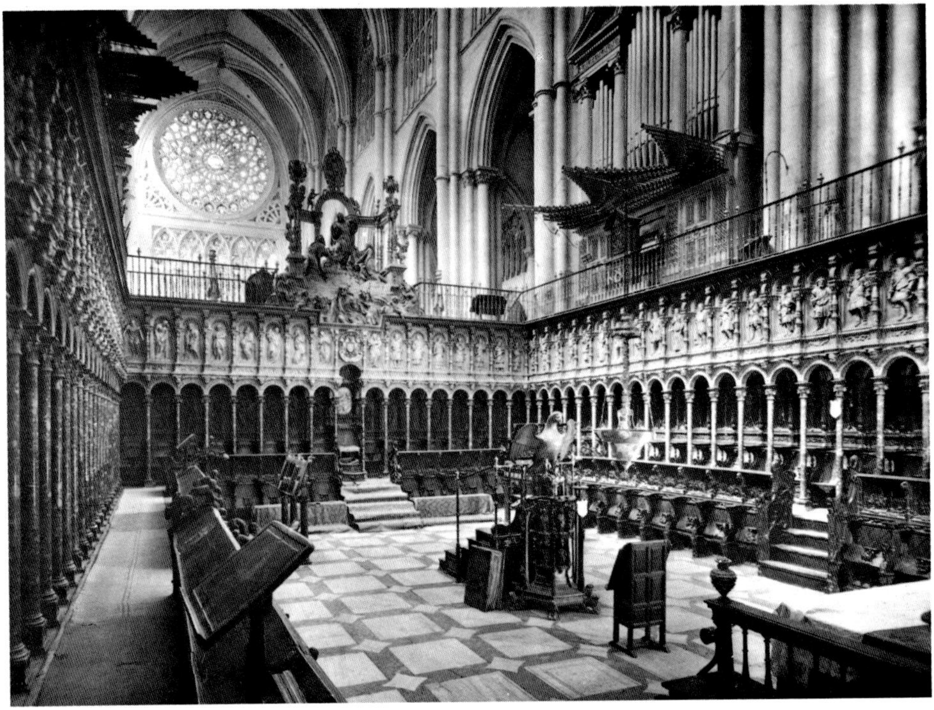

89 TOLEDO, Kathedrale Chor der Capilla Mayor

90 TOLEDO, Kathedrale Detail des Chorgestühls von Rodrigo Alemán. 1489–1495

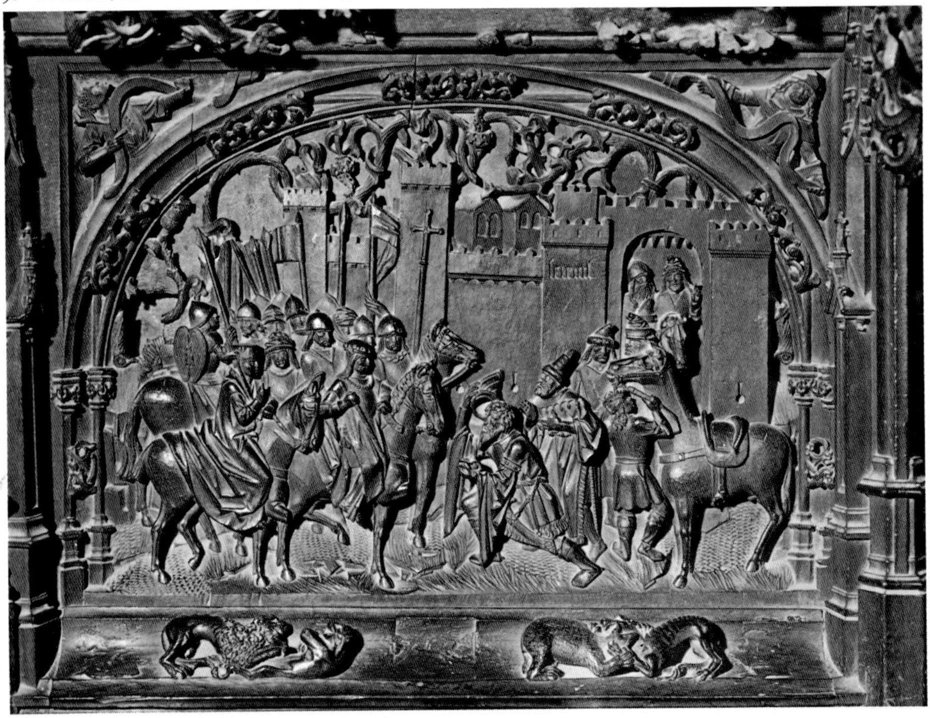

TOLEDO
Kathedrale

1 El Greco, Entkleidung Christi. 1577–1579. Sakristei

2 Goya, Gefangennahme Christi. 1798. Sakristei

3 Enrique de Arfe (Heinrich von Harff), Prachtmonstranz. 1517–1524. Schatzkammer

4 Kapitelsaal

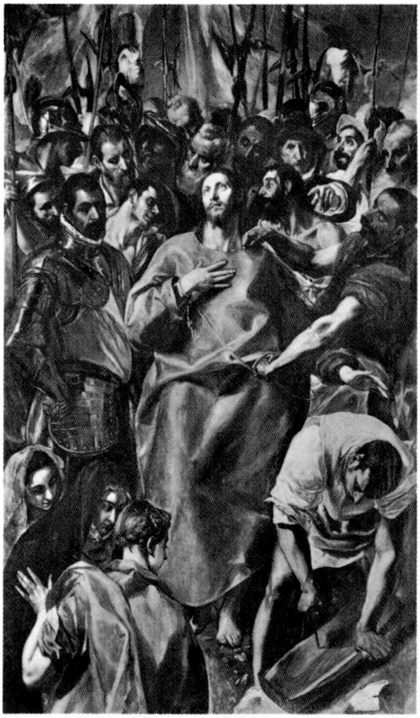

91

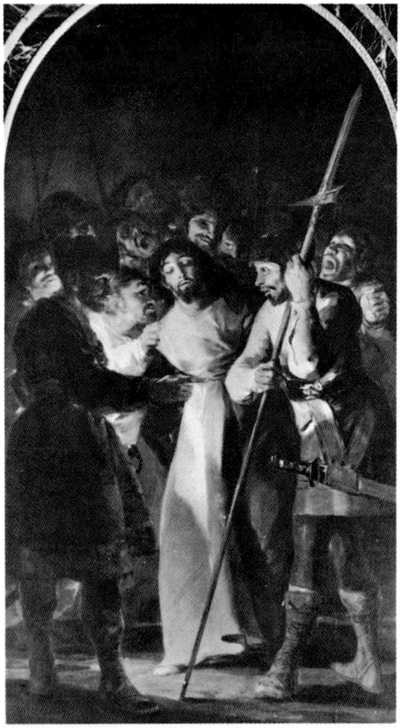

92

3

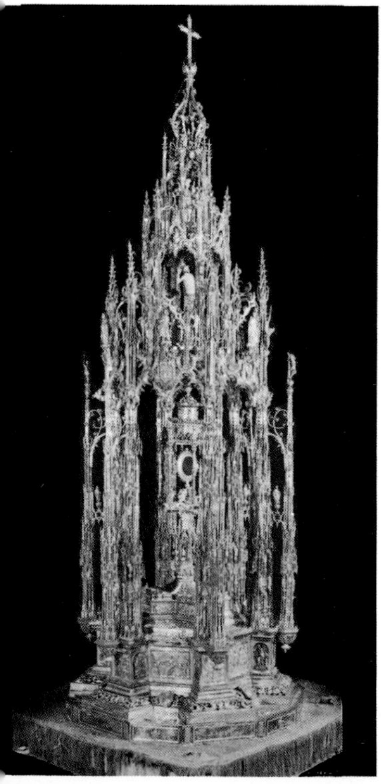

94

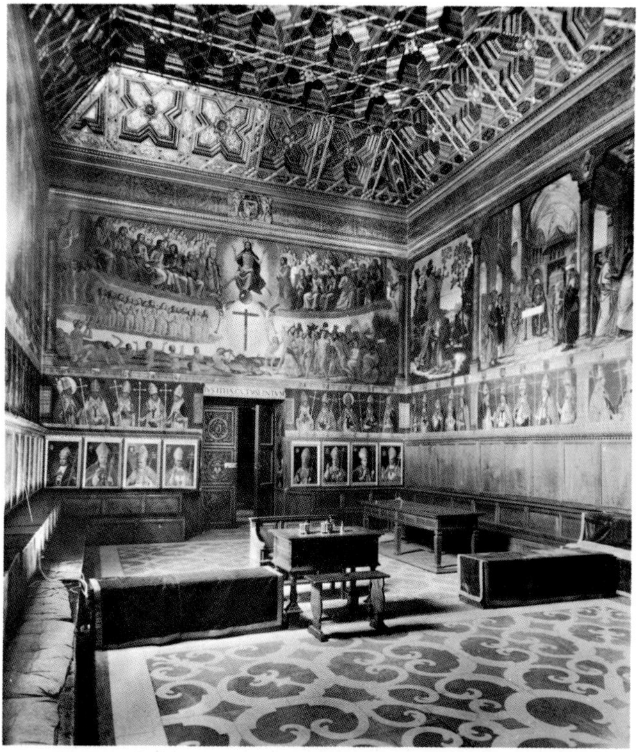

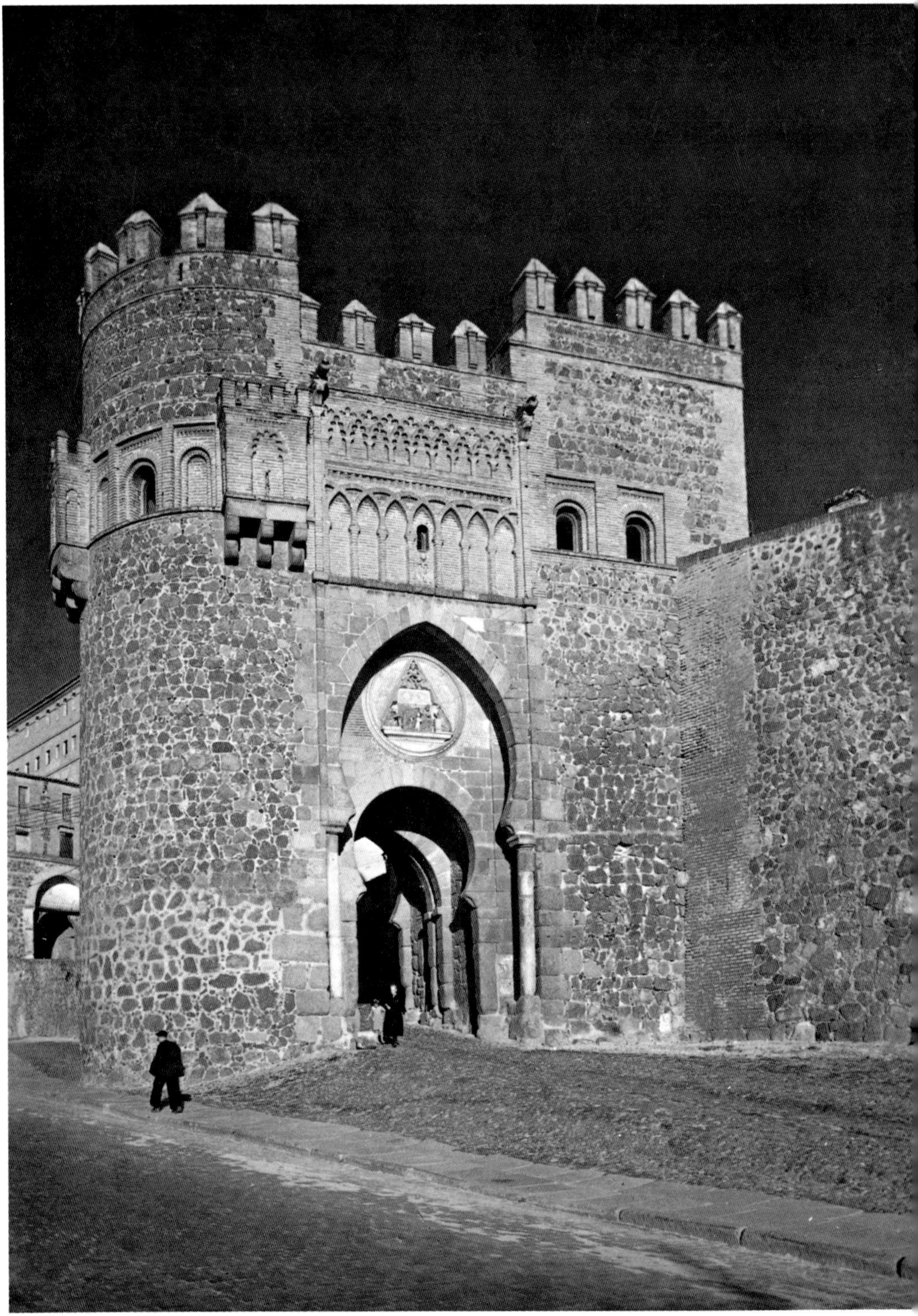

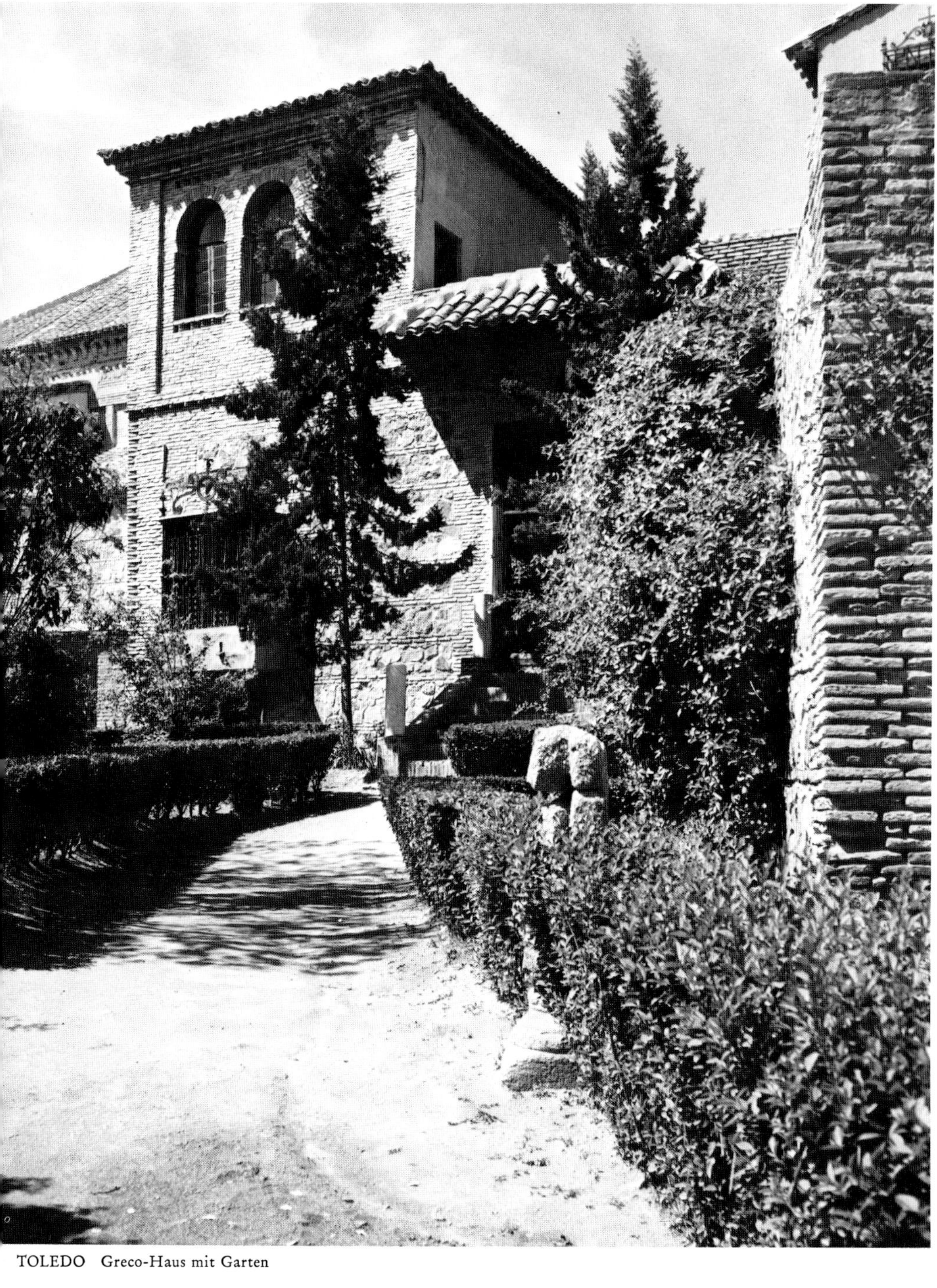

TOLEDO Greco-Haus mit Garten

95 TOLEDO Puerta del Sol. Ende 14. Jh.

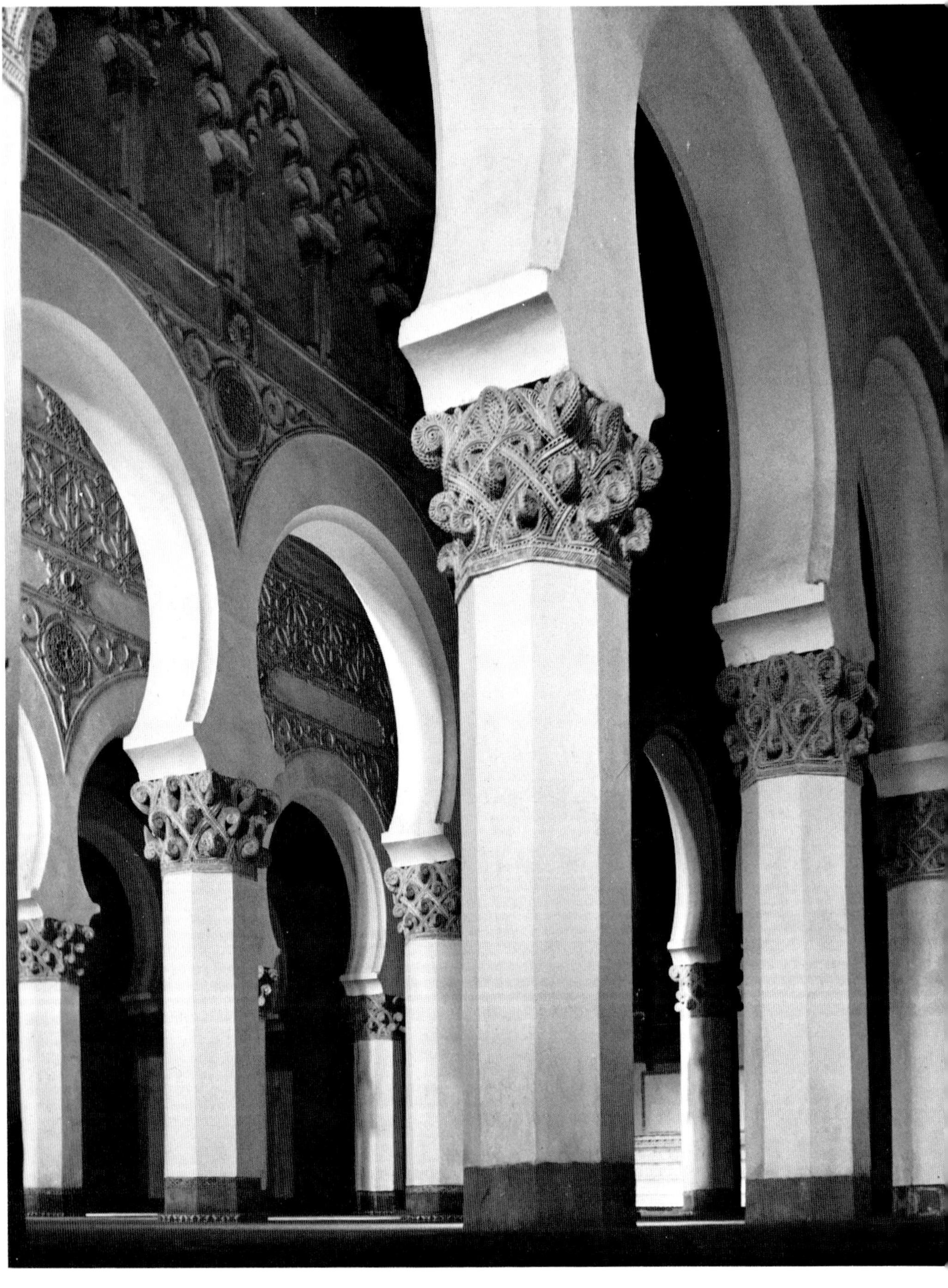

97 TOLEDO Innenraum der Kirche Santa María la Blanca, der ältesten Synagoge Toledos

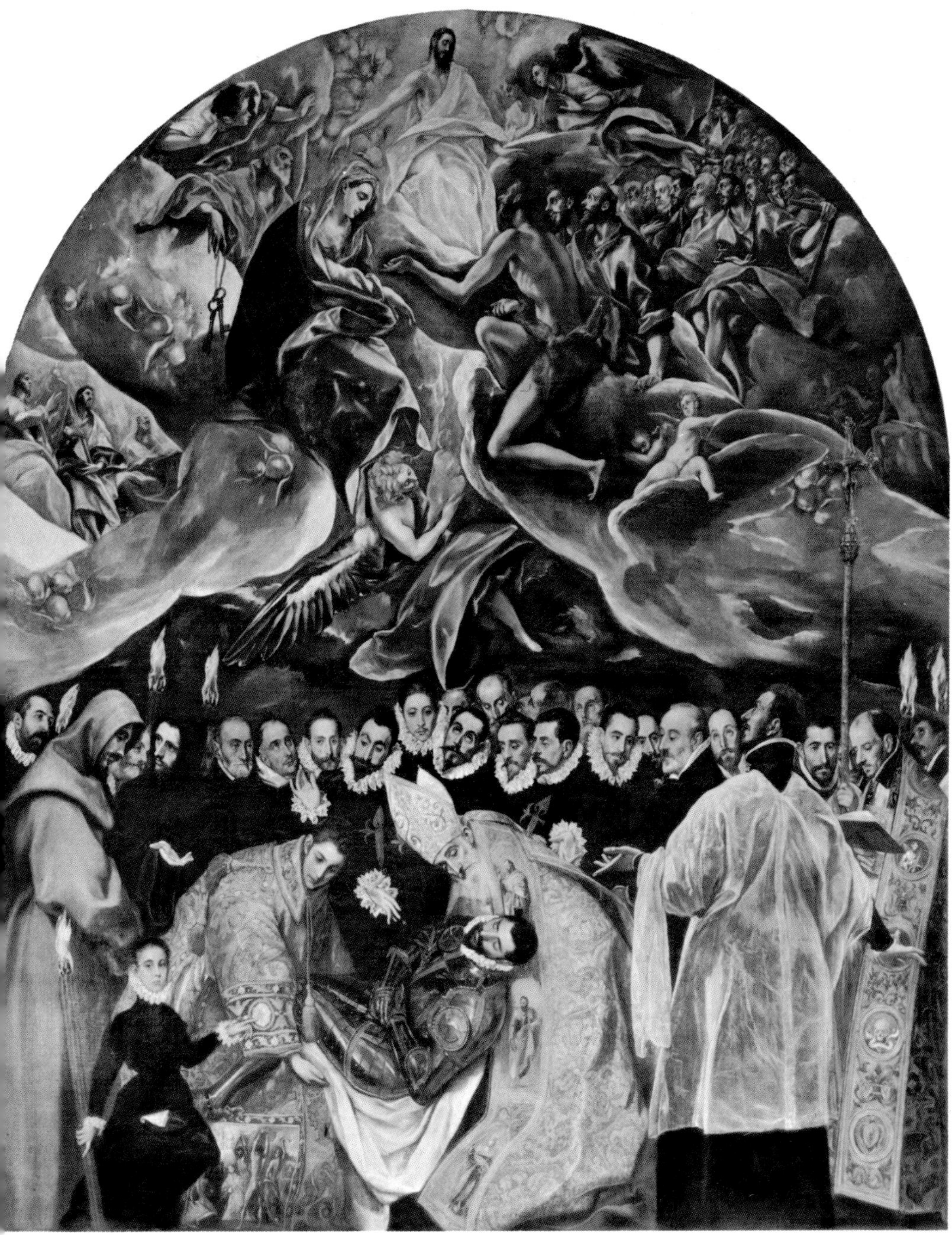

TOLEDO, Santo Tomé El Greco, Das Begräbnis des Grafen von Orgaz. 1586

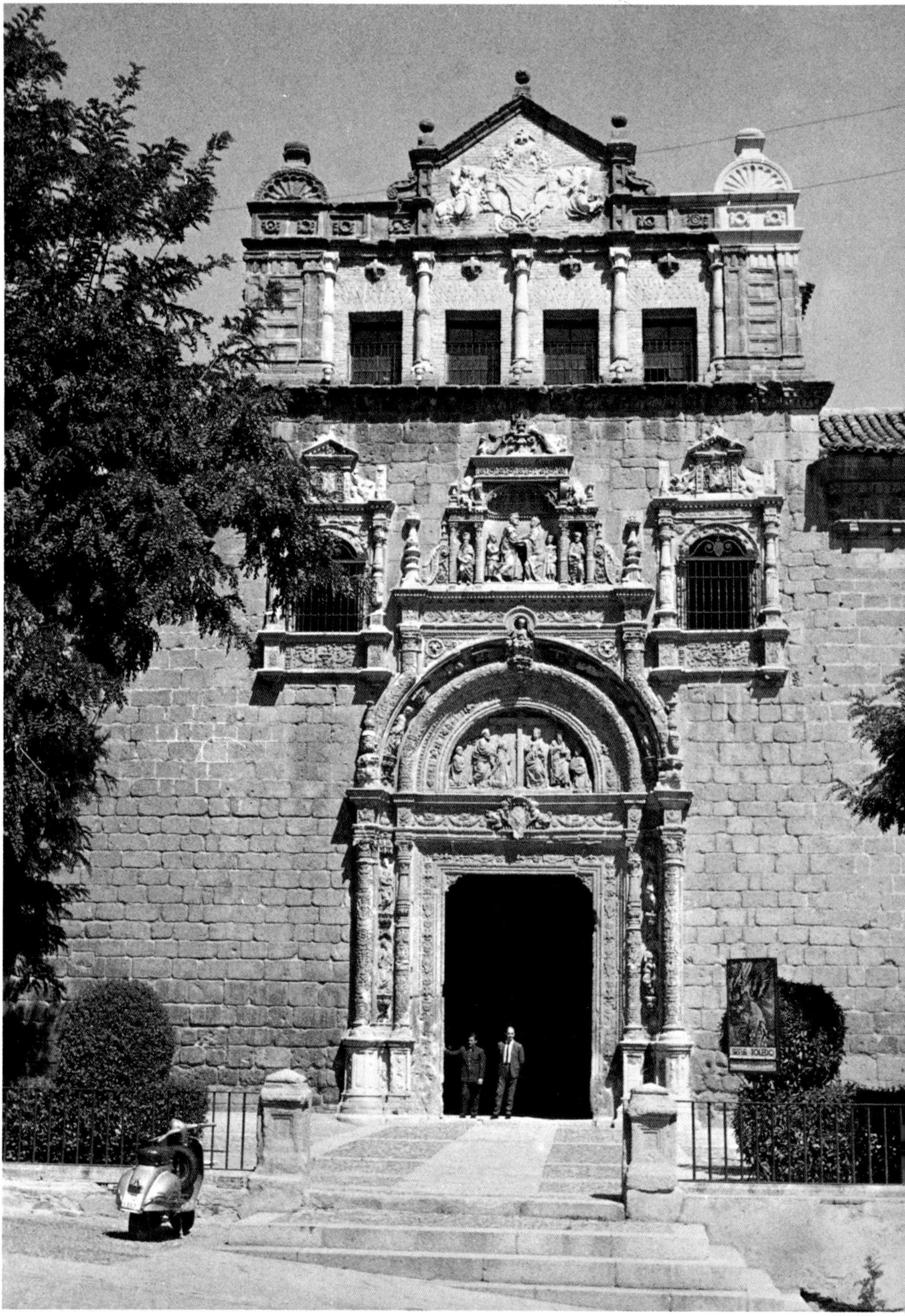

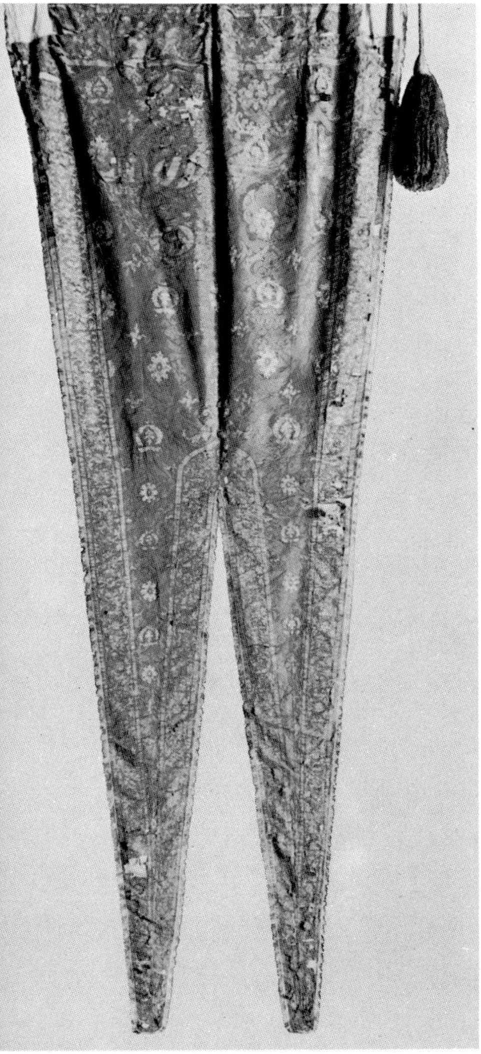

TOLEDO, Museum Santa Cruz Fahne der Schlacht von Lepanto (1571)

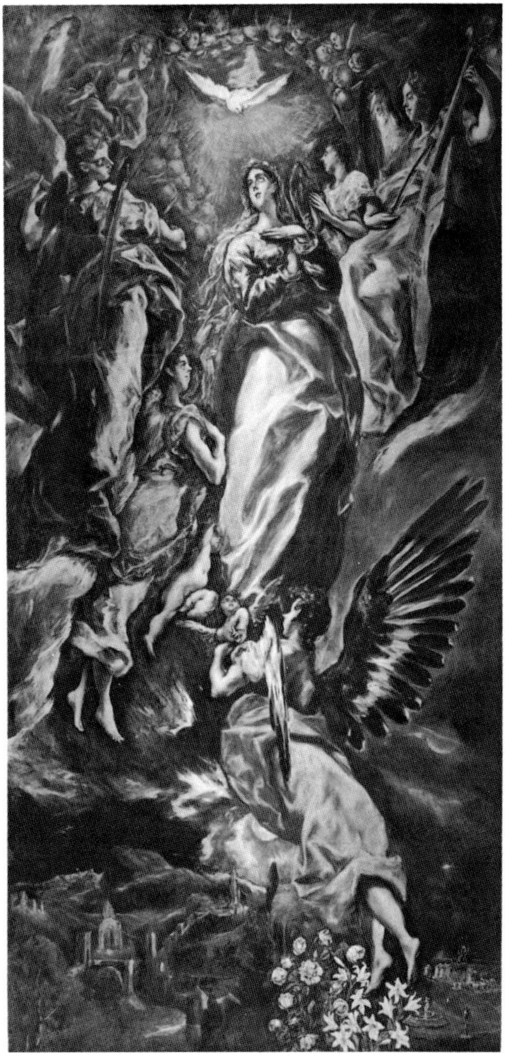

101 TOLEDO, Museum Santa Cruz El Greco, Mariae Himmelfahrt. 1608–1613

99 TOLEDO Hospital de Santa Cruz, heute Museum. Fassade im plateresken Stil

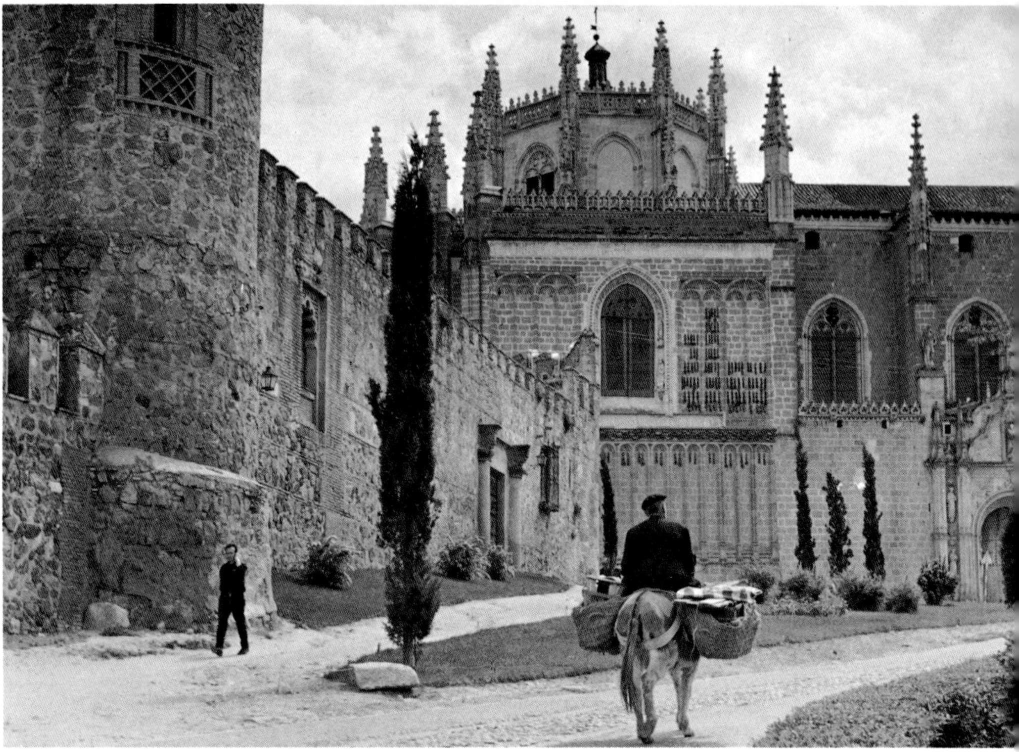

102 TOLEDO, San Juan de los Reyes Nordseite mit den aufgehängten Ketten der aus maurischer Gefangenschaft befreit Christen

103 TOLEDO, San Juan de los Reyes Hauptportal

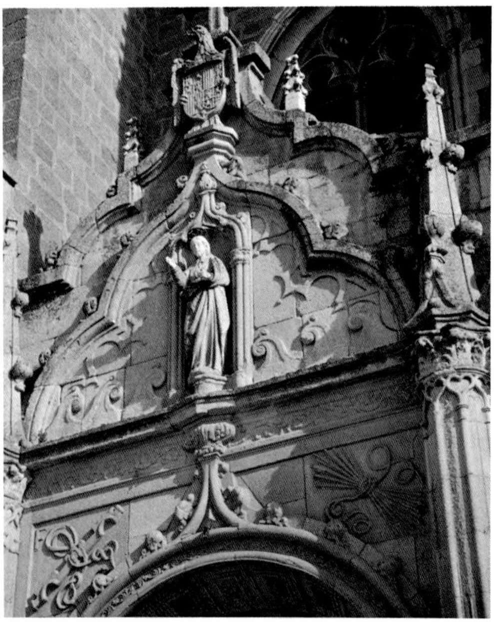

104 TOLEDO, San Juan de los Reyes Kircheninneres. D Initialen der Katholischen Könige ›Y‹ und ›F‹ als Dek rationsmotiv

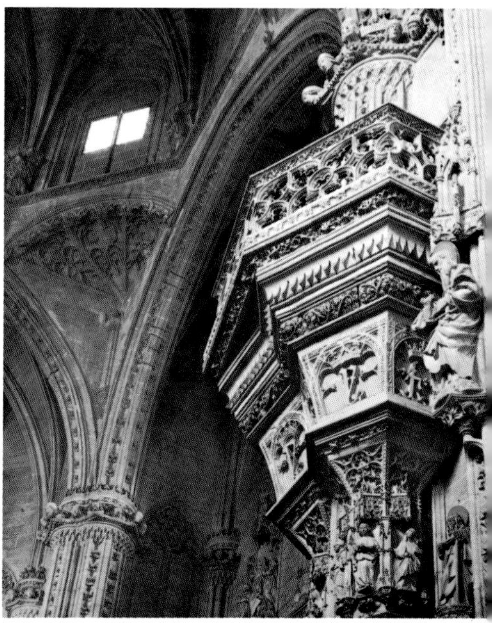

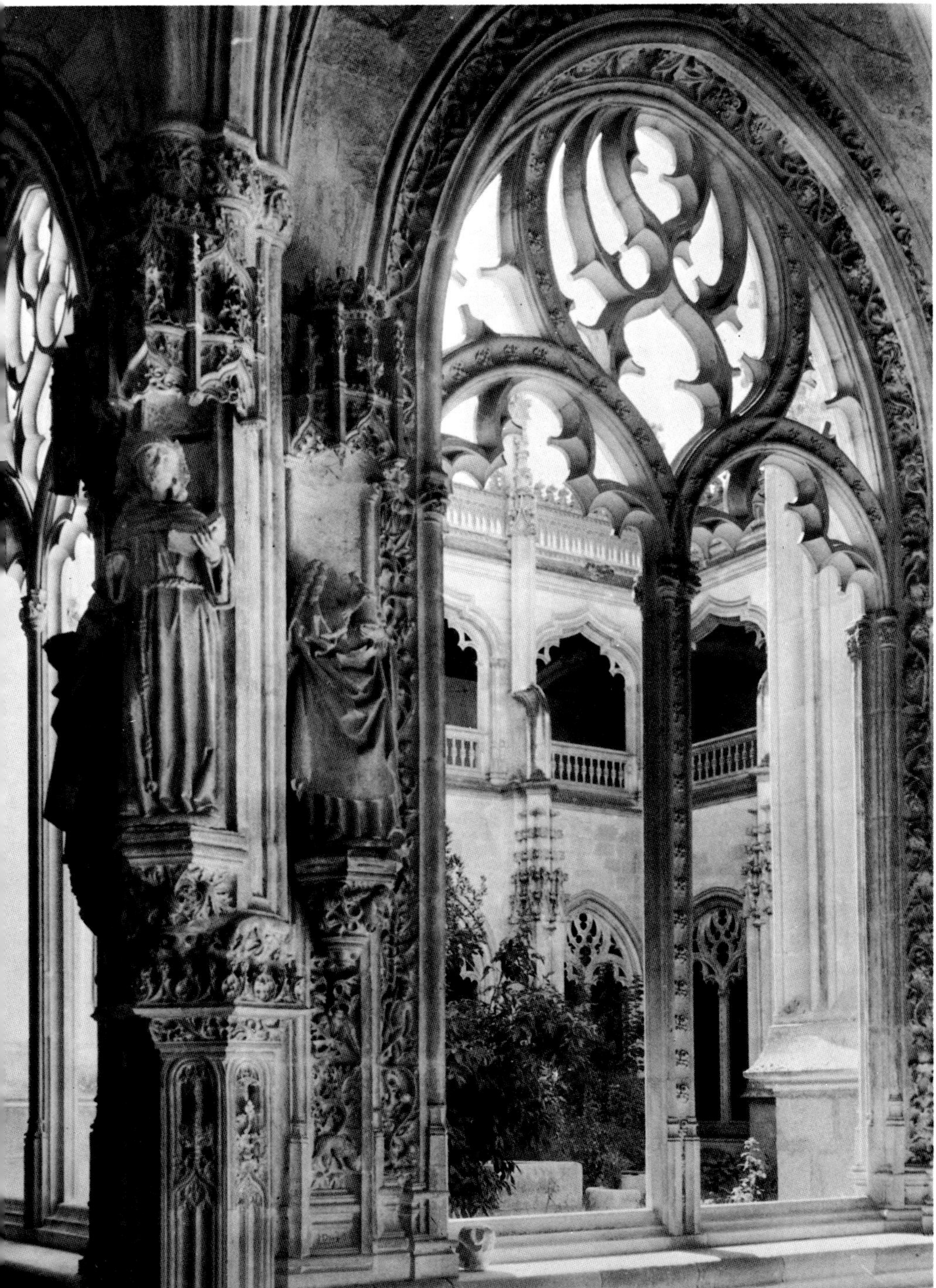

5 TOLEDO, San Juan de los Reyes Blick in den Kreuzgang (1504 vollendet) von Juan Guas und Enrique Egas

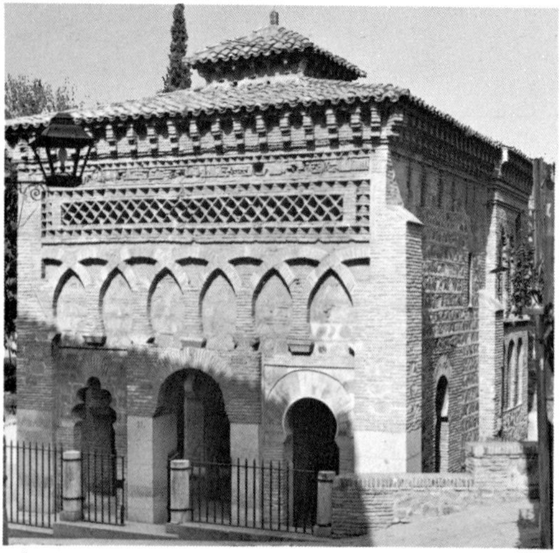

106

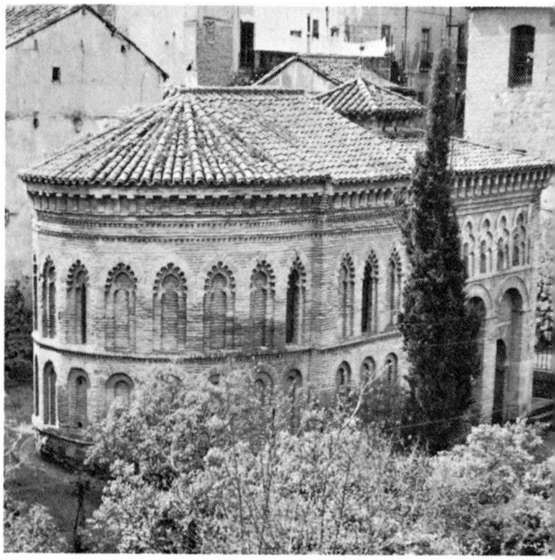

107

106 Cristo de la Luz, ehem. Moschee (datiert 999)

107 Cristo de la Luz, Apsis

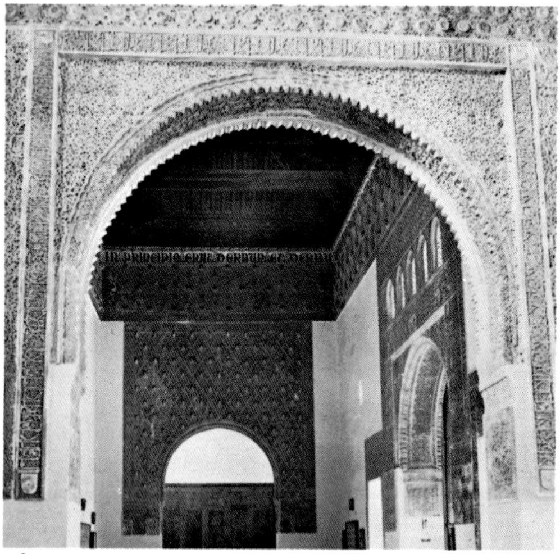

108

108 Taller del Moro (maurischer Palast)

109 Puerta Nueva de Bisagra. 16. Jh.

110 Rathaus, von Manuel Theotocópoulos, dem Sohn El Greco erbaut

109

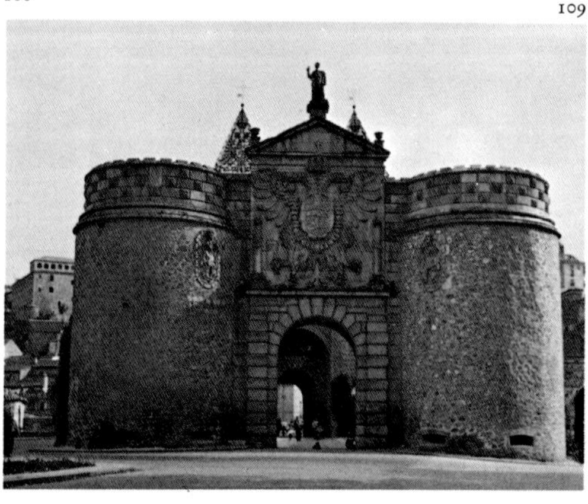

110

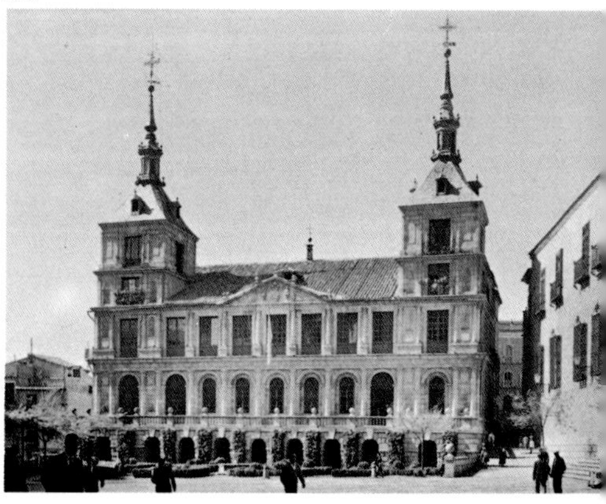

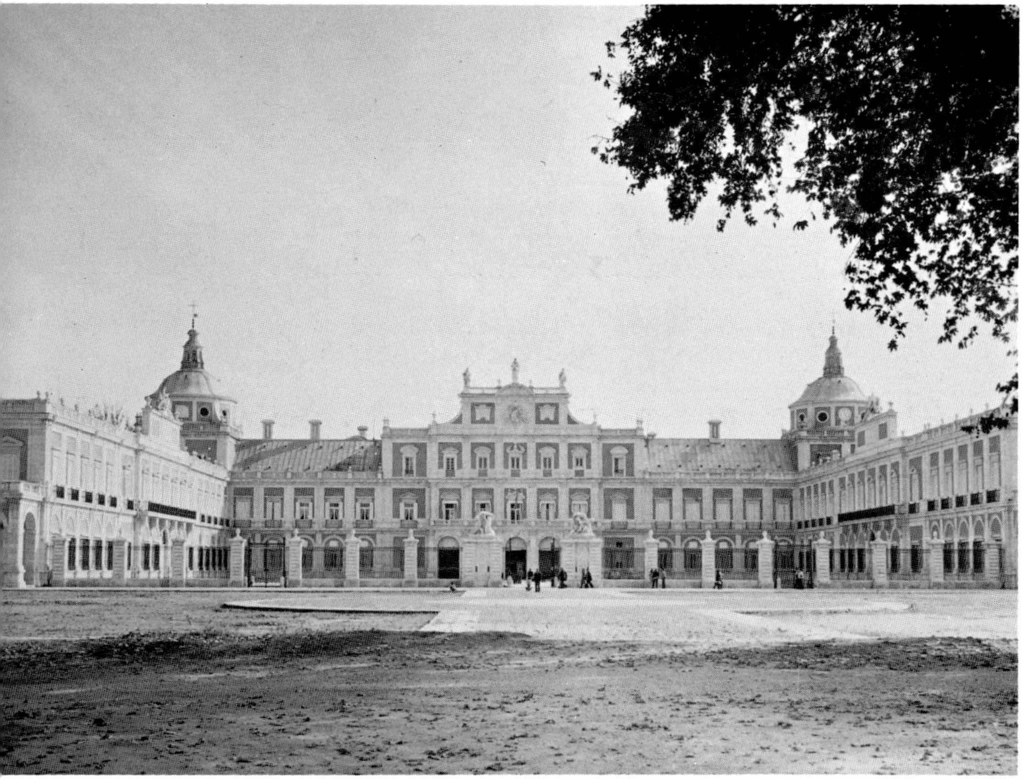

1 ARANJUEZ Hauptfassade des Sommerpalastes der spanischen Herrscher

2/113 ARANJUEZ Schloßpark

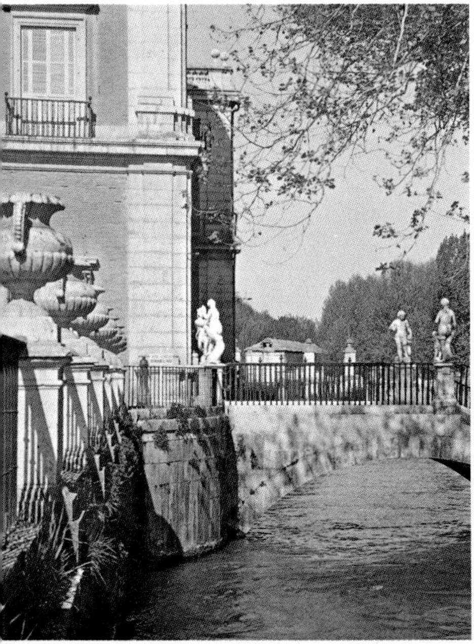

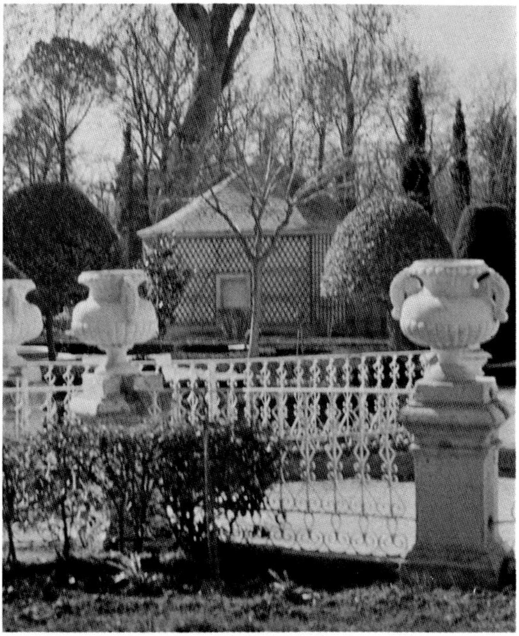

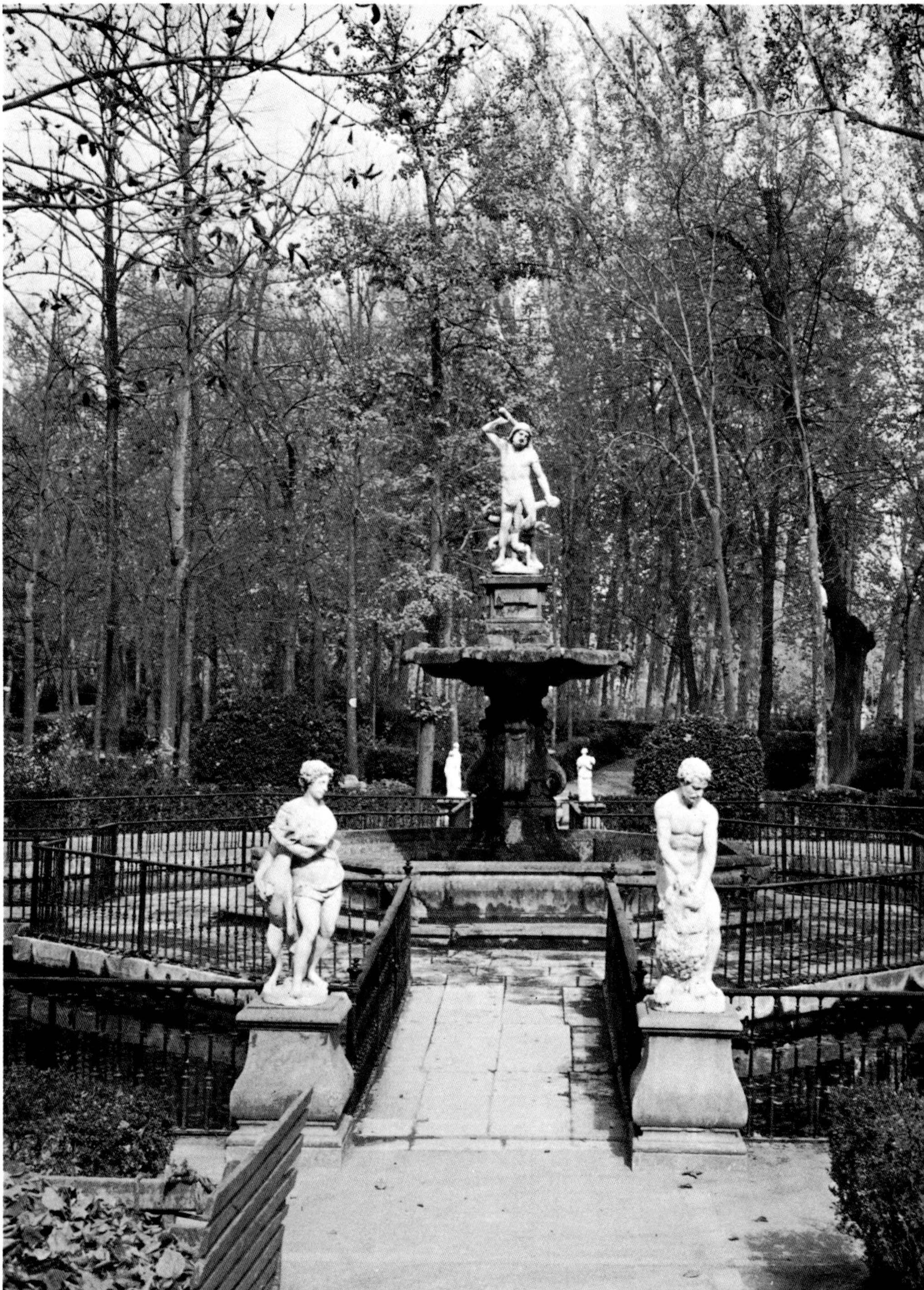

 ARANJUEZ Herkules-Brunnen

Nur wenige Schritte vom Hospital de Santa Cruz entfernt, erhebt sich auf der höchsten Stelle der Stadt die mächtige Moles des von allen Stürmen der Geschichte umbrausten ALCÁZARS (Abb. 83). Den Grund dazu legten die Römer. Westgoten und Mauren bauten ihr Kastell, dessen quadratischer Grundriß beibehalten wurde, zur Zitadelle aus. Nach der Zurückeroberung aus maurischer Herrschaft im Jahr 1085 bahnte sich die Umwandlung von der Festung zum Palast an. Karl V. gab ihm sein heutiges Gesicht.

Solange der Alcázar steht, sind Krieg, Brand, Blutvergießen und Klage um ihn. Lange blieb er ein nie aufgeräumter Bauplatz. Statt als Residenz diente er zwischendurch als Gefängnis. Zu Beginn der Bourbonenherrschaft hauste in ihm Kavallerie. 1710 brannte er ab. Unter Karl III. wurde hier durch Kardinal Lorenzana eine Teppichweberei eingerichtet, in der man Arbeitslose, Bettler und Landstreicher beschäftigen konnte. Es folgten die Besetzung durch die Franzosen und 1810 ein neuer Brand. 1886 wiederhergestellt und zur Militärakademie bestimmt, brannte der Alcázar ein Jahr später erneut aus. Im Bürgerkrieg von 1936–39 wurde eine Besatzung der aufständischen ›Nationalen‹ 72 Tage lang von den Truppen und Milizen der Volksfrontregierung belagert. Gewaltige Sprengungen hinterließen einen Schuttberg. Heute überragt der wiederaufgebaute Alcázar die Stadt.

Die meisten Besucher sehen im Alcázar eine Erinnerungsstätte an den Bürgerkrieg. Der Kunstfreund lernt ein Hauptwerk des plateresken Stils kennen, das zum strengen Herrera-Stil des Escorials überleitet. Wieder begegnet er dem Architekten Alfonso de Covarrubias. Ihm werden neben der Gesamtbauleitung die Hauptfassade und die Treppe zugeschrieben. Zu seinen Mitarbeitern gehörten unter anderen der ebenfalls schon vom Hospital de Santa Cruz her bekannte Enrique de Egas. Die Ausmaße des Bauwerks verwehrten die typisch platereske Ausschmückung. Ihre kleinteiligen Formen hätten kleinlich und ihre Wiederholungen auf großen Flächen langweilig wirken müssen. Der ästhetische Effekt des Alcázars liegt in seiner Monumentalität und Harmonie. Doch wurden der plateresken Grazie diskrete Zugeständnisse gemacht, so in der Hauptfassade mit dem kunstreich verzierten Hauptportal, den Fensterrahmungen, der rustika-ähnlichen Wand und dem Balustradenabschluß des oberen Stocks oder in dem noblen Hof mit Doppelarkaden, die von korinthischen Säulen getragen werden und im Erdgeschoß mit dem kaiserlichen Adler geschmückt sind. Philipp II. drängte auf die Fertigstellung des Palastes, dem zu Lebzeiten seines Vaters außer dem Treppenhaus noch die Südseite fehlte. Er berief dazu den Baumeister des Escorials, Juan de Herrera. Dieser zog die südliche Außenwand bis auf die Linie der beiden Ecktürme vor und erhielt damit mehr und tiefere Räume, unter anderen einen Stall für 500 Pferde.

Über steile Gäßchen (Abb. 88) wird die Kathedrale SANTA IGLESIA CATEDRAL PRIMADA erreicht. Sie ist das Herz der Stadt. Mit ihren Maßen – 112 Meter Länge, 56 Meter Breite und 44 Meter Höhe – ist sie nicht die größte Kirche Spaniens – die Kathedrale von Sevilla übertrifft sie –, doch die reichste. Zehn Generationen bauten seit der Grundsteinlegung unter Ferdinand III. und dem Erzbischof Ximénez de Rada im Jahr 1226 daran. Architekten, Bildhauer, Maler, Steinmetzen aus Spanien, Frankreich, den Niederlanden, Deutschland und Italien trugen ihr Können bei, um schließlich ein echt spanisches Bauwerk zu vollenden. Nach spanischem Urteil wurde es sogar »die spanischste der kastilischen Kathedralen« (Torres Balbás). Obwohl in ihr alle Stile von der Hochgotik über die Renaissance bis zum Barock, vor allem aber die genuin spanischen Stilarten des Mudejarismus und der platereske, zum Zuge kamen, ergab sich doch aus der Verschiedenheit und Gegensätzlichkeit der Beiträge ein Wunder an Einheit. Der Besucher bewegt sich in dem weiten, hohen, in allen Teilen großzügigen Kirchenraum mit einem Gefühl tiefen Behagens. Der kunstbeflissene, doch keineswegs bigotte Meier-Graefe meinte dazu: »Man kann stundenlang in der Kathedrale sein, ohne irgend etwas zu besehen«.

Das nähere Betrachten mehrt diese Freude. Der erste Baumeister, ›Maestro Martín‹, kam wohl aus Frankreich. »Sicher vermochte im Jahr 1227 nur ein Franzose im Besitz derjeniger Kenntnisse zu sein, die der Plan von Toledo verrät«, bemerkte dazu Georg Dehio. Als Maestro Martín gegen 1234 ausschied, war der Bau der vierzehn Kapellen des Chorumgangs noch nicht beendet. Sie entsprechen dem Kanon der französischen Hochgotik. Unter der Leitung von Pedro Pérez (* 1291), dessen Grabstein in der Kathedrale bekundet, daß »er, der diesen Tempel erbaute und hier ruht, weil er dieses wunderbare Gebäude errichtete, Gottes Zorn nicht zu verspüren bekommen wird«, wurden ein Teil der Umfassungsmauern und einige Gewölbe der der Vierung nächsten Seitenschiffe fertiggestellt. Auf ihn geht zurück, daß die ursprünglich hochgotische Raumauffassung seines französischen Vorgängers durch spanisches Raumgefühl verdrängt wurde. Indem er den fünf Schiffen seines Bauwerks fast die gleiche Höhe gab, schwere Pfeilerbündel verwandte und den Chor ein wenig erhöhte und verkürzte, dämmte er den Höhendrang der französischen Kathedrale zurück. Er verbreiterte und vereinheitlichte den Kirchenraum und erreichte durch all diese Veränderungen das, was die Kunsthistoriker als ›Spanische Gotik‹ bezeichnen. Die Kathedrale von Toledo hat einen spanischen Klang.

Ein neuer, wesentlicher Bauabschnitt begann um die Mitte des 15. Jahrhunderts, als der flämische Meister Hannequin aus Brüssel († 1471 oder 1472) mit einer stattlichen Schar Bildhauer und Steinmetzen nach Toledo kam, 1448 war er ›Maestro Mayor‹ (Erster Bauführer) der Kathedrale. Er führte den flamboyanten Stil ein. Wahrscheinlich ist ihm die großartige Grabkapelle des Alvaro de Luna (1449 beendet) zu danken. Er errichtete den Achteckteil des Turmes (1448). Sein berühmtestes Werk ist die ›Puerta de los Leones‹ der Südseite (1452–1465). Sie ist Ausdruck reinster flämischer Gotik. Hannequins eigene Tätigkeit verdient höchste Beachtung. Von nicht geringerer Bedeutung war, daß er einer überaus leistungsfähigen Bauhütte vorstand. Aus ihr gingen die Meister hervor, die der Kunst Toledos zum höchsten Ruhm verhalfen. Sie machten aus Toledo das Musterbuch spätgotischen Bauens für ganz Spanien. Zu Hannequins Schülern zählten unter anderen: Pedro Guas und sein Sohn Juan Guas, von dem noch die Rede sein wird, und der Bildhauer Egas Cueman, dessen Söhne

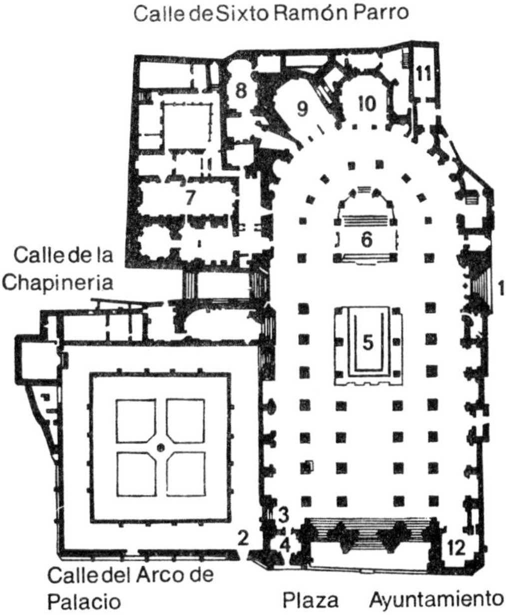

1 Puerta de los Leones
2 Puerta de Mollete
3 Puerta de la Presentación
4 Capilla de San Juan
5 Trascoro
6 Capilla Mayor
7 Sakristei
8 Capilla de Reyes Nuevos
9 Capilla de Santiago
10 Capilla San Ildefonso
11 Kapitelsaal
12 Capilla Mozárabe

Toledo, Grundriß der Kathedrale

Anton und Enrique Egas die letzten großen Repräsentanten der hispanoflämischen Gotik wurden.

Obwohl die Kathedrale zu einem großen Teil das Werk von Ausländern ist, überwiegt ihr spanischer Charakter. Er tritt in der unbekümmerten Vermischung verschiedenartiger Stilelemente, in der Neigung zu Anstückungen und in der Häufung der Dekorationsformen in Erscheinung. Spanisch ist vor allem das Auftreten des Mudejarismus. Gemeint ist damit die Gestaltungsweise der unter christlicher Herrschaft lebenden Mauren, der ›mudéjares‹, die bei der Ausführung christlicher Aufträge an den maurischen Traditionen künstlerischen Schaffens festhielten. So treten in der Triforiengalerie neben den gotischen Kleeblattbogen die von der Moschee in Córdoba her bekannten Vielpaßbogen auf. Oder am Eingang zum Kapitelsaal prunkt die raffinierteste Stuckdekoration, die es mit der Ausschmückung der Alhambra-Räume von Granada aufnehmen kann. Im Kirchenschatz verblüfft eine rein maurische Stalaktitendecke. Der Mudejarismus mit seiner abstrakten, kleinformigen, die Wände gleichmäßig überziehenden Art der Dekoration war in der spanischen Kunst über Gotik und Renaissance hinaus bis in die Gegenwart eine lebendige Kraft. Er durchdrang Spaniens Kunst wie Sauerteig. Die christlichen Künstler, einheimische wie fremdländische, machten sich viel davon zu eigen. Sie wandten pflanzliche und tierische Schmuckmotive nach maurischer Art in dichten Flächen, feiner Kalligraphie und unendlicher Wiederholung an.

Die mudejare Durchdringung der nach französischem Vorbild konzipierten Kathedrale läßt sich auf Schritt und Tritt beobachten. Der latent vorherrschende Mudejarismus ist das aktive Element, das die verschiedensten Ingredienzien – Maurisches, Gotisches, Plantereskes, sogar Barockes – zur Einheit verschmilzt.

Das fromme Sichergehen, das in dieser Kathedrale zum Gebet werden kann, hält ein vor dem HAUPTCHOR. Er wurde zwischen 1328 und 1338 gebaut. Das Gitter davor ist kunsthandwerklich so perfekt gearbeitet, daß gerne geglaubt wird, Francisco Villalpando habe dazu zehn Jahre benötigt. Dahinter öffnet sich »die prachtvollste Stelle der Welt« (Bertaux). Sie wird von dem wahrhaft überdimensionalen spätgotischen Retabel aus den ersten Jahren des 16. Jahrhunderts überragt. Sechzehn Künstler arbeiteten gleichzeitig daran, darunter Maler wie Juan de Borgoña und Bildhauer wie der Niederländer Copin, der Deutsche Rodrigo Alemán, die Franzosen Felipe Bigarny und Peti-Juan, der Spanier Sebastián de Almonacid. Das Staunen über die Einheit des Werks wächst, wenn man seine Ausschmückung mit Szenen aus dem Evangelium und dem Leben Mariens in ihrer plastischen und malerischen Durchgestaltung genauer betrachtet. Es beeindruckt, wie diese Altarwand sich gotisch in die Höhe schwingt, während ihre Darstellungen Szene um Szene die horizontale Linie der Renaissance betonen und in ihrem Ausdruck sich bereits dem realistischen Naturalismus der spanischen Bildhauer in der zweiten Hälfte des 16. Jahrhunderts nähern. Die Vergoldung gleißt und glitzert nach mudejarer Art wie ein Vorhang aus goldenen Fäden. Die Königsgräber zur Rechten und zur Linken, sowie das von Alonso de Covarrubias geschaffene Grab des Kardinals Pedro González de Mendoza sind würdige Begleiter der Altarwand.

Der gegenüberliegende TRASCORO vermag dem Hauptchor die Waage zu halten. Gleich nach Durchschreiten des Gitters von Domingo de Céspedes (Abb. 87) wird dem Besucher die lächelnde Begrüßung einer französisch-gotischen Steinplastik aus dem 13. Jahrhundert zuteil: *La Virgen Blanca.* Das Chorgestühl wurde im Jahre 1489 bis 1495 im Untergeschoß von dem geschickten, munteren Rodrigo Alemán geschnitzt; es war sein spanisches Debut. Der Deutsche trug damit Zeitgeschehen in die Kathedrale, indem er in dramatischen Szenen die 1492 abgeschlossene Belagerung und Einnahme Granadas durch die Katholischen Könige illustrierte (Abb. 90). Das Mittelgeschoß der Evangelienseite ist eine späte Arbeit des Franzosen Felipe Bigarny († 1543). Seine Kunst kommt an dieser Stelle wenig zur Geltung, da sie der Nachbarschaft Alonso Berruguetes nicht standhält. Diesem waren Mittel- und Hochgeschoß der Epistelseite anvertraut. Seine in Nußholz geschnitzten Propheten sind Gottestänzer. Sie nehmen den mystischen Überschwang El Grecos vorweg. Berruguete hatte in Rom die Laokoon-Gruppe studiert, dort in Michelangelos Atelier gearbeitet und war in Florenz bei Donatello ein- und ausgegangen. Was er in Italien in sich aufnahm, verschmolz mit seiner eigenen Genialität zur ausdrucksstärksten, durch und durch originellen spanischen Kunst, die Spätgotisches, Manierismus und selbst den sich anbahnenden Barock umfaßte. Berruguete liebte die große Geste. Aber er wußte auch um die Schönheit und

Grazie jugendlicher Akte, deren einzige Dramatik ihr Blühen ist. Die spanische Kunst, die so arm an Darstellungen des nackten Körpers ist, erfuhr durch ihn auch in diesem Punkte wesentliche Bereicherung. Alonso Cano und Velázquez könnten bei ihm den Ansporn, der eine zu seiner *Eva,* der andere zu seiner *Venus vor dem Spiegel,* erhalten haben.

Beim Weitergehen betrachtet man die reich dekorierte Chor-Außenwand, die vorwiegend von Rodrigo Alemán und seinen Werkstattgehilfen ausgeschmückt wurde und gelangt zum KAPITELSAAL (Abb. 94), in dessen Vorsaal ein bravourös geschnitzter Sakristeischrank und eine Kassettendecke um des Besuchers Aufmerksamkeit streiten. Der Hauptraum enthält wiederum eine prachtvolle Artesonadodecke, Fresken von Juan de Borgoña und die Bildnisse der Toledaner Erzbischöfe. Mit den Porträts der Kardinäle Lorenzana und Borbón war Goya beauftragt. Gleich darauf verhält der Besucher vor einer Eruption des Barock: dem TRANSPARENTE (Ft. 7). Dem kastilischen Bildhauer Narciso Tomé war die Aufgabe gestellt, an der Rückseite des Hochaltars ein Retabel zu errichten. Er machte daraus eine Theaterinszenierung. Die Beleuchtungseffekte sind kühn ausgedacht. Ihretwegen wurde das gotische Netzgewölbe durchbrochen, so daß das Tageslicht wie geballt auf den darunter stehenden Altaraufbau stürzt. Im Aufprall explodiert es strahlenförmig. In den Explosionswellen wirbeln Engel und Putten; von einem der Engel sind nur die Beine zu erkennen. Vom Lichtstrom wird eine Abendmahlgruppe auf schmaler Bühne erfaßt, darunter wird eine überlebensgroße Madonna mit Kind, voll Hoheit und Anmut thronend, angestrahlt. Bronzereliefs, Nischen mit Marmorfiguren, Verkleidungen mit Jaspis und buntem Marmor füllen die Komposition bis in die äußersten Winkel. Der spanische Barock spielte hier in den Jahren 1721–1732 eine Trumphkarte aus. Wenn solche Pracht dem gotischen Charakter der Kathedrale nicht zu nahe treten konnte, dann darum, weil gegenüber dem Transparente die beiden Großkapellen ›San Ildefonso‹ und ›Santiago‹ aus dem 14. und 15. Jahrhundert (begonnen 1430–1449), mit Grabmälern aus der Hand berühmter spanischer Bildhauer – Vasco de la Zarza, Juan Guas, Pedro Gumiel, Pablo Ortiz – für das notwendige Gegengewicht vorgesorgt haben.

Die SAKRISTEI ist eine Schatztruhe. Ihr Deckenfresko von Luca Giordano wird leicht übersehen, weil über ein Dutzend Gemälde El Grecos fast ausschließliches Interesse beanspruchen. An erster Stelle die *Entkleidung Christi* (Abb. 91). Das Bild wurde zwischen 1577 und 1579 gemalt. Der zwei Jahre zuvor in Toledo eingetroffene Kreter erzielte damit seinen ersten durchschlagenden Erfolg. In den Farben, im Realismus der Nebenfiguren, in der Stellung einiger Gestalten ist noch die italienische, zumal die venezianische Schule, zu erkennen, doch bricht sich hier El Grecos Originalität Bahn. Dieses prachtvolle Bild wird von El Grecos über die Wände der Sakristei verteilten *Apostelzyklus* begleitet, der 1604 datiert wird. In ihrer Geistigkeit wirken die Jünger wie körperlos. Ihre Charakterisierung konzentriert sich auf den Ausdruck religiöser Entrücktheit. Mehr als ihr Mund sprechen ihre Hände. Gegen die Greco-Gemälde kommen die Bilder anderer Meister, selbst eines Juan de Borgoña, Sebastiano de

Piombo, Bassano, Pantoja, Morales, Ribera und van Dyck nur schwer an. Sogar Goyas *Gefangennahme Christi* (Abb. 92), 1798 gemalt, hat einige Mühe, sich zu behaupten. Das gleiche widerfährt den Vitrinen mit Teilen des Kirchenschatzes, den Gemälden des ›Vestuario‹ (Ankleideraum) und in der ›Ropería‹ den Paramenten aus der Zeit der Katholischen Könige.

Vor der neben der Sakristei liegenden CAPILLA DEL SAGRARIO, die wegen der ständig dort anzutreffenden Betenden für gewöhnlich nicht besichtigt wird – um die Andacht nicht zu stören, wird auch der dahinter liegende achteckige ›Relicario‹ nicht besucht –, ist in den Boden eine große Kupferplatte mit Inschrift eingelassen: »Hic jacet pulvis, cinis et nihil« – »Hier liegt Staub, Asche und nichts«. Die Platte deckt das Grab des Erzbischofs Luis Manuel Fernández de Portocarrero (1635–1709), der den Prototyp des politisierenden Kirchenfürsten verkörperte. An den Staub der Vergänglichkeit erinnern kaum weniger grausam die von hier aus sichtbaren, da und dort von der Decke hängenden, einstmals hellroten, aber fast grau gewordenen Hüte der in der Kathedrale begrabenen Kardinäle.

Aus den trüben Gedanken, die einen hier überfallen könnten, reißt das Betreten des TESORO (des Schatzes) unmittelbar neben der ›Puerta de la Presentación‹, durch die fast alle Touristen das Kircheninnere betreten und verlassen. Unter einer Artesonadodecke leuchtet golden Spaniens größte und wertvollste *Monstranz* (Abb. 93). Sie ist fast 3 Meter hoch und wiegt 172 Kilo. Enrique de Arfe, der deutsche Goldschmied Heinrich von Harff bei Köln, baute sie 1517–1524. Sie ist ein Turm aus Gold und Silber, aus dem die Wände herausgenommen sind, so daß das Licht zwischen seinem über und über mit Schmuckformen überzogenen, zart verästelten Gerüst frei spielen kann. Sie ist wie ein Märchenbaum, in dem Hunderte von Heiligen singen und Silberglöckchen klingen, Perlen schimmern und Brillanten glitzern. Enrique de Arfe war darin Architekt, Bildhauer und Juwelier; mit seinem Hauptwerk übertraf er sich selbst.

Nicht um vom Erleben der Kathedrale Abstand zu nehmen, sondern um es abzurunden, sollte auf dem erinnerungswürdigen Platz vor dem Hauptportal aus den Jahren 1379–1442 (Abb. 86), flankiert von dem zwischen 1379 und 1443 errichteten Turm, und eingefaßt vom Erzbischöflichen Palast und dem von Grecos Sohn, Manuel, gebauten Rathaus (Abb. 110) ein Halt gemacht werden. Der 90 Meter hohe TURM war vorwiegend das Werk flämischer Baumeister, wie der beiden Meister Felipe und Daniel aus Brüssel und späterhin Hannequins aus Brüssel (Abb. 84). Der nur im Fundament vorhandene Südturm erhielt von Manuel Theotocópoulos eine Barockkuppel (Abb. 85), unter der Enrique de Egas die mozarabische Kapelle einrichtete. In ihr wird noch täglich nach westgotischem Ritus die Messe gelesen.

Ein Umschreiten der Kathedrale verlohnt sich. Er führt auf der Südseite zur ›Puerta de los Leones‹, dem Löwentor, an dem zwischen 1458 und 1466 unter anderen drei Meister ihres Faches tätig waren: der Niederländer Hannequin von Brüssel als Architekt, der Deutsche Juan de Alemán als Bildhauer und der Spanier Francisco Villalpando, der die Bronzetüren schuf. Der Blick von der Chorpartie auf die Strebebogen und Widerlager vermittelt eindringlich die Dynamik des gotischen Kathedralbaus, der sich durch den Anbau der zwei Großkapellen ›San Ildefonso‹ und ›Santiago‹ komplizierte. Auf der Nordseite reicht die ›Portada del Reloj‹ (Tor der Uhr) auf die erste Bauetappe zurück. In der zweiten Hälfte des 13. Jahrhunderts entstanden, ist ihre plastische Ausschmückung mit über 120 Figuren nicht allein ehrgeizig, sondern verrät auch mehr als die übrigen Bauteile ihre Herkunft aus der französischen Gotik.

Steile Gassen oder enge Fahrstraßen müssen hingenommen werden, um zur Kirche SANTO TOMÉ zu gelangen. Der unterhaltsamste Weg, krumm und schmal, führt zwischen dem Erzbischöflichen Palais und dem Rathaus an einigen Antiquitätenläden, einem winzigen Plätzchen und an einer Kirche vorüber zur Zielstraße. Santo Tomé ist eine unansehnliche Kirche, die eine Perle der Malerei birgt: das Meisterwerk des Doménikos Theotocópoulos, genannt El Greco, *Das Begräbnis des Grafen von Orgaz* (Abb. 98). Zu ihm pilgert jährlich eine Million Touristen. Vor der Kapelle, in der das Bild seit nahezu vierhundert Jahren untergebracht ist, wiederholt sich täglich die babylonische Sprachverwirrung, wenn die Führer ihre Beschreibung und Deutung vortragen.

El Grecos größtes Bild – 4,80 Meter hoch, 3,60 Meter breit – ist am ersten Weihnachtstag des Jahres 1586 enthüllt worden. Der Maler war damals 45 Jahre alt. Er befand sich im Zenit seines Lebens und an einer Wende seiner Kunst. Dies verleiht dem Gemälde besonderen Reiz. Es steckt voll Drang zur Selbstbestätigung und voll Ehrgeiz zu äußerster Leistung. Es bündelt alle zuvor gesammelte Erfahrung, ist aber zugleich ein Wegweiser zum künftigen Lebenswerk. Greco malte später farbig leuchtendere und im Ausdruck gewaltigere Bilder, doch kein sorgfältiger erdachtes, in der Beherrschung der Maltechniken gleich bravouröses und in der Thematik so umfassendes Werk. Im *Begräbnis des Grafen von Orgaz* spannte er Himmel und Erde zusammen. Das Wunder, daß die Hll. Stephanus und Augustinus den Grafen selbst zur letzten Ruhe betten, geschieht in Gegenwart einer Schar mitten im Leben und in ihrer Zeit stehender Männer, während ein Engel die Seele des Verstorbenen in Gestalt eines Kindes zum Himmel trägt. Dort thront Christus umgeben von Heiligen und Seligen, darunter schon zu seinen Lebzeiten der damals erst 59jährige Philipp II. Greco erhebt mit diesem Bild den Blick zum Himmel, steht jedoch mit beiden Beinen auf der Erde. Die Zeugen des Begräbnisses, das im Jahr 1312 stattfand, wählte Greco unter seinen Zeitgenossen und Freunden. Er stellte sie dar mit ihren Gesichtszügen, mit der Bewegung ihrer Hände, mit ihrem Schweigen und mit ihren strengen, spitzenbesetzten Gewändern. Er gab nicht nur ihr Äußeres wieder, sondern mit durchdringender Einfühlung auch ihren höchst individuellen Elitecharakter, aus dem Erziehung, Wissen und Selbstbeherrschung Schroffen und Kanten ausgemerzt haben. Sie strahlen Stolz und Würde, Diskretion und Sosiego (Gelassenheit) aus. Die gleiche Wirklichkeitsnähe und Wirklichkeitstreue demonstrierte der Maler in der Behandlung des Stofflichen. Das Auge wiegt die Schwere der goldenen Brokate, erspürt die Rauheit der Mönchskutten, ertastet die Feinheit des Linnens im Chorhemd und fröstelt vor dem Metall der Rüstung. Je länger wir betrachten, desto mehr gibt die durchdachte Komposition, in die El Greco auch das Bildnis seines Sohnes Jorge Manuel – im Vordergrund links – aufnahm, die darin verarbeiteten Mittel ihres Aufbaues aus Kontrasten, Parallelen, Horizontalen, Vertikalen, Flächigkeit und Räumlichkeit, Rechteck und Dreieck, Symmetrie und Asymmetrie frei. Sie ist unerschöpflich. »Man kann sich nicht satt sehen«, schrieb Meier-Graefe.

Beim Verlassen von Santo Tomé liegt wenige Schritte straßenabwärts auf einem weiten Platz der PALACIO DE LOS CONDES DE FUENSALIDA. Er wurde in der Mitte des 15. Jahrhunderts gebaut. In seine Gotik mischen sich mudejare Elemente, die zur Dekoration einiger Räume dienten. Typisch sind dafür auch die Achteckpfeiler des Hofes aus Ziegelsteinen. In diesem Palast starb im Jahr 1539 Isabella von Portugal, die Gemahlin Karls V., im Alter von 36 Jahren. Durch einen Nebenausgang kann über einen kleinen Garten das TALLER DEL MORO, die ›Werkstatt des Mauren‹, erreicht werden (Abb. 108). Der Name geht darauf zurück, daß hier einmal die Bauhütte der Kathedrale untergebracht war. Bis vor wenigen Jahren wurden hier Kartoffeln und andere Lebensmittel der Heeresintendantur gelagert. Erhalten blieb ein wichtiger Teil eines mudejaren Palastes aus der ersten Hälfte des 14. Jahrhunderts. Zum ebenerdigen Gebäude – ein rechteckiger Zentralbau und zwei quadratische Seitenräume – gehörte wohl einst ein mit Galerien eingefaßter Hof. Der zentrale Salon hat eine flache Kassettendecke, die beiden Eckräume werden von Achteckkuppeln mit Moriskendekor überragt. Stukkaturen an Bögen, Wänden, Fenstern und Friesen bekunden deutliche Verwandtschaft mit der maurischen Kunst Granadas. Selbst die Inschriften sind maurisch; sie wiederholen immer wieder den Satz: »Das Reich ist Gottes.« – Im Taller del Moro, das, wie lateinische Inschriften bezeugen, nach der Zurückeroberung Toledos eine Zeitlang als eine der heiligen Eufemia gewidmete Kirche diente, ist jetzt ein kleines Museum mudejaren Kunsthandwerks untergebracht.

Als heiteres, spannungslösendes Zwischenspiel darf das GRECO-HAUS genossen werden, das nach Verlassen des Palacio de Fuensalida über ein schmales, abfallendes Gäßchen zu erreichen ist (Abb. 96). Niemand behauptet im Ernst, der Maler habe hier gelebt. Sicher ist nur, daß er in der ›Judería‹, im Judenviertel, zu dem das Haus und seine weitere Umgebung gehörten, wohnte. Aber daß Greco hier und so, wie mit einigem alten Hausrat suggeriert wird, gelebt haben könnte, bietet Anregung und Atmosphäre genug. Die Räume sind klein und um einen winzigen Hof angeordnet. Vor ihren Fenstern sind eifersüchtig Gitter angebracht, die hinausblicken lassen, aber den Einblick verwehren. Der Frauenraum ist nicht mit Stühlen, sondern mit Kissen, die zu ebener Erde liegen, ausgestattet. In einem Atelier ist ein Tisch so hergerichtet, als habe er dem Maler für sein Gemälde *Heiliger Ildefons* als Modell gedient. Zur unbeschwerten Freude gereichen die winzige Küche, fast eine Puppenküche, und das anschließende heimelige Gärtchen voll Rosen- und Jasmin-Duft.

Das mit dem Greco-Haus verbundene GRECO-MUSEUM verwirrt ein wenig. Es enthält zu vielerlei. Das Qualitätsniveau ist zu ungleich. Sein wichtigster Wert besteht aus einer der *Apostelfolgen* Grecos. Einige Apostel sind nicht zu Ende gemalt, woraus interessante Schlüsse auf die Arbeitsweise des Malers gezogen werden können. Mit einiger Sicherheit darf angenommen werden, daß diese Apostelserie, die später als die der Kathedrale gemalt wurde, nicht ganz eigenhändig von Greco ausgeführt wurde. Verbürgt ist sein *Heiliger Bernhardin von Siena*, der zwischen Februar und September 1603 geschaffen wurde; die Gestalt ist überlang, der Kopf unverhältnismäßig klein. Im Vordergrund unten rechts stehen vier Bischofsmitren am Boden. Sie weisen darauf hin, daß dieser Volksprediger mehrere ihm angebotene Bischofssitze ablehnte. In *Ansicht und Plan von Toledo* ist die Szene eingearbeitet, wie Maria dem Heiligen Ildefons das Meßgewand überreicht. Das wenig farbige Bild mit der grau in grau gemalten Stadtansicht und dem davorgehaltenen Stadtplan legt den Gedanken nahe, es könnte eher die Arbeit eines Architekten als eines Malers sein. Die Vermutung wird durch die Beobachtung verstärkt, daß die Hände des jungen Mannes, der den Stadtplan hält, grob ausgeführt sind; die rechte Hand scheint sogar verstümmelt. Dabei sind gerade überschlanke, beseelte Hände einer der Ruhmestitel Grecos!

Nur wenige Schritte von den Greco-Stätten entfernt liegt Toledos größte Synagoge, genannt DEL TRÁNSITO. Der Finanzberater Peters des Grausamen, Samuel Halevi, ließ sie 1355–57 bauen. Sie besteht aus einem großen, hohen Saal mit einer Galerie für die Frauen. Typisch jüdische Bauideen sind nicht auszumachen. Die Stukkaturen weisen auf mudejare Kunsthandwerker hin. Sie hinterließen Meisterleistungen. Ihr technisches Können rivalisiert mit der Vielfalt ihrer dekorativen Einfälle. Unter der Artesonadodecke zieht sich rings um die vier Wände ein breites Geschoß mit maurischen Bogen über grazilen Säulchen. Zwischen den Bogen lassen jeweils anders durchbrochene Fenster mildes Licht einfließen. Der Bogenfries wird durch hebräische Schriftbänder gerahmt, die den königlichen Schutzpatron preisen. In einem zweiten Schmuckband werden in belebendem Gegensatz zu den abstrakten und stilisierten maurischen Formen große naturalistische Blattmotive gotischer Herkunft verwendet, zwischen die Wappen eingeordnet sind, hier die Peters des Grausamen. Die Stirnwand bedeckt eine festliche, dreiteilige Stuck-Dekoration. Sie erinnert an einen Prunkteppich. Einige Nebenräume enthalten eine kleine, sehenswerte Sammlung sepharditischer Dokumente, Inschriften und Kultgegenstände.

Architektonisch interessanter ist die zweite, nahebei in der Calle de los Reyes Católicos hinter einer Gartenmauer märchenhaft versteckt liegende SYNAGOGE MARÍA LA BLANCA (Abb. 97). Sie erhielt ihren Namen ›Maria, die Weiße‹, als sie nach der Judenvertreibung von 1492 in eine Marienkirche umgewandelt wurde. Bauher war Rabbi Josef Beb Sosan, der 1205 starb. Ihre erlesene Ausschmückung stammt aus den Jahren kurz nach 1250. Die fünfschiffige, basilikale Anlage geht auf das Vorbild christlicher Kirchen zurück. Typisch maurisch ist jedoch die Stuckdekoration der Wände, die aus einer Zeit herrührt, als der Einfluß der Almohaden-Herrschaft (seit Beginn des 13. Jahrhunderts) im Abklingen war und mit der Herrschaft der Nasriden in Granada (1231–1492) eine neue Ornamentik aufkam. Der Glaubensfanatismus und die Kunstgegnerschaft der ersten aus den Bergen des Atlas eingewanderten Almohaden hatte sich abgeschliffen. Von ihrer Abneigung gegen Prunk und Laster war jedoch eine Vorliebe für maßvolle Zurückhaltung, für klare Nüchternheit und für disziplinierte Ordnung neben einem Zug der Monumentalität geblieben. Sie befähigte sie zum Bau der Giralda in Sevilla. Sie diktierte auch die Dekoration von Santa María la Blanca. Aus ihr kommen deren klare, präzise Linien und der Verzicht auf die wuchernde Überfülle minuziösen Ornaments, die vor der Almohaden-Zeit im Schwange waren. In Santa María la Blanca bleiben große Flächen nackt. Kreise und Liniengeflechte sind gegeneinander abgesetzt, sie haben Spielraum, können sich entfalten. Die stilisierten Blätter der Kapitelle entrollen sich mit großlinigem Schwung. Ihre Pinienäpfel haben eine volle plastische Form. Von leichtem Rhythmus getragen, gleitet der Blick über die Grundschemata der teils geometrischen, teils vegetabilischen Dekoration, um immer Neues zu entdecken, so die feine, polygone Linienfüllung in den Rundmedaillons zwischen den fast zirkularen Hufeisenbogen oder in den Kapitellen, das jeweils verschiedenartige Blätterwerk, das naturhaft sprießt, sich verzweigt und verjüngt. In dieser zarten und eleganten Verspieltheit darf bereits ein erstes Einwirken der letzten Blüte der maurischen Kunst unter den Nasriden von Granada gesehen werden. Zu bedauern ist, daß die einstige Bemalung, rot, blau, ocker und schwarz hier wie in der Synagoge del Tránsito verlorengegangen ist.

Nach dem Besuch der beiden Synagogen, die tief in die maurische Welt eintauchen lassen, konfrontiert uns das KLOSTER SAN JUAN DE LOS REYES mit der Welt der christlichen Sieger über das Maurentum. Es demonstriert den Aufbruch der spanischen Nation, ist ein Denkmal ihres Triumphs. Als wollten die Bauherrn und Architekten sagen: »So sind wir. Dies vermögen wir!« In diesem Geist errichteten sie aus Quadersteinen eine beispielhafte Kirche mit dazugehörigem Kloster. Die Katholischen Könige, Isabella von Kastilien und Ferdinand von Aragon, erteilten den Auftrag dazu zur Erinnerung an die Schlacht von Toro im Jahr 1476, deren Sieg ihnen den Weg zur politischen Einigung Spaniens und zur Beendung der Reconquista geebnet hatte. Sie gedachten, damit auch ihre Grabstätte vorzubereiten. Baumeister war der Bretone Juan Guas (um 1433–1495), einer der Künstler, die gegen 1450 zusammen mit Hannequin von Brüssel und den Brüdern Anton und Enrique Egas zum Bau der Kathedrale nach Toledo gekommen waren. An der dortigen ›Puerta de los Leones‹ gab er erste Proben seines Könnens. Juan Guas gilt als der prominenteste Vertreter der spanischen Spätgotik oder des ›Stils der Katholischen Könige‹. In ihm wurden zu einer Zeit, als in Italien bereits die Stilwende zur Renaissance eingetreten war, weiterhin die gotischen Bauprinzipien angewandt und mit einer überschäumenden, komplizierten Ausschmückung kombiniert. In diesen Spätstil mischten sich einerseits mudejare Auffassungen des Dekors, aber auch schon neue Raumvorstellungen. Dieses Nebeneinander verschiedener Stilelemente wurde zu einer der hervorstechendsten Eigenheiten des ›Stils der Katholischen Könige‹, dessen Impuls Spanien eine imponierende Reihe einzigartiger Bauwerke, »wie nur in Spanien denkbar«, verdankt. Dazu zählt in erster Linie San Juan de los Reyes.

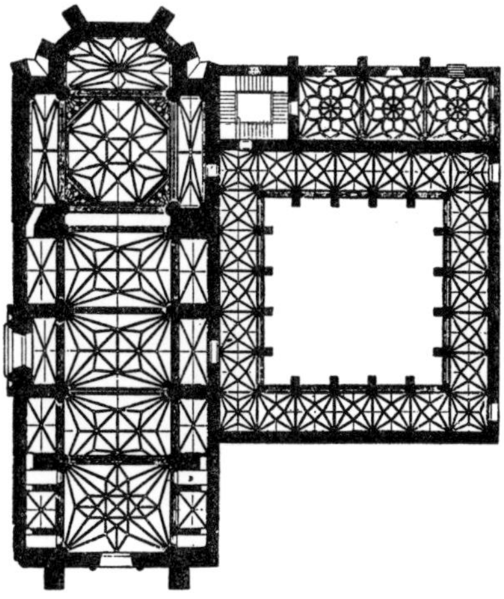

Toledo, Grundriß von San Juan de los Reyes (Mon. Arq. de España)

Die einschiffige KIRCHE mit sieben Seitenkapellen und einem Hochchor für die Mönche ist hell, hoch und weit unter ihrem gotischen Rippengewölbe. In der Vierung wuchert die Dekoration. Auf einem breiten Fries mit riesigen Adlern – den Adlern des Schutzpatrons Johannes –, die von juweliermäßig konzipierten Kronen überragte Wappen der katholischen Könige halten, sind deren Symbole, Doppeljoch und gebündelte Pfeile angebracht, dazwischen Heiligengestalten, überdacht von feinst durchgearbeiteten Fialen, an deren Spitze wiederum fromme Gestalten ragen. An den Bögen, unmittelbar über den Adlerköpfen, taucht gleich in Doppelreihe das Lieblingsmotiv des Juan Guas auf, die Kugel. Er verwandte es auch an der Außenwand der Kirche. Das hohe Selbstbewußtsein der Stifter tritt in der Wiederholung ihrer Namenszeichen ›Y‹ und ›F‹ hervor (Abb. 104). Auf maurische Traditionen verweist ein lateinisches Schriftband.

Der KREUZGANG (Abb. 105) wurde nach dem Tod von Juan Guas, unter der Leitung des Enrique Egas im Jahr 1504 beendet. Er ist zweistöckig. Der untere Umgang hat spätgotisch flamboyante Bögen, während die obere Galerie mit den typisch spanischen Mischbogen, die sich von den maurischen Bogen herleiten, versehen wurde. An den Querbalken der dortigen Artesonadodecke wechselt der Leitspruch der Katholischen Könige »Tanto monta-Monta tanto« – (Der Eine so bedeutend wie bedeutend der Andere) – mit ihren Symbolen des Doppeljochs und des Pfeilbündels ab. Dazu kam nach der Eroberung von Granada noch das Zeichen des Granatapfels. Die Treppe, die zum Oberstock mit fotogenem Blick auf die Kirche und den Klosterhof führt, wurde von Alonso de Covarrubias gebaut. Von ihm stammt auch das Hauptportal der Kirche aus dem Jahr 1553 (Abb. 103). Zum Andenken an die Befreiung christlicher Gefangener durch die Katholischen Könige wurden deren Ketten an der Kirchenaußenwand aufgehängt (Abb. 102).

Wenn es in Toledo schwerfällt anzufangen, dann ist es noch schwieriger, zu Ende zu kommen. Einem ersten Rundgang schließt sich ein zweiter an. Nur über steile Gassen zu erreichen ist CRISTO DE LA LUZ. Die ehemalige Moschee, die unter Alfonso VIII. in eine Kirche verwandelt und kurz darauf um eine Apsis (Abb. 107) erweitert wurde, ist ein architektonischer Edelstein: ein Juwel der maurischen Architektur um das Jahr 1000; der Prototyp für die mudejare Bauweise der folgenden Jahrhunderte; einzigartige Kombination des kalifalen Stils der Moschee von Córdoba und orientaler Einflüsse Persiens und Mesopotamiens.

Die Moschee, deren arabischer Name nicht überliefert ist, wurde im Dezember des Jahres 999 fertiggestellt. Baumeister war ein Muza, Sohn des Ali. Dem Charakter des Kleinods entsprechend ist die Moschee fast winzig. Sie mißt nur 8 Meter im Quadrat. Der Grundriß zeigt ein in ein Quadrat eingeschriebenes griechisches Kreuz mit angeschlossener Apsis. Der Mihrab, die Gebetsnische, befand sich an der Südostseite. Als Baumaterial wurde Backstein verwendet. Dieser war im Spanien der Steinarchitektur eine Neuheit, die sich zuvor in dem an Steinen armen Mesopotamien und in Persien als billig, schnell und leicht bewährte und von dort eingeführt wurde. Der Backstein eignet sich überdies in erstaunlicher Weise für dekorative Zwecke. Dies kann an der Hauptaußenseite (Abb. 106) wie in einem Musterbuch studiert werden. Über drei verschiedene Bogenöffnungen zieht ein breites Band sich überschneidender Hufeisenbogen. Darüber kommt, eingerahmt mit einem Streifen über Eck gestellter Ziegel ein quadrikuliertes Fensterband. Es folgt nach oben nach einem weiteren Streifen über Eck gestellter Ziegel über die Breite der Front eine arabische Inschrift, deren Buchstaben mit virtuoser Geschicklichkeit aus Ziegelbruch 'geschrieben' sind. Das abschließende Dach wird von dichtstehenden Kragsteinen gestützt. Für die beiden andern Außenseiten fehlte es den tüchtigen Baumeistern nicht an neuen Einfällen, mit denen sie für Abwechslung, Farbe und ein lebhaftes Licht- und Schattenspiel sorgten. Da die Höhe der Außenmauern ihre Breite um ein Drittel übersteigt, wurde eine das Auge wohlig berührende Schlankheit erzielt, wie sie nicht zu den Normen islamischen Bauens gehört.

Das Innere wird von vier Säulen bestimmt, die zwölf Hufeisenbogen tragen und den Raum in neun Zellen unterteilen. Säulenschäfte und Kapitelle wurden westgotischen Bauten entnommen. Die lichtdurchfluteten, offenen und im Wechsel von Stein, Ziegel und Gipsüberzug farbig belebten Zellen werden jeweils von einer Kuppel gekrönt. Die Zentralkuppel ist überhöht. Jede Kuppel ist anders gezeichnet. Ihr Rippenwerk findet sich in der Moschee von Córdoba vorgebildet. Der Ausbau der abgerundeten christlichen Apsis paßte sich der Moschee-Architektur an, ohne sie in ihrer Reinheit und Harmonie zu stören.

Auf den Spuren dessen, was in Cristo de la Luz Gestalt annahm, wurde Toledo zur Kapitale des mudejaren Stils. Dazu trug bei, daß die mudejaren Künstler ihren christlichen Herren an Fertigkeiten überlegen und außerdem billig waren. Damit blieben sie gerade in Toledo lange Zeit konkurrenzlos. Daher war dort auch kein Platz für Bauten des romanischen Stils, nicht einmal der frühen Gotik. Erst in der Hoch- und Spätgotik, zumal in der letzteren, setzte sich christliches, genauer gesagt nordeuropäisches Bauen durch. Doch wirkte der Mudejarismus noch im plateresken Stil, im Barock und sogar bis in die Neuzeit nach. In Toledo hat der Besucher auf Schritt und Tritt mit ihm zu tun: an den Brücken, Türmen, Toren, Kirchen, Kapellen und Klöstern. So an der ALCÁNTARA-BRÜCKE, die den Tajo in weitem Bogen überspannt. Römischen Ursprungs wurde sie noch in maurischer Zeit, im Jahr 997, vollendet; mudejare Zutaten stammen aus dem 13. und 14. Jahrhundert. Die BRÜCKE SAN MARTÍN, die mit ihren fünf Bogen an Eleganz kaum hinter der Alcántara-Brücke zurücksteht, wurde 1212 von mudejaren Meistern gebaut. Von den Toren stand die PUERTA VIEJA DE BISAGRA, arabisch ›Bibxacra‹, schon im 9. Jahrhundert. Alfons VIII. soll durch sie in die Stadt eingezogen sein. Im Schatten der nahen PUERTA NUEVA DE BISAGRA (Abb. 109), die Karl V. 1550 nach Plänen von Covarrubias erbauen und übergroß mit dem Doppeladler seines Wappens schmücken ließ, wird sie zu wenig beachtet. Dabei ist sie mit den grob gefügten Granitquadern des Unterbaus und in ihrer bulligen Gedrungenheit eindrucksvoll. Der obere Teil und noch deutlicher die Innenseite werden durch mudejare Ergänzungen aufgelockert. Die PUERTA DEL SOL (Abb. 95), die neben der Auffahrt zum Zocodover-Platz liegt, wurde von dem baufreudigen Erzbischof Pedro Tenorio (1375–1399), der auch das der Alcántara-Brücke gegenüberliegende Fort San Servando wiederaufbauen ließ, als Schmuck- und Siegestor gewünscht. Sie geht auf granadinische Vorbilder zurück. Wenige Schritte davon entfernt liegt die zum Cristo de la Luz führende PUERTA BIBMARDON, die trotz Reformen ihren mudejaren Charakter nicht verleugnen kann. Fast intakt bewahrte sich an der Nordseite der Stadtmauer das mächtige Doppeltor PUERTA DEL CAMBRÓN.

Die Zahl der mudejaren Türme, Kirchen, Kapellen und Klöster ist so groß, daß nicht alle besichtigt werden können. Ein Charakteristikum ist der bereits erwähnte Backstein. Andere Merkmale sind ihre Hufeisenbogen, und in der Innenausstattung Gipsstukkaturen, gelegentlich Stalaktitendekoration, Blendbogen in immer neuer Ausformung und Kombination. Die meisten Kirchen haben einen basilikalen Grundriß mit einer einzigen Apsis, die in Anpassung der Ziegelbauweise an den romanischen Rundchor mit einem elfseitigen Polygon gebildet wird. Die Türme sind quadratisch, ihre Ecken mit Ziegeln und ihre Wände mit Bruchsteinen gemauert; Trennlinien sorgen für unauffällige Wandaufteilung. Im obersten Teil ergeben Fensterpaare oder doppelstöckige Fensterreihen die dem Glockenstuhl gemäße Auflockerung. Im Vergleich mit den mudejaren Türmen Aragoniens sind die toledanischen einfach gegliedert und in ihrer Ausschmückung zurückhaltend. Toledos ältester Turm ist der freistehende Turm von SANTIAGO DE ARRABAL gleich hinter der Puerta Nueva de Bisagra; er wurde 1256 errichtet. Der stolzeste Turm überragt die Kirche San Román; er wurde gegen Ende des 12. oder zu Beginn des 13. Jahrhunderts gebaut. Sein kleinerer und etwas jüngerer Bruder, der Turm von Santo Tomé, ist wohlproportioniert. Derselben Zeit gehört der Turm von Santa Leocadia an, während die Türme von Santa Magdalena und San Sebastián etwas jüngeren Datums sind. Ihnen zuvor liegt die Bauzeit der Türme von

San Cipriano und San Lucas. Und nicht zu vergessen der Turm von San Bartolomé! Durch einen Umbau wurde der mudejare Turm von San Justo y Pastor in »den reizendsten Barockturm« Toledos verwandelt.

Von solchen Umbauten und Reformen blieb kein mudejares Bauwerk verschont. Verputz, barocke Decken, Erweiterungen, Durchbrüche veränderten bisweilen ihr ursprüngliches Gesicht bis zur Unkenntlichkeit. Nur Reste künden von ihrer einstigen Pracht. Diese zwingen in SAN ROMÁN, 1221 eingeweiht, mit ihren großartigen Hufeisenbogen über römischen und westgotischen Säulen zu tiefer Verbeugung. Sogar von der ehemaligen Bemalung blieben Überreste. SAN SALVADOR, am Weg nach Santo Tomé, war, 1041 errichtet, ursprünglich Moschee und als solche von Nordwesten nach Südosten ausgerichtet; sie wurde 1159 zur Kirche bestimmt. Sie war einmal fünfschiffig. Nach einem Brand künden von alter Pracht noch zwei große Hufeisenbogen über römischen und westgotisch verzierten Säulen. Ähnliche Bogen finden sich in San Sebastián und San Lucas. Die Sakristei von San Justo y Pastor bewahrte Stuckfiligran über einem Azulejos-Sockel. San Andrés, Ende des 13., Anfang des 14. Jahrhunderts, mit arabischen Resten auf der Evangelienseite, besitzt zwei Kapellen mit Stalaktitenkuppeln. San Bartolomé wartet mit einer monumentalen halbrunden Apsis auf. Mudéjar ist schließlich die Apsis von Santa Ursula.

Am besten und vollständigsten läßt sich die mudejare Bauweise an der erst in jüngster Zeit restaurierten und von häßlichen Anbauten befreiten SANTIAGO-KIRCHE studieren. Sie ist dreischiffig. Die Verbindungsbogen sind in der 1274 dokumentierten Kirche nicht hufeisenförmig, sondern spitz. Damit und mit ihren schlankeren Proportionen kündigt sich der zunehmende Einfluß der Gotik an. Deren Heraufkommen verraten auch die starken Widerlager an der Kirche Santa Fé.

Nicht immer wird man all diese Kirchen offen finden, vor allem wenn sie zu einem der zahlreichen Klöster gehören, von denen es 1949 noch 19 Klausurklöster gab. So muß damit gerechnet werden, daß die rein maurische Kapelle ›Nuestra Señora de Belén‹ im Kloster Santa Fé, eine früh mudejare Kapelle an San Lorenzo oder die Kirche La Concepción mit ihrer von Azulejos verkleideten Kuppel verschlossen sind. Demgegenüber kann nur geraten werden, in Toledo nicht auf einer totalen Erfüllung des Besuchsprogramms zu bestehen, dafür aber nach Möglichkeit jede offenstehende Kirche zu besichtigen. Wenn sie keine mudejaren Stalaktiten und Hufeisenbogen, Azulejos-Sockel oder Stuckdekorationen enthalten, könnten sie wie die Kirchen Santo Domingo el Antiquo, San Ildefonso oder San José mit einem oder mehreren Greco-Gemälden überraschen.

Zu jedem Toledobesuch gehört obligat eine Umwanderung oder eine Fahrt um den Stadtfelsen zwischen Alcántara- und San Martín-Brücke. Sie sollte nicht nur zum Fotografieren an den gut gewählten Aussichtspunkten genützt werden, sondern zum Betrachten des kriegerischen, in sich verschlossenen, ganz und gar nicht mitteilsamen Stadtbildes, vielleicht auch zum Ordnen der in diesem ›Mörser der Geschichte‹ gewonnenen Eindrücke.

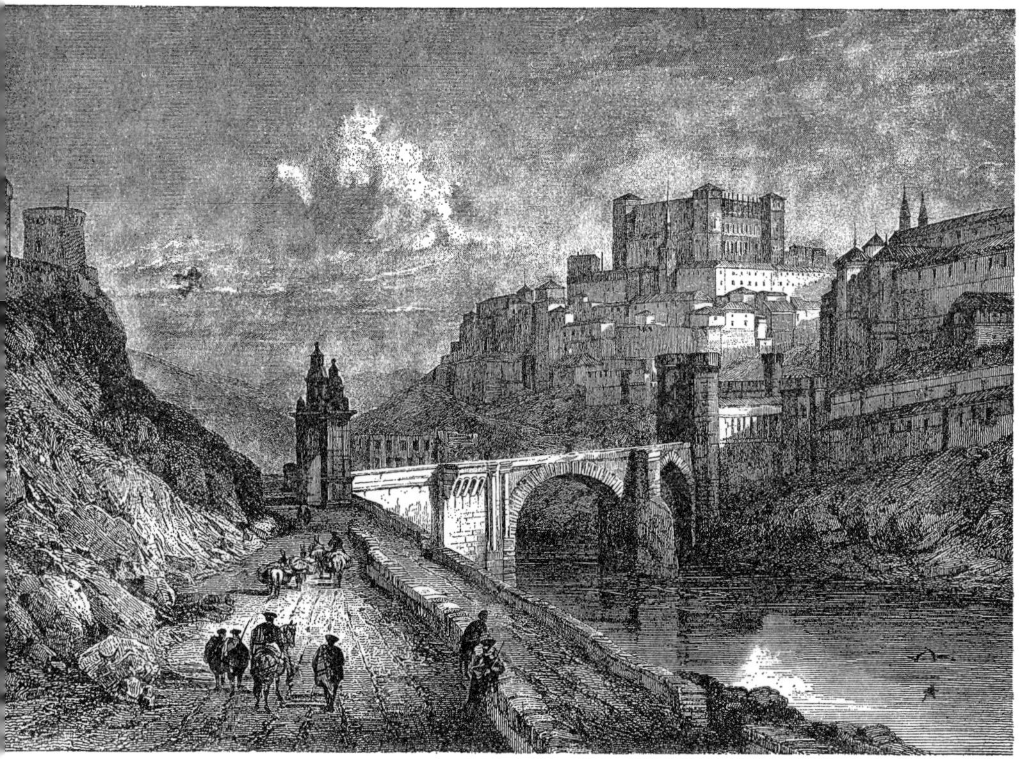

Toledo mit dem Alcázar. Alter Stich

Vor der Rückkehr nach Madrid ist noch ein Halt geboten: im HOSPITAL DE AFUERA, dem Palast der Herzogin von Lerma. Die Außenseite verspricht wenig. Um so herrlicher ist der große Innenhof. Sein doppelter Säulenumgang wird in der Mitte durch einen gleichartigen Doppelgang, der zur Kirche führt, gequert. Seine 96 Bogen und 112 Säulen machen ihn überaus frei und luftig und zu einem der schönsten ›Patios‹, die in Spanien anzutreffen sind. Darin sich zu ergehen, beglückt und steigert das Lebensgefühl. Dies bestätigen die Kinder, deren Schule in einem Palastflügel untergebracht ist. Ihre Lebenslust hallt und schallt in diesem Hofraum. Die Kirche, streng und nüchtern, mahnt zum Ernst. Sie enthält das letzte Werk des Alonso Berruguete: das *Grabmal des Kardinals Tavera.* Der Meister, der daran von 1554 bis zu seinem Tod im Jahr 1561 arbeitete, nähert sich darin dem Schönheitsideal der italienischen Renaissance. Doch behaupten sich seine persönliche Vitalität und sein kastilischer Realismus in den lebenswarmen, vollplastischen Symbolgestalten der christlichen Tugenden an den Ecken des Monuments.

Gleich am Eingangstor des Palastes linker Hand ist der Aufgang zu den Palasträumen; sie können besucht werden, wenn die Besitzerin nicht gerade anwesend ist. Die Einrichtung mit Möbeln des 16. Jahrhunderts, mit flämischen Gobelins und wertvollen Gemälden ergeben ein Museum höchst persönlicher Atmosphäre, repräsentativ für Geschmack und Vermögen des spanischen Hochadels und intim zugleich. Von den Wänden der Salons im ersten Stock grüßen Porträts der Tochter Philipps II., Isabel Clara Eugenia, und seines politischen Vertrauten und späteren Feindes Antonio Pérez von Claudio Coello, ein Bildnis der zweiten Frau Philipps IV., Mariana de Austria, von Carreño und unter anderen eine Caravaggio zugeschriebene Komposition *Samson und Delila.* Von Ribera wird etwas verschämt das Porträt einer vollbärtigen Neapolitanerin, *Mujer barbuda*, gezeigt, thematisch kurios, doch durch seinen Realismus mehr als eine Anekdote.

Ungewöhnlich sind die Kostbarkeiten des zweiten Stocks. Der Hauptsalon stellt nicht weniger als sechs Grecos aus: *Taufe Christi, San Francisco, Heilige Familie, der reuige Petrus, Bildnis des Kardinals Tavera und* eine kleine Plastik *El Salvador.* Die *Taufe Christi* ist das letzte Bild, das Greco – 1613 – malte; er vermochte es nicht mehr zu vollenden. Dem Umfang nach eines seiner größten Bilder (414 x 195 cm) besticht in der Komposition ein schwieriges, sensibles Gleichgewicht zwischen Symmetrie und Asymmetrie und bezaubert in den Farben noch einmal volle Kraft und zarteste Nuance. Es ist wie die Zusammenfassung eines Lebenswerkes. Spät, Todesnähe ahnen lassend, ist auch das *Porträt des Kardinals Tavera,* das Greco nach einem Gemälde des toten Kardinals von Alonso Berruguete malte. Im Bürgerkrieg wurde der Kopf aus dem Bild herausgeschnitten; man hat ihn wieder gefunden und eingefügt. Wie schon in der Sakristei der Kathedrale haben es hier andere Maler schwer, neben Greco zu bestehen. Zurbarán gelingt es mit dem *Bildnis eines Edelknaben.* Das Bild gehört in seine letzte Schaffenszeit. Kindlich verschlossen, trotzig, aber schon selbstbewußt blickt der etwa acht- bis zehnjährige Knabe aus seiner höfischen, allzu strengen – auch in den Farben strengen – Uniform mit Hut, wallonischem Kragen, Degen, Handschuhen. Man könnte ihn sich als Gespielen der Infanten, die Velázquez malte, vorstellen.

Den Auftrag zum Bau des HOSPITAL DE AFUERA gab Kardinal Tavera im Jahr 1514. Begonnen wurde er wohl vom damaligen Maestro Mayor der toledanischen Kathedrale, Alonso de Covarrubias. Obwohl er, der als der repräsentativste Vertreter des spanischen plateresken Stils angesehen wird, gegen Ende seines Lebens sich der Bauweise der italienischen Renaissance näherte, scheint nicht wahrscheinlich, daß auf ihn die große Linie der Anlage zurückzuführen ist. Gegen ihn mit seiner charakteristischen Freude am Dekorgespinst spricht im Hospital gerade der Verzicht auf juweliergemäße Schmuckformen und ihre häufige Wiederholung. Große Formen, wie zum Beispiel die an Florenz erinnernden Rustika-Steinquader der Mauern oder die nackten Säulen und die weitschwingenden Bogen des Hofes, sind bereits Vorboten des im Escorial triumphierenden Escorial-Stils. Als 'Spiritus rector' wird daher der Humanist und Schüler Michelangelos, Bartolomé de Bustamante, genannt, der um 1560 Architekten und Künstler wie Vandelvira, Hernán González de Lara, Vater und Sohn Vergara, Pedro de Velasco und Gregorio Pardo zu Gehilfen hatte. Ein spanischer Kunsthistoriker charakterisierte: »Sie sind schon nicht mehr plateresk, sondern haben sich den italienischen Normen mit einem größeren architektonischen Maß verschrieben«.

Obwohl neunundneunzig von hundert Fahrzeugen, die täglich zwischen Madrid und Toledo verkehren, auf halbem Weg, nämlich vor ILLESCAS, die Umgehungsstraße benützen, machen wir Halt. Nicht weil die Pfarrkirche des Orts den schönsten mudejaren Turm weit und breit, Toledo einbegriffen, besitzt. Oder weil dort der Weg nach Esquivias abzweigt, wo Cervantes heiratete; von dort ritt er an einem Märztag des Jahres 1616 aus, um kurz darauf in Madrid zu sterben. Wir halten Grecos wegen. Das HOSPITAL DE LA CARIDAD von Illescas birgt fünf Gemälde des Kreters. Um zu ihnen gelangen, ist ein kleiner Seiteneingang zu benützen, der in einen Hof mündet. Auf Läuten im Schwesternhaus linkerhand meldet sich eine Nonne, die die Kirche aufschließt, zu den Bildern geleitet und ihre Beleuchtung anknipst.

Am linken Nebenaltar erstrahlt – purpurn und silbrig – eines der schönsten Idealporträts von Grecos Hand: *Die Vision des heiligen Ildefons.* Zwischen 1603 und 1606 gemalt, gehört sie zum Spätwerk. Einer der ersten deutschen Greco-Forscher, Hugo Kehrer, versprach davor dem Besucher, er werde Eindrücke empfangen, die ihn sein ganzes Leben begleiten würden. Dies vermögen der vergeistigte Ausdruck des Heiligen, das schöne Maß der Komposition und der wohl abgestimmte Farbklang von tiefem Rot und reinem Weiß, von Gold und Silber. Dazu trägt die Geschlossenheit des Themas und damit seine leicht ablesbare Überschaubarkeit bei. Wegen der *Virgen de la Caridad,* über dem rechten Seitenaltar, mußte Greco mit seinen Auftraggebern einen Prozeß führen. Es wurde beanstandet, daß er um 1603 die Schutzbefohlenen der Gottesmutter mit den Halskrausen der damaligen Zeit darstellte. Später wurden diese Gestalten von Pfuscherhand abgeändert. Erst nach dem Bürgerkrieg wurde der alte Zustand wiederhergestellt. Doch will auch heute nicht in die Vorstellung der Greco-Welt passen, daß die Marienschützlinge wohl gut geschnittene Gesichter und Halskrausen aus Spitzen tragen, aber grobe Hände mit dicken Fingern haben: dies in unmittelbarer Nachbarschaft mit den fühlsamen Greco-Händen des Ildefons - Bildes! In der Sakristei sind drei Ovalbilder ausgestellt: *Krönung Mariae, Verkündigung* und *Christi Geburt.* Die ungewohnten Formate zwangen Greco zu Kompositionen, die ihr Thema zusammendrängen und ihm überraschende Blickpunkte aufzwingen.

Nicht ohne Schauer denkt ihr Besucher daran zurück, daß die Grecos von Illescas im vergangenen Bürgerkrieg aufs äußerste bedroht waren. Dies nicht so sehr durch Bomben und Granaten wie durch Insekten, die die Leinwand der *Vision des heiligen Ildefons* abertausendfach durchlöcherten, und durch Feuchtigkeit, die die Farben der andern Gemälde angegriffen hatte. Dies ausgerechnet in einer bombensicheren Kammer der Madrider Bank von Spanien, wohin das wertvolle Kunstgut vor dem Anrücken der Franco-Truppen 'gerettet' worden war. Der Transport erfolgte während eines Wolkenbruchs, der die Bilderkisten total durchnäßte. In diesem Zustand verblieben sie wochenlang im ungelüfteten Schutzraum der Bank. Als die Kisten geöffnet wurden, bedeckte mehrere Millimeter dicker Schimmel die Gemälde. Das *Ildefons*-Bild, in dem Insekten wüteten, war ein Sieb. Daß die Restaurierung gelang, ist fast als ein zweites Wunder des heiligen Ildefons zu preisen.

Aranjuez

Der Besuch von Aranjuez erheitert wie ein Ferientag, ein Ausflug ins Grüne, ein Schäferspiel oder ein beschwingtes Scherzo. Er eignet sich darum für die letzten Stunden eines Madrid-Besuchs. Dann vermag Aranjuez der Fülle spanischer Einnerungen ein paar Blumen obenauf zu legen. Dann mischt sich in die Freude über knatternde, zischende, sprühende und still plätschernde Brunnen, über Baumriesen und beschnittene Buchsbaumhecken, über Blumenbeete in höfischer Ordnung, über das Singen der Nachtigallen und über die Allgegenwart des bald rauschenden, bald murmelnden Tajo Abschiedsstimmung. Wie von selbst kommen dem Besucher die ersten Worte von Schillers dramatischem Gedicht ›Don Carlos‹ ins Gedächtnis: »Die schönen Tage in Aranjuez sind nun zu Ende«.

Drei Anmarschwege sind gegeben: von Madrid über die Nationalstraße nach Andalusien, die entlang qualmender Industrievororte, monotoner Wohnsiedlungen und kargem Ackerland in die grüne, fruchtbare Oase des Tajotals führt, in dessen Mitte Aranjuez eingebette ist. Oder – mit einigen Kilometern Umweg – über die Nationalstraße nach Valencia, Abzweigung in Arganda, erst durch das Tal des Tajuña, später nach Durchfahren des malerischen Städtchens Chinchón durch das Tal des Jarama zu dessen Einmündung in den Tajo und nach Aranjuez. Oder als Abschluß eines Toledo-Besuchs: bei der Ortsausfahrt Richtung Madrid nach rechts abbiegen und durch das Huerta-ähnliche Tajotal, in dem die zuckersüßen Melonen der Madrider gedeihen, bis zum Ziel.

Der erste Anblick beschwört das Märchen vom Dornröschen herauf: hohe Bäume und dahinter ein halb verstecktes Schloß. Aber schnell stellt sich die wenig romantische Erinnerung an rationalistisch angelegte Städte des 18. Jahrhunderts ein. Ihre weiten Plätze, regelmäßigen Häuserkarrees und schnurgeraden Sternstraßen sind nicht natürlich gewachsen, sondern auf dem Reißbrett ausgedacht. Sie gehorchten einem Diktat. Sie repräsentierten Macht und Willen.

Der Königspalast von Aranjuez ist von der Hauptstraße zurückgesetzt. Gartenanlagen wahren Distanz zum Bürgeralltag. Das Hauptgebäude, das von zwei Flügeln gerahmt wird, wendet der Stadt den Rücken. Sein Hof öffnet sich nach Westen zu (Abb. 111), in dem Grünflächen, Baumreihen, Fahrstraßen, der Tajo-Fluß und der ›Jardín de la Isla‹, der Inselgarten, den Lebens- und Spielraum der Königsfamilie über die Geschlossenheit des Palastkomplexes erweiterten. Die Habsburger und nach ihnen die Bourbonen wollten hier kein Machtzentrum errichten, sondern sich eine Zuflucht vor den Regierungsgeschäften schaffen. Um darin nicht gestört zu werden, ließen sie bis zur Mitte des 18. Jahrhunderts selbst die Nachbarschaft des hohen Adels nicht zu.

Als Sommerresidenz gedacht, verwundern Größe und Weitläufigkeit des Palastes. Sein Umfang wird noch durch die dazugehörigen Gärten und die uniforme Straßenreihe der ›Casa de Oficio‹ unterstrichen. Dennoch wirkt das Schloß freundlich. Dazu tragen seine beiden Ecktürme mit flachen Kuppeln, die breite Behaglichkeit ausdrükken, und seine helle Farbigkeit bei. Diese basiert auf dem Zusammenklang des zarten Rosas der Ziegelmauern und des fast weißen Steins ihrer Rahmung und plastischen Akzentuierung durch Pilaster, Balustraden, Fensterrahmungen, Reliefs. Soviel Zugeständnisse an die Sinnenfreude möchte niemand so leicht von dem Erbauer des Escorials, Juan de Herrera, erwarten. Der erste Architekt des Escorials, Juan Bautista de Toledo, hatte mit dem Schloßbau begonnen. 1567 übernahm Herrera die Bauleitung und entwarf neue Pläne. Nach diesen führte sein Schüler Juan Gómez de Mora den Bau weiter. Die Konzeption Herreras überstand 1660 und 1665 zwei Brände. Seine Vorstellungen waren aber noch unter dem Bourbonen Philipp V. für den Architekten Pedro Caro Idogro und für dessen französische Nachfolger Etienne Marchand und Léandre Brachelieu richtungweisend. Selbst der aus Piacenza berufene Maler und Architekt Santiago Bonavia, der 1744 in den Mitteltrakt einen repräsentativen, doppelten Treppenaufgang einbaute, blieb nach einem neuen, sehr schadensreichen Brand des Jahres 1748 den Grundgedanken des Stilschöpfers Herrera treu. Wir haben hier den außergewöhnlichen Fall, daß ein Bauwerk, das die Habsburger in Auftrag gaben, die Bourbonen übernahmen und deren spanische, französische und italienische Baumeister weiterführten, abänderten und zweihundert Jahre später abschlossen, als Muster einer Herrera-Schöpfung und damit als typischer Ausdruck kastilisch-spanischen Bauens auf uns gekommen ist. Herrera selbst hatte sich dereinst an dem Italiener Vignola inspiriert; von ihm werden seine beiden Kuppeln und das Rechteck-Netz seiner Mauern abgeleitet. Herrera verarbeitete diese Anregungen in Aranjuez zu einer Schloßanlage, die zwar im äußeren Schmuck zurückhaltend, aber in ihrer Gesamtheit nobel, diskret und großzügig ist. Der Bourbone, Ferdinand VI., dem eine hispanophile Politik nachgesagt wird, verbeugte sich vor dem Herrera-Stil und verzichtete auf das bewegte Linienspiel des französischen Rokoko.

Die Innenausstattung des Schlosses enttäuscht. Sie läßt wenig günstige Rückschlüsse auf ihre Bewohner zu, vor allem auf Karl IV. und seine Gemahlin María Luisa und im 19. Jahrhundert auf Isabella II., die häufig in Aranjuez weilte. Goya hat zwar hier 1799 das Königspaar zu Pferd und 1800 das berühmte Gruppenbild *Die Familie Karls IV.* (siehe S. 29) gemalt, aber die künstlerische Ausschmückung des Palastes war dem vielgewandten, behenden Luca Giordano, dem damaligen Kunstpapst Anton Raffael Mengs und dessen allzubraven Schülern Francisco Bayeu und Mariano Maella anvertraut.

Das Rokoko kommt in Aranjuez in der kleinen Kapelle San Antonio zum Zuge. Bonavia lieferte dazu 1748 die Pläne, die 1767–68 ausgeführt wurden. Die Kapelle schließt die rechteckige Plaza de S. Antonio, die trotz ihres mächtigen Brunnens kahl und leer liegt, mit schwingender Wellenlinie ab. Bonavia, der für die Theaterbauten im Madrider ›Buen Retiro‹ und für die dortigen Inszenierungen verantwortlich zeichnete, bestätigte auch hier sein besonderes Geschick als Bühnenbildner. Er war ein einfallsreicher Mann. An Bühnenentwürfe erinnern seine Pläne von 1750 zu dem für 20000 Einwohner gedachten Ort Aranjuez; zu ihrer Ausführung zog er den in Madrid gastierenden Franzosen Jacques Marquet heran.

Am wohlsten fühlt sich der Besucher in den Gärten (Ft. 11, Abb. 112, 113), im ›Jardín de las Estatuas‹, der der Schloßrückseite vorgelagert ist, im ›Jardín de la Isla‹ an der Nordseite des Schlosses zwischen Kanal und Tajo gelegen, im ›Jardín del Príncipe‹ zur Linken der Anfahrtstraße aus Madrid. Hier baute sich Karl IV. ein verspieltes, mit viel Seide, Porzellan und Uhren ausgestattetes Landhaus, die ›Casa del Labrador‹. Für die Gartenanlagen beim Schloß wurde der Franzose E. Boutelou, der auch für die Gärten im Schloß La Granja tätig war, berufen. Auf seine Pläne sind die Buchsbaumkarrees und kerzengeraden Wege zurückzuführen, die erst im Ostteil des ›Jardín del Príncipe‹, den Karl IV. anlegen ließ, in leichte Windungen übergehen. Die Urkraft der Natur durchbricht die Reißbrettordnung der Gartenarchitekten. Mächtige Bäume – Zedern, Ulmen, Platanen, Eschen, Erlen, Ahorne, Birken, Linden – bauen Wände und Schattengewölbe. Prächtige Brunnen, bald dramatisch aufgebaut, bald weiträumig gegliedert, setzen Zielpunkte oder stellen Verbindungen her. Alle Götter und Halbgötter der griechischen Mythologie sind angetreten (Abb. 114), um mit ihrer heidnischen Nacktheit zu kokettieren, Heldentaten zu verrichten oder in stolzer Würde zu thronen.

Es verwundert nicht, daß die Gärten den Komponisten Joaquín Rodrigo – trotz Blindheit – zu seinem ›Concierto de Aranjuez‹ inspirierten. Der katalanische Maler Santiago Rusiñol wurde nicht müde, sie im Lodern der Herbstfarben zu malen. Die großstadtmüden Madrider flüchten sich hierher an den Busen der Natur; sie wissen, daß ihrer außer Kunstgenüssen, historischen Erinnerungen und einer verschwenderischen Natur in einem der schönsten Täler der spanischen Halbinsel höchst konkrete kulinarische Genüsse wie Erdbeeren, Pfirsiche, Spargel, Melonen harren.

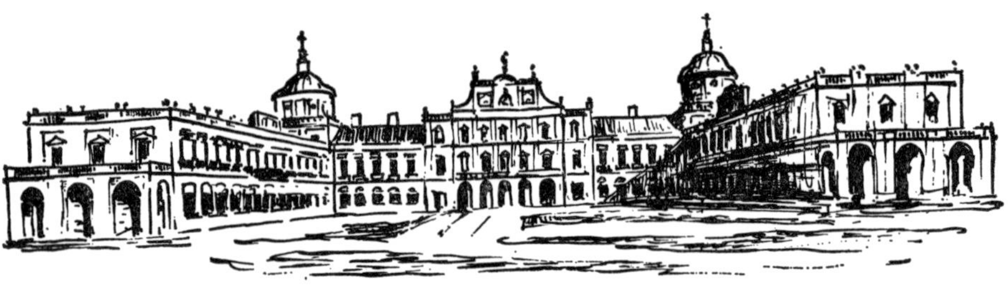

Der Königspalast von Aranjuez

Avila

»Stadt, in der Steine und Heilige wachsen«, so wurde Avila genannt. Auf einem Hügel aus Granit gebaut und von einem Mauerring umschlossen, lagern davor wie kleine Forts und Kampfstellungen Felsblöcke. Die Sierra de Gredos begrenzt den Horizont. Von seinen Heiligen gibt höchsten Begriff die Mystikerin Teresa von Avila (1515–1585). Sie war nicht nur fromm, sondern auch gescheit, lebenstüchtig und lustig. Sie steht dafür auf vielen Altären. Sie zählt außerdem zu den Fixsternen des ›Goldenen Jahrhunderts‹ der spanischen Literatur. – Avila ist eine ernste, gewichtige Stadt. Die Römer siedelten einst dort. Christen und Mauren stritten sich mit wechselndem Glück um sie. Das Mittelalter sah Avila mehrmals im Mittelpunkt der Geschichte Kastiliens. Dort wurde Isabella die Katholische zur Königin ausgerufen. Dort hatte die ›Junta Santa‹ der ›Comuneros‹, jener Adligen, die sich gegen die Herrschaft des jungen Karls V. erhoben hatten, ihren Sitz. Erst als das neukastilische Madrid zur Hauptstadt aufrückte, geriet Avila, der »Inbegriff einer altkastilischen Stadt«, in den Windschatten der Geschichte und nahezu in Vergessenheit. Dieser Nichtbeachtung verdankt es die Wahrung seines Gesichts und das Überleben seiner Kunstwerke.

Die ganze Stadt ist ein geschlossenes Kunstwerk. Gefaßt wird es durch seine MAUERN (Ft. 8, Abb. 115, 116), die nach der endgültigen Zurückeroberung aus der Maurenherrschaft im Jahr 1090 durch Alfons VI. von französischen und vielleicht auch deutschen Baumeistern errichtet wurden. Sie sind 2400 Meter lang und bilden ein längliches Trapez. Achtundachtzig Türme und neun Tore gliedern die Eintönigkeit der Geraden, reißen sie auf, stauen sie und leiten sie weiter. Die beiden Haupt- und Doppeltore – PUERTA DEL ALCÁZAR und PUERTA DE VICENTE (Abb. 136) – steigern das Spiel von gerad und rund zu bewegter Monumentalität. Großzügigkeit, Konsequenz und nicht zuletzt Phantasie der Planung gingen über die Zweckhaftigkeit eines Mauerschutzes hinaus. So gelang ein Bauwerk von harmonischer Einheit. Zu den besonderen Einfällen ist die Einbeziehung der Kathedralen-Apsis in die Wehrmauer zu zählen (Abb. 129).

Die SAN SALVADOR-KATHEDRALE ist eine der ältesten gotischen Kirchen Spaniens. Die wilden Männer zur Rechten und Linken des Hauptportals (Abb. 128), die erst im 16. Jahrhundert ihren Posten bezogen, sind Ausdruck ihrer Strenge und Düsternis. Beides bestätigt das Innere. Denn die hochgelegenen Fenster sind zugemauert und der 78

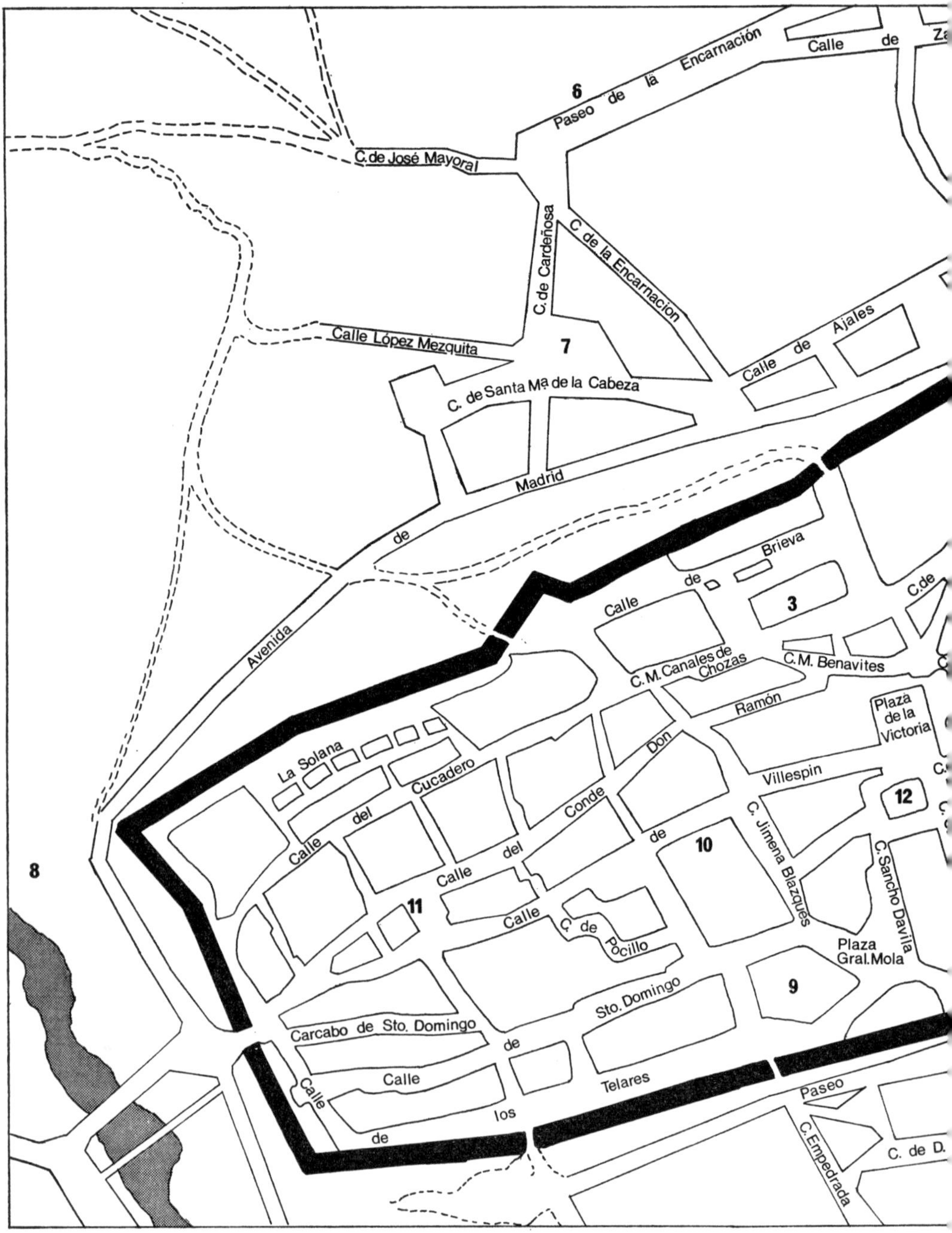

Stadtplan von Avila
1 Kathedrale 2 Mansión de los Velada 3 Mosén Rubí de Bracamonte 4 San Vicente 5 San Andr
6 Kloster ›La Encarnación‹ 7 Kapelle San Martín 8 San Segundo 9 Kloster Santa Teresa 10 Ma

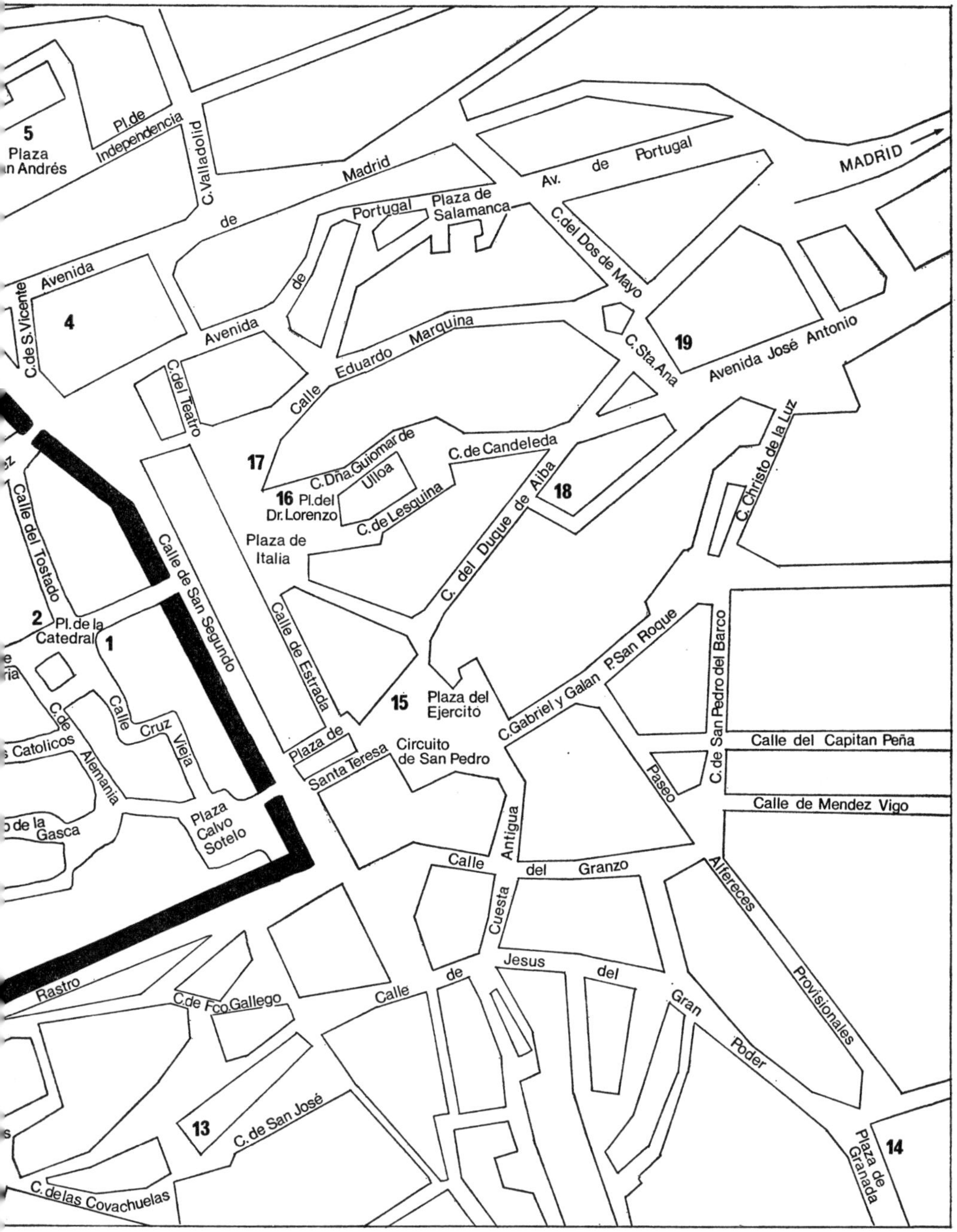

ón de los Polentinos 11 San Esteban 12 San Juan 13 Kirche Santiago 14 Kloster Santo Tomás
San Pedro 16 Santo Tomé 17 Haus der Dechanten (Provinzmuseum) 18 Kloster San José
Santa Ana

Meter lange und 28 Meter hohe, dreischiffige Raum ist durch den ›Trascoro‹ verstellt. Fremd wirkt auch der rötliche, mit hellen Streifen durchzogene Stein im Chorumgang, der eine ungewohnte Farbigkeit mit sich bringt. Je länger der Besucher in der Kathedrale verweilt, desto mehr wird er ihr Charakter zugestehen. Mögen auch Chor und Chorumgang (Abb. 131) ihre Herkunft vom französischen Vézelay nicht verleugnen, so offenbart das Ganze doch ein Gepräge eigener Art. Neben dem ersten Baumeister Fruchel – ein Franzose? –, der zwischen 1170 und 1180 den architektonisch interessantesten Ostteil baute, hatten Künstler mehrerer Länder und verschiedener Jahrhunderte daran Anteil. Dazu trug auch das Renaissance-*Prunkgrabmal* des 1455 gestorbenen *Bischofs Alonso Tostado* bei, das ein überaus gewandter Bildhauer, der italienisch geschulte Portugiese Vasco de la Zarza († 1524) auf dem Höhepunkt seiner Laufbahn schuf (Abb. 132). Werke von ihm sind außerdem der Prunkrahmen des Hochaltar-Retabels und die Tür der Vorsakristei. Die Gemälde des Retabel mit Szenen aus dem Leben Jesu gehören zu den Hauptwerken der frühen kastilischen Schule. In Pedro Berruguete (gegen 1450–1504), dem Vater des genialen Bildhauers Alonso Berruguete, erreichte sie ihren Zenit. Pedro hatte fünf Jahre in Italien am Hofe des Condottiere, Humanisten und Mäzens Federico de Montefeltre in Urbino verbracht. Dort reifte seine Kunst im Wettstreit mit italienischen und flämischen Meistern wie Piero della Francesca, Melozzo da Forli und Joos von Gent. Als er nach Spanien zurückkehrte, konnten so in seinen Gemälden kastilische Würde, flämische Malkultur und italienischer Formsinn zusammentreffen. Das in der Fremde Dazugelernte diente ihm, der durch und durch Spanier geblieben war, sein spanisches Sinnen und Fühlen um so überzeugender zum Ausdruck zu bringen. Seine Bilder sind mit ihrer Verhaltenheit, die das Gefühl einschließt, doch

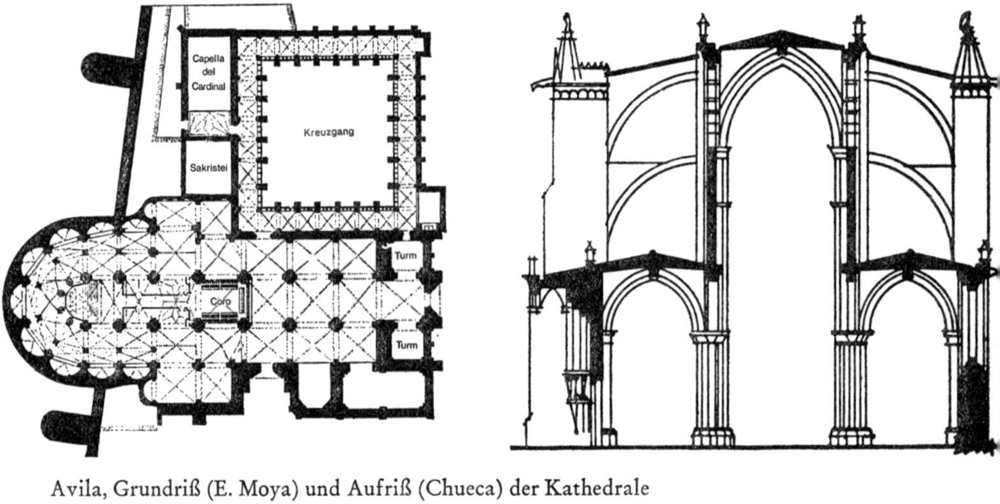

Avila, Grundriß (E. Moya) und Aufriß (Chueca) der Kathedrale

die Sentimentalität verbannt, die Verkörperung kastilischer Art. Ihre Gestalten sind voll Haltung, Ernst und Verschwiegenheit. Sie sind männlich und diskret. Geist ihres Geistes findet sich wieder in den Gemälden von Velázquez, Zurbarán und Ribera. Im Retabel der Kathedrale sind von Pedros Hand unter anderen die *Anbetung der Heiligen Drei Könige, Flucht nach Ägypten*, der *Ölberg*, die *Geißelung* (Abb. 126) und die große *Kreuzigung*. Vollendet wurde der Hochaltar durch den Ghirlandaio-Schüler Juan de Borgoña.

Die Verärgerung über den raumzerstörenden TRASCORO schwindet vor seinen plateresken Reliefs. Sie wurden von dem sichtlich deutsch beeinflußten Bildhauer Juan Rodríguez 1536 abgeschlossen (Abb. 127). Ihr gemütvoller Ausdruck ist 'ganz deutsch'. Zur unmittelbaren Begegnung mit der Heimat wird im Kirchenschatz die Kustodie. Der deutsche Juan de Arfe schuf sie 1564 bis 1574. Juan, ein hochgebildeter Humanist und noch besserer Goldschmied, war der letzte Sproß der Goldschmiedefamilie ›de Arfe‹, von Harff bei Köln, die angefangen mit ihrem Ahnherrn Enrique de Arfe für zahlreiche spanische Kirchen große, mit Plastiken und Reliefs geschmückte Prozessions-Kustodien, wahre Architekturen in Gold und Silber, lieferte.

Bei Verlassen der Kathedrale empfiehlt sich ein Verweilen vor dem an der Nordseite liegenden APOSTELTOR. Die Witterung hat ihm zugesetzt, konnte jedoch dem klaren Aufbau und dem heiligen Eifer der Jünger Jesu wenig anhaben. Das Aposteltor ist eine der Stellen, an denen der grimmig-fromme Geist Avilas sichtbare Gestalt annahm. Wenige Schritte weiter wird die Stadtmauer durch ein schmales Tor, die ›Puerta Nueva‹, verlassen und links abbiegend alsbald die Kirche SAN VICENTE erreicht (Abb. 119). Sie ist Avilas bedeutendstes romanisches Monument. Krypta und Apsis der dreischiffigen Pfeilerbasilika, die ältesten Bauteile, waren schon vor 1099 abgeschlossen. Nach einer längeren Pause führte um die Mitte des 12. Jahrhunderts, der uns von der Kathedrale her bekannte Baumeister Fruchel bereits die Formen der frühen Gotik ein. Das große, hohe Langhaus erhielt ein Kreuzrippengewölbe, eines der ersten Spaniens. Über der Vierung erhebt sich eine achteckige Kuppel mit Rippen, die ihrerseits zu den ersten gotischen auf spanischem Boden zählt. Um dieselbe Zeit wurde die Vorhalle der Westfassade zwischen zwei unvollendet gebliebenen Türmen in Angriff genommen. Die Gestalten dieses Portals – Christus und seine Jünger – sind überschlank ausgefallen (Abb. 120); die Bögen überzieht feinstes Steinfiligran. In San Vicente treten romanische und gotische Formen nebeneinander auf. Würde der Romanik ist mit dem Höhendrang der frühen Gotik gepaart. Das Ergebnis ist voll Harmonie.

Zum beglückenden Raumerlebnis gesellt sich die Freude über das romanische *Grabmal des Märtyrers Vicente* und seiner beiden Schwestern Cristeta und Sabina. Der steinerne Sarkophag wird von einem graziösen Säulenaufbau mit Zackenbogen getragen (Abb. 124). An seiner Längsseite sind in Reliefs mit spanischem Realismus Foltern und Sterben der Geschwister abzulesen (Abb. 125). Im letzten Viertel des 15. Jahrhunderts erhielt das Monument einen mit einem Blattmotiv dicht dekorierten Über-

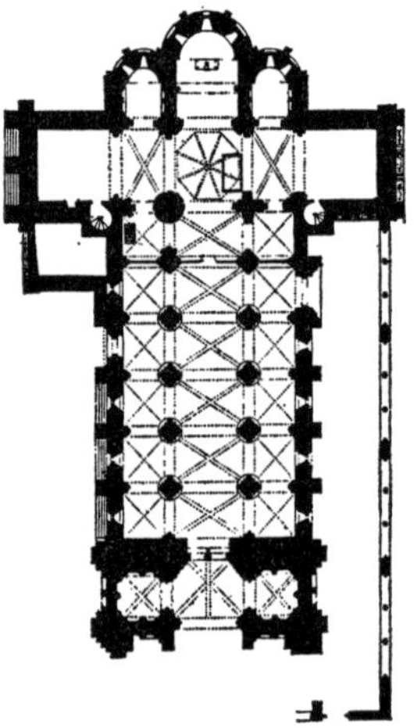

Avila, Grundriß von San Vicente

bau in Form eines auf Säulen ruhenden Baldachins. Die vornehmsten Familien Avilas ließen daran ihre Wappen anbringen. Für viele Besucher wird der loggia-artige Vorbau und das Portal der Südseite zum Höhepunkt: wegen der granitenen Eleganz seiner schlanken Säulen und wohlgeformten Bogen, vor allem aber wegen der romanischen Portalplastiken (Abb. 122). Eine *Verkündigung* in Terrakotta prägt sich besonders ein (Abb. 118). Ihretwegen faßte ein spanischer Kenner sein Erleben in die Worte: »Wir haben nicht nur ein architektonisches Werk erster Ordnung vor uns, sondern auch ein wahrhaftes Museum der besten romanischen Plastik«.

Noch etwas früher als San Vicente ist die weiter nördlich gelegene dreischiffige SAN ANDRÉS-KIRCHE. Sie wartet wohl mit einem schönen Portal, mit einer prachtvollen Fensterrose und mit einer Vierungskuppel auf, ist jedoch gegenüber San Vicente niedriger, gedrungener. Verwunderlicherweise liegen wie sie und San Vicente auch das romanische Kirchlein San Segundo und San Pedro außerhalb des Mauerrings. SAN SEGUNDO spricht schon mit seinem romanischen Portal an. In dem fast quadratischen Innenraum wird uns die nicht vermutete Begegnung mit einem Spätwerk des Juan de Juni (1507–1577) zuteil: eine Marmorstatue des knienden heiligen Bischofs Segundus (Abb. 133). Juan de Juni, der ungeachtet seiner französischen Herkunft als der größte spanische Bildhauer nach Alonso de Berruguete gerühmt wird, hinterließ damit ein Werk von höchster Reife. Der meist hochdramatische Ausdruck seiner Gestalten hat sich hier in leise, verhaltene Melancholie gewandelt. Der Grundriß von SAN PEDRO ist dem von San Vicente ähnlich. Gemeinsam ist ihnen auch die spätere 'Gotisierung', die sich in San Pedro in einer auffallend großen Fensterrose kundtut (Abb. 135). Doch fehlen San Pedro das zweite Stockwerk und die Triforiengalerie von San Vicente. Die Kirche ist dunkel, fast düster. Während San Vicente die Trunkenheit eines lichten, hohen und

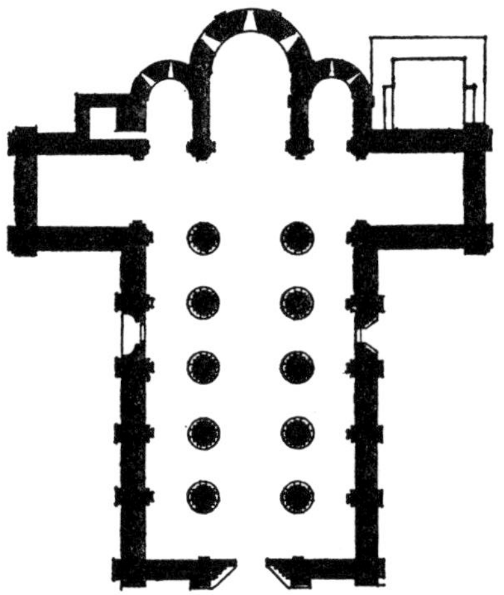

Avila, Grundriß von San Pedro (E. Moya)

weiten Raums vermittelt, lenkt in San Pedro eine Reihe Altarbilder aus der Zeit des beginnenden 16. Jahrhunderts von der Architektur ab.

Rein spätgotisch ist das am Ende des Paseo de Santo Tomás im Tal liegende Dominikanerkloster SANTO TOMÁS. Der Grundstein dazu wurde 1483 gelegt; zehn Jahre später konnte das Kloster bezogen werden. Gründer war Hernán Muñoz Arnalte. Als sein Nachlaßverwalter überwachte der von Legenden umwobene Inquisitor Fray Tomás de Torquemada (1430–1498), der in der Sakristei begraben liegt, den Bau. Die Katholischen Könige, Isabella von Kastilien und Ferdinand von Aragon, steuerten zu den Kosten des Baus bei. Sie verwandten dazu einen Teil des Erlöses aus den Gütern der 1492 vertriebenen Juden. Architekt war Martín de Solórzano. Der Grundriß entspricht dem Typ der Mönchskirchen. An die Kirche als Kernstück schließt sich direkt das Kloster der Mönche an. Im Westen folgt das Noviziat mit Kreuzgang und im Osten der Königspalast mit dem riesigen ›Patio de los Reyes‹ (Abb. 117). Für das königliche Patronat sprechen gleich drei doppelstöckige Kreuzgänge! Die Fassade ist entgegen dem dekorationsfreudigen Stil ihrer Entstehungszeit kahl. Ihre mönchische Askese erhält durch ein großes quadratisches Wappenpflaster herrscherlichen Anstrich. Nur das in langen Schnüren verwendete kastilische Kugelmotiv steppt ihr Liniengerüst ab.

Der einschiffige Innenraum in der Form eines lateinischen Kreuzes entspricht der Außenseite. Er berührt kalt, streng durch seine Konsequenz. Außer dem Hochchor an der Westwand ist auch der Hauptaltar, der über einem flachen Bogen steht, mehrere Stufen hochgestellt. Diese Eigenart wird mit dem Wunsche der königlichen Gottesdienstbesucher erklärt, vom Chor aus bequem der Messe folgen zu können. Unter der Vierung erhebt sich das *Grabmal* für den 19jährig verstorbenen einzigen Sohn der Katholischen Könige, des *Prinzen Juan von Kastilien* (1478–1497). Es wurde von dem aus Settignano stammenden Dominikaner Doménico Fancelli (1469–1519), der in Spanien die Plastik der italienischen Renaissance einführte, 1512 aus Carrara-Marmor geschaffen (Abb. 134). Der Prinz ruht wie »in einer Vision der Glückseligkeit«, edel, schön, jung, sanft. Die Schlichtheit seiner Haltung und seines in weichen Falten fallenden Gewandes hebt sich ab von der Bewegung der Reliefgestalten, von den schweren Girlanden und von den dramatischen Greifen an den leicht geneigten Seitenwänden und den Ecken. Fancelli kreierte damit den fleißig studierten Prototyp des spanischen Renaissance-Grabmals. Dem in Avila erworbenen Ruhm verdankte er, daß er ein Jahr später mit dem Grabmal der Katholischen Könige in Granada beauftragt wurde. In Santo Tomás selbst werden ihm auch das Grabmal der Prinzen-Erzieher Juan Dávila und Gemahlin, sowie eine Halbfigur, Überrest eines großen Renaissance-Grabmonuments, zugeschrieben. Vereinzelt werden diese auch dem Werk des etwas jüngeren Vasco de la Zarza zugewiesen.

Die Altarwand beherrscht das Retabel des Kastiliers Pedro Berruguete. Es ist das Hauptwerk des Künstlers. In seinem Mittelpunkt steht der heilige Thomas. Darum herum gruppieren sich vier Szenen aus seinem Leben. Die Predella zeigt Halbfiguren großer Heiliger.

Ein Gang durch die Klösterhöfe rundet den Besuch von Santo Tomás ab. Das Umwandern der Stadt mag sich anschließen: an den Südtoren ›Puerta del Rastro‹, ›Puerta de Santa Teresa‹ und ›Puerta de la mala Dicha‹, vorüber bis zum Westtor ›Puerta del Puente‹ und hinauf zum vielfotografierten Aussichtspunkt CRUZ DE LOS CUATRO POSTES, dem ›Kreuz der vier Pfosten‹, mit Blick über die Stadt. Wird der Rückweg entlang der nördlichen Mauer genommen, wird der fromme Pilger einen Abstecher zum KLOSTER ›DE LA ENCARNACIÓN‹ machen, in dem die Zelle und Reliquien der Mystikerin Teresa von Avila gezeigt werden. Außerdem erinnert innerhalb des Mauerkranzes, wenige Schritte von der ›Puerta de Santa Teresa‹ entfernt, der frühere CONVENTO DE SANTA TERESA (1630–1654) an die Stadtpatronin, die zugleich Schutzherrin Spaniens ist. Hier stand ihr Geburtshaus. Am Weg zum Bahnhof liegt SAN JOSÉ, das erste, 1562 von der Heiligen gegründete Kloster. Sein Architekt Francisco de Mora war Mitarbeiter und Nachfolger des Escorial-Erbauers Juan de Herrera. Nach dem Tod seines Meisters schlug er mehr eigene Wege ein. San José belegt, wie diese ihn von des Meisters Monumentalität weg zu einer mehr intimen und eleganten Kunst führten. Die nicht auf Wuchtigkeit angelegte, in Zeichnung und Schmuck diskrete Fassade von San José aus dem Jahr 1608 diente Juan Gómez de Mora (1586–1646/48), dem begabten Neffen Francisco de Moras zum Vorbild für das Madrider Kloster ›de la Encarnación‹. Sie war auch Vorläuferin der ausladenderen Fassade des Convento de Santa Teresa.

In den zuletzt genannten Kirchen kommt in dem vornehmlich von Romanik und früher Gotik geprägten Avila der Barock zum Zuge. Daß sein Überschwang nicht zum Übermut verführte, dafür sorgten außer dem ›Genius loci‹ die zuvor entstandenen Adelspaläste. Sie repräsentieren den kriegerischen Hausgeist Avilas. Ihre Granitquader, die fensterarmen Mauern und stolzen Wappen sind mehr auf Abwehr als auf Einladung bedacht. Es müssen gestrenge Herren gewesen sein, die Guzmán, Velada, Aguila, Bracamonte, Oñate. Sie erlaubten sich wenig dekorative Floskeln. Oder war es der Granit, der sie nicht zuließ? Oder die Härte des Klimas, das nicht mal Steinblumen erblühen ließ? Doch befinden sich hinter der rauhen Schale der kahlen Mauern bisweilen klare, helle Höfe, wie in der ›Mansión de los Núñez Vela‹ an der Plaza de Santa Teresa, in der ›Mansión de los Velada‹ unmittelbar neben der Kathedrale oder in der ›Mansión de los Polentinos‹ im Norden des Convento de Santa Teresa. Sie belegen auch für das inquisitoriale Avila den Siegeszug der italienischen Renaissance, deren Herolde die Bildhauer Doménico Fancelli und Vasco de la Zarza waren. Sie triumphiert zumal in der MANSIÓN DE LOS POLENTINOS (Abb. 137), die 1535 von Schülern des Vasco de la Zarza gebaut wurde. Die Fassade, die mit ihrer klotzigen Schwere die Erinnerung an mittelalterliche Burgen heraufbeschwört, ist mit ihrer überreichen Zier von Wappen und Waffen, Greifen und Grotesken, Blumengewinden und Medaillons zwar Aushängeschild eines protzigen Adelsstolzes, aber dies doch im Schmuck des plateresken Stils. Dieser zeigte sich bereits in der 1516 gestifteten Kapelle des MOSÉN RUBÍ DE BRACAMONTE bei der Puerta del Carmen an. In ihr ist das spätgotische Altarhaus in der Form eines griechischen Kreuzes mit Rippengewölbe in einer fast verblüffenden Harmonie mit einem kurzen Renaissance-Schiff mit Säulenpaaren zusammengespannt. Die kurzen Kreuzesarme umgeben den quadratischen Altarraum in Trapezform, so daß ein großer einheitlicher Raum entsteht. Das Rippengewölbe der Decke erinnert an ein Feuerwerk, bei dem die Lichterbahnen vom Scheitelpunkt aussprühen, um etwas tiefer ein zweites Mal in sternförmige Lichtschirme aufzubrechen.

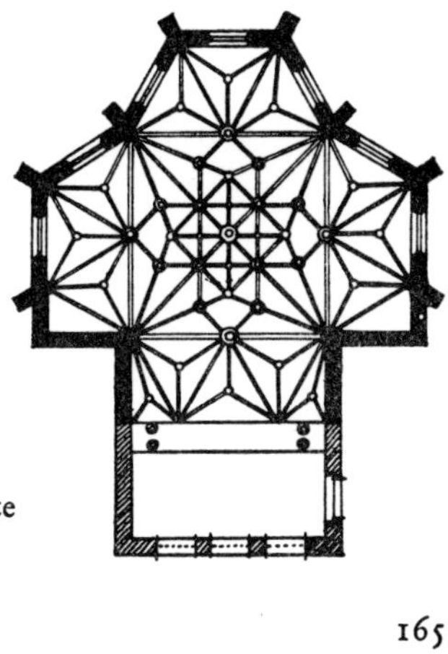

Avila, Grundriß der Kapelle Mosén Rubí de Bracamonte (Chueca)

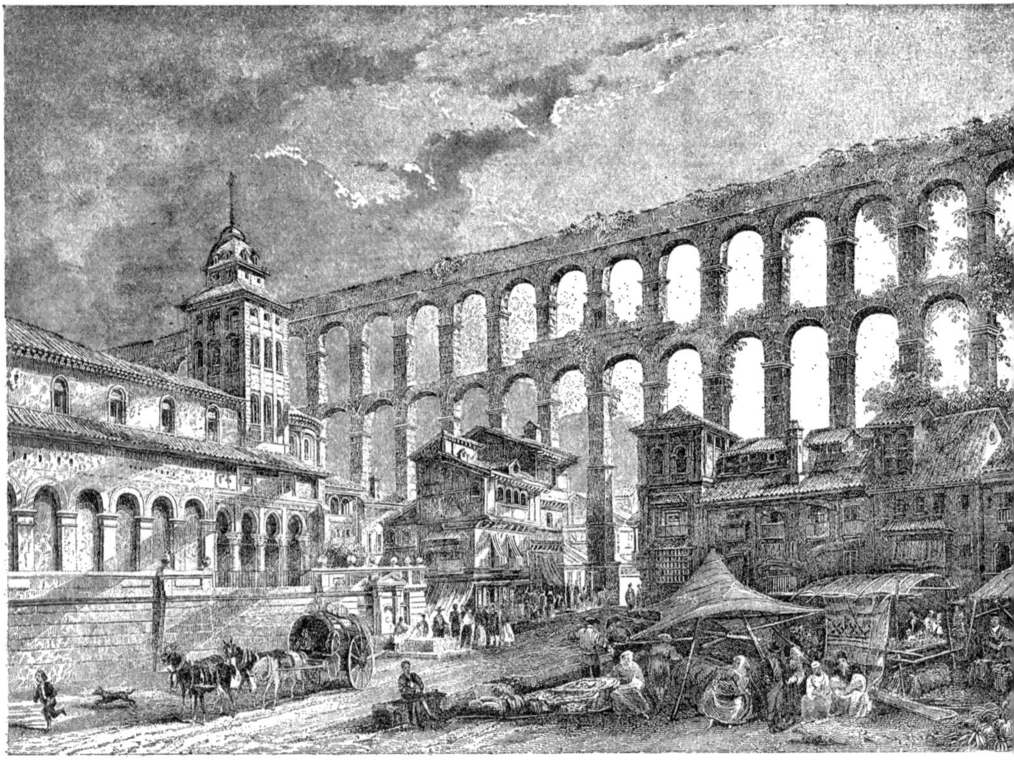

Der Aquädukt von Segovia. Alter Stich

Segovia

Segovia ist heller, freundlicher, lebensfreudiger als Avila. Seine Lage auf einem Bergkegel, der von zwei Flüßchen nahezu umflossen wird, erinnert an Toledo. Wenn aber Toledo ein Mittelpunkt ist, der sammelt und einschließt, ist Segovia trotz seiner Mauern ein Kreuzungspunkt, an dem der Verkehr sich teilt. Während auf dem höchsten Punkt Toledos der Alcázar den Ton angibt und die Kathedrale im Herzen der Stadt eingebettet liegt, beherrscht in Segovia die Kathedrale das Bild, wogegen der Alcázar zu seinem Rand hin abfällt (Ft. 9). Toledo wird durch die Absolutheit und Konzentration eines Kristalls gekennzeichnet. Dagegen ist Segovia Teil seiner Landschaft. Es lebt mit der Natur seiner Getreidefelder, seiner Wälder und der nahen Sierra, die den Goliarden und Erzpriester de Hita, Juan Ruiz († 1350), zu seinem ›Libro del Buen Amor‹ inspirierte. Toledo ist ein Kompendium der Geschichte mit vielen Kapiteln, Segovia eine bunte Chronik, die zwar in grauer Vorzeit beginnt, im wesentlichen jedoch über Menschen und Dinge des Mittelalters fabuliert. Toledo riecht nach Weihrauch, Segovia nach Gras und Laub. Beide Städte schenken das Erlebnis des Lichtes, das über ihnen klarer, kräftiger und aktiver als anderswo leuchtet, doch ist schwer zu entscheiden, wo das Lichtfest größer ist, in Toledo oder in Segovia? Das Schwärmen für Segovia wird leicht gemacht; es erneuert sich bei jedem Aufenthalt.

Der Auftakt könnte nicht bezaubernder sein: der RÖMISCHE AQUÄDUKT. Die baufreudigen Römer hinterließen in Spanien nichts Schöneres. Ihr technisches Genie verband sich hier mit Sinn für Ästhetik. So kam ihrem ›Puente‹ von Segovia zu Recht das Kompliment zu: »Venus von Milo der Römer«. Errichtet wurde er in der zweiten Hälfte des 1. Jahrhunderts oder zu Beginn des 2. Jahrhunderts nach Christus, sei es unter Vespasian oder Trajan. Er erstreckt sich über 728 Meter, zählt 118 Bogen, verläuft über 276 Meter zweistöckig und überquert die Talsohle in einer Höchsthöhe von 29 Metern. Er ist aus Granitblöcken gefügt, die ohne Mörtel übereinander geschichtet sind. Diese 'primitive' Bauweise hat fast zweitausend Jahre überdauert. Sie überstand auch einen Maureneinfall, bei dem im Jahr 1071 36 Bogen zerstört wurden. Isabella die Katholische ließ sie 1478–1489 wieder herstellen. Der Aquädukt ertrug bis jetzt auch die Erschütterungen des modernen Verkehrs. Vorsichtshalber wurde er vor kurzen durch Zementspritzen verstärkt. Zu gleicher Zeit wurde sein Kanal so ausgebessert, daß er wie in früheren Jahrhunderten wieder Wasser leiten kann.

Der Abriß einiger Häuser in jüngster Zeit erlaubt eine grandiose Breitansicht. Doch gehört zum Aquädukt, daß er im Gehen genossen wird, aus der Ferne (Abb. 139), aus nächster Nähe (Abb. 140), unmittelbar von unten, aus halber Höhe und von oben her. Man muß an ihm entlang visieren und sich zwischen seinen Säulen ergehen. Es gereicht zur innigen Freude, zu seinen Füßen Kaffee zu trinken, den Verkehr zu beobachten oder vom berühmten Hexenhäuschen des ›Wirts von Kastilien‹, Cándido, zwischen Flußkrebsen und Lammkeule durch die Butzenscheiben nach ihm zu linsen und mit ihm Zwiesprache zu halten. Dabei mag man darüber schmunzeln, daß er von einigen mit einem hohen spanischen Kamm, von andern mit einem vielgliedrigen Halsschmuck und von dritten mit einer Hohlsaumarbeit verglichen wurde.

Dem hoch stimmenden Introitus des Aquädukts folgt am besten das vielstimmige Gloria der KATHEDRALE (Abb. 144). Sie ist Spaniens letzte gotische Kathedrale und als solche geradezu ein Anachronismus. Denn ihr Grundstein wurde im Jahr 1525 gelegt, als in Italien die Renaissance in voller Blüte stand. An ihr wurde 1563 gebaut, als hundert Kilometer weiter der frühbarocke Escorial begonnen wurde. Als dieser 1584 seinen Schlußstein erhielt, war die Kathedrale noch Baustelle und dies bis 1620. Die Kathedrale von Segovia ist nicht nur ein Nachzügler in der Nachhut der Gotik, sondern auch ihre Spätlese, voll Süße und Würze.

Erste Baumeister waren Juan Gil de Hontañón, der auch an der verwandten Neuen Kathedrale von Salamanca mitbaute, und García de Cubillas. Ihnen war die Aufgabe gestellt, die im Comuneros-Aufstand von 1520/21 fast zerstörte alte Kathedrale vom Beginn des 13. Jahrhunderts durch einen Neubau zu ersetzen. Ihr Plan einer dreischiffigen Kirche mit Kapellenreihen, Laufgang unter den Fenstern nach Art eines Frieses, Chorumgang und Kapellenkranz wurde von Juan Gil de Ontañón bis zu seinem Tode im Jahr 1526 und dann von García de Cubillas bis zu den ersten Pfeilern

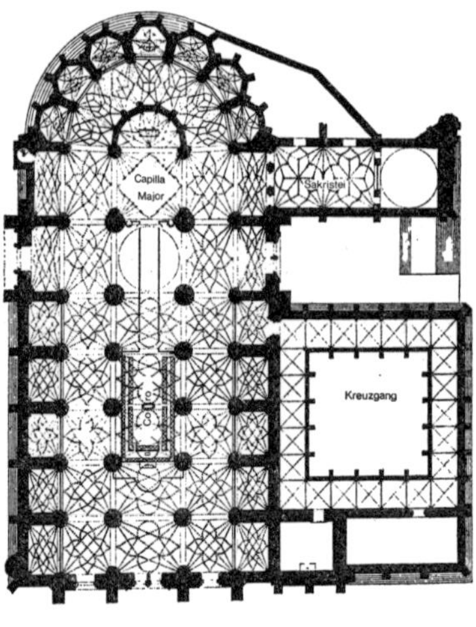

Segovia, Grundriß der Kathedrale (Steet)

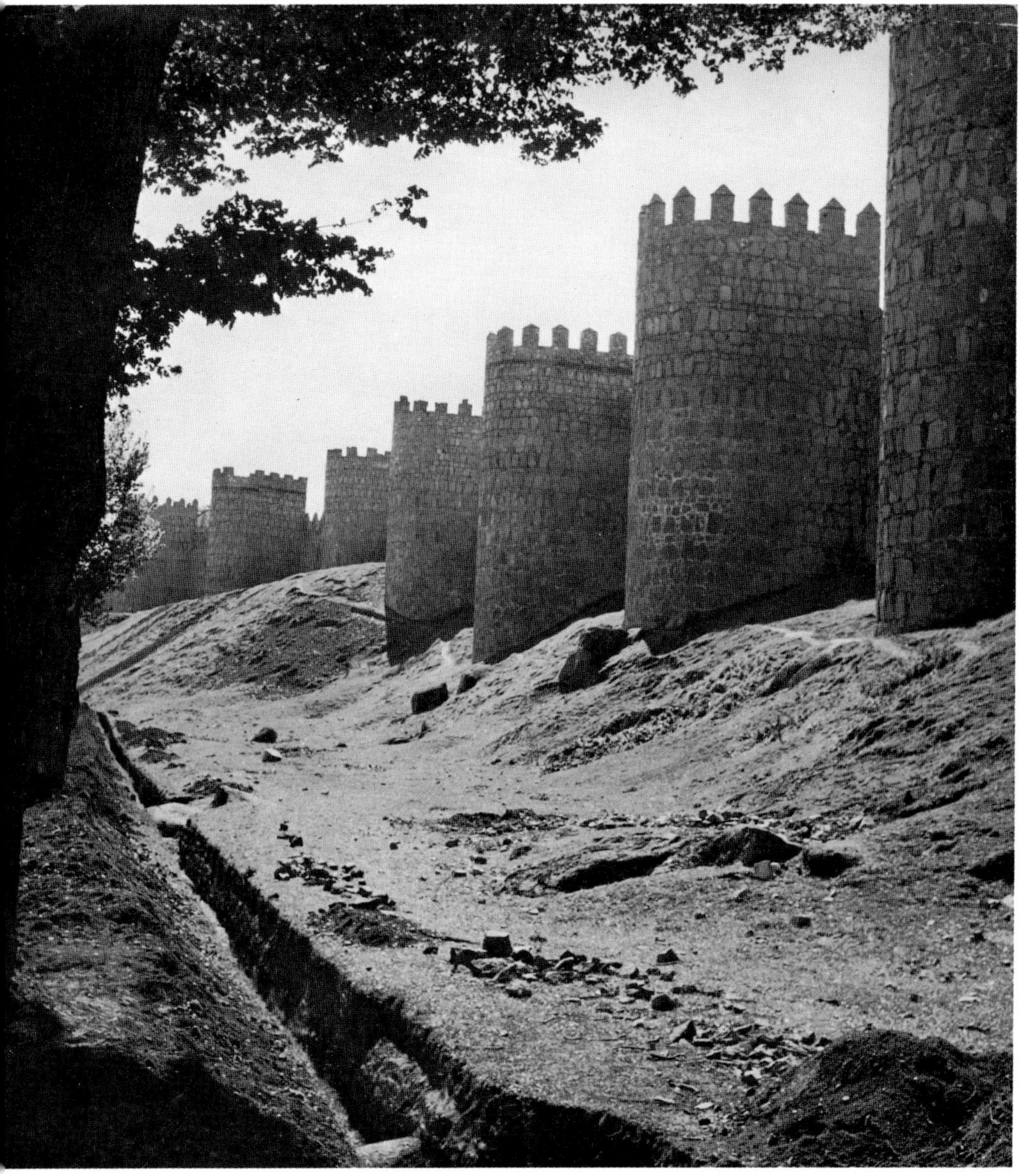

Das mauerumgürtete AVILA

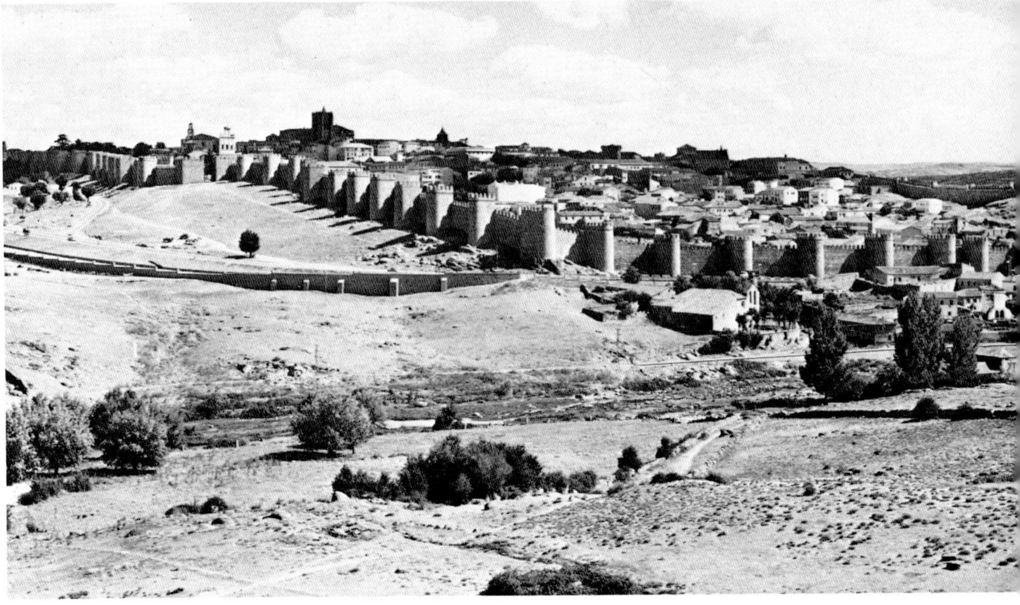

116 AVILA Blick auf die Stadt

118 AVILA, San Vicente *Verkündigung* vom Südportal. Ende 12. Jh. Terrakotta

117 AVILA, Kloster Santo Tomás Kreuzgang der Könige

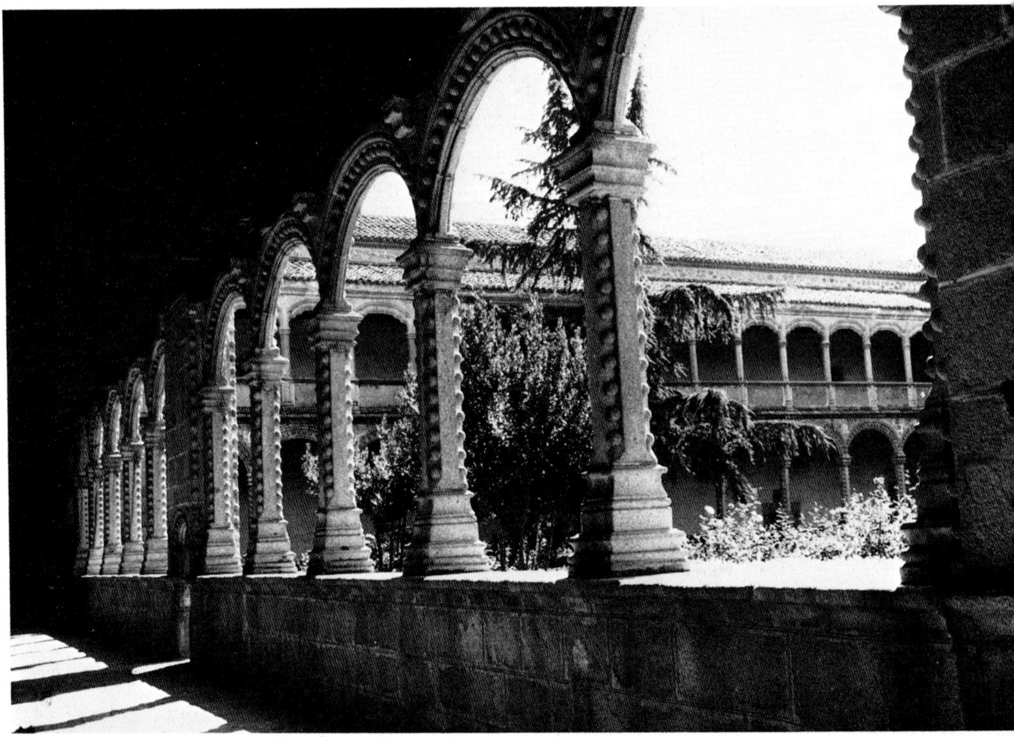

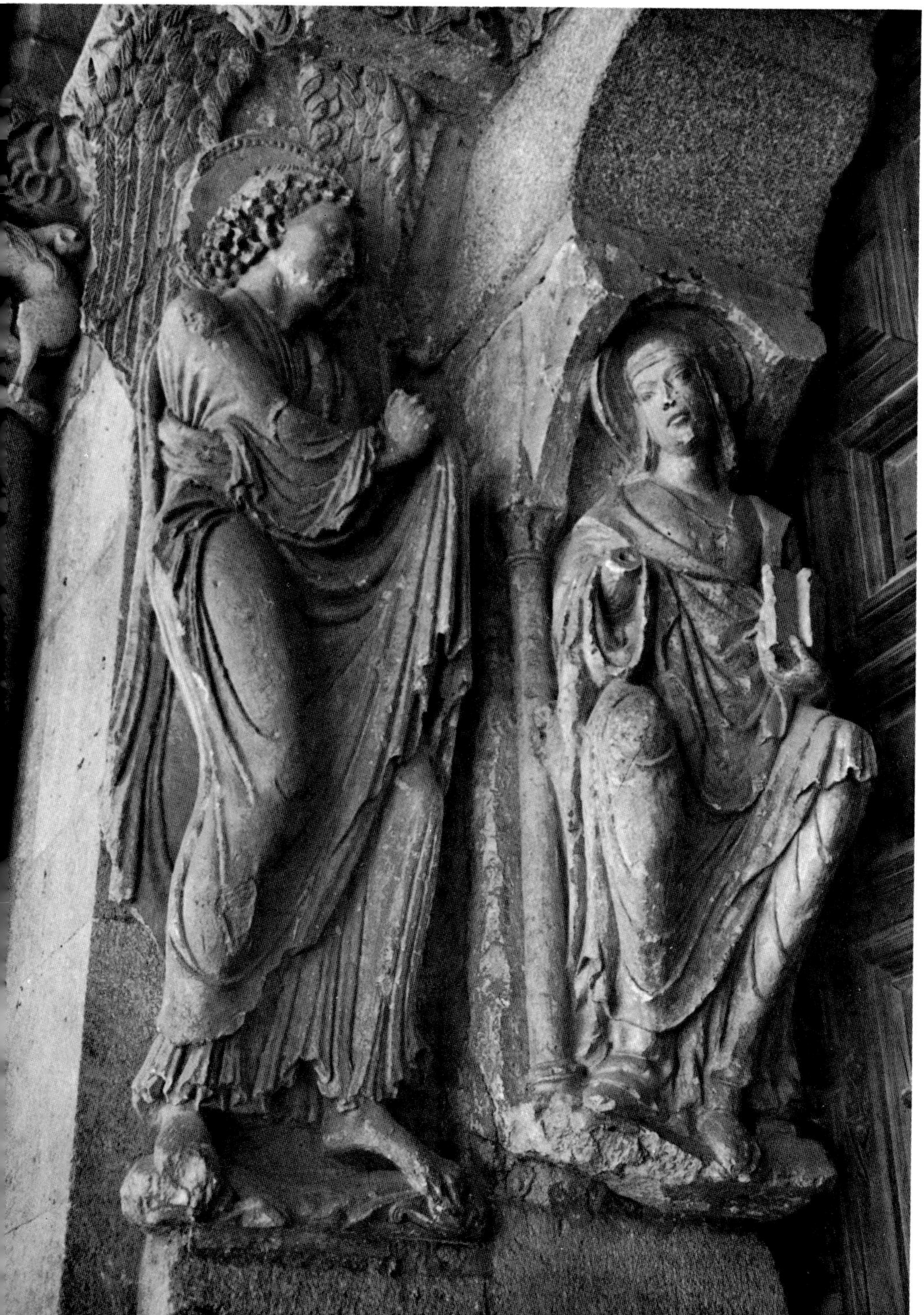

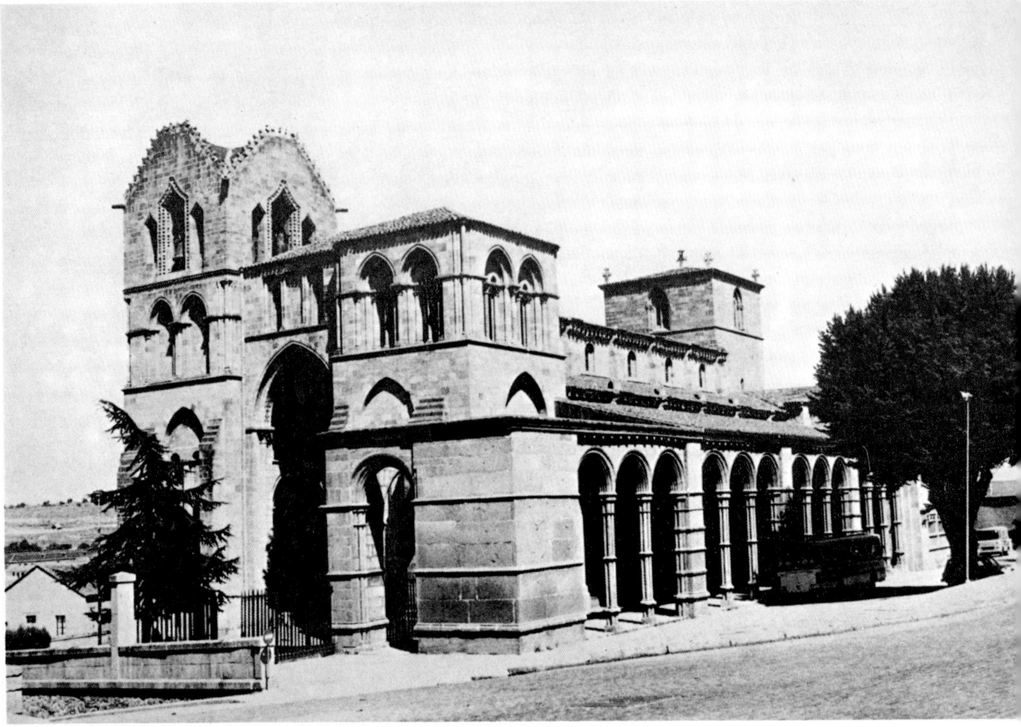

119 AVILA San Vicente

120 AVILA, San Vicente Romanisches Hauptportal

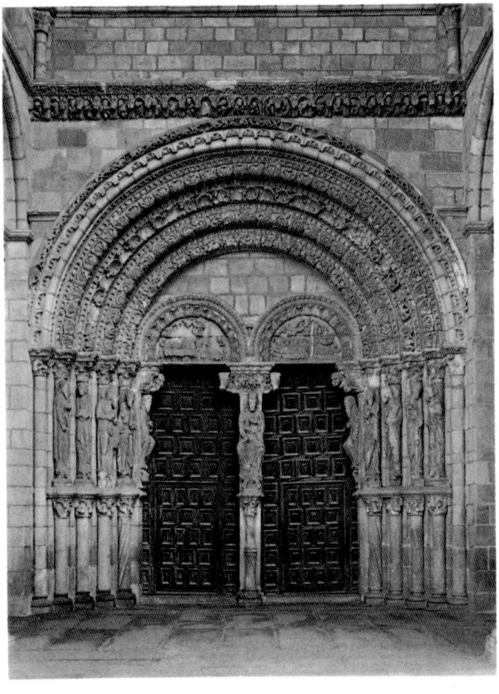

121 AVILA, San Vicente Kircheninneres

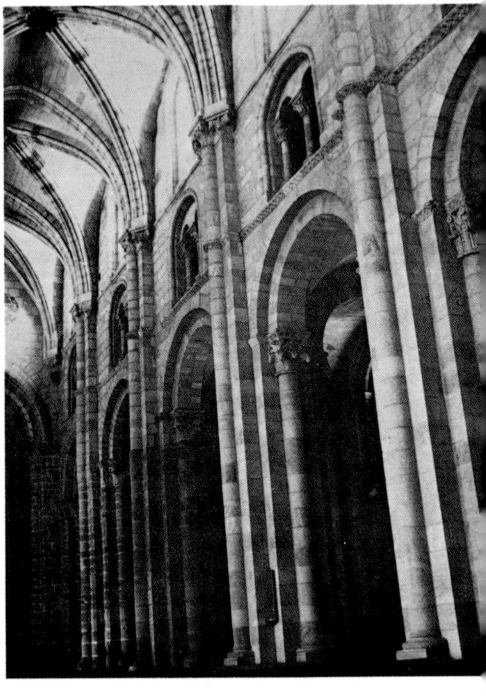

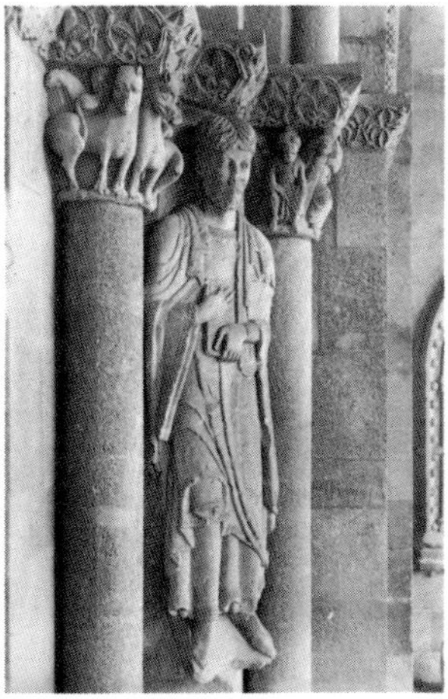

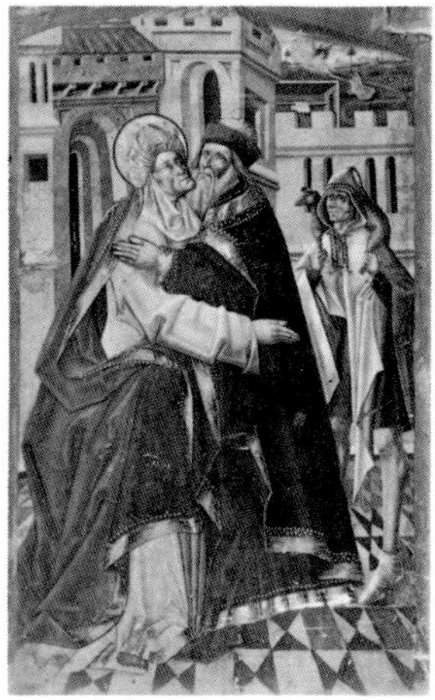

2 Kirchenpatron vom Südportal

3 Meister von Avila, Begegnung an der Goldenen Pforte. 15. Jh.

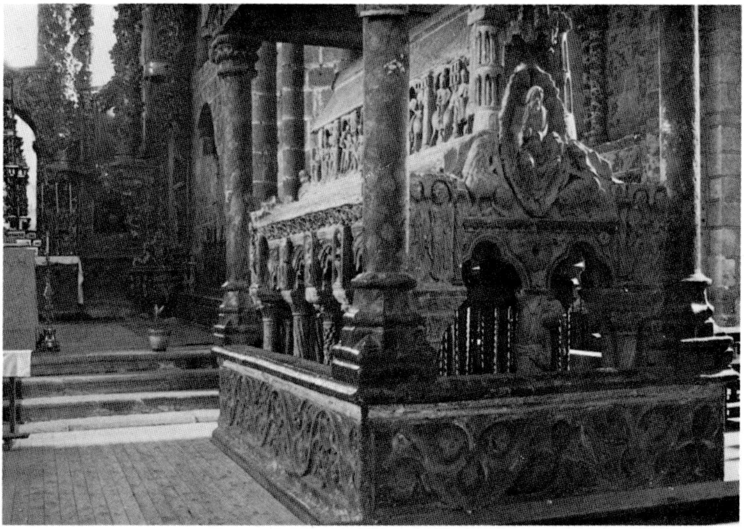

Grabmonument des San Vincente

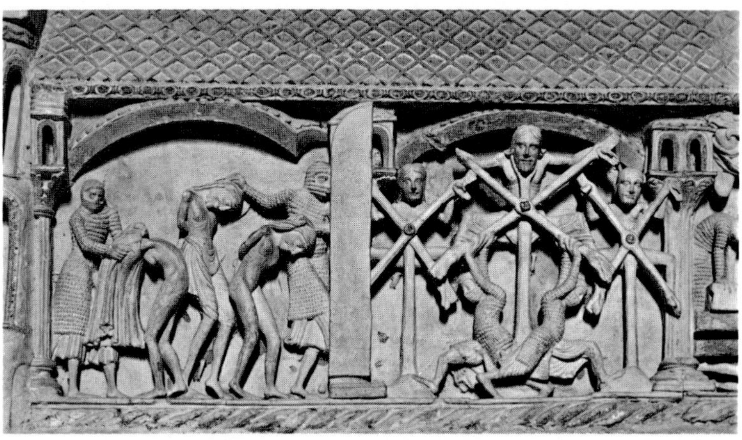

Marter des San Vincente. Detail des Grabmals

AVILA
Kathedrale San Salvador

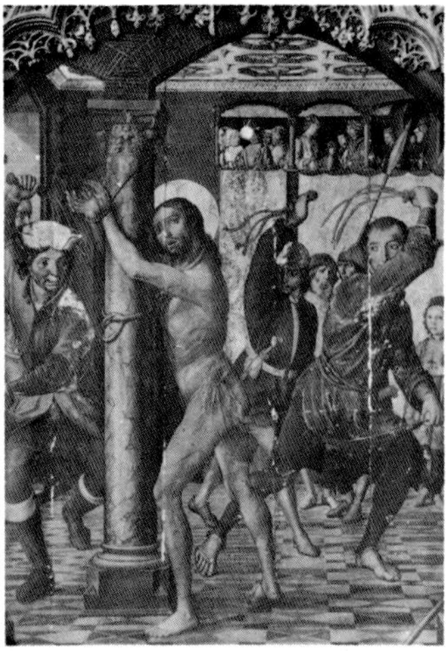
126

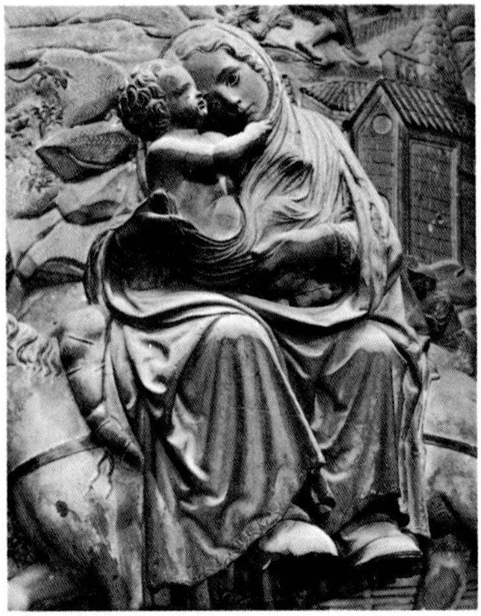
127

126 Pedro Berruguete (um 1450–1504), Geißelung

127 Juan Rodríguez, Maria auf der Flucht (Detail). 1536

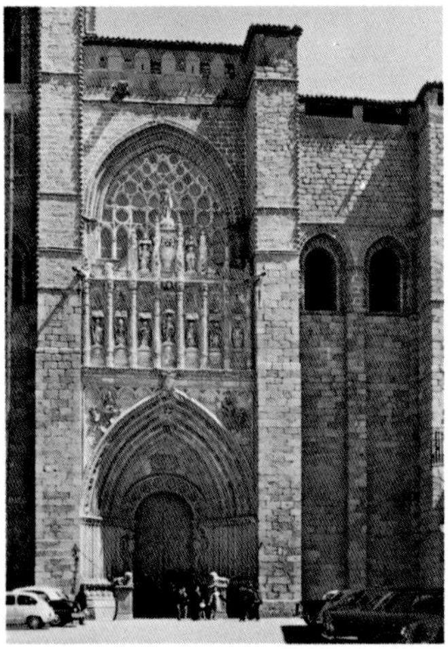
128

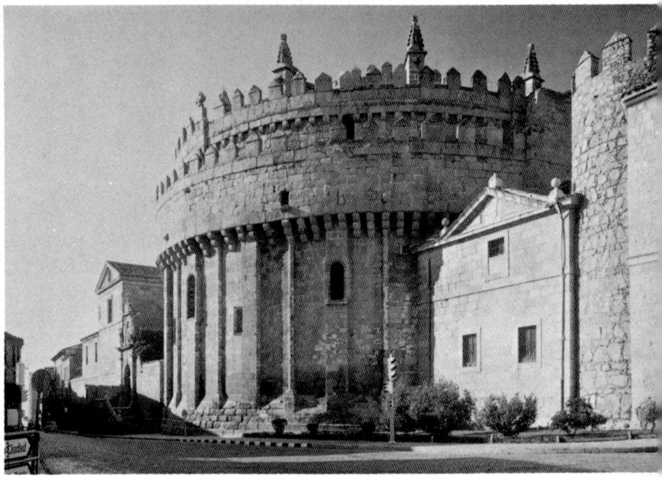
129

130

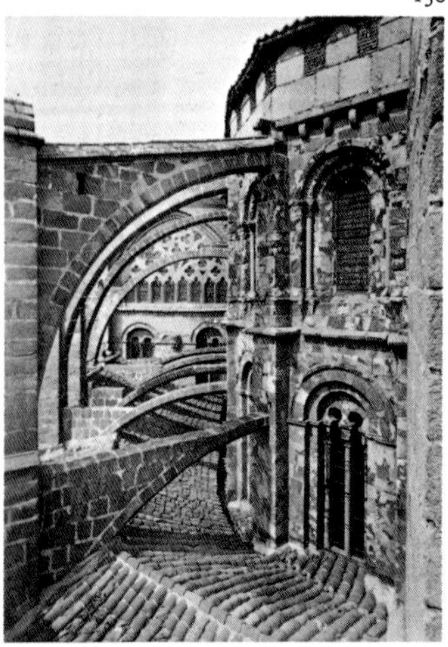

131

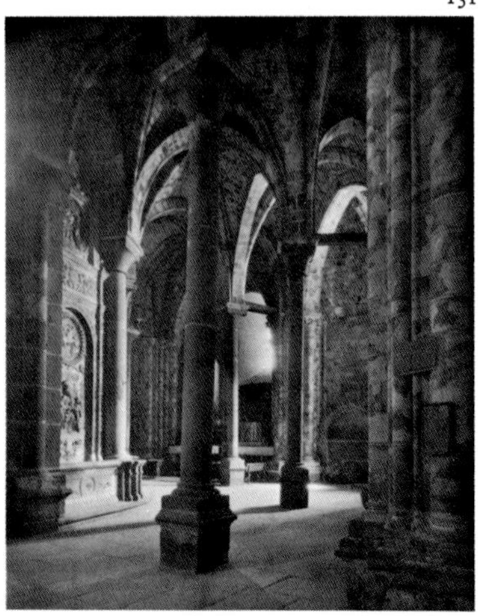

128 Hauptportal

129 Die in die Stadtmauer einbezogene Apsis

130 Strebepfeiler

131 Chorumgang

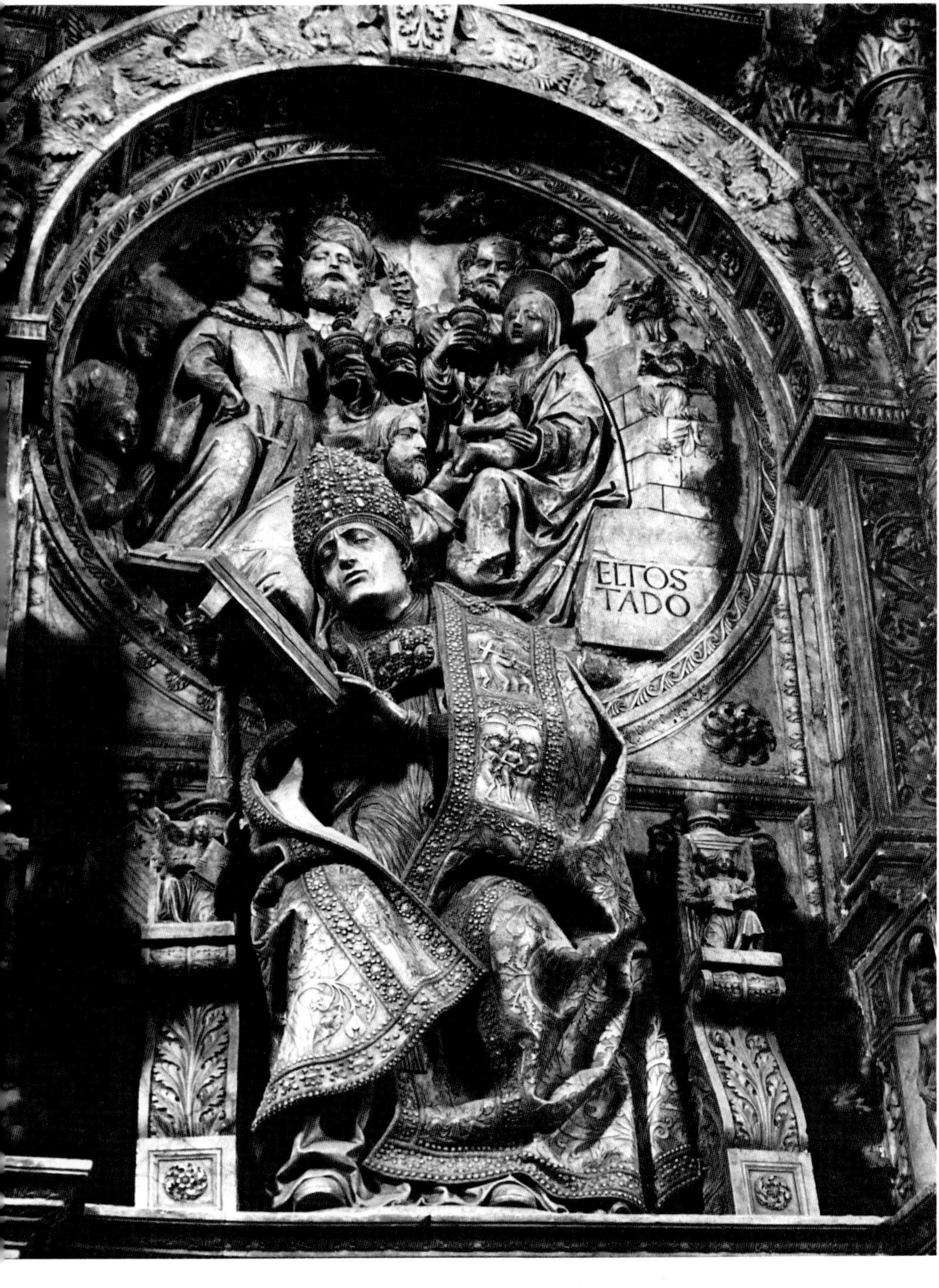

2 AVILA, Kathedrale Grabmal (1518) des Bischofs Alonso de Madrigal, 'el Tostado' († 1455)

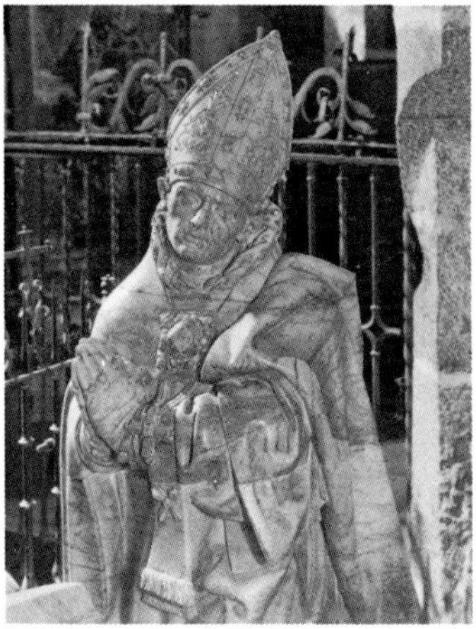

133 AVILA, S. Segundo Juan de Juni (1507–1577), Marmorstatue des hl. Segundus

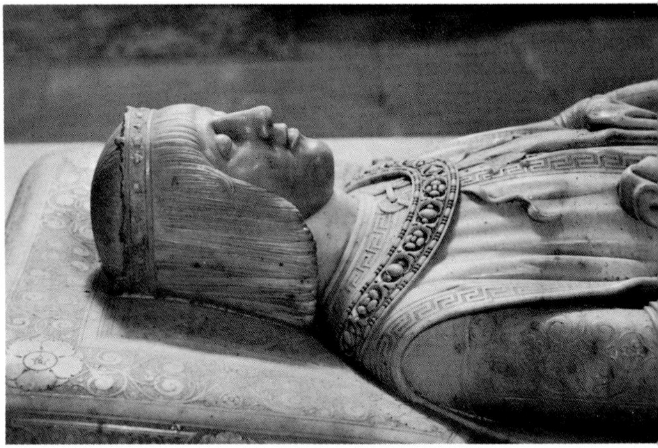

134 AVILA, Santo Tomás Grabmal des Infanten Juan von Kastilien (1478–1497)

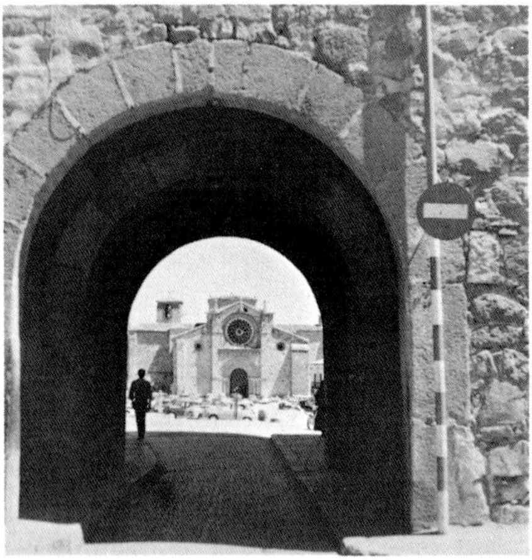

135 AVILA Durchblick zur romanischen Kirche San Pedro

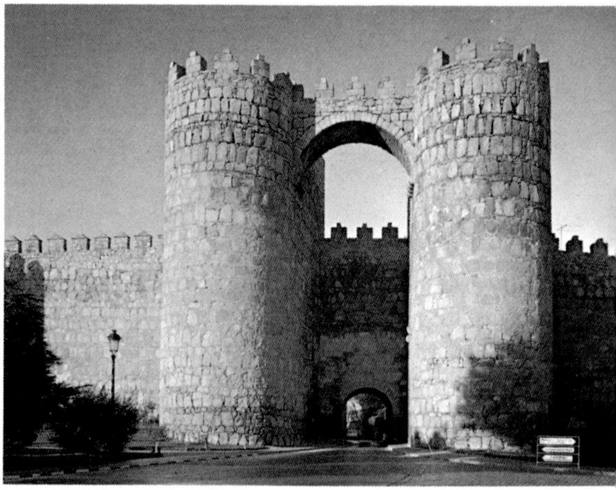

136 AVILA Puerta San Vicente

137 AVILA Innenhof der ›Mansíon de los Polentinos‹

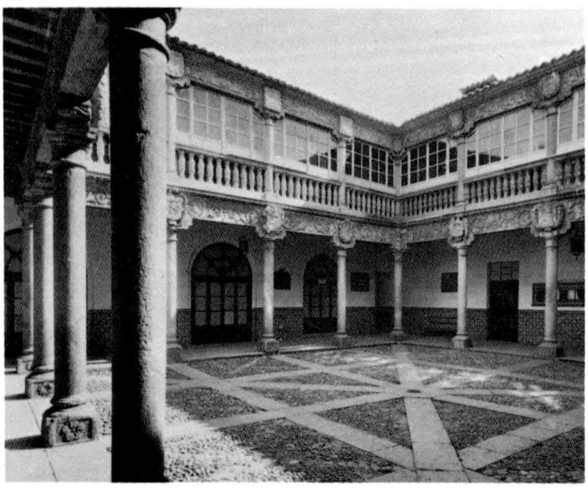

138 AVILA Iberischer Eber

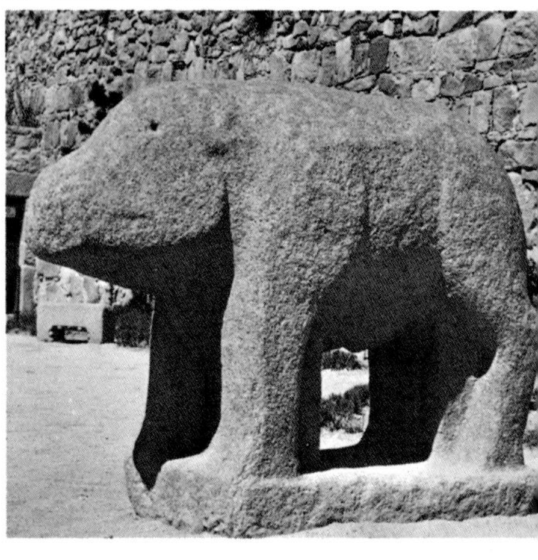

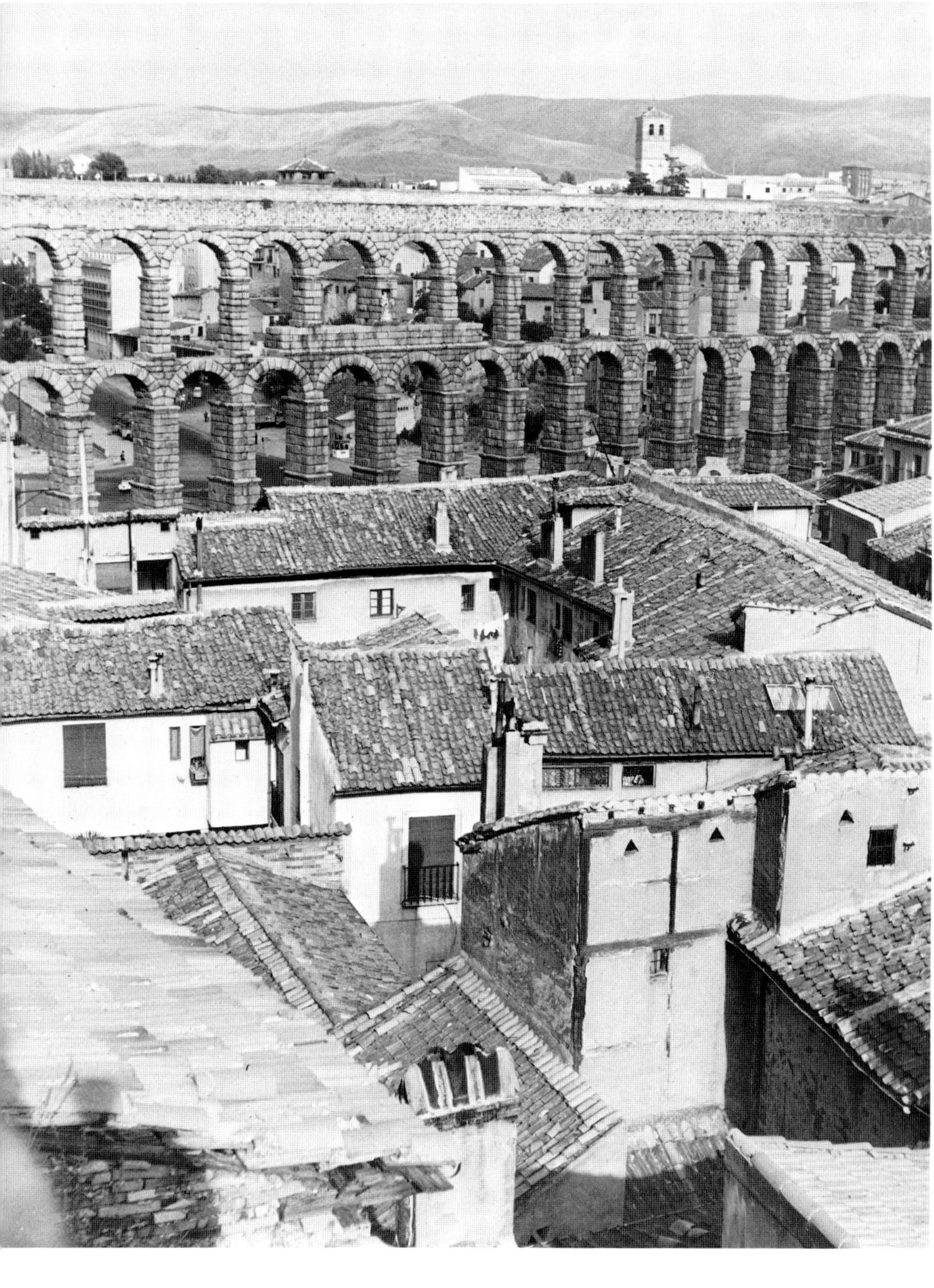

SEGOVIA Blick über die Dächer auf den römischen Aquädukt, der um das Jahr 100 n. Chr. erbaut wurde

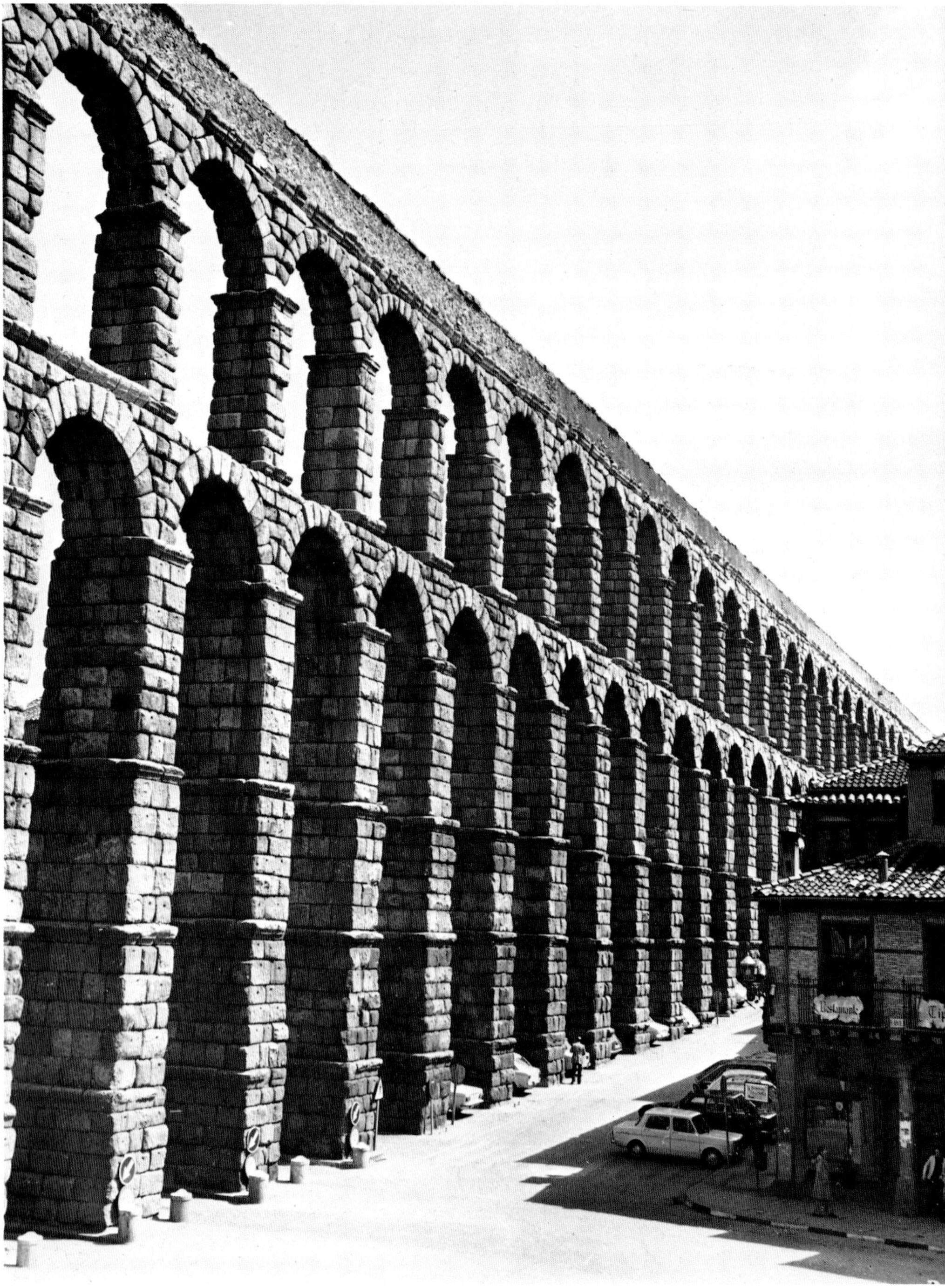

 SEGOVIA Der römische Aquädukt. Rechts das ›Mesón de Cándido‹

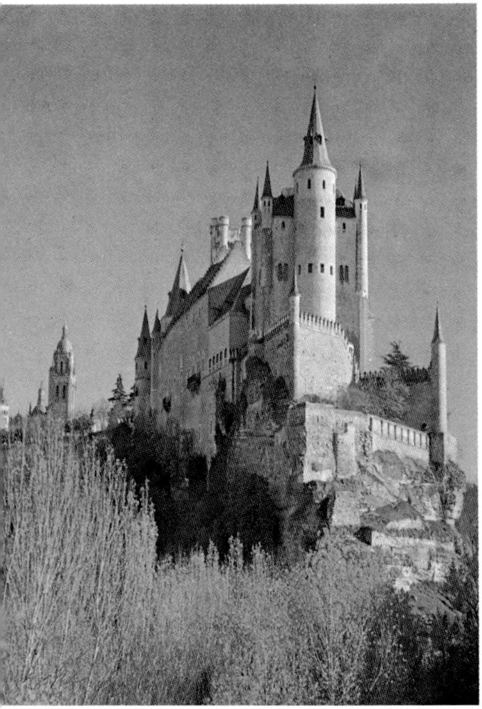

SEGOVIA Der Alcázar

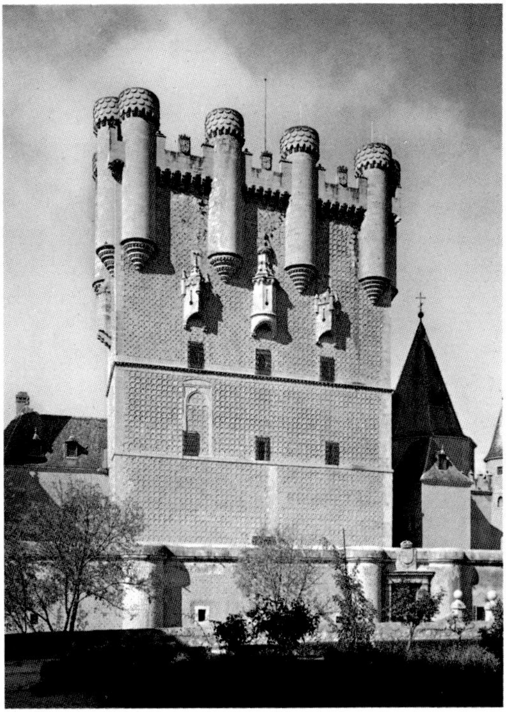

142 SEGOVIA Bergfried im Alcázar

SEGOVIA Templerkirche Vera Cruz, 1208 eingeweiht. Im Hintergrund der Alcázar

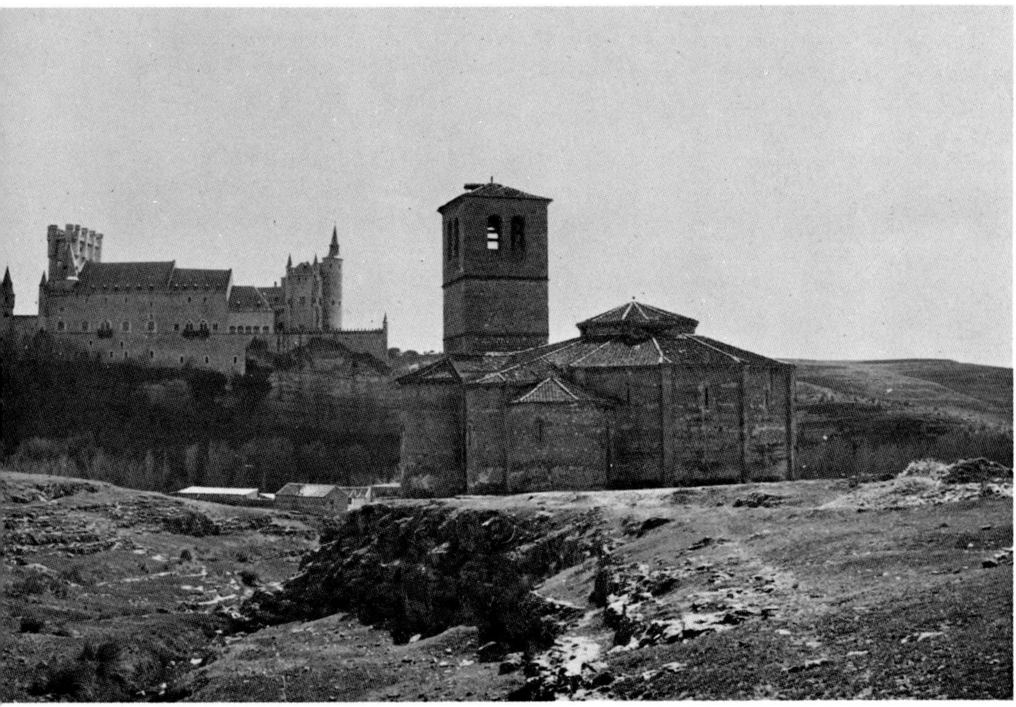

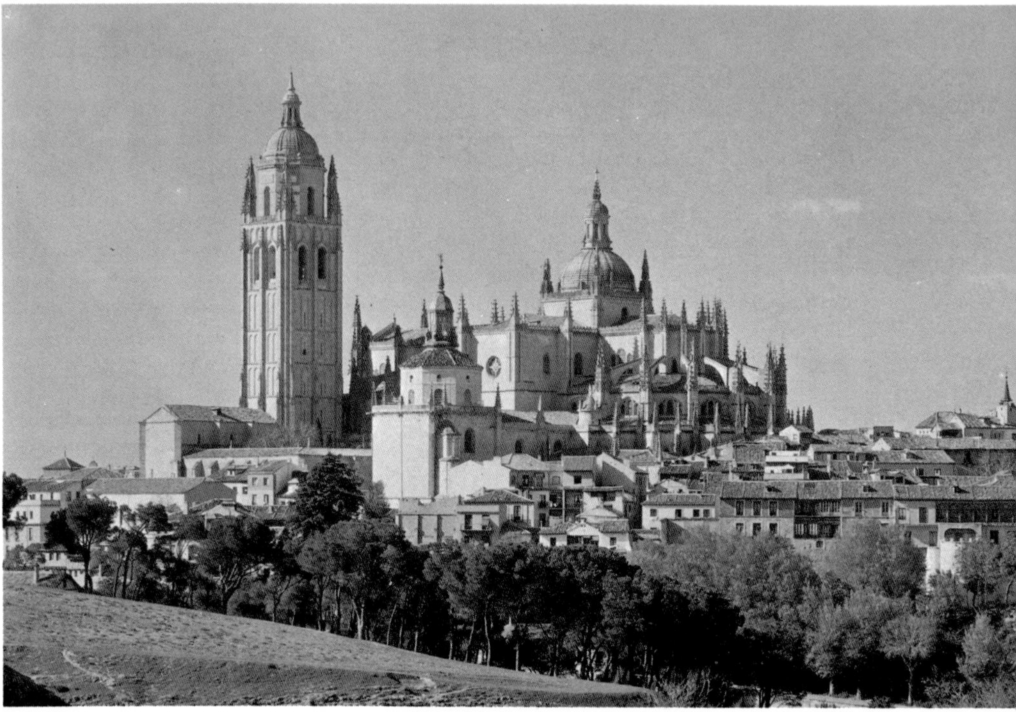

144 SEGOVIA Blick auf die Kathedrale

145 SEGOVIA, Museum der Kathedrale
Grabmal des kleinen Don Pedro († 1336)

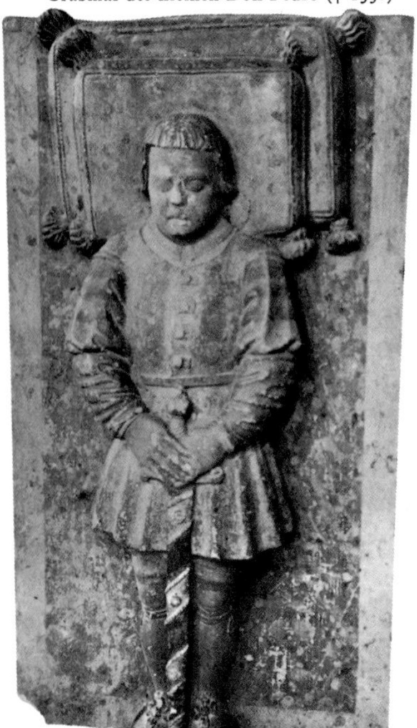

146 SEGOVIA, Museum der Kathedrale Pedro Berruguete (um 1450–1504
Messe des hl. Gregor

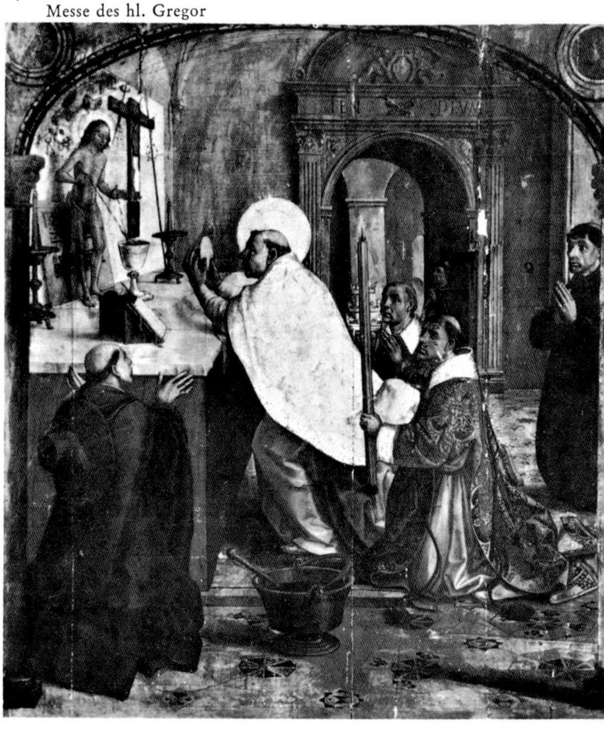

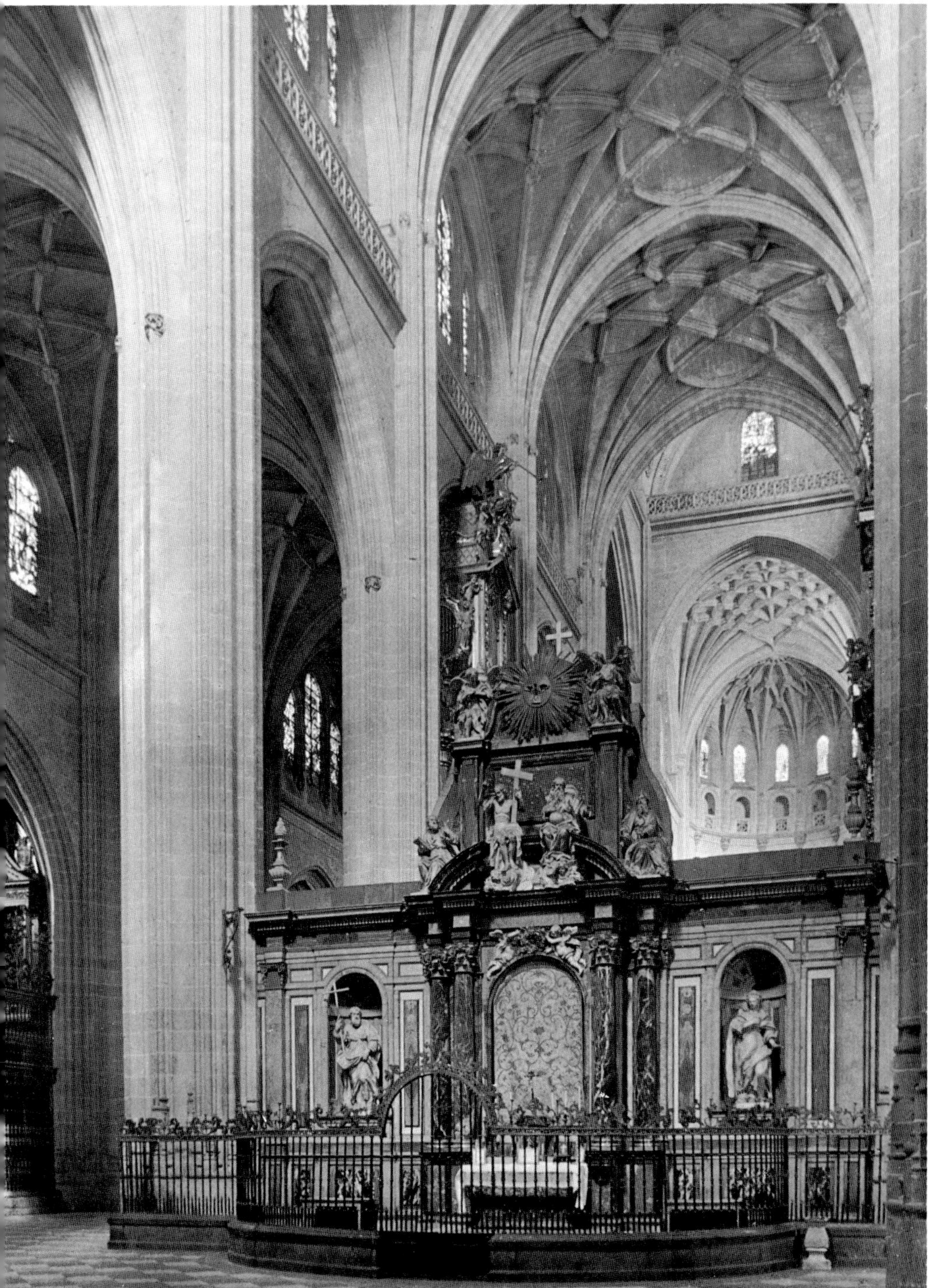

7 SEGOVIA Innenraum der Kathedrale

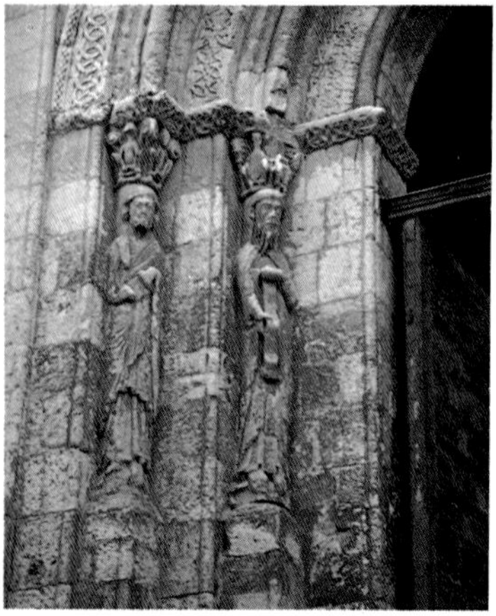

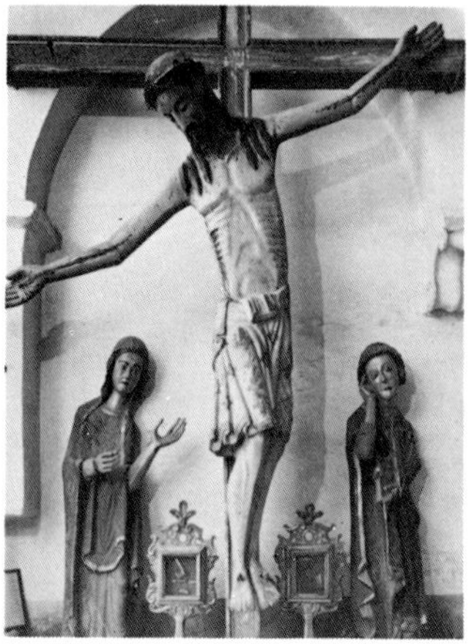

148 San Esteban, Romanische Figuren vom Portal

149 San Esteban, Kreuzigungsgruppe. 13. Jh.

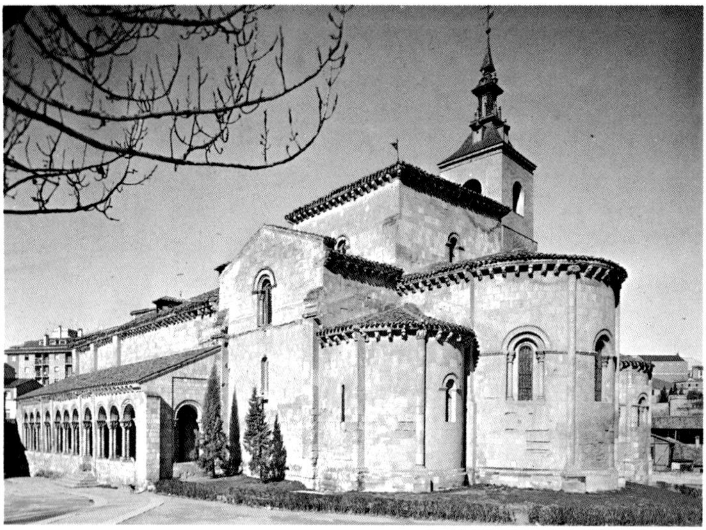

150 San Millán, 1111–1123

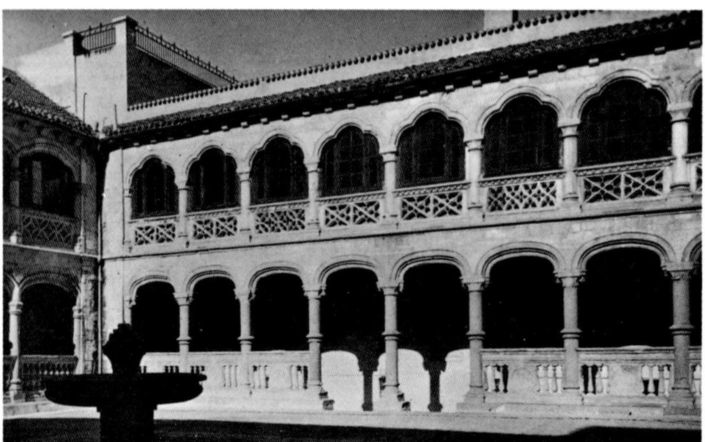

151 Innenhof des Klosters San Francisco, heute Artillerie-Akademie

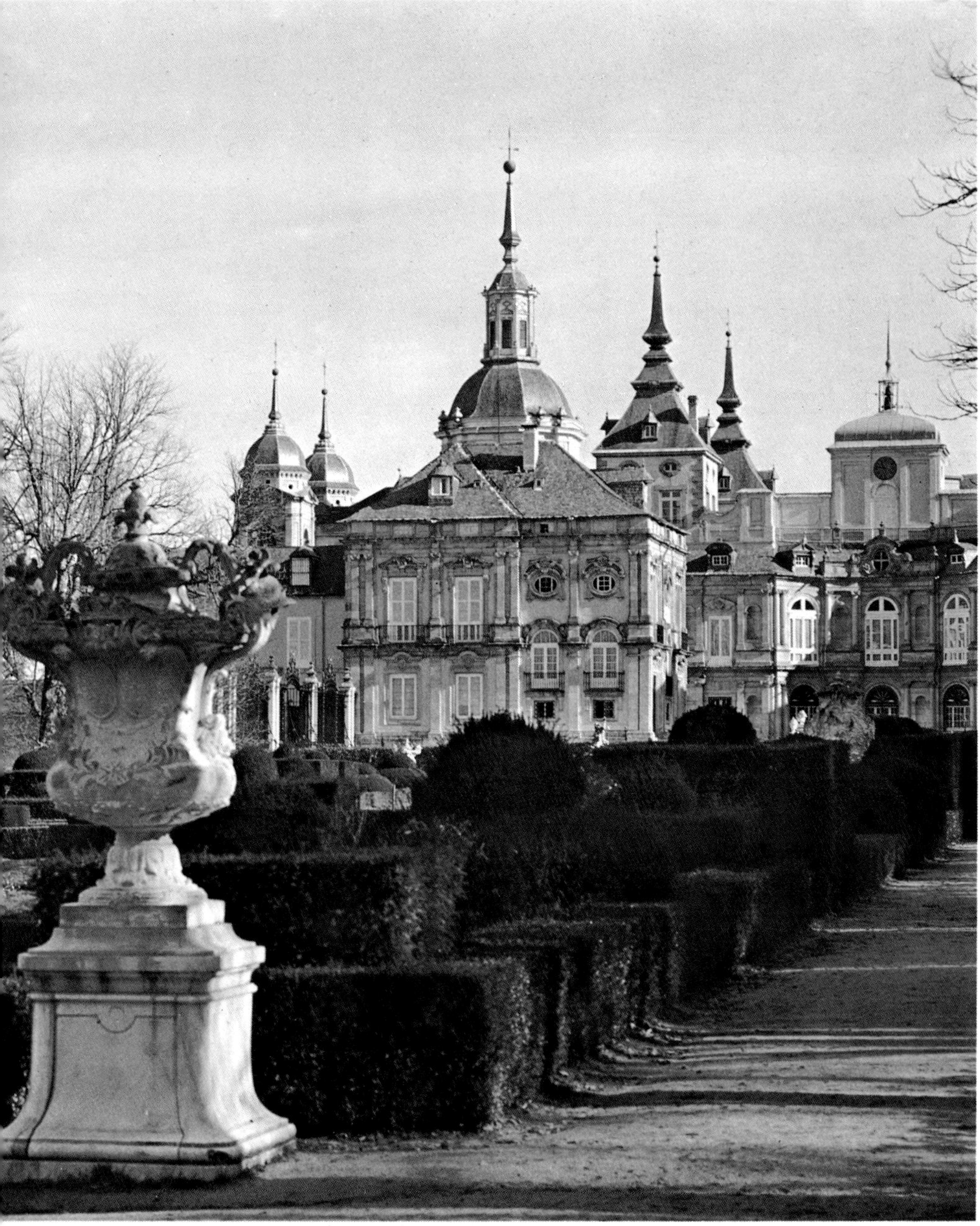

LA GRANJA bei Segovia. Das Bourbonenschloß. 1719–1734

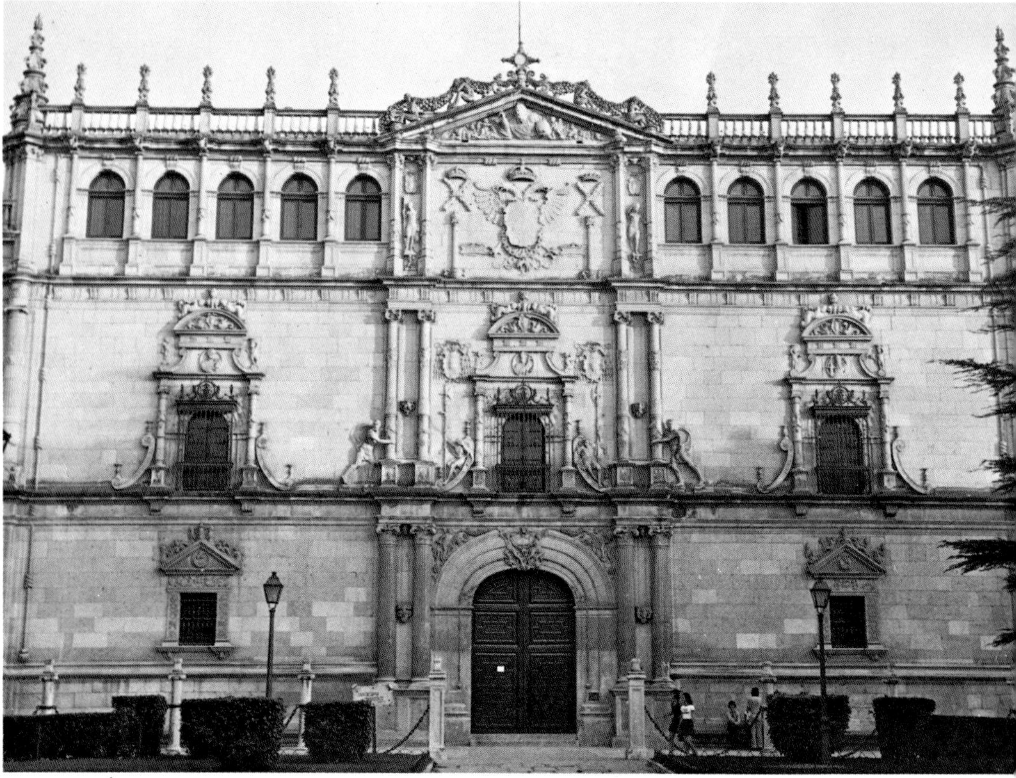

153 ALCALÁ DE HENARES Platereske Fassade der Universität (1543–1583)

154 ALCALÁ DE HENARES, Universität Hof des hl. Tomás de Villanueva (1662)

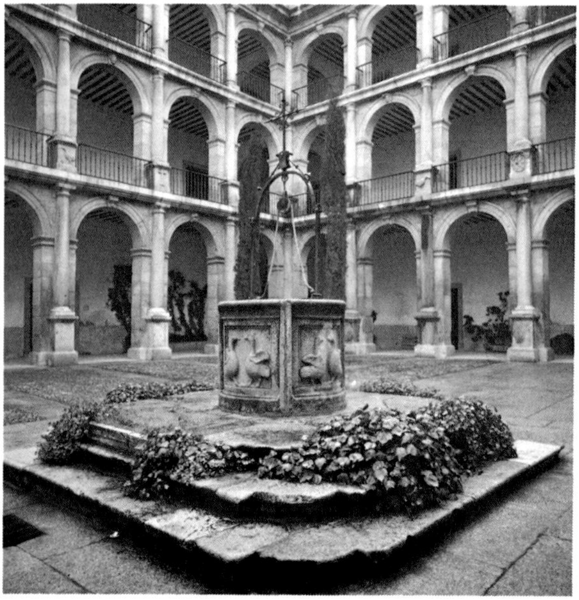

155 ALCALÁ DE HENARES Barockwappen a Erzbischöflichen Palais

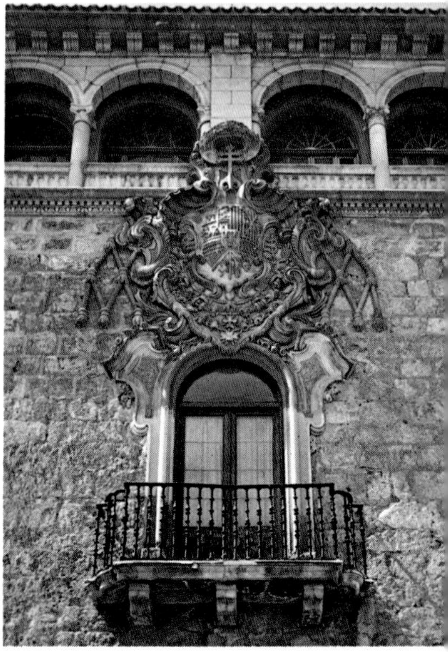

der Vierung vorangetrieben. 1558 wurde die Kirche, der noch Vierung und Chorumgang fehlten, feierlich eingeweiht. 1563 legte Juan Gils hochbegabter Sohn Rodrigo Gil († 1577), als »einer der fruchtbarsten Meister der spanischen Architektur aller Zeiten« (Camón Aznar) gerühmt, den Grundstein für den polygonalen Chorumgang mit seinen sieben Kapellen. Er blieb der gotischen Tradition der Sterngewölbe treu, doch brach die Renaissance in zahlreichen Details und in der Grundkonzeption durch. Ebenmaß und Harmonie waren für Rodrigo Gil ein Hauptanliegen. Er vertrat eine Proportionalität der architektonischen Elemente nach denen des menschlichen Körpers. Das ausgewogene Verhältnis der Teile unter sich und zum Ganzen, ein der Renaissance teures Prinzip, wurde von Rodrigo Gil konsequent angewandt. Gerade daraus resultieren die Klarheit und Harmonie der Kathedrale, ihre Helligkeit, Festlichkeit und Eleganz.

Als Rodrigo Gil im Jahr 1577 starb, ohne die Vierung geschlossen und alle Kapellen des Chorumgangs vollendet zu haben, konnte sein Nachfolger Juan de Mugaguren, der 1615 die Vierung mit einer Kuppel im Herrera-Stil krönte, daran nichts Wesentliches mehr ändern. Er setzte außerdem dem Turm, der seine Spitze durch Blitzschlag verloren hatte, eine Kuppelmütze auf. Rodrigo Gils architektonische Grundlinien behaupten sich auch gegen den überschäumenden Spätbarock der von hoher Kuppel überragten ›Capilla del Sagrario‹, der Sakramentskapelle. Für sie zimmerte ein ferner Vorfahre des katalanischen Antoni Gaudí, der aus Katalonien stammende José Benito de Churriguera (1665–1725), ein goldstrotzendes, formenüberladenes Retabel, in dem der spanische Barock zum ›Churriguerismo‹ wurde. Aus noch späterer Zeit stammt der Trascoro (1783–84) von Hubert Dumandré, der schon französisch klassizistische Töne anschlug (Abb. 147), und der Hochaltar (1798) des Italieners Sabatini, über dem die Stadtpatronin ›Virgen de la Paz‹, eine Elfenbeinarbeit des 14. Jahrhunderts, thront. Der fertige Bau mißt eine Länge von 105 Metern. Das Mittelschiff hat eine Breite von 13,2 Metern, wogegen die Seitenschiffe je 9,8 Meter breit sind. Ihre Höhe von 33 Metern erreicht jene von Notre-Dame in Paris und der Kathedralen von Toledo, Burgos, León und Palencia. Die Vierung steigt bis zu 67 und der Turm bis 105 Meter Höhe.

Es spricht für den haushälterischen Sinn der Segovianer, daß sie von den Ruinen ihrer alten Kathedrale soviel wie möglich in die neue retteten, so vor allem den Kreuzgang, den kein Geringerer als Juan Guas zwischen 1472 und 1475 gebaut hatte, das spätgotische Chorgestühl, das Portal zum Kreuzgang und das kunstvolle Gitter der ›Capilla del Cristo del Consuelo‹. Im Schatz versetzt eine große Zahl wertvoller Gobelins, fast ausschließlich Brüsseler Arbeiten des 16. und 17. Jahrhunderts, in Staunen Die Freunde der Plastik werden nicht versäumen, sich die ›Capilla de la Piedad‹, gleich rechts vom Nordeingang, aufschließen zu lassen. Sie enthält eine *Beweinung Christi* von Juan de Juni. Die heiligen Gestalten sind von der Trauer wie zusammengemäht. Die Gruppe ist eine der letzten Arbeiten (1571) des hochdramatischen Bildhauers, dem Jacopo della Quercia Vorbild war. Sie ist vor einem quadratischen, breit-

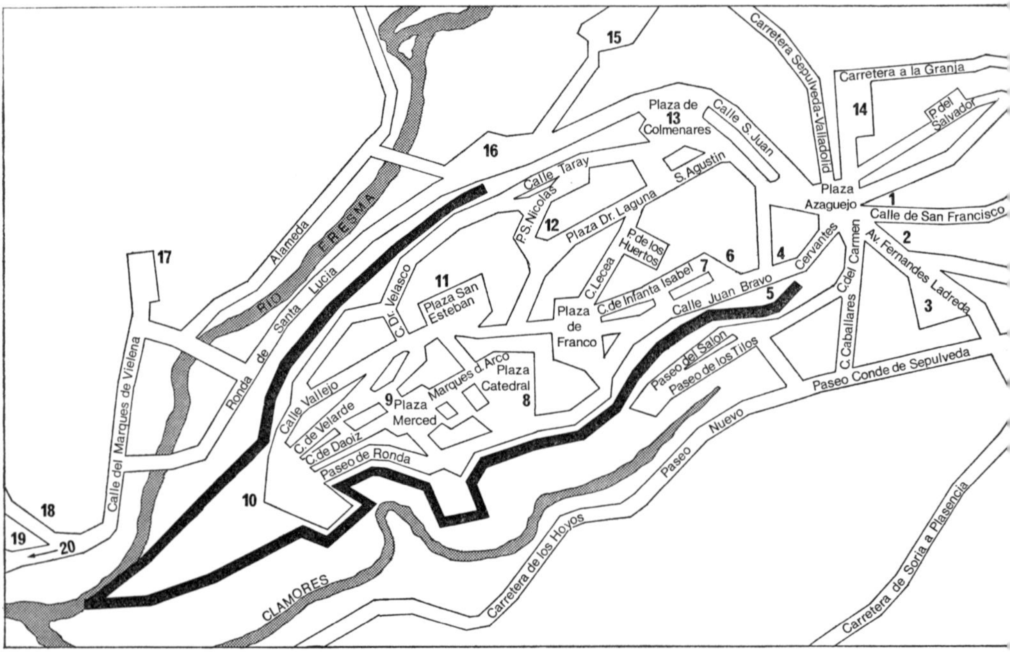

Stadtplan von Segovia

1 Römischer Aquädukt 2 Kirche San Clemente 3 Romanische Kirche San Millán 4 Casa de los Picos 5 Palast der Grafen von Alpuente 6 Stammhaus der Arias Dávila 7 San Martín 8 Kathedrale 9 San Andrés 10 Alcázar 11 San Esteban 12 Kirche La Trinidad 13 San Juan de los Caballeros 14 San Justo 15 Turm der Kirche San Lorenzo 16 Kloster Santa Cruz 17 Kloster El Parral 18 Templerkirche Vera Cruz 19 Kloster der Barfüßigen Karmeliter 20 Wallfahrtskapelle ›La Virgen de la Fuencisla‹

randigen Rahmen aufgestellt, den sie sprengt. Je ein Säulenpaar rechts und links dämmt den Gefühlsausbruch der Trauergesellschaft ein. Zwischen den Säulen stehen auf überhöhtem Postament der Hauptmann Longinus mit der Lanze und der römische Soldat. Wie Sprecher oder der Chor im Theater weisen sie auf die Trauerszene und begleiten sie mit ihrem Mitgefühl. Über dem als Schaukastenbühne angeordneten Ensemble schwebt in einem Medaillon Gottvater, dessen Ausdruck die Vorstellung beschwört: »O Gotteswort – Du Donnerwort!«

Einige hundert Schritte weiter gelangen wir auf abfallender Straße zur dritten Sehenswürdigkeit Segovias, seinem ALCÁZAR. Er gleicht aufs Haar einer Spielzeugburg (Abb. 141). Viele spitze Türmchen, Wehrgänge, Mauerzinnen, Schießscharten, ein Bergfried (Abb. 142), nichts fehlt. Einzigartig ist die herausfordernde, uneinnehmbare Lage. Sie gibt dem Bollwerk vom Tal aus gesehen die Ansicht eines Schiffsbugs.

Romantischer geht es nicht! Alfons VI., König von León und Kastilien (1040–1109), errichtete die Burg über alten Ruinen. Heinrich IV., der Impotente (1425–1474), baute sie aus. Für die Innenausstattung zog er maurische Künstler heran. Sie statteten unter anderen den Thronsaal mit einer achteckigen Kuppel und die ›Sala de Piñas‹, den Saal der Pinienzapfen, mit arabischen Dekorationsmustern in den Farben Blau, Rot und Gold aus. Andere Säle, wie die ›Sala de Solio‹ erhielten eine rein gotische Dekoration.

Der Alcázar wurde Zeuge des aufsteigenden Ruhmes der Katholischen Königin Isabella (1451–1504). Im Comuneros-Aufstand (1520/21), der von dem Segovianer Juan Bravo angeführt wurde, war er Festung für Karl V., der ihn zum Dank dafür noch mehr verschönte. Philipp II. feierte hier mit Anna von Österreich seine vierte Hochzeit. 1598 baute Francisco de Mora, einer der Mitarbeiter des Escorials, die große Haupttreppe ein. Zu seiner Zeit erhielt die Burg ihre spitzen, mit Schiefer gedeckten Türme und Türmchen, die ihr ein vertraut nordisches, jedoch unspanisches Aussehen geben. Die angesammelte Pracht wurde 1862 Opfer eines Brandes. Nur wenige Einzelheiten der Inneneinrichtung blieben davon verschont, darunter die Haupttreppe. Nach und nach wurde die Ruine wieder instand gesetzt und mit Mobiliar der Trastamara-Dynastie ausgestattet. Daraus wurde fast allzusehr eine Touristenattraktion und ein Lehrbeispiel für Schulklassen. Unangefochten davon blieben die unvergeßliche Ansicht von Westen her und der Blick aus der Tiefe des von den beiden Flüßchen Eresma und Clamores gebildeten Tales.

Wie in Avila liegen zahlreiche Kirchen und Klöster außerhalb des Stadtrings. Wer vom Alcázar ins Tal steigt und dem Eresma-Flüßchen folgt, gelangt rasch an die Wegkreuzung, von der rechts die Straße zur Höhe, zur Kirche ›Vera Cruz‹ abzweigt; der andere Weg geleitet zum ›Convento de Carmelitas Descalzas‹, dem Kloster der Barfüßigen Karmeliter, und gabelt sich zum Panoramaweg der ›Carretera de los Hoyos‹, die leicht ansteigend die Südseite der Stadt umrankt. Keines der drei Ziele will ausgelassen sein. – Die Kirche VERA CRUZ wurde vom Templerorden erbaut und im Jahr 1208 eingeweiht. Die Rotunde des Heiligen Grabs in Jerusalem diente ihr zum Vorbild. Der zwölfeckige Bau, dem ein vierstöckiger, schlicht gegliederter Turm zur Seite steht, verzichtet auf äußere Pracht (Abb. 143). Er begnügt sich mit der Klarheit, Dichte und Reinheit seiner Form. Für dekoratives Drum und Dran ist wenig Platz. Doch ist auch die phantasielose Strenge vermieden. Vera Cruz ist eine Weihestätte des mächtigsten und vornehmsten Ritterordens, des Templer-Ordens, der zu Beginn des 13. Jahrhunderts den Höhepunkt seines Ansehens erklomm. Hier hielten die Anwärter vor der Aufnahme in die mönchisch-kriegerische Gemeinschaft Waffenwacht. Hier legten sie, zu frommer Betrachtung und zur Selbstprüfung versammelt, das Gelübde der Armut, Keuschheit und des Gehorsams ab. Feierliche Riten umgaben den Ritterschlag. Ihnen entsprach der zweigeschossige Rundbau innerhalb der Kirche, der die Auserwählten zusammenschloß und von der Gemeinde absonderte. Nichts gemahnt an die Volkskirchen der späteren Bettelorden, in denen sich die Massen der Gläubigen

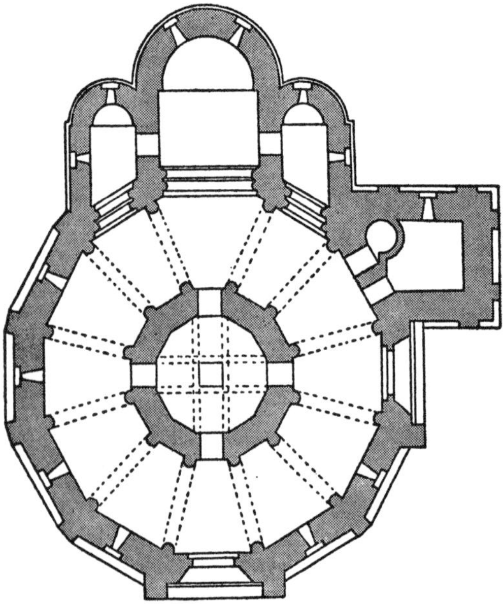

Segovia, Grundriß und Aufriß der Templerkirche Vera Cruz (Lampérez)

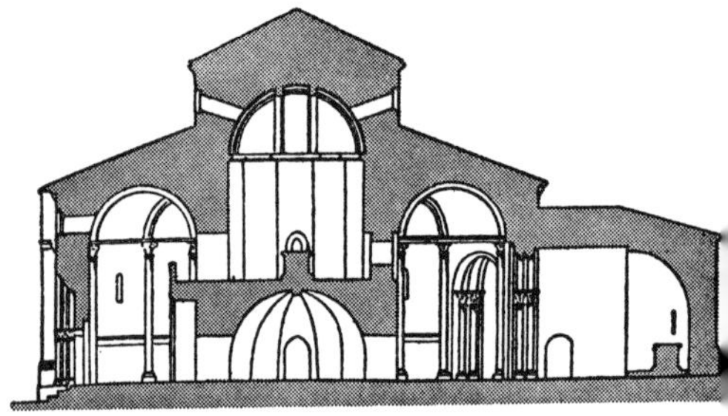

zum Anhören der Predigt und zum gemeinsamen Gebet versammelten. Der Anspruch einer geistigen und kriegerischen Elite auf Eigenheit und Ausschließlichkeit ist in der bewußten Nüchternheit und entschiedenen Konsequenz von Vera Cruz immer noch zu spüren. Der Hauptaltar stammt aus dem Jahr 1516, als längst die Johanniter die Stelle der Templer eingenommen hatten.

Zum CONVENTO DE CARMELITAS DESCALZAS pilgern all diejenigen, denen spanische Mystik und spanische Lyrik etwas zu bedeuten vermögen. Denn hier ruht in einer Seitenkapelle San Juan de la Cruz (1542–1591), der jüngere Zeitgenosse der Mystikerin Teresa von Avila. Er schenkte der spanischen Literatur in seinen Poemen ›Noche oscura‹, ›Cántico espiritual‹ und ›Llama de amor vivo‹ ihre reinste Lyrik, reich an Bildern und voll lichtem Dunkel. Das klare Geheimnis seiner Metaphern hat es nicht zuletzt der Dichtergeneration um García Lorca mit Dámaso Alonso, Pedro Salinas, Rafael Alberti, Vicente Aleixandere, Jorge Guillén, Gerardo de Diego angetan.

Der stets wechselnde Blick auf die Stadt und die sich ständig verschiebende Perspektive ihres Aufbaus lohnen die südliche Umwanderung vom Bug des Alcázars aus, entlang der mit Bäumen bestandenen Schlucht des Clamores-Baches bis zu dem Aussichtspunkt der Kreuze‹, der eine Gesamtschau der Stadt von großartiger Geschlossenheit und einen Blick zum Gebirge mit weitschwingendem Horizont bietet.

Ein zweiter Rundgang schlängelt sich von Vera Cruz aus auf der rechten Seite des Eresma an der Nordseite der Stadt entlang. Nahe am Weg steht das Hieronymitenkloster EL PARRAL. Seine Kirche wurde 1447 von der segovianischen Adelsfamilie der Pacheco gestiftet. Der Klosterteil unterstand dem Patronat Heinrichs IV. von Kastilien. Erster Baumeister war der einheimische Juan Gallego. Ihren Charakter erhielt die großräumige, einschiffige Kirche mit wenig ausladenden Seitenarmen durch Juan Guas, dessen Laufbahn in San Juan de los Reyes in Toledo gipfelte. Dort hatte sie in der Gefolgschaft von Hannequin aus Brüssel begonnen. 1458 erlangte er den Meistertitel. Sein persönliches Werk setzte gegen 1470 ein. Von folgenreicher Bedeutung sollte sein Kontakt mit den Katholischen Königen werden, der mit seinem Einsatz an der El Parral-Kirche zusammenfiel. Diese ist die erste der Klosterkirchen, die dem Stil der ›Katholischen Könige‹ oder ›Isabellinischen Stil‹ zugeschrieben werden. Charakteristisch sind dafür einschiffige Kirchen mit seitlichen Kapellen, wenig ausladender Vierung und polygonalem Abschluß. Der Chor liegt am Eingang, erhöht über einem flachen Gewölbe. Der Sicht von dort wegen ist der Hochaltar einige Stufen höher gestellt. Zur Sonderplazierung von Chor und Altar kommen die stets variierten Fächer- und Netzgewölbe. Kennzeichnend für Guas ist außerdem die Integration mudejarer Elemente in die nordisch-flämische Gotik. Er benützte mudejare Dekorationen nicht wie seine Vorgänger unverbunden neben gotischen Schmuckformen. Er setzte sie in seine Sprache um. Die mudejaren Stuckmotive, selbst die ›mocarabes‹, die maurischen Stalaktiten-Muster, ließ er in Stein heraushauen. Guas verwandte in souveräner Weise den Geometrismus und die Dispositionen der mudejaren Dekoration an Bauten, in denen das strukturale Gerüst der Gotik vorherrschte. Aus der Synthese zweier Welten wurde sein Stil geboren, der wechselweise ›Stil der Katholischen Könige‹ oder ›Estilo hispano-flamenco‹ (Spanisch-flämischer Stil) genannt wird. Besonders zu rühmen ist an Guas, daß er stets ein sicheres Maß einzuhalten wußte. Seine Liebe galt den abgeflachten Spitzbogen, dem flamboyanten Maßwerk, dem Fischblasenmotiv, dem Kugelmuster, das später der Escorial-Erbauer Herrera übernahm, und einer minuziösen Dekoration naturalistischen Gepräges. All dies wurde getragen von Vitalität, Phantasie und kunsthandwerklicher Meisterschaft hohen Grades. All dies präsentierte sich in EL PARRAL zum ersten Mal, mitsamt seinem Unterschied von dem zweiten Herd der spanischen Spätgotik in Burgos, in dem die Kölner Baumeister Hans, Simon und Nikolaus maßgebend waren. Während bei diesen die Dekoration ins Überschäumen geriet und selbstherrlich die konstruktiven Linien des Bauwerks verleugneten, achtete Guas immer auf den Primat der architektonischen Struktur. In El Parral sind dafür die ›Capilla mayor‹, der Chor und die Sakramentskapelle, außerdem die Sakristeitüre hervorragende Beispiele. Mit Juan Guas waren daran der Bildhauer Bonifacio und der Segovianer Pedro Polido, ein 'Judío converso' (bekehrter Jude), beschäftigt. Die Sakramentskapelle stammt aus dem Jahr 1485. Im gleichen Jahr wurden die Gewölbe der Kirche geschlossen. Die Apostelstatuen des Altarhauses schuf Sebastián de Almonacid, der auch für die Kathedrale von Toledo arbeitete. Geschmack und Können des Juan Guas ließen einen zeitgenössischen Chronisten schreiben: »Alles ist so schön, daß es in Gold und Silber nicht schöner gearbeitet sein könnte«. Dies trifft

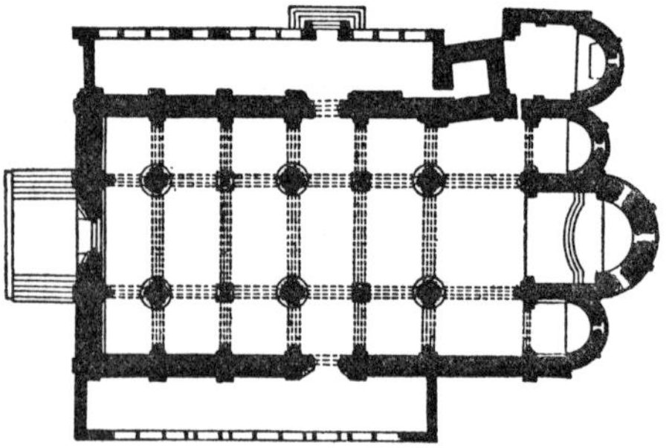

Segovia, Grundriß der Kirche San Millán (Lampérez)

auch auf das *Grabmal für Beatriz Pacheco,* einer natürlichen Tochter des Stifters zu. Die plateresken Renaissance-Gräber des Stifterpaars, Fernández Pacheco und María Puertocarrero, wirken im Vergleich dazu schwer, überladen und gebastelt.

Juan Guas begegnen wir einige hundert Schritte weiter noch einmal im Kloster SANTA CRUZ. Während er am Kreuzgang der Kathedrale von Segovia arbeitete, leitete er in den achtziger Jahren des 15. Jahrhunderts den Wiederaufbau von Santa Cruz. Die einschiffige Kirche mit ihren hohen Gewölben, ihren Pfeilern und dem Fries, auf dem die Wappen der Katholischen Könige, ihre Insignien – Joch und Pfeile –, ihr Wahlspruch »Tanto monta – Monta tanto« und ihre Initialen F und Y sich abwechseln, ist wie ein Vorgriff auf sein Hauptwerk ›San Juan de los Reyes‹ in Toledo (siehe S. 147). Das Haupttor, das auf Kosten Isabellas besonders prunkvoll gestaltet wurde, darf als charakteristisches Beispiel des ›Isabellinischen Stils‹ genommen werden. Zwischen rahmenden Geraden ist ein Fließen schwingender Linien und eine Vielzahl dekorativer Details festzustellen. Aus ihrer dichten Verschlingung heben sich Heiligenstatuen und plastische Gruppen ab. Die übersichtlich geordnete Fülle dekorativer Motive geht von einer Gesamtkomposition aus, in die die Einzelheiten eingeordnet sind.

Mit der Gotik wetteifert in Segovia die Romanik. Vertrat Vera Cruz die stolze, exklusive Romanik des Templerordens, streckt SAN ESTEBAN mitten in der Stadt ihren sechsstöckigen Turm aus dem 13. Jahrhundert wie einen Finger Gottes zum Himmel. Zu der im Verhältnis zum Turmriesen kleinen Kirche (Abb. 148, 149) gehört eine Vorhalle mit runden Bogen auf schlanken Säulen; sie diente als Versammlungsplatz und Gerichtsort. Solchen Vorhallen begegnet man in Segovia öfters. Den schönsten Portikus dieser Art erhielt mit erzählfreudigen Kapitellen seiner Tragsäulen SAN MILLÁN (Abb. 150) im Herzen der ritterstolzen Stadt, dort, wo der Comuneros-Aufstand gegen Karl V. ausgeheckt wurde. SAN MARTÍN, dessen Säulenvorhalle auf West- und Südseite der von Madrid ankommende Besucher zuerst erblickt, überrascht nicht weniger mit der Kraft seiner Kapitelle. Verwandt sind damit SAN JUAN DE LOS CABALLEROS mit prachtvollem Hauptportal und südlicher Säulenvorhalle, wo vor einigen Jahrzehnten der Keramiker Daniel Zuloaga sein Atelier eingerichtet hatte, und SAN LORENZO mit Säulenhallen und einem vierstöckigen Turm, der Backsteinornamente aufweist. Unter der großen Zahl spätromanischer Kirchen, sind noch anzuführen die stark restaurierte ›San Andrés‹-Kirche zwischen Kathedrale und Alcázar, die vor kurzem instandgesetzte ›San Justo‹-Kirche, die auf vielen Aufnahmen des Aquädukts zu sehen ist, und ›San Clemente‹ in der Nachbarschaft von San Martín. Daß dagegen Renaissance und Barock sich nicht in öffentlichen Kapitalbauten manifestierten, ist zu einem Teil der absorbierenden Gewalt der Kathedrale zuzuschreiben. Dem Diktat ihrer spätgotischen Struktur hatten sich die spanische Platereske und der ihm folgende Barock der Churriguera unterzuordnen. Zu nennen ist immerhin an der Plaza Mayor das provinzielle RATHAUS, das in der Nachbarschaft der spätgotischen Kathedrale mit seinem Herrera-Stil sich bemerkbar macht. Im Zukurzkommen des Barock ist überdies die Auswirkung des wirtschaftlichen Niedergangs der Stadt zu erkennen, der erst zu Beginn des 18. Jahrhunderts seine Talsohle durchschritt.

Neben den sakralen haben es die zivilen Bauten schwer. Aber sie bestehen vor den kritischen Augen, weil sie Gesicht haben und damit wesentlich zum Bild der Stadt beitragen. Das Königshaus drängte die Adelsfamilien in eine Trotzhaltung. Ihre Paläste wurden von Wehrtürmen begleitet. Sie waren auf Abwehr und Belagerung eingestellt. Am eindrucksvollsten demonstrieren diese Kampfgesinnung, die sich mit Rebellengeist verband, die Paläste der Arias Dávila und die Casa de Segovia der Aguilares. Noch ins 15. Jahrhundert sind zu datieren: das in Quadern aufgeführte und mit einer über dem rauhen Alltag schwebenden Galerie geschmückte Haus des Juan Bravo, der im Jahr 1519 den ›Comuneros‹-Aufstand anführte und 1521 hingerichtet wurde, die ›Casa de los Aspiroz‹, die ›Casa Diego de Rueda‹. Erst an der Wende von Gotik zu Renaissance ist eine Auflockerung mit zunehmender Neigung zu Wohnbarkeit, Daseinsbejahung und Ausschmückung zu beobachten. Doch sprechen kastilische Zurückhaltung und Genügsamkeit ein gewichtiges Wort mit. Kennzeichnend für die Übergangszeit sind die ›Casa Alonso de Guadalajara‹ und die ›Casa del Crimen‹ (Haus des Verbrechens). Um dieselbe Zeit wurden mit gleichen Merkmalen, zu denen der von angelehnten Säulen flankierte und von einem Architrav gekrönte Bogeneingang sowie das Wappen gehören, die 'Casas' der Messía de Tovar, del Sello, der Soler de Villafaña, das Gebäude der Disputatión und das der Post errichtet. Zu den bekanntesten Palästen gehört die CASA DE LOS PICOS. Ihre Straßenfront überzieht ein Muster vierkantig zugehauener Ziersteine, die mannigfache, plastische und lineare Effekte ergeben. Das reizvolle Spiel des kontrastscharfen Helldunkels der plastischen Körper und der Geraden erinnert an die Freude am Aquädukt, die auf ähnlichen Ursachen beruht. Nicht umsonst wird die Casa de los Picos Juan Guas zugeschrieben. Er verstand, auch mit dem Stein zu spielen. Am deutlichsten prägte sich der 'Italianismus' des 16. Jahrhunderts im Bischöflichen Palais aus; es wurde gegen 1550 gebaut. Verwandt ist damit der Palast der Marqueses de Prado.

La Granja

Die Ablösung des habsburgischen Herrscherhauses durch die Bourbonen brachte Segovia den Beginn einer schüchternen Wiedergeburt. Das Zeichen dafür gab das Schloß SAN ILDEFONSO DE LA GRANJA. Es liegt zu Füßen der Sierra de Guadarrama, in einer Höhe von 1193 Metern und 11 Kilometer von der Stadt entfernt. Bauherrn waren Philipp V. und seine zweite Frau, Isabella Farnese. Nach den harten Jahren des Spanischen Erbfolgekriegs (1701–1714), in dem der Enkel Ludwigs XIV. um Land und Thron kämpfen mußte, wollte sich das Königspaar eine Ruhestätte bereiten, die sie an die Heiterkeit Frankreichs und Italiens erinnern und der kastilischen Härte des Escorials aus dem Weg gehen ließe. Zu einem Lustschloß wollte der Charakter des Monarchen, der frühzeitig Zeichen schwerer Hypochondrie, des Verfolgungswahns und der Geistesgestörtheit offenbarte, wenig passen. Dazu eignete sich auch die dafür ausgesuchte Lage in Gebirgshöhe und am Ausgang eines Waldes wenig. Die Aussicht, die der Escorial gewährt, ist ungleich freier und umfassender. Der Escorial ist auch weniger der Schroffheit des hochkastilischen Klimas ausgesetzt. Im Winter versperren regelmäßig Schneefälle den Paß von Navacerrada, der La Granja mit Madrid verbindet. Um so mehr überraschen Schloß, Stiftskirche und Gartenanlagen von La Granja den Besucher mit ihrer gepflegten Festlichkeit, mit ihrer Harmonie und ihrer musikalischen Bewegtheit (Ft. 10, Abb. 152).

Philipp V. erteilte dem Madrider Architekten Teodoro Ardemans 1719 den Bauauftrag. Der Baubeginn fiel in das Jahr 1721. Zwei Jahre später waren der Palast und seine Kapelle zur Einweihung bereit. Ardemans schwebte das Bild eines spanischen Alcázars vor: ein quadratischer Bau mit Innenhof und vier Ecktürmen. Diese einfache Anlage wurde in einem zweiten Bauabschnitt von 1727–1734 erweitert, vor allem italianisiert. Andrea Procaccini (1671–1734) und Sempronio Subisati (um 1680–1758) verwandelten den Burgpalast in einen Wohnpalast. Sie gaben die Geschlossenheit des Alcázars auf und öffneten den Palast, indem sie ihn seitwärts in zwei große Höfe auslaufen ließen. Außerdem kehrten sie den von den Alcázartürmen diktierten Höhenzug in einen horizontalen um, indem sie zwei der Ardemans-Türme bis auf Dachhöhe niedriger setzten und die West- und Ostfassade auf das Dreifache verbreiterten. Ihr Werk sind der südwärts gerichtete ›Patio de la Herradura‹ und der nördliche ›Patio de los Coches‹. Der erstere wurde mit einem »Tanzsaal im Freien« verglichen. Er weckt die Erinnerung an den Komponisten Domenico Scarlatti, der zwischen 1733 und 1749, dem Todesjahr Philipps V., häufiger Gast in La Granja war. Inspirierte er mit seiner Musik die Architekten? Oder floß vom Rhythmus ihrer Bauten etwas ein in die Harmonien des Musikers? Schwingt der PATIO DE LA HERRADURA nicht im Takt eines Menuetts mit verschiedenen Tempi, mit gemessenen Schritten, mit wechselndem Vor- und Zurücktreten? Deutlich ist der Wandgliederung ein wohlberechneter, doch phantasievoller, lebendiger Dreierrhythmus abzulesen. Das später aufgesetzte Uhrtürmchen muß man sich dabei wegdenken. Dagegen fiel der PATIO DE LOS COCHES spanisch streng und schmucklos aus.

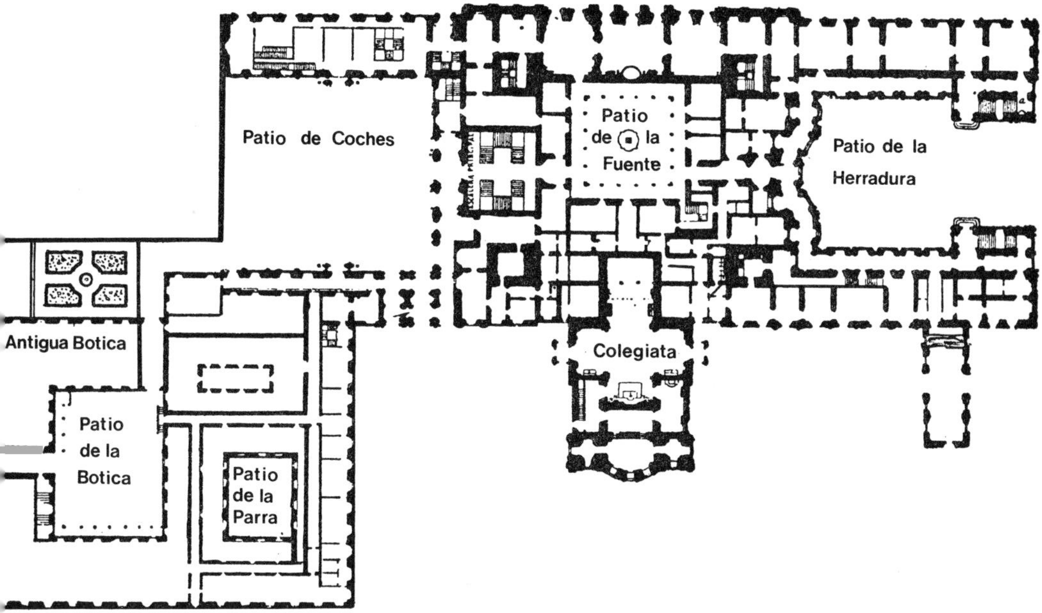

Grundriß des Schlosses La Granja bei Segovia

In der ersten Konzeption unterschied sich das Schloß der Bourbonen nicht allzusehr vom El Escorial der Habsburger. Beide Anlagen sollten Palast, Kirche und Grabstätte sein; der Kirche war darin eine dominierende und zentrale Lage zugedacht. Die italienischen Baumeister des zweiten Bauabschnitts, dessen Ausführung mehr auf die Initiative der Italienerin Isabella Farnese als auf die des Bourbonen-Sprößlings zurückzuführen ist, setzten den mit der Natur verbundenen ländlichen Palast durch. Dazu verlegten der Entwerfer Juvara und sein ausführender Schüler Sacchetti die Hauptansicht von der durch zwei Türme betonten Kirchenfassade der Westseite, die von der Kirchenkuppel und den flankierenden zwei Alcázar-Türmen des Ardemans-Entwurfs noch unterstrichen wurde, auf die Ostseite. Da die Hauptfront knapp über dem Hochparterre durch eine Balustrade begrenzt ist, wirkt sie niedrig und flach. Sie ist breit gelagert und durch Türeinschnitte und dicht gereihte und tiefgezogene Türfenster zum Garten hin geöffnet. Der Tendenz zur Öffnung entspricht auch die lange Reihe der Hochparterre-Fenster. Schließlich ist die Hauptfassade mit einem Crescendo der architektonischen Akzente sorgfältig gegliedert: von den einfachen Pilastern der Flügel zu den Doppelpilastern der Mitte bis zum leicht vorragenden Mittelrisalit mit vier Rundsäulen und den Karyatiden, die ein Halbgeschoß mit dem Wappen der

Bourbonen und Farnese rahmen und die von dekorativen Rüstungen besetzte Balustrade tragen. Dem Vorrang als Haupt- und Schauseite wurde auch in der Wahl des Baumaterials Rechnung getragen. Marmor, Granit und ein rosascheinender Sandstein ergeben mit ihrem Farbspiel einen sinnenfreudigen Anblick. Die Fassade gibt auch den idealen Ausgangspunkt zum Eintauchen in den davor ausgebreitet liegenden Garten.

Die GÄRTEN und BRUNNEN auf der Süd-, Ost- und Nordseite des Palastes sind in diesem ersten architektonischen Bauunternehmen der bourbonischen Dynastie das einzige ausgesprochen Französische. Sie bedecken eine Fläche von 140 Hektar. Damit übertreffen sie an Umfang die Gartenanlage von Versailles, die ihr Vorbild war. Die Entwürfe lieferte der französische Gartenarchitekt Marchand; die Ausführung lag bei René Carlier und E. Boutelou. In ihren Schöpfungen sind Überreste des französischen Hofes, den Philipp V. nach seiner Thronbesteigung und zu Lebzeiten seiner ersten Gemahlin María Luisa von Savoyen in La Granja einrichtete. Mit den Gartengestaltern arbeiteten Hand in Hand die französischen Bildhauer René Frémin, Jean Thierry, Jacques Bousseau, Pierre Pitué und die Brüder Antoine und Hubert Dumandré. Mit ungeheurer Geschäftigkeit schufen sie bewegte, anekdotenreiche Brunnengruppen, die sich winden, drehen und türmen und ganze Wasserballetts bilden. An reizenden Einzelheiten fehlt es nicht, aber ihre 'Corps de ballet' aus bronziertem Bleiguß lassen nicht über das theatralische Arrangement und den Kulissenzauber wegsehen. Es sei denn, die Brunnen werden in Aktion vorgeführt: mit ihren haushohen Fontänen, rauschenden Sturzbächen, versprühenden Strahlen, mit ihrem Gischten und Fallen, vor allem im Zusammenspiel all ihrer Einfälle. Das ist dann ein fröhlich lärmendes Tutti und Fortissimo. Welche Wasserspiele des Erdenrunds bieten mehr? Isabella Farnese ließ sich den Spaß 3 Millionen Francs kosten. Ihr hypochondrischer Gemahl, der damit überrascht wurde, soll gesagt haben: »Soviel Geld für drei Minuten Vergnügen.«

Die Parterres sind geometrisch gezirkelt und gefächert. Ihre Zierbäume sind gestutzt und frisiert. Da der Schloßgarten sich gar zu sehr ausdehnt, weil zudem sein Gelände große Höhenunterschiede aufweist, konnte er nicht in allen seinen Teilen zum höfischen Drill gezwungen werden. Nicht überall waren Brunnen, Statuen und Blumenschalen aufzustellen. Neben dem kunstvollen 'versaillesken Jardin' kommt der naturnahe Park mit hohen Bäumen und dichten Gebüschen zu seinem Recht. In ihm ist schon der Ruf Rousseaus »Zurück zur Natur!« zu vernehmen.

Die Fassade der KIRCHE, deren unmittelbarer Vorläufer die Salzburger Liebfrauenkirche von J. D. Fischer von Erlach war, gemahnt mit ihrem konvex gekurvten Mittelteil und seinen Fenstern mehr an einen Wohntrakt als an eine Kirche. Sie wurde um 1730 von Subisati gebaut. Die INNENAUSSTATTUNG des Palastes enttäuscht. Zu viele Königsfamilien verbrachten in La Granja ihre Sommerferien und richteten sich jeweils nach ihrem Geschmack ein. Ein Brand im Jahr 1918 verursachte nahezu Totalschaden. Der Besuch wird jetzt leicht zur klassischen Besichtigung, bei der Wichtiges und Unwichtiges gleicherweise mit dem längst mechanisch dahergesprochenen Sprüchlein der beamteten Ciceroni bedacht wird. Darunter leidet auch der Besuch der außergewöhnlichen Gobelinsammlung.

Wer den Rückweg nach Madrid über den Paß von Navacerrada nimmt, könnte zwei historischen Erinnerungen nachsinnen. Im Schloß La Granja hob der wankelmütige Ferdinand VII. im Jahre 1830 das Salische Gesetz auf, das Frauen von der Thronfolge ausschließt. Auf diese Weise wollte er seiner im gleichen Jahr geborenen Tochter Isabella die Krone sichern. Zwei Jahre später erklärte er auf dem Krankenbett dieses Dekret für ungültig. Damit wurde sein jüngerer Bruder Carlos zum legalen Thronanwärter. Dies beschwor erst eine heftige Familienszene herauf, bei der die Infantin Luísa Carlota einige Ohrfeigen austeilte und das königliche Kodizill zerriß, in der weiteren Folge aber die drei Karlisten-Bürgerkriege des 19. Jahrhunderts! Die zweite Erinnerung knüpft sich an den Bürgerkrieg von 1936–1939: Der Wald von La Granja ist einer der Hauptschauplätze des Hemingway-Romans ›Wem die Stunde schlägt‹.

Alcalá de Henares

Für die Madrider ist Alcalá de Henares ein Apéritif oder ein Nachtisch. Dies sollte es auch für den Madridbesucher sein. In den letzten dreißig Jahren ist das einst berühmte, dann fast vergessene Städtchen zur Satellitenstadt der Kapitale geworden. Wer über die Autostraße zum Flughafen nach Barajas zum 30 Kilometer entfernt liegenden Alcalá fährt, vermag kaum anzugeben, wo er Madrid verläßt und wo der Zielort beginnt. Im 18. Jahrhundert mußten die Reisenden noch durch eine stark besetzte Polizeistation an der auf halbem Wege liegenden Jarama-Brücke vor Räubern geschützt werden. Ihrem Alter nach haben Madrid und Alcalá sich wenig zu vergeben. Wenn Ausgrabungen im ersteren vorzeitliche Mammutreste zutage förderten, wurden im letzteren Keramikreste des Neolithikums gefunden. Doch haben die Bewohner Alcalás denen Madrids voraus, daß sie von den Römern ihren ersten Namen – Complutum – erhielten. Unter den Westgoten war ihre Stadt bereits Bischofssitz. Den zweiten Namen gaben ihnen die Mauren nach ihrer dortigen Festung ›Al-Kal'at en Nahr‹. In einem weiteren Punkt sticht Alcalá Madrid aus: Als dieses noch ein Manchadorf war, umgab Alcalá bereits die Aura einer Hochburg des Geistes. Am 14. März 1499 legte der Franziskaner-Mönch, Erzbischof von Toledo und erster Staatsmann der ›Katholischen Könige‹, Francisco Ximénez de Cisneros (1436–1517), den Grundstein für die ›Universitas Complutensis‹, die sich würdig in den Kranz der großen Universitäten des Mittelalters Salamanca, Paris, Oxford, Bologna, Köln, Prag einfügte. 1836 wurde die Universität nach Madrid verlegt, behielt jedoch auch dort ihren alten Namen.

Die Universität ist Alcalás Herz geblieben. Im Grunde wird die Stadt allein ihretwegen aufgesucht. Denn von seiner ehemaligen ›Symphonie der Türme‹, zu der im 17. Jahrhundert 38 Kirchen und Klöster, fünf Hospitale und 19 Colegios beitrugen, blieb nach der französischen Invasion unter Napoleon, nach der Vernachlässigung im vergangenen Jahrhundert und nach dem letzten Bürgerkrieg wenig übrig. Zudem zerstörte 1939 ein Band zum großen Teil das nach der Universität bedeutendste künstlerische Bauwerk: das Erzbischöfliche Palais. Dennoch bereitet es Vergnügen, die Stadt zu durchstreifen. Ländliche Provinz und die Atmosphäre einer Garnisionstadt mischen sich mit dem künstlerischen Erbe seit der späten Gotik.

Erstes Ziel ist die UNIVERSITÄT. Baumeister ihres ersten, mit Ziegeln gebauten und 1508 eingeweihten Teils war Pedro Gumiel, der auch an der Kathedrale von Toledo tätig war. Unter Karl V. schuf Rodrigo Gil de Hontañón die Pläne zu der in Stein ausgeführten Fassade, deren Bau zwischen 1543 und 1583 Pedro de la Cotera betreute. Sie ist das Meisterwerk des genialen Rodrigo Gil und ein Wunder an Harmonie: klar im Aufbau, abgewogen im Dekor, fehlerlos in der Ausarbeitung, schön im Material. Sie ist feierlich, doch nicht steif, durchdacht, aber nicht schematisch, voll Phantasie in den Einzelheiten, doch nicht überladen. Bald wandern die Blicke von unten hinauf zur krönenden Balustrade. Bald konzentrieren sie sich von den Außenflügeln her in der Mitte, die alle Schmuckformen sammelt, übereinander aufbaut und durch Doppelsäulen rahmt und hervorhebt. Dort werden aus den dekorativen beiderseitigen Stützen der mittleren Fensterreihe Menschengestalten in dynamischer Bewegung und Hellebardiere, die mit ihren senkrecht gestellten Lanzen die Vertikalen der benachbarten Säulen begleiten. Die Zwischenräume der rahmenden Säulenpaare sind durch Medaillons akzentuiert. Das mit einem Fenster durchbrochene plastische Mittelstück ist besonders üppig gestaltet. Seine bestimmenden Formen sind kräftig herausgearbeitet und werden in Parallelen wiederholt. Das eiserne Gitterfenster ist eine vereinfachte Wiederholung der Steinarchitektur. Im Gegensatz dazu herrscht im Wappenfeld die große, flächige und geschlossene Form des kaiserlichen Doppeladlers vor. Die Beruhigung des dekorativen Aufwands nimmt das einfach diskrete, doch aussagekräftige Motiv des Kuttenstricks auf, das sich am oberen Fensterrand entlangzieht und den ganzen Mitteltrakt gürtet. Er erinnert an den Franziskaner Cisneros, der die Universität gründete, wie der habsburgische Doppeladler die Herrschaft Karls V. verkündet. Über Mönch und Kaiser thronen im Architrav Gottvater mit segnender Gebärde und das zur Monstranz stilisierte Kreuz. Der honigfarbene Stein, der für die Fassade verwendet wurde, trägt nicht wenig zu ihrer Schönheit bei.

Insgesamt ist die FASSADE ein Hauptwerk des plateresken Stils um die Mitte des 16. Jahrhunderts (Abb. 153). Während in den frühen Bauten der Platereske zwischen 1500 und 1530 der dekorative Schmuck im Nachklang des mudejaren und spätgotischen Zierstils die Wände über und über wie einen Prunkteppich bedeckte und die plastischen Motive – Fabeltiere, Putten, Köpfe in Medaillons – serienhaft und voller Leben verwendet wurden und sich bei bewundernswerter Technik zum Füllsel abwerteten, war in seiner späteren Phase unter dem zunehmenden italienischen Einfluß eine größere Ökonomie der Dekoration zu beobachten. Sie beschränkte sich auf die strukturell wichtigen Punkte, auf Fenster und Tore, auf die Ecken, auf die Galerien. Auf den leer bleibenden Wandflächen wuchs ihr die Kraft der Konzentrierung, der plastischen Masse und des Helldunkels zu. So verhalf sie der Architektur zu ihrem Recht und gewann selbst an Gewicht.

Daß die Fassade in Spanien häufiger als anderswo eine Vorwand, eine 'Spanische Wand' ist, hinter der sich anderes als das Angezeigte verbirgt, bestätigt der hinter der Universitätsfassade liegende HOF DES HEILIGEN TOMÁS DE VILLANUEVA (Abb. 154). Er ist akademisch kühl in seiner dreifachen, dichten Bogenfolge, vor der einfache, schmucklose Säulen stehen. Sein Granit hat etwas Gebieterisches. Die Säulenbasen des ersten Geschosses tragen in Relief das Wappen des Kardinals Cisneros, das seinem Namen – cisne (Schwan) – zufolge zwei Schwäne zeigt. Die oben abschließende Balustrade, die von Kugeln auf Spitzkegeln überragt wird, trägt in der Mitte der vier Seiten flache Nischen mit den Bildnissen des Stifters Cisneros und des heiligen Tomás von Villanueva, und mit den Wappen des ersteren. Gebaut wurde dieser Patio in der zweiten Hälfte des 17. Jahrhunderts von José Sopeña. In jüngster Zeit sorgfältig restauriert, wurde er zum ›Zentrum zur Bildung und Fortbildung ziviler Beamten‹ bestimmt. Dahinter folgt der HOF DER PHILOSOPHEN. Er ist bescheidener, wie schon seine Bauweise – Backstein zwischen Steinquadern – verrät. Die Universität wird hier zum Idyll.

Mehr zauberisches Märchengärtchen als Vorhof der Wissenschaften war noch vor einiger Zeit der PATIO TRILINGÜE, der ›Dreisprachenhof‹, in dessen ihn umgebenden Sälen einst Vorlesungen in Latein, Griechisch und Hebräisch gehalten wurden. Damals war er voll Farben und Blumendüften. Die Rosen rochen in diesem Geviert süßer und voller als anderswo. Inzwischen wurde der Hof ‘kastilisiert’. Jetzt sprechen nur noch seine Steine. Der Hof wurde von Pedro de la Cotera geschaffen. Sein Obergeschoß mit den asketisch anspruchslosen Fenstereinschnitten ruht auf einer Galerie mit flachen Bogen. An diesem Hof liegt der Zugang zum PARANINFO, der Festaula (1514–1518), die noch zu Lebzeiten des Kardinals Cisneros begonnen und kurz nach seinem Tod vollendet wurde. Dem entspricht ihre Mischung mudejarer und plateresker Elemente. Unter einer schweren Kassettendecke wechseln maurische Azulejos, Arabesken und Stalaktiten mit Grotesken, Muscheln und Voluten der Renaissance. Sie sind in Gips ausgeführt und bemalt. Ihre Stukkateure waren Bartolomé de Aguilar und Hernando de Sahagún; als Maler werden Diego López, Juan de Borgoña, Luis de Medina und Alonso Sánchez genannt.

Hier fanden die akademischen Festakte statt. Hier verteidigten die Doktoranden ihre Thesen. In diesem feierlichen Rahmen findet noch heute die Verleihung der Ehrendoktorwürde an Gelehrte von internationalem Rang statt. In diesem Raum geistert noch immer Spaniens Goldenes Jahrhundert. Was Rang und Namen hatte unter den Dichtern, Gelehrten, Theologen des 16. Jahrhunderts, traf sich hier, um zu studieren oder zu lehren: Mateo Alemán, Lope de Vega, Tirso de Molina, Francisco de Quevedo und Calderón de la Barca. Hier dozierten der Schöpfer der spanischen Grammatik Nebrija und der von El Greco gemalte Humanist Covarrubias. Hier holte später der allen Reformen aufgeschlossene Freund Goyas, Jovellanos (vgl. Abb. 39), sein geistiges Rüstzeug. Ignatius von Loyola bereitete sich auf seine Ordensgründung vor. Studenten der Complutense waren die Heiligen José de Calasanz und Tomás de Villanueva und der selig gesprochene Juan de Avila. An dieser ›Alma mater‹ von Alcalá haben nicht weniger als achtzehn Kardinäle und neunundzwanzig Assessoren des Konzils von Trient studiert. Nach oft wiederholter Meinung sollen jährlich bis zu 7000 Studenten nach Alcalá geströmt sein, wo am Sankt Lukas-Tag, dem 18. Oktober, das Semester begann. Doch dürfte ihre Zahl 2000 kaum einmal überschritten haben. Im Jahr 1534 wurden 1959 Studiosi gezählt. Im Laufe des 17. Jahrhunderts ergab sich ein Durchschnitt von 1800. Dann kam der Niedergang der Universität und Stadt Alcalá im 18. Jahrhundert. 1786 immatrikulierten sich nur 52 Studenten; um dieselbe Zeit war die Einwohnerzahl auf 1023 gesunken.

Darüber läßt sich bei Manchawein aus dem Ziegenschlauch und bei ›Tacos‹ (Würfeln) aus luftgetrocknetem Schinken und Käse, oder auch bei Lammbraten und Milchferkel aus dem Backofen in dem mit dem Patio Trilingüe verbundenen HOSTAL DEL ESTUDIANTE milieugerecht behaglich plaudern. Die Gaststätte gemahnt zwar an das Bühnenbild eines spanischen Singspiels, einer ›Zarzuela‹. Aber die Szenerie wurde mit Kennerschaft und Liebe ausgedacht, so daß der Gast gerne mitspielt. Könnten nicht im Hof der ›Ritter von der traurigen Gestalt, Don Quijote‹ seinen mageren Klepper Rocinante und sein Knappe Sancho Panza seinen Esel abgestellt haben? Einmal bei Don Quijote, stellt sich auch der Name seines Dichters, Don Miguel de Cervantes Saavedra ein. Er wurde am 9. Oktober 1547, einem Sonntag, in der nahe liegenden ›Capilla del Oidor‹ getauft. In der Hauptstraße wurde an der Stelle, wo einst sein Geburtshaus stand, eine Cervantes-Gedenkstätte eingerichtet: ein Haus im Stil des 16. Jahrhunderts und mit Möbeln jener Zeit, gerade so, wie die Geburtsstätte des Dichters ausgesehen haben könnte. Alcalá brachte noch einen zweiten großen Dichter hervor, den Arcipreste de Hita († gegen 1350). Dieser Juan Ruiz, der mit dem Franzosen François Villon verglichen wurde, mehr noch an den Dichter der ›Carmina Burana‹ erinnert, ist Autor einer der großen poetischen Schöpfungen des spanischen Mittelalters, des ›Libro del buen amor‹. In Alcalá wurde ferner geboren am 10. März 1503 Ferdinand, Sohn Johannas der Wahnsinnigen und Philipps des Schönen, späterer Kaiser des Heiligen Römischen Reiches Deutscher Nation. In den Annalen des Geisteslebens von Alcalá sind die Jahre 1514–1517 rot angestrichen, da in ihnen die von Cisneros mit 50000 Dukaten finanzierte ›Poliglota Complutense‹, eine sechsbändige, viersprachige Ausgabe des Neuen Testaments – in Latein, Griechisch, Hebräisch und Chaldäisch – vorbereitet wurde. Sie verdiente das Lob des Erasmus von Rotterdam und begeistert den Bibliophilen von heute mit ihrem sauberen Druck, ihrer ausgewogenen Satzanordnung und nicht zuletzt mit ihrer gelehrten Leistung.

Da das alte Alcalá nichts anderes als ein großes Straßendorf der Mancha mit drei parallel verlaufenden Straßenzügen ist, läßt es sich leicht durchwandern. Vom Hostal del Estudiante aus am ehemaligen AYUNTAMIENTO (Rathaus) vorbei, das ein Exemplar der ›Biblia Poliglota‹ aufbewahrt, und vorbei an der Kirche Santa Ursula mit einem hübschen plateresken Tor stößt der Besucher am Ende der Calle de los Libreros – der Buchhändlerstraße – auf die Stiftskirche LA MAGISTRAL, deren Kanoniker-Kollegium sich aus Professoren der Universität zusammensetzte. Im Bürgerkrieg von 1936–39 zerstört und wieder aufgebaut, erzählen von ihrer alten Pracht der wuchtige, aus hellen Steinquadern aufgeführte Turm aus dem 17. Jahrhundert und das spätgotische, mit Wappen geschmückte Tor. Kaum hundert Meter entfernt liegt in der Calle

Victoria die kleine CASA DE LOS LIZANA mit einer plateresken Fassade. Zwei übereinander gestellte Säulen rahmen zwei fast quadratische Felder, von denen das untere den Eingang mit dem obligaten Wappen einschließt und das andere ein unverhältnismäßig kleines, doch dicht verziertes Fenster hat. Es wirkt noch kleiner, weil es von einem Paar riesiger und aufgebäumter Löwen angesprungen wird, die mit schweren Ketten gehalten werden. Ein vom Zahn der Zeit angenagtes Relief in einem krönenden Rundbogen und zwei dekorative Ovale zur Rechten und Linken bilden den Abschluß.

Zurück zur Stiftskirche und über die Plaza de Santos Niños weg, kommt der immer noch mächtige Bau des ERZBISCHÖFLICHEN PALAIS' ins Blickfeld. Als es kurz nach dem Bürgerkrieg von einem schweren Schadenfeuer heimgesucht wurde, verlor es seinen schönsten Teil, seinen einstöckigen Patio, den Zugang zum Hof und die mit einer Kassettendecke geschmückte Treppe. Verloren ging damit für immer das Hauptwerk des berühmtesten der plateresken Architekten Alonso de Covarrubias, das an Pracht, Einfallsreichtum und Harmonie selbst die Schönheit der Universitätsfassade übertroffen haben dürfte. Vielleicht vermag die erhalten gebliebene Front des Palais doch mehr als eine Ahnung davon zu vermitteln. Sie hat Format. So groß ist ihre platereske Linie, daß sie das über dem Eingang wuchernde barocke Wappen aus dem 17. Jahrhundert ohne Schaden aufzunehmen vermochte (Abb. 155). Der im rechten Winkel anstoßende Backsteinbau reicht in seinen Anfängen bis ins 12. Jahrhundert zurück. Das kriegerische Gehabe des Südturms aus dem 14. Jahrhundert, das sein Quaderbau betont, wird unversehens durch zwei graziöse, mudejare Fensterpaare aufgelockert. Die Fenster der Kirche sind spätgotisch. Ihre lineare Zeichnung geht auf mudejare Tradition zurück. In der abschließenden Galerie, die von löwenartigen Phantasiegebilden akzentuiert wird, kündigt sich der platereske Stil an.

Am gleichen Platz liegt hinter Bäumen versteckt und unscheinbar die IGLESIA DE LAS BERNADAS. Sie entpuppt sich als architektonisches Juwel voll Originalität. Sie wurde zwischen 1617 und 1630 von Sebastián de la Plaza gebaut, dem auch das COLEGIO DE MÁLAGA (heute Rathaus) zugeschrieben wird. Merkwürdigerweise ist sein Name außerhalb Alcalás nicht anzutreffen. Die Backsteinfassade ist durch drei horizontale Steinbänder mit Schrift gegliedert. Ihnen begegnen in der Wandmitte die vertikal übereinander angeordneten plastischen Akzente der Türe, einer Nische mit der Statue des heiligen Bernhardus und des fast quadratischen Wappens. Zwei Seitentüren des Erdgeschosses, über denen im Hochgeschoß je ein Fenster sowie zwei Wappen zur Rechten und zur Linken der Heiligennische angebracht sind, führen das Kontrastspiel der Horizontalen und Vertikalen weiter. Zwei senkrecht gestellte Ovaleinschnitte neben der Heiligennische, deren Kurvenlinie von dem kugelartigen Muster der Schmucksäulchen über den Türen und am Architrav der Heiligennische – die Kugeln neigen zum Oval –, von der geschweiften Begrenzung des Hochgeschosses und von der parallel dazu laufenden Backstein-Dekorationslinie aufgenommen wird, sind erste Anzeichen dessen, was sich hinter der überbreiten, hohen Backsteinaußenwand verbirgt: ein

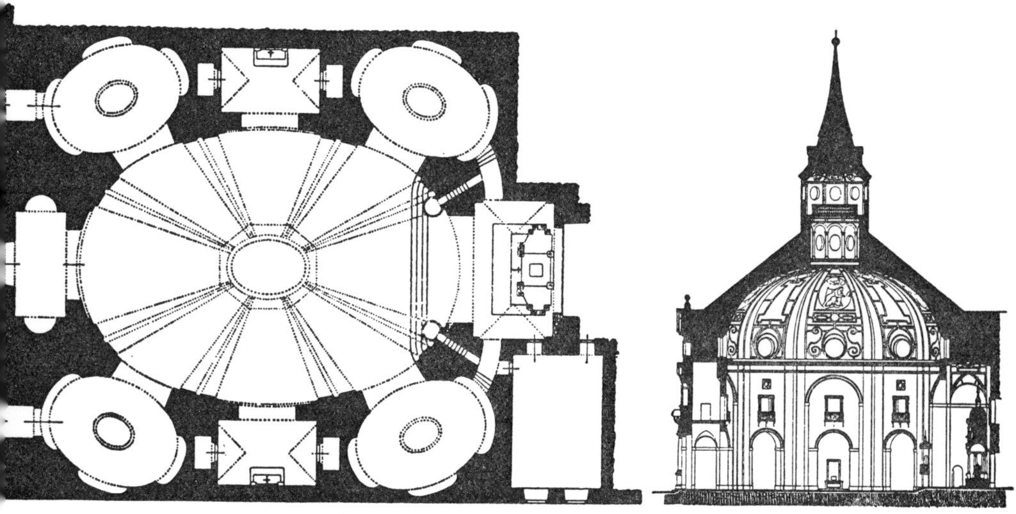

Alcalá de Henares, Grundriß und Aufriß der Kirche ›de las Bernardas‹ (Schubert)

ovaler, von einer ebenfalls ovalen Kuppel gekrönter Kirchenraum. Sein einziger Schmuck sind sieben in gleichen Abständen verteilte Tribünen, über denen Wappen angebracht sind. Um das Oval des Zentralraums sind vier ovale Kapellen gelegt, die mit zwei rechteckigen Kapellen, dem Rechteck des Kirchenvorraums und dem Rechteck des Hauptaltarraums abwechseln. Sebastian de la Plaza kündete mit diesem Grundriß dem 'rechtwinkligen' Stil des Escorial-Architekten Herrera, der das damalige Bauen in Spanien beherrschte, die Gefolgschaft auf. Er griff auf italienische Vorbilder von Vignola und Volterra zurück. Zugleich ließ er platereske Traditionen ovaler Grundrisse neu aufleben. Er befreite den Kirchenraum von der imperialen Gravität Herreras, gab ihm Leichtigkeit und Bewegung, griff für seine Verkleidung zum Stuck, den er jedoch mit sicherem Maß verwandte. Der Dogmatismus des Escorial-Erbauers ist einer heiter anmutenden Festlichkeit gewichen. Das Rokoko ist noch in weiter Ferne. Hier blitzt sein erster Morgenstrahl auf.

Der Platz vor der Kirche der Bernhardinerinnen umschließt mit der Kirche des Bischofspalastes an der einen und mit Kloster- und Schulmauern an der andern Seite den Kern des ehrwürdigen Alcalá. Er entschädigt für viele, allzu viele Ruinen und für viele, allzu viele Klöster, Kirchen und Studienheime – Colegios Mayores –, die in Kasernen und Amtsräume verwandelt wurden. Hier pulst noch der Geist theologischer Disputationen, während sich in den drei Hauptstraßen Provinzatmosphäre breitmacht und um die Stadt herum sich der gesichtslose Serienbau der Konsumgesellschaft türmt. Doch beschert Alcalá noch die Genugtuung, daß man beim Umherschauen immer wieder ins Weite blickt, zu den Tafelbergen an seinem Südrand oder in die Obstgärten am Henares. Die niedrigen Häuser der Innenstadt stellen den Bewohnern das Zeugnis einer Bescheidenheit aus, die nichts aus sich machen will, geschweige denn auftrumpfen möchte. Es klingt glaubhaft, daß die Einheimischen auch in der Hochblüte der Universität nie allzu enge Bande mit Professoren und Studenten knüpften.

Solche Bescheidenheit läßt nachsehen, daß es dem Besucher nicht gerade leicht gemacht wird, das Sehenswürdige zu besichtigen. Zu oft steht er vor verschlossenen Türen. Handelt es sich um ein Klausurkloster wie den CONVENTO DE LA IMAGEN, ist dies verständlich. Aber nur mit Glück gelingt es, einen Blick in die Kapelle San Ildefonso zu werfen, in der das plattereske Grabmonument des Kardinals Cisneros steht oder sich in der Kapelle del Oratorio mit dem Taufstein, über dem Cervantes getauft wurde, umzusehen.

Am andern Ende der Stadt, in der Calle de los Libreros beansprucht die ehemalige Jesuitenkirche SANTA MARÍA Aufmerksamkeit. Sie wurde in den Jahren 1602–1625 von dem Madrider Architekten Juan Gómez de Mora gebaut. Ihre Steinfassade wirkt unausgeglichen, schwer und trocken. Man wird an Baukasten-Architektur erinnert. Italienische Vorbilder drängen sich auf. Doch reichten wohl den Bauherrn Alcalás nicht die Mittel, um es der breiten Pracht der römischen Jesuitenkirche El Gesú gleich zu tun. Dem Bau haftet etwas Provinzielles an, das trotz seines Säulenprunks nicht so recht zu imponieren vermag. Er paßt wenig zu der feinen Art der Pedro Gumiel, Rodrigo Gil de Hontañón, Alfonso de Covarrubias und Sebastián de la Plaza, die das Stadtbild Alcalás prägten.

Fotonachweis

Marianne Adelmann, Zürich Ft. 11; Abb. 113, 152
Anthony-Verlag, Starnberg Abb. 95, 99
Lala Aufsberg, Sonthofen Ft. 10; Abb. 71, 73, 103, 104, 112, 128, 148
Maurice Babey, Basel Ft. 3, 4, 5, 7; Abb. 27, 28, 90, 120, 125
A. E. Dieterich, Madrid Abb. 4, 10, 13, 14, 17, 18, 21, 59, 61, 68, 70, 111, 114, 118, 140, 143, 153
Barbara Dieterich, Madrid Abb. 3, 15, 16, 19, 69, 117, 119, 121, 124
Reinhold A. Eckelhoefer, Berwyn/Ill. Abb. 21, 32, 33, 66
Firo-Foto, Barcelona Abb. 11, 64, 150, 154
Photographie Giraudon, Paris Abb. 34, 48
Hans Hinz, Basel Abb. 98
Kinkelin/Müller-Brunke Ft. 1
Kinkelin/Schneiders Abb. 82
Gerhard Klammet, Ohlstadt Abb. 102
Guglielmo Mairani, Mailand Abb. 7, 65, 78, 109, 115
Bildarchiv Foto Marburg Abb. 67
MAS, Barcelona Abb. 22, 23, 24, 30, 58, 72, 75, 77, 79, 87, 89, 91–94, 100, 101, 105, 107, 122, 123, 126, 130, 131, 133, 134, 137, 138, 145, 146, 149, 151, 155
Museo Arqueologico Nacional, Madrid Abb. 26, 29
Museo del Prado, Madrid Umschlagrückseite; Abb. 25, 35–47, 49–57, 62, 63, 74
Werner Neumeister, München Abb. 1, 2, 5, 80, 81, 84–86, 88, 96, 97, 110
D. M. Noack, Berlin Abb. 147
Patrimonio Nacional, Madrid Abb. 6, 8, 9, 20, 76
Toni Schneiders, Lindau Ft. 8; Abb. 144
Ronald Sheridan, London Abb. 106, 108, 116
Tony Stone Ass. Ltd., London Umschlagvorderseite; Ft. 2, 6, 9; Abb. 129, 136, 141, 142
Heike Thum-Schmielau, Hamburg Abb. 83
Hed Wimmer, Karlsruhe Abb. 12, 127, 132, 135, 139
Rolf Wunderlich, Madrid Abb. 60

Raum für Ihre Reisenotizen

Anschriften neuer Freunde, Foto- und Filmvermerke, neuentdeckte Restaurants, etc.

Raum für Ihre Reisenotizen

Anschriften neuer Freunde, Foto- und Filmvermerke, neuentdeckte Restaurants, etc.

Raum für Ihre Reisenotizen

Anschriften neuer Freunde, Foto- und Filmvermerke, neuentdeckte Restaurants, etc.

Raum für Ihre Reisenotizen

Anschriften neuer Freunde, Foto- und Filmvermerke, neuentdeckte Restaurants, etc.

Praktische Reisehinweise

von Genoveva Dieterich

Anreise

Das Reiseziel Madrid ist bequem zu erreichen. Zwischen Hamburg, Düsseldorf, Köln, Frankfurt und Stuttgart gibt es – täglich oder alle zwei Tage – einen Direktflug der Lufthansa. Weitere Flüge der Lufthansa aus Hamburg, Hannover, Bremen, Nürnberg, München, Saarbrücken werden über Frankfurt geleitet. Die spanische Fluggesellschaft Iberia fliegt Madrid täglich von Düsseldorf und München und an vier Tagen der Woche von Hamburg und von Stuttgart direkt an. Weitere Möglichkeiten bieten Charterflüge, die mit einem intensiven Besichtigungsprogramm für Madrid und Umgebung (Toledo, Escorial, Tal der Gefallenen, Avila, Segovia) verbunden sind. Beliebt sind Charterflüge über ein verlängertes Wochenende. Bahnreisende benützen überwiegend den Weg über Paris–Bordeaux–Irún–Madrid. Die schnellste Verbindung gewährt ihnen der spanische Schnell- und Luxuszug ›Puerta del Sol‹. Autofahrer können die Unbequemlichkeiten der langen Anfahrt in den Monaten Mai bis Oktober durch Benützen der Autozüge, die bis Narbonne fahren, verringern.

Die Autofahrer haben die Wahl zwischen zwei Hauptrouten. Die eine führt über oder an Paris vorbei auf der ›Route nacionale N 10‹ über Tours und Bordeaux zum spanischen Grenzort Irún. Von hier geht die Reise auf der bequemen spanischen Nationalstraße N 1 über San Sebastian–Vitoria–Burgos weiter nach Madrid. Die zweite, fast noch häufiger benützte Route hält sich an die französische Autobahn Belfort–Lyon–Avignon–Perpignan und berührt die spanische Grenze in La Junquera. Von dort geht es auf schneller, gebührenpflichtiger Autobahn nach Barcelona und über Lerida–Saragossa weiter nach Madrid; hinter Lerida wird die stark befahrene, zudem enge und kurvenreiche Straße ermüdend. Von Madrid aus gibt es Omnibuslinien und Nahverkehrszüge der Bahn in die Umgebung. Die Omnibusse sind häufig dicht besetzt, und die Züge fahren zu selten und halten zu oft. Linienbussen und Zügen sind die von den Reisebüros organisierten Autobus-Exkursionen vorzuziehen. Sie bringen direkt ans Ziel und schließen Besichtigungen ein.

Unterkunft

Als Reiseland, das sich der Bedeutung des Fremdenverkehrs bewußt ist, bietet Madrid Unterkunftsmöglichkeiten jeder Art und aller Preisstufen, vom Luxushotel mit ›fünf Sternen‹ bis zur einfachen Pension. Zweierlei verdient dabei hervorgehoben zu werden: der moderne Komfort und die Preiswertigkeit. Ein großer Teil der Hotels wurde in den letzten 15 Jahren gebaut. Die Preise zogen zwar an, doch sorgten mehrere Peseten-Abwertungen dafür, daß die spanischen Übernachtungspreise immer noch unter den heimatlichen liegen. In den Madrider Luxushotels zahlt man für ein Doppelzimmer zwischen 4600 und

2145 Peseten.* Die Höchstpreise der kaum weniger luxuriösen 4 Sterne-Hotels schwanken zwischen 3875 und 990 Peseten. 3 Sterne-Hotels berechnen zwischen 1620 und 510 Peseten. Dies war der Stand Ende 1977. Für das Jahr 1978 sind Preiserhöhungen um 10 bis 15 Prozent angekündigt. Um sich im Hotel-Angebot zurechtzufinden, ist der offizielle Hotelführer ›Guía de Alojaminetos Hoteleros‹, den das Staatssekretariat für Tourismus jährlich herausgibt, eine unentbehrliche Hilfe. In ihm sind alle Hotels und Pensionen Spaniens nach Provinzen und Orten mit ihren jeweiligen Leistungen und Preisen verzeichnet. Die angegebenen Preise, die in jedem Hotelzimmer angeschlagen sind, müssen von den Hoteliers eingehalten werden. Reklamationen können ins Beschwerdebuch eingetragen oder direkt dem Staatssekretariat für Tourismus im Ministerium für Handel und Tourismus (Avenida del Generalisimo 39, Madrid 16) gemeldet werden.

Empfehlenswert sind die staatlichen ›Paradores Nacionales‹. Stets reizvoll gelegen, sind sie oft in schönen, alten Burgen, Klöstern oder Palästen untergebracht. Sie zeichnen sich durch ihren Service aus. Da die ›Paradores‹ bisweilen nur wenige Zimmer haben und auch bei den einheimischen Touristen sehr beliebt sind, empfiehlt sich Vorausbestellung. Die Doppelzimmerpreise liegen zwischen 1350 und 1080 Peseten.

Staatliche Einrichtungen sind auch die ›Albergues Nacionales de Carretera‹ an den Landstraßen, die dem Reisenden Unterkunft (bei Aufenthalten von nicht mehr als 48 Stunden), Restaurant und Garage bieten.

In der Umgebung von Madrid sind folgende staatliche Hotels das ganze Jahr offen:

Avila Parador Nacional Raimundo de Borgoña
Parador Nacional de Gredos (60 km südwestlich Avila)

Toledo Parador Nacional Conde de Orgaz
Parador Nacional Virrey Toledo (in Oropesa)

Segovia Albergue Nacional de Carretera (in Villacastín)

Ein weiterer wichtiger Reisebegleiter ist die offizielle Straßennetzkarte (Mapa Oficial de Carreteras) des Ministeriums für Öffentliche Bauten. In ihr sind alle Straßen des Landes und ihre Rangordnung verzeichnet. Das übersichtliche Kartenwerk gibt außerdem Auskunft über spanische Verkehrsvorschriften, die sich mit den internationalen decken, über Unfallstationen an der Landstraße, gebührenpflichtige Autobahnstrecken, Unterführungen oder Brücken. Für Camping-Anhänger gibt das Staatssekretariat für Tourismus den ausführlichen Camping-Führer (Guía de Campings) heraus, der alle spanischen Campingplätze und die von ihnen gebotenen Dienste verzeichnet.

Küche und Restaurants

Die kastilische **Küche**, die in Madrid und Umgebung vorherrscht, ist nach Hausmacher Art, solide, ohne Schnörkel, in der die Qualität der 'Rohstoffe' die Hauptrolle spielt. Die Wiege der kastilischen Küche liegt im Viereck zwischen Soria, Burgos, Avila und Segovia. Die Schwer-

* Alle Preisangaben und Öffnungszeiten ohne Gewähr. Stand Anfang 1978

punkte dieser im wesentlichen ländlichen Küche sind die Braten – Lamm und Milchferkel –, der Eintopf in seinen verschiedenen Varianten, kräftig gewürzte Würste und Süßigkeiten maurischer Herkunft. Avila ist für seine Kalbskoteletts und köstlichen *yemas* – mit Zucker verrührte Eidotter – berühmt. Segovia bietet die vielleicht besten Lamm- und Milchferkelbraten. Nicht zu verachten sind die etwas scharfe *caldereta de cordero* (Hammeleintopf) und der *bacalao al ajo arriero,* ein knoblauchreicher Eintopf mit gesalzenem Kabeljau. Beide Gerichte schmekken hervorragend im Angesicht der schneebedeckten Sierra de Guadarrama. In deren Kälte munden auch die zu Recht geschätzten *chorizos de Cantimpalos* – rote scharfe Knoblauchwürste – und der köstliche *jamón serrano* – luftgetrockneter Schinken. Im Frühjahr sind die Krebse der Gebirgsflüsse in Begleitung des kühlen *clarete*-Weines der Gegend eine Delikatesse.

Madrid als Hauptstadt hat sich die verschiedenen Küchen Spaniens und des Auslands angeeignet. Man kann baskisch, asturisch, galicisch, katalanisch, aragonesisch, valencianisch, aber auch 'international' – deutsch, französisch, italienisch, mexikanisch, indisch oder chinesisch tafeln. Typisch madriderisch sind der *cocido* (Eintopf mit Kichererbsen, Speck, Wurst, Kohl), die *sopa de ajo* – eine einfache Knoblauchsuppe, die aber mit Raffinement zubereitet werden kann –, die *callos a la madrileña* – Kuttelfleck mit Pfeffer und Tomaten –, die in den Restaurants der Altstadt hervorragend zubereitet werden. Nicht zu vergessen ist, daß Madrid als bester Fischmarkt des Landes gilt. Seine ›tascas‹ – Stehkneipen –, ›tabernas‹ – einfache Kneipen und Restaurants – bieten eine wahrhaft pantagruelische Vielfalt an Meerestieren: Austern, Krabben, Muscheln, Hummer, Langusten, Meerspinnen, Krebse. Zu probieren sind die *gambas al ajillo* – Krabben, in Öl gesotten mit Knoblauch und Paprika –, die *calamares fritos* – panierte, in Öl gebakkene Tintenfische – und dann natürlich die edlen und teuren ›mariscos‹: *langostinos* (kleine Langusten) und die *angulas,* winzige Glasaale mit Knoblauch und Paprika, in Öl gesotten und kochend heiß serviert, sowie Muscheln nach baskischer Art und Austern. Zu Madrid gehören ebenfalls die Produkte seiner unmittelbaren Umgebung, wie die Spargel und Erdbeeren aus Aranjuez, der Frischkäse aus Miraflores in der Guadarrama, der *anís*-Schnaps von Chinchón, der Honig der Alcarria von Guadalajara. Typisch zum Frühstück sind die *churros* und *porras,* ein Spritzgebäck, das in siedendem Öl krachend knusprig wird.

Im Süden Madrids dehnt sich nach Osten und Süden die Mancha, die Heimat des Don Quijote, deren Küche nach seinen Worten »sauber, reich und schmackhaft« ist. Spezialitäten sind der *pisto manchego* – Pfefferschoten, Tomaten und Zwiebeln in Öl gedünstet –, der Schafskäse der Gegend, der einst berühmte, heute etwas vernachlässigte *queso manchego,* und dazu der kräftige Wein der Mancha, *Valdepeñas.* Toledo gehört in den Bereich der deftigen Mancha-Küche. Neben den für die gesamte kastilische Küche typischen Eintöpfen *(cocido, caldereta, olla podrida),* Knoblauchsuppen und Lammbraten hat Toledo seine Rebhühner, *perdices a la toledana,* anzubieten, die mit Weißwein, Zwiebeln, Lorbeerblättern, Knoblauch und Pfeffer fein zubereitet werden. Zu Toledo gehört außerdem das auf arabische Tradition zurückgehende Marzipan, *mazapán.*

Spanische **Restaurants** pflegen im allgemeinen wie die spanische Küche solide und einfach zu sein, mehr auf Qualität als auf Aufmachung bedacht. Es gibt Luxusrestaurants mit ›fünf Gabeln‹ – die Kategorie wird nach Gabeln gemessen – und kleine Wirtshäuser mit einer oder zwei Gabeln, die oft erstaunlich gut sind. Nach spanischer Sitte, die ein Essen ohne mindestens drei Gänge nicht ernst nimmt, bietet das Tagesmenü, das jedes Restaurant zu festem Preis führen muß, Vorspeise, Fisch- oder Fleischgericht und Nachspeise; dazu Wein und Brot. Der Gast kann sich natürlich nach der Karte ein eigenes Menü nach Geschmack, Appetit und Geldbeutel zusammenstellen. Die auf der Karte und für das Menü angegebenen Preise sind 'Globalpreise', in denen die Bedienung einbegriffen ist. Es ist aber üblich, ein angemessenes Trinkgeld zurückzulassen. Ohne Anspruch auf Vollständigkeit zu erheben, geben wir anschließend eine kleine Auswahl der Restaurants von Madrid und Umgebung:

In **Madrid** mit seinen zahllosen Lokalen fällt die Wahl des jeweils dem Augenblick entsprechenden Restaurants nicht leicht. Für besondere Anlässe eignet sich das exklusive deutsche ›Horcher‹ (Alfonso XIII, 6) und das nicht minder exquisite ›Jockey‹ (Amador de los Ríos, 6). Von Gourmets geschätzt sind das ›Valentín‹ (San Alberto, 3), das auf Fisch und *mariscos* spezialisierte ›O 'Pazo‹ (Reina Mercedes, 6), das baskische ›Principe de Viana‹ (Manuel de Falla, 5) und ›Señorío de Bertiz‹ (Comandante Zorita, 4). Nicht so aufwendig, aber um so typischer sind das ›Alkalde‹ (Jorge Juan, 10) mit seiner gediegenen baskischen Küche, das ›Aroca‹ (Plaza de los Carros, 3), in dessen Küche der Gast einen Blick werfen kann, das für seine Lamm- und Milchferkelbraten renommierte ›Sobrino de Botín‹ (Cuchilleros, 17), das ›El Schotis‹ (Cava Baja, 11) und die ›Casa Ciriaco‹ (Mayor, 84) mit ihren tellergroßen Steaks, die ›Gran Tasca‹ (Ballesta, 1) mit ihrem gewaltigen *cocido,* das exklusive ›Figón de Santiago‹ (Santiago, 9).

Der Fahnder nach kulinarischen Genüssen findet ausführliche Auskunft über die besten – nicht die teuersten – Lokale der Hauptstadt im unbestechlichen ›Madrid Gastronómico‹, den die Bruderschaft der Guten Tafel (Cofradía de la Buena Mesa) herausgibt. Über die ganze Viermillionenstadt verstreut liegen unzählige kleine, unauffällige Lokale, die echte Madrider Atmosphäre haben (›La Bola‹, Torija, 7; ›Casa Anselmo‹, Plaza Salesas, 7; ›El Callejón‹, Ternera, 6).

Für einen Schnellimbiß oder eine Kaffeepause eignen sich die ›Cafeterías‹, die Tellergerichte, Sandwiches und Getränke aller Art servieren.

In der Umgebung Madrids lassen sich ebenfalls einige Restaurants empfehlen. Bei einem Besuch in **Segovia** ist ein Besuch des ›Mesón de Cándido‹, das genau am Fuß des römischen Aquädukts liegt, geradezu obligat. Den typischen Lamm- oder Milchferkelbraten servieren in gleicher Güte auch die ›Casa Duque‹, ›La

Oficina‹, ›El Bernardino‹ oder ›El Abuelo‹. Das vom kulinarischen Standpunkt etwas nüchterne **Avila** hat die Restaurants ›Piquío‹, ›El Torreón‹ und ›El Rastro‹. In **Toledo** ist die Auswahl nicht allzu groß. Gut sitzt es sich im ›Hostal del Cardenal‹ neben der Stadtmauer, desgleichen im ›Parador Conde de Orgaz‹ mit Blick auf die Stadt. Nach einem Gang durch **Alcalá de Henares** lohnt sich ein Besuch im ›Hostal del Estudiante‹, wo man in typischer Umgebung die Küche der Mancha probieren kann. Im Städtchen neben dem **El Escorial** bewahrt ›La Cueva‹ noch die Atmosphäre eines Gasthauses aus dem 17. Jahrhundert.

In Madrid spielten einst die **Cafés** im literarischen und künstlerischen Leben der Stadt eine große Rolle. Leider sind viele berühmte Lokale, in denen die *tertulias* – Zirkel der Intellektuellen – zusammenkamen, der Hektik der Gegenwart zum Opfer gefallen. Eine Ahnung ihres Lebens vermitteln heute noch das ›Café Gijón‹ auf der Castellana, wo Literaten, Studenten, Maler, Schauspieler und Schaulustige sich treffen, das ›Café Lyon‹ bei der Hauptpost, das ›Café Comercial‹ an der Plaza de Bilbao und das jüngere ›Pub de Santa Barbara‹, das Café des Staatstheaters María Guerrero, oder das ›Oliver‹ in der Nähe des Teatro Marquina, die von den unverbesserlichen Nachtschwärmern der Stadt aufgesucht werden.

Nachtleben, ›Tascas‹, Stierkampf, Theater

Zum Madrider **Nachtleben** gehören neben den konventionellen Nachtlokalen, in denen sich nostalgische Vorstellungen des Vergnügens erhalten, und den modernen Diskotheken, die zu jeder Großstadt gehören, die Flamenco-Lokale oder ›Tablaos‹. Nicht umsonst gilt Madrid als Metropole des Flamenco, dessen Ursprung in Andalusien zu suchen ist. Die Madrider ›Cafés Cantantes‹, in denen die Meister des Flamenco auftraten, trugen im 19. Jahrhundert entscheidend zur Blüte dieser typisch andalusischen Tänze und Gesänge bei. Heute kann der Tourist im ›Zambra‹ (Ruiz de Alarcón, 7), ›Corral de la Morería‹ (Morería, 17), ›Las Brujas‹ (Norte, 15), ›Los Canasteros‹, (Barbieri, 10) oder ›Torres Bermejas‹, (Mesonero, 11) den Flamenco in sachgerechter Umgebung genießen. Dabei soll nicht vergessen werden, daß dieser Tanz eine eigenwillige, ja schwierige Kunst ist, die stark von der Persönlichkeit, der Stimmung und Laune der Sänger und Tänzer abhängt. Der Dämon (duende) des Flamenco, über den García Lorca einen großartigen Essay schrieb, ist nicht auf Befehl herbeizubeschwören! Bedauerlich ist, daß der Flamenco heute allzusehr kommerzialisiert ist und dabei das Wesensmerkmal der Intimität im kleinen Kreis verloren hat.

Nicht wegzudenken aus Madrid sind seine *Tascas*, Stehkneipen, die zum Stadtbild gehören wie die schwarz-roten Taxis. Die beliebten Bummelstraßen, in denen die Madrider nach der Arbeit oder auch dazwischen flanieren und zu einem *chato* – einem Gläschen Wein – und einer *tapa* – Happen – haltmachen, liegen dicht an dicht in der Nähe der Cortes (Calle Echegaray und Nebenstraßen), in der Umgebung der populären Puerta del Sol (Calle de la Cruz, Calle de la Victoria, Calle Espoz y Mina) und in der Gegend der

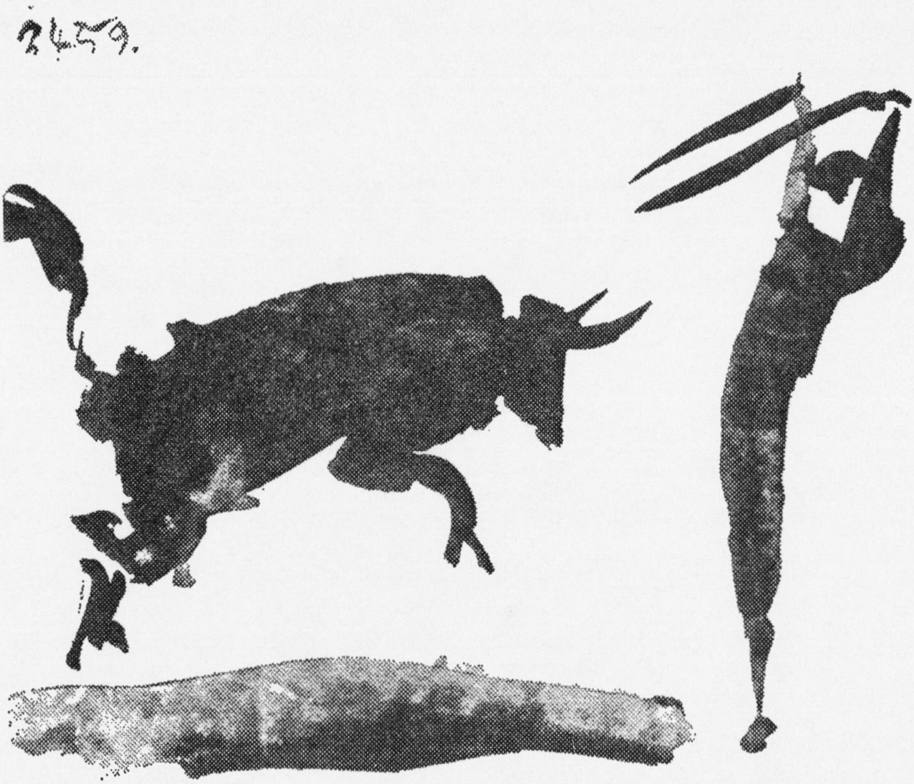

Pablo Picasso, Banderillero und Stier. 3. 4. 1959. Tuschzeichnung

Plaza Mayor. Tascas wie ›Gayango‹, ›La Trucha‹, ›El Lacón‹, ›La Oficina‹, ›La Ostrería‹ sind verlockend. Ein lebhafter Studenten-Bummel hat nahe der Universität in der Calle Princesa seine Bühne. In den Tascas werden *chatos*, aber auch *cañas* – kleine Bierchen – und *copitas* mit Jerez oder Manzanilla getrunken. Dazu werden alle möglichen *tapas* genascht: gegrillte Krabben, Oliven, gebratene Tintenfischringe, *tortilla española* – Eierkuchen mit Kartoffeln und Zwiebeln –, feuerrote *chorizo*-Wurst, schwarze *morcilla*-Blutwurst, leckere Schinken- oder Käse-Würfel.

In der **Stierkampfsaison** von März bis Oktober drängen sich am Sonntagmorgen die Menschen in der Calle de la Victoria und Umgebung vor und in den Tascas, um sich in den benachbarten Vorverkaufsstellen oder an den großen Kampftagen beim Schwarzhändler eine Karte zu sichern. Madrid verteidigt seinen Ruf, der anspruchvollste und seriöseste Stierkampfplatz Spaniens, ja der Welt zu sein; neben ihrer Arena von Ventas lassen die Madrider nur noch die ›Maestranza‹ von Sevilla gelten, die als »Wiege des Stierkampfes« angesehen wird. Während der Saison finden Stierkämpfe jeden Sonntag und Donnerstag in der Plaza de las Ventas, Madrids Hauptarena, statt. Zur Wahl stehen *novilladas* mit Jungstieren und *corridas* mit ausgewachsenen Stieren von durchschnittlich 500 kg. Die besten Corridas finden in Madrid während der ›Feria de San Isidro‹ statt, die in den Wochen um den 15. Mai zu Ehren des Stadtheiligen gefeiert wird. Kleinere Arenen sind ›Vista Alegre‹ im Madrider Vorort Carabanchel und ›San Sebastián de los Reyes‹, auf der Straße nach Burgos.

Madrid ist nicht zuletzt die Theaterhauptstadt des Landes. In siebenundzwanzig **Theatern** wird alles – vom Vaudeville über die Revue bis zum Avantgarde-Stück geboten. Doch litt das Theaterleben während des Franco-Regimes unter einer allgegenwärtigen, bisweilen grotesk kleinlichen Zensur. Ihre Aufhebung zog eine Flut frivoler Darbietungen nach sich. Der Theaterfreund kann aber auch erfreuliche Überraschungen erleben. Zu Recht werden den spanischen Schauspielern Schwung und Freude am Beruf nachgesagt. Die Inszenierungen spanischer Klassiker im staatlichen Teatro Español und die Aufführungen moderner spanischer und ausländischer Autoren im zweiten Staatstheater, Maria Guerrero, haben Niveau. Sie können einen Madrid-Besuch bereichernd ergänzen.

Nach Aufhebung der Zensur werden in den zahllosen Madrider Kinos außer den letzten nationalen auch die nicht ganz letzten internationalen **Filme** gezeigt. In der Gran Via Madrids sorgt eine Massierung der Filmpaläste für ein weltstädtisches Gepräge.

Wichtige Tips

Paß und Zoll. Für die Einreise nach Spanien benötigen deutsche Besucher den Reisepaß oder den amtlichen Personalausweis. Bei einem Aufenthalt von mehr als drei Monaten muß die Direccion General de Seguridad benachrichtigt und ein Antrag auf die Autorisierung des Verbleibens gestellt werden. Gegenstände zum persönlichen Gebrauch – Radiogerät, Filmkamera oder Fotoapparat, Schreibmaschine – dürfen ohne weiteres mitgeführt werden. Wagen, Anhänger, Boote, Motorräder bedürfen für ein Zeitmaximum von sechs Monaten keiner besonderen Genehmigung. Hunde benötigen ein tierärztliches Attest.

Geld. Der Reisende darf bis zu 50000 Peseten in spanischer Währung und beliebig viel Devisen mit sich führen; höhere Beträge müssen am Zoll angegeben werden. Am günstigsten ist der Geldwechsel in den Banken. Spanische Geldscheine haben den Wert von jeweils 100, 500 und 1000 Peseten. Ferner gibt es Münzen zu 50 Centimos, 1 Pesete, 5, 25, 50 und 100 Peseten.

Tabak. In Spanien ist Tabak Monopolware, die in den Läden und Kiosken der Tabakgesellschaft ›Tabacalera, S. A.‹ verkauft wird. Auch Bars, Cafés, Cafeterías und Restaurants pflegen Tabakwaren zu führen. Der Raucher findet darunter die bekanntesten nordamerikanischen Marken, spanische Produkte, kubanische Zigarren, seltener englische und deutsche Zigaretten.

Taxis. Wie in der ganzen Welt ist bei den spanischen Taxis der Preis der Fahrt am deutlich sichtbaren Taxometer abzulesen. Gepäckstücke werden extra berechnet. An Sonn- und Feiertagen, sowie bei später Nachtstunde kommt ein Zuschlag hinzu.

Trinkgelder. Langsam verschwindet auch in Spanien die Sitte – oder Unsitte – der Trinkgelder. In Hotels, Restaurants, Bars und Cafés ist die Bedienung immer im Preis inbegriffen. Dennoch werden Trinkgelder (propinas) akzeptiert, wenn nicht ausdrücklich durch Anschlag angezeigt wird: »No se admiten propinas« (Trinkgelder sind nicht zugelassen). Es ist üblich, etwa 10 Prozent des Rechnungsbetrages für die Bedienung zurückzulassen. In Hotels erhalten Stubenmädchen, Gepäckträger usw. ein kleines Trinkgeld, das je nachdem zwischen 25 und 100 Peseten schwankt. Den Taxifahrern wird der Fahrpreis aufgerundet. Platzanweiser im Theater, Kino oder in der Stierkampfarena erwarten 5 Peseten für ihre Dienste. Auf Bahnhöfen und Flugplätzen haben die Gepäckträger feste Tarife, die sie auf einem Schildchen ihrer Brusttasche anzeigen.

Geschäftszeiten. Gewöhnlich sind die Läden von 9.30 bis 13.30 Uhr und von 16.30 bis 20 Uhr geöffnet. Am Sonntagmorgen sind Konditoreien, Blumengeschäfte und Zeitungskioske offen. Diskotheken und Nachtlokale schließen um 3 Uhr morgens. Cafés und Cafeterías servieren Frühstück ab 8 Uhr. Restaurants, Cafés und Bars schließen in den Sommermonaten um 1.30, in den Wintermonaten um 1 Uhr. Rund um die Uhr sind in Madrid die sogenannten ›Drugstores‹ offen, in denen beinahe alles zu haben ist, vom Schnellimbiß bis zu Zeitungen, Zigaretten, Fotomaterial, Schallplatten, Parfums usw. Wie in allen zivilisierten Städten der Welt haben bestimmte Apotheken Nachtdienst: ›farmacias de guardia‹.

Besuchszeiten in Museen und Kirchen

Die Öffnungszeiten der Museen und öffentlichen Gebäude sind verschieden. In der Regel sind sie von 10 bis 13.30 Uhr zu besichtigen; einige öffnen auch nachmittags. Kirchen können von der frühen Morgenstunde bis zur Mittagszeit, dann wieder am Nachmittag besucht werden. Hier eine Liste der wichtigsten Museen und ihrer Öffnungszeiten:

Museo de América (Reyes Católicos, 6): von 10 bis 14 Uhr. Eintritt: 50 Peseten.

Museo Arqueológico (Serrano, 13): von 9.30 bis 13.30 Uhr. Eintritt: 50 P. Maßstabgerechte Nachbildung der Höhle von Altamira: von 9.30 bis 13.30 Uhr und von 16 bis 20 Uhr, außer Sonntagnachmittag. Eintritt: 10 P.

Museo de Arte Contemporáneo (Avenida Juan Herrera 2): je nach den Ausstellungen verschiedene Besuchszeiten, zumeist in den Abendstunden.

Museo de Artes Decorativas (Montalbán, 12): von 10 bis 14 Uhr, außer Montag. Eintritt: 50 P. Samstag: freier Eintritt. (Seit Jahren geschlossen.)

Museo de Arte Moderno (Paseo de Calvo Sotelo, 20): je nach den Ausstellungen verschiedene Besuchszeiten; zumeist in den Abendstunden.

Casa de Lope de Vega (Cervantes, 11): von 11 bis 14 Uhr, außer Montag.

Museo Cerralbo (Ventura Rodríguez, 17): von 9 bis 14 Uhr, außer Dienstag. Eintritt: 25 P.

Convento Descalzas Reales (Plaza Descalzas Reales): von 10.30 bis 13.30 Uhr. Montag, Dienstag, Mittwoch und Donnerstag auch von 16.30 bis 18.30. Eintritt: 20 P.

Convento de la Encarnación (Plaza de la Encarnación): von 10.30 bis 13.30 Uhr und von 16 bis 17.45 Uhr. Sonntag nur von 10.30 bis 13.30 Uhr. Eintritt: 25 P.

Museo del Ejército (Méndez Núñez, 1): von 10 bis 14 Uhr, außer Montag. Eintritt: 50 P.

Museo de Escultura al Aire Libre (Paseo Castellana, 40): stets zugänglich.

Fábrica Nacional de Moneda y Timbre (Doctor Esquerdo, 36): Münzsammlung von 10 bis 14 Uhr und von 16 bis 19 Uhr, außer Sonntagnachmittag und Montag. Eintritt: 10 P.

Museo Lázaro Galdiano (Serrano, 12): von 9.15 bis 13.45 Uhr. Eintritt: 10 P.

Palacio Real (Plaza de Oriente): von 10 bis 12.45 Uhr und von 16 bis 18.45 Uhr (15. Juni bis 10. Oktober); von 10 bis 12.45 Uhr und von 15.30 bis 17.45 Uhr (11. Oktober bis 14. Juni). Sonn- und Feiertage: von 10 bis 13.30 Uhr. Geschlossen: am 1. Januar, Karfreitag, 25. Dezember und bei offiziellen Anlässen. Eintritt: 130 P.

Museo del Prado (Paseo del Prado): von 10 bis 17 Uhr (1. Oktober bis 31. März); von 10 bis 18 Uhr (1. April bis 31. Mai und 16. bis 30. November); von 10 bis 21 Uhr (1. Juni bis 15. September). Sonn- und Feiertage: von 10 bis 14 Uhr. Geschlossen: am 1. Januar, Karfreitag, 1. November, 25. Dezember.
Eintritt: 50 P.

Real Academia de Bellas Artes de San Fernando (Alcalá, 13): von 10 bis 13.30 Uhr und von 16 bis 18.30 Uhr. Sonntag von 10 bis 18.30. Mittwoch geschlossen. Eintritt: 10 P. Samstagnachmittag frei. (Im Umbau. Vorübergehend in der Staatsbibliothek, Paseo de Calvo Sotelo 20.)

Real Armería (Plaza de la Armería, Palacio Real): siehe Palacio Real

Museo Romántico (San Mateo, 13): von 11 bis 18 Uhr. Sonn- und Feiertage: von 10 bis 14 Uhr. Eintritt: 25 P.

San Antonio de la Florida (Glorieta de S. Antonio de la Florida). Mit berühmten Fresken Goyas und mit Goyas Grab. Von 11–13.30 und von 15–18 Uhr (sommers 16–19), sonntags 10–13.30 Uhr. Mittwochs geschlossen.

Sección de Arte del Siglo XIX del Museo del Prado (Casón del Buen Retiro): von 10 bis 14 Uhr, außer Montag. Eintritt: 20 P.

Museo Sorolla (General Martínez Campos, 37): von 10 bis 14 Uhr, außer Montag. Eintritt: 10 P. Sonntag: 5 P. Samstag: frei.

Günstigste Reisezeit

Madrid ist zu jeder Jahreszeit anziehend. Doch die ideale Reisezeit ist ohne Zweifel der Frühling. Im April und Mai ist die Temperatur mild und frisch – 12° bis 14° C im Durchschnitt –, die Stadtluft, wenn von den Guadarrama-Winden gereinigt, ist kristallklar, die Tage sind lang. Der Madrider Sommer ist sehr heiß und trocken – Durchschnittstemperatur 25° C –, für Mitteleuropäer eine Zumutung. Hinzu kommt, daß zahlreiche Museen, Theater, Geschäfte im August Ferien machen. September und Oktober haben wieder mildere Temperaturen – 19° und 16° C – und eignen sich zum Reisen. Unvergeßlich in ihrer melancholischen Schönheit sind die herbstlichen Gärten von El Escorial, La Granja und Aranjuez.

Ausflüge in die nähere Umgebung Madrids (mit Wagen)

1. Alcalá de Henares liegt 31 km von Madrid entfernt an der verkehrsreichen Nationalstraße N II (zum Teil Autobahn) nach Barcelona. Zu beachten ist, daß diese Straße den Verkehr zum naheliegenden Flughafen Barajas und zum Industriezentrum und amerikanischen Stützpunkt Torrejón de Ardoz trägt.

2. Aranjuez, 47 km von Madrid, ist auf der Nationalstraße N IV nach Andalusien, die von Madrids Süden ausgeht, zu erreichen. Die Rückfahrt kann über den malerischen Ort **Chinchón** erfolgen, der für seinen Anís-Schnaps berühmt ist. Außerdem besitzt Chinchón eine schöne ›Plaza Mayor‹ und eine gut erhaltene Burg. In der Kirche ein Goya-Bild. Am besten fährt man auf der Hauptstraße nach Madrid bis Cienpozuelos, um dann in die Nebenstraße C 404 nach Chinchón (48 km) einzubiegen. Von dort geht es auf der C 300 nach Arganda (30–40 km), wo die Hauptstraße N III nach Madrid erreicht wird (28 km).

3. Avila. Zwei Routen führen zur kastilischen Festungsstadt, die 115 km von Madrid entfernt ist. Die kürzere folgt der Nationalstraße N VI nach La Coruña über den Paß ›Alto de los Leones‹ (1511 m) oder durch den gebührenpflichtigen Guadarrama-Tunnel nach Villacastín (85 km). Dort zweigt die Landstraße N 501 nach Avila ab (30 km). Die zweite Route geht von der Nationalstraße N V, Richtung Estremadura, auf die Nebenstraße C 501 nach San Martín de Valdeiglesias. In der Nähe davon stehen – sie scheinen zu weiden – die imponierenden iberischen ›Toros de Guisando‹, in Granit gehauene Stiere aus grauer Vorzeit. Die Straße N 403 führt dann weiter nach Avila (60 km).

4. El Escorial, 49 km von Madrid entfernt. Man nimmt die Nationalstraße N VI nach La Coruña bis Las Rozas (18 km), wo die Straße C 505 nach El Escorial abzweigt. Das *Tal der Gefallenen* – Valle de los Caídos – liegt 10 km nördlich von El Escorial und wird auf der Straße C 600 erreicht. Die kurze Strecke bis zum Monument ist gebührenpflichtig. Von dort sind es wenige Kilometer bis zur Hauptstraße N VI (Autobahn), die eine rasche Rückfahrt nach Madrid erlaubt.

5. Segovia. Zwei Routen bieten sich nach Segovia (87 km von Madrid) an. Die erste führt auf der Nationalstraße N VI nach La Coruña über die Sierra de

Guadarrama (Paß ›Alto de los Leones‹ oder Guadarrama-Tunnel) nach San Rafael (62 km). Dort zweigt die Straße N 603 nach Segovia ab. Ungefähr auf der Hälfte dieser Strecke geht der Weg nach **Riofrío** ab. Besuchenswert ist dort der Königliche Palast, der 1754 von italienischen Architekten für Isabella Farnese, Gattin des Bourbonenkönigs Philipp V. begonnen wurde. Von Riofrío führt eine direkte Straße nach Segovia, doch empfiehlt es sich, die bessere N 603 zu fahren. Die zweite Route, die auf der Rückfahrt nach Madrid benützt werden kann, verläßt Segovia auf der Straße nach **La Granja** (11 km), seinem Schloß und seinen Gärten, steigt zum Navacerrada-Paß (1860 m) hoch und erreicht Madrid auf der Autobahn N VI.

6. Toledo. Die Ausfahrt nach Toledo, das 70 km südlich von Madrid liegt, erfolgt auf der direkten Straße N 401. Auf halbem Weg liegt **Illescas**, dessen Grecos in der Kirche des Hospital de la Caridad zu einem Halt einladen.

Ausflüge in die weitere Umgebung

1. Route der Burgen. Die Provinz Segovia besitzt unzählige Festungen, Kastelle und Burgen maurischen und christlichen Ursprungs, die dem Land im frühen Mittelalter seinen Namen gaben: Kastilien. Die Rundfahrt beginnt in Segovia mit seinem mächtigen Alcázar. Der nächste Ort ist **Santa María la Real de Nieva** (rund 30 km auf der Straße C 605), der eine gotische Klosterkirche mit romanischem Kreuzgang besitzt. Gleich in der Nähe (17 km) liegt **Coca.** Seine Burg, die im 15. Jahrhundert durch den Erzbischof von Sevilla, Alonso de Fonseca, errichtet wurde, ist eine der besterhaltenen und eindruckvollsten Spaniens. Ihre roten Ziegelsteinmauern, Zinnen und Türme gehen auf arabische Vorbilder zurück. 35 km von Coca entfernt liegt **Cuéllar,** wo eine Burg aus dem 15. Jahrhundert, guterhaltene Stadtmauern, sowie verschiedene romanisch-mudejare Kirchen – San Esteban – zu sehen sind. In **Fuentedueña,** 30 km im Nordwesten von Cuéllar, sind noch Reste seiner starken Burg und Stadtmauern erhalten. **Sepúlveda** (32 km südlich davon) ist einer der wichtigsten Orte der Provinz mit zahlreichen romanischen Kirchen – El Salvador, Virgen de la Peña, San Justo, San Bartolomé, Santiago –, herrschaftlichen Häusern, Stadtmauern und Burg. Auf dem Weg nach Pedraza (rund 25 km) liegt links **Castilnovo,** eine ursprünglich maurische Festung aus dem 12. Jahrhundert. **Pedraza** gilt mit seiner voll erhaltenen Stadtmauer und Burg als einer der charakteristischen Orte Alt-Kastiliens. Malerisch sind seine Plaza und wappengeschmückten Fassaden. Westlich davon liegt auf der Straße C 232 die eindrucksvolle Festung von **Turégano** mit einer romanischen Kirche. Von dort sind es nur wenige Kilometer zurück nach Segovia.

2. Cuenca, Hauptstadt der gleichnamigen Provinz Neu-Kastiliens, liegt 167 km von Madrid entfernt im Iberischen Randgebirge. Die Fahrt geht bis Tarancón (82 km) auf der Nationalstraße N III (Richtung Valencia) und biegt dann in die Straße N 400 nach Cuenca ab. Die Landschaft, zunächst flach, wird bergig und bewaldet. Die Altstadt von Cuenca ragt auf einer felsigen Anhöhe, die die Schluchten der Flüsse Huécar und Júcar beherrscht.

Die neue Stadt dehnt sich im Júcar-Becken aus. Cuenca taucht zum ersten Mal in einer arabischen Chronik aus dem 8. Jahrhundert auf. Und arabisch muten auch die gewundenen Gassen und gedrängten Häuser in der Umgebung der alten Plaza Mayor an, auf der die Kathedrale und das Rathaus stehen. An der Kathedrale, die zu Beginn des 13. Jahrhunderts im frühgotischen Stil begonnen wurde, ist bis ins 20. Jahrhundert gebaut worden. Der eklektische Charakter wird besonders an der unvollendeten Fassade deutlich. Das Kathedralmuseum besitzt bedeutende Kunstwerke, darunter Bilder von Gerard David, Juan de Borgoña, El Greco. Das Wahrzeichen Cuencas sind die sogenannten ›Casas Colgantes‹ (Hängenden Häuser), die an der Steilwand über dem Huécar buchstäblich kleben. Dort ist das ›Museo de Arte Abstracto Español‹ eingerichtet, das ein ausgezeichnetes Panorama der modernen spanischen Kunst bietet mit Werken von Tàpies, Saura, Chillida und anderen. Ein Erlebnis ist der Besuch der naheliegenden ›Ciudad Encantada‹ – Verzauberte Stadt –, wo die Erosion in den weichen Kalkstein der Gegend phantastische Gebilde modelliert hat.

Einkäufe und Andenken

Haupteinkaufsstraße Madrids ist und bleibt die großstädtische ›Gran Vía‹, in deren Kaufhäusern, Cafeterías, Kinos und Geschäften sich von früh bis spät die Madrider, sowie ihre Besucher von nah und fern tummeln. Elegant und exklusiv sind dagegen die Geschäfte der piekfeinen Calle de Serrano, die sich durch internationale Preise auszeichnen. Die kleinen Boutiquen der Nebenstraßen – Calles Ramón de la Cruz, Claudio Coello, Núñez de Balboa, Lagasca – ziehen ein vorwiegend junges Publikum an, das seinen Bummel auf der Calle de Goya hat.

Typisch spanisches Kunstgewerbe bieten die staatlichen Läden, wie die der »Empresa Nacional de Artesanía« in Hermosilla 14, Plaza de las Cortes 3, Avenida José Antonio 32 und Ramon de la Cruz 33. Dort findet man eine gute Auswahl von Wollteppichen und -Decken aus Murcia und Granada; Spitzen aus Almagro; Keramik aus Talavera, Manises, Granada; Strohmatten und Korbgeflechte aus der Levante und Andalusien; Stickereien aus Lagartera, Mallorca, den Kanarischen Inseln; Lederarbeiten aus Córdoba usw. Das Kunstgewerbe Granadas hat einen eigenen Laden in der Calle Marqués de Casa Riera, 4 (neben dem Hotel Suecia). Spielzeug und Keramik, besonders aus dem Süden Spaniens, führt 'Populart' in der Umgebung des Teatro Español (Huertas 22). Ferner gibt es viele kleine Geschäfte, die Kunstgewerbe ohne viel touristische Hintergedanken anbieten. Der Freund echten Kunsthandwerks findet Matten, Bambusmöbel, Körbe und ähnliches in den verschiedenen ›Cesterías‹ der Calle del Almirante bei der Castellana. Talavera-Keramik in der traditionellen Art wird in ›La cerámica de Talavera‹ (Lagasca, 44) verkauft. Gleich daneben ist ein Geschäft für Olivenholzarbeiten – Teller, Schüssel, Salatbestecke – aus Mallorca. Handgestickte Tischdecken in der volkstümlichen Art von Talavera oder nach bewährten, traditionellen Mustern führen oft größere Textilgeschäfte und sogar Kaufhäuser.

Antiquitäten. Sammler werden in den seriösen Antiquitätenhandlungen der Calle del Prado, der Plaza de las Cortes und der Plaza de Santa Ana sicher gehen. Nicht damit zu vergleichen sind die Buden des populären **Rastro** (Flohmarkt) auf der menschenwimmelnden Plaza de Cascorro im alten Madrid. Dort gehen 'alt','antik' und einfach gefälscht durcheinander. Mehr Vertrauen verdienen die ›Galerías‹ des Rastro, in denen solide Antiquare ihre Läden haben. Im allgemeinen kann nicht genug vor Fälschungen gewarnt werden. Münzen, besonders griechische und römische Stücke in Gold und Silber, werden oft gefälscht. Auch Möbel, Kirchenlampen und Leuchter, Fragmente von Retabeln, Plastiken und Keramikwaren sind oft unecht, das heißt modern. Dies will aber nicht heißen, daß man nicht auf schöne, vielleicht auch preisgünstige, echte Antiquitäten trifft! Man muß aber suchen.

Kunstgalerien. Madrid besitzt über 200 Galerien, die ständig mit Ausstellungen aufwarten. Internationalen Ruf genießen die Galerien Juana Mordó (Villanueva, 7), Theo, Marqués Eusenada 2 und Biosca (Génova, 11). Beachtung verdienen: Kreisler, Serrano 19 und Hermosilla 8, Múltiple 4.17 General Mola 17 und Iolas Velasco (Zurbano, 88). Interessant sind ferner die Veranstaltungen der Galerien Vandrés (Ramón de la Cruz, 26), Sen (Nuñez de Balbot, 37) und Rayuela (Tutor, 19), die noch nicht so bekannte Künstler ausstellen. Seit einigen Jahren florieren die Kunstauktionen, die von einigen Namen – Durán, Berkowitsch, Christie's – beherrscht werden.

Wichtige Adressen

Reiseinformation jeder Art geben die offiziellen **Oficinas de Información y Turismo,** die in allen größeren Städten anzutreffen sind. Die Adressen der Madrider Auskunftsbüros sind:
Torre de Madrid
Medinaceli, 2
Flughafen Barajas
In **Deutschland** hat das spanische Staatssekretariat für Tourismus folgende Auskunftsstellen:
Düsseldorf, Graf Adolfstr. 81
Frankfurt, Bethmannstr. 50–54
Hamburg, Ferdinandstr. 64–68
München, Oberanger 6

Für Notfälle:

Botschaft der Bundesrepublik Deutschland: Calle Fortuny 4, Tel. 4199100/4199150
Polizei: Rufnummer 091
Unfallstation: Ramón de la Cruz 93, Tel. 2560200

Weitere Adressen:

Hauptpost: Plaza de la Cibeles (geöffnet von 9–14 und von 16–21 Uhr) (ständiger Telegrammdienst). Die Zweigstellen der Post sind nachmittags geschlossen.
Telephonische Telegrammaufgabe: Tel. 2222951 und 2418000
Taxis: Tel. 2542800
Fundbüro: Plaza de Chamberí 4
IBERIA (Spanische Fluggesellschaft): Plaza de Cánovas del Castillo 4 (Hauptbüro)
IBERIA Informationsdienst: Tel. 2626700
RENFE (Staatliche Eisenbahn): Alcalá 44 (geöffnet von 9–13 und von 16–19 Uhr), ständige telephonische Auskunft: Tel. 2477400 und 2478400

DuMont Kunst-Reiseführer

Ägypten – Geschichte, Kunst und Kultur im Niltal

Vom Reich der Pharaonen bis zur Gegenwart. Von Hans Strelocke

Äthiopien – Kunst im Verborgenen

Ein Reisebegleiter ins älteste Kulturland Afrikas. Von Hans Helfritz

Algerien – Kunst, Kultur und Landschaft

Von den Stätten der Römer zu den Tuaregs der zentralen Sahara. Von Hans Strelocke

Belgien – Spiegelbild Europas

Eine Einladung nach Brüssel, Gent, Brügge, Antwerpen, Lüttich und zu anderen Kunststätten. Von Ernst Günther Grimme

Deutsche Demokratische Republik

Geschichte und Kunst von der Romanik bis zur Gegenwart. Brandenburg, Mecklenburg, Sachsen-Anhalt, Sachsen, Thüringen. Von Gerd Baier, Elmar Faber und Eckhard Hollmann

Franken – Kunst, Geschichte und Landschaft

Entdeckungsfahrten in einem schönen Land – Würzburg, Rothenburg, Bamberg, Nürnberg und die Kunststätten der Umgebung. Von Werner Dettelbacher

Köln

Stadt zwischen Tradition und Fortschritt. Von Paul Willehad Eckert

Die Pfalz

Die Weinstraße – Der Pfälzer Wald – Wasgau und Westrich. Wanderungen im ›Garten Deutschlands‹. Von Peter Mayer

Zwischen Neckar und Donau

Kunst, Kultur und Landschaft von Heidelberg bis Heilbronn, im Hohenloher Land, Ries, Altmühltal und an der oberen Donau. Von Werner Dettelbacher

Schleswig-Holstein

Zwischen Nordsee und Ostsee: Kultur · Geschichte · Landschaft. Von Johannes Hugo Koch

Dänemark

Land zwischen den Meeren.
Kunst · Kultur · Geschichte
Von Reinhold Dey (Neu Frühjahr '78)

Süd-England

Von Kent bis Cornwall. Architektur und Landschaft, Literatur und Geschichte. Von Peter Sager

Die Bretagne

Im Land der Dolmen, Menhire und Calvaires. Von Frank und Almut Rother (Neu Frühjahr '78)

Burgund

Kunst, Geschichte, Landschaft. Burgen, Klöster und Kathedralen im Herzen Frankreichs: Das Land um Dijon, Auxerre, Nevers, Autun und Tournus. Von Klaus Bußmann

Südwest-Frankreich

Vom Centralmassif – zu den Pyrenäen – Kunst, Kultur und Geschichte. Von Rolf Legler (Neu Frühjahr '78)

Das Tal der Loire

Schlösser, Kirchen und Städte im ›Garten Frankreichs‹. Von Wilfried Hansmann

Die Provence

Ein Reisebegleiter durch eine der schönsten Kulturlandschaften Europas. Von Ingeborg Tetzlaff

DuMont Kunst-Reiseführer

Athen

Geschichte, Kunst und Leben der ältesten europäischen Großstadt von der Antike bis zur Gegenwart. Von Evi Melas

Die griechischen Inseln

Ein Reisebegleiter zu den Inseln des Lichts. Kunst und Kultur. Hrsg. von Evi Melas

Kreta – Kunst aus fünf Jahrtausenden

Minoische Paläste – Byzantinische Kirchen – Venezianische Kastelle. Von Klaus Gallas

Alte Kirchen und Klöster Griechenlands

Ein Begleiter zu den byzantinischen Stätten. Hrsg. von Evi Melas

Tempel und Stätten der Götter Griechenlands

Ein Reisebegleiter zu den antiken Kultzentren der Griechen. Hrsg. von Evi Melas

Guatemala

Honduras – Belize. Die versunkene Welt der Maya. Von Hans Helfritz

Indien

Bauformen und Stadtgestalt einer beständigen Tradition. Von Niels Gutschow, Bernhard Kölver und Jan Pieper (Neu Frühjahr '78)

Indonesien

Ein Reisebegleiter nach Java, Sumatra, Bali und Sulawesi (Celebes). Von Hans Helfritz

Iran

Kulturstätten Persiens zwischen Wüsten, Steppen und Bergen. Von Klaus Gallas

Irland – Kunst, Kultur und Landschaft

Entdeckungsfahrten zu den Kunststätten der ›Grünen Insel‹. Von Wolfgang Ziegler

Rom

Kunst und Kultur der ›Ewigen Stadt‹ in mehr als 1000 Bildern. Von Leonard von Matt und Franco Barelli

Von Pavia nach Rom

Ein Reisebegleiter entlang der mittelalterlichen Kaiserstraße Italiens. Von Werner Goez

Ober-Italien

Kunst, Kultur und Landschaft zwischen den oberitalienischen Seen und der Adria. Von Fritz Baumgart

Florenz und die Medici

Ein Begleiter durch das Florenz der Renaissance. Von My Heilmann

Das etruskische Italien

Entdeckungsfahrten zu den Kunststätten und Nekropolen der Etrusker. Von Robert Hess

Apulien – Kathedralen und Kastelle

Ein Begleiter durch das normannisch-staufische Apulien. Von Carl Arnold Willemsen

Venedig – Geschichte und Kunst

Erlebnis einer einzigartigen Stadt. Von Marianne Langewiesche

Sardinien

Geschichte, Kultur und Landschaft – Entdeckungsreisen auf einer der schönsten Inseln im Mittelmeer
Von Rainer Pauli (Neu Frühjahr '78)

Sizilien

Insel zwischen Morgenland und Abendland. Sikaner/Sikuler, Karthager/Phönizier, Griechen, Römer, Araber, Normannen und Staufer. Von Klaus Gallas (Neu Frühjahr '78)

Namensverzeichnis

A = Architekt, B = Bildhauer, E = Eisenschmied, G = Goldschmied, M = Maler

Bei Künstlern und bedeutenden Persönlichkeiten, die in diesem Buch von besonderer Wichtigkeit sind, wurden die Lebensdaten hinzugefügt, bei den wichtigsten Herrschern Lebens- und Regierungsdaten.
Sind mehrere Seitenzahlen angegeben, bedeuten kursive Ziffern ausführliche Beschreibungen.

Orts- und Sachregister

Sind mehrere Seitenzahlen angegeben, bedeuten **kursive** Ziffern ausführliche Beschreibungen

Geschichte Spaniens: Zeittafel

um 2500 v. Chr. Erste kulturelle Blüte im Süden Spaniens (Almería) unter dem Einfluß der nahöstlichen Kulturen Mesopotamiens und Ägyptens

um 1900 v. Chr. Einführung der Kupferverarbeitung und der Megalithkultur

um 1200 v. Chr. Gründung der Stadt Tartessos im Guadalquivir-Delta. Intensiver Handelsaustausch mit dem östlichen Mittelmeer

1100 v. Chr. Gründung der Hafenstadt Gadir (Cádiz), erste Niederlassung der Phönizier

um 900 v. Chr. Erste Einwanderungswellen der Kelten aus Mitteleuropa und Ostfrankreich; Niederlassungen in Aragonien, der nördlichen Meseta und im Ebro-Tal

um 700 v. Chr. Gründung griechischer Handelshäfen an der Mittelmeerküste (Mainake, Homeroskopeion, später Emporion im Golf von Rosas)

um 600 v. Chr. Erster karthagischer Stützpunkt in Spanien: Ebusus-Ibiza

um 500 v. Chr. Zerstörung von Tartessos und Mainake durch Karthago

264–241 v. Chr. Der Erste Punische Krieg zwischen dem aufsteigenden Rom und Karthago führt zur
226 v. Chr. Landung Hamilkar Barkas in Gadir und zur Besetzung des spanischen Festlands

218–201 v. Chr. Der Zweite Punische Krieg zur Verteidigung der römischen Interessen im westlichen
Mittelmeer beginnt mit der Landung römischer Legionen unter den Scipionen in Spanien.
Nach der Niederlage Karthagos beginnt die Unterwerfung, Befriedung und Romanisierung
197 v. Chr. der Iberischen Halbinsel, die – unter zwei Prokonsuln – in zwei Provinzen aufgeteilt
wird: Hispania Citerior und Hispania Ulterior. Zahllose Aufstände der Ureinwohner –
Keltiberer, Turdetaner, Asturen, Kantabrer, Lusitaner – zwingen die Römer zum ständigen
Kleinkrieg

25 v. Chr. Endgültige Unterwerfung der Kantabrer. Augustus unterteilt Hispanien in drei Provinzen: Lusitania, Bética und Tarraconense

um 250 n. Chr. Die ersten Stämme der germanischen Völkerwanderung brechen in Spanien ein. Auf
den Einfall der Vandalen, Sueven und Alanen, die das Land in barbarischer Weise ver-
409 wüsten, folgen die Westgoten, die als Verbündete Roms Niederlassungen in Segovia,
418 Madrid, Soria, Guadalajara, Toledo gründen

507 Von den Franken besiegt, ziehen sich die Westgoten nach der Schlacht von Vouglé aus Gallien hinter die Pyrenäen zurück. Toledo wird zur Hauptstadt des westgotischen Spanien

589 III. Konzil von Toledo: König Rekkared erkennt den katholischen Glauben als offizielle Religion des westgotischen Reiches an. Blüte von Sevilla als Bischofssitz des Heiligen Isidors

711 Landung arabischer, in Nordafrika stationierter Truppen des Kalifats von Damaskus in
712 Gibraltar. Das westgotische Heer unter seinem König Rodrigo wird am Guadalete-Fluß
von den Arabern vernichtend geschlagen. Eroberung der Hauptstadt Toledo. Die Araber,
712 gelangen bis Nordspanien und überqueren die Pyrenäen. Beginn der Reconquista
(Zurückeroberung) in den christlichen Kleinstaaten des Nordens (Galicien, Asturien
Léon) und in den Pyrenäen (Navarra, Aragon, Grafschaft Barcelona)

756–912 Selbständiges Emirat von Córdoba unter den Omaijaden. Der spanische Süden (Al-Andalus) erlebt seinen kulturellen, politischen und wirtschaftlichen Höhepunkt

961 Die Grafschaft Kastilien, Vorhut des Königreiches Léon im Kampf gegen die Araber, wird unter dem Grafen Fernán Gonzáles unabhängig. Beginn der kastilischen Entfaltung

um 1000 Die Reform von Cluny erreicht über den Süden Frankreichs Nevarra und Katalonien. Wachsende Bedeutung der Wallfahrten nach Santiago (Jakobsweg)

1035 Auflösung des Kalifats von Córdoba in Kleinreiche (Taifas)
1085 und christlicher Vormarsch bis Toledo, das von Alfonso VI. von Kastilien erobert wird